LIVRE INICIATIVA NOS SERVIÇOS PÚBLICOS

VITOR RHEIN SCHIRATO

LIVRE INICIATIVA NOS SERVIÇOS PÚBLICOS

2ª edição

Belo Horizonte

2022

© 2012 Editora Fórum Ltda.
2022 2ª edição

É proibida a reprodução total ou parcial desta obra, por qualquer meio eletrônico,
inclusive por processos xerográficos, sem autorização expressa do Editor.

Conselho Editorial

Adilson Abreu Dallari
Alécia Paolucci Nogueira Bicalho
Alexandre Coutinho Pagliarini
André Ramos Tavares
Carlos Ayres Britto
Carlos Mário da Silva Velloso
Cármen Lúcia Antunes Rocha
Cesar Augusto Guimarães Pereira
Clovis Beznos
Cristiana Fortini
Dinorá Adelaide Musetti Grotti
Diogo de Figueiredo Moreira Neto (*in memoriam*)
Egon Bockmann Moreira
Emerson Gabardo
Fabrício Motta
Fernando Rossi
Flávio Henrique Unes Pereira

Floriano de Azevedo Marques Neto
Gustavo Justino de Oliveira
Inês Virgínia Prado Soares
Jorge Ulisses Jacoby Fernandes
Juarez Freitas
Luciano Ferraz
Lúcio Delfino
Marcia Carla Pereira Ribeiro
Márcio Cammarosano
Marcos Ehrhardt Jr.
Maria Sylvia Zanella Di Pietro
Ney José de Freitas
Oswaldo Othon de Pontes Saraiva Filho
Paulo Modesto
Romeu Felipe Bacellar Filho
Sérgio Guerra
Walber de Moura Agra

FÓRUM
CONHECIMENTO JURÍDICO

Luís Cláudio Rodrigues Ferreira
Presidente e Editor

Coordenação editorial: Leonardo Eustáquio Siqueira Araújo
Aline Sobreira de Oliveira
Tradução: Fernanda Nunes Barbosa

Rua Paulo Ribeiro Bastos, 211 – Jardim Atlântico – CEP 31710-430
Belo Horizonte – Minas Gerais – Tel.: (31) 2121.4900
www.editoraforum.com.br – editoraforum@editoraforum.com.br

Técnica. Empenho. Zelo. Esses foram alguns dos cuidados aplicados na edição desta
obra. No entanto, podem ocorrer erros de impressão, digitação ou mesmo restar
alguma dúvida conceitual. Caso se constate algo assim, solicitamos a gentileza de
nos comunicar através do *e-mail* editorial@editoraforum.com.br para que possamos
esclarecer, no que couber. A sua contribuição é muito importante para mantermos
a excelência editorial. A Editora Fórum agradece a sua contribuição.

Dados Internacionais de Catalogação na Publicação (CIP) de acordo com ISBD

S3371	Schirato, Vitor Rhein Livre Iniciativa nos Serviços Públicos / Vitor Rhein Schirato. - 2. ed. - Belo Horizonte : Fórum, 2022. 353 p. ; 14,5cm x 21,5cm. Inclui bibliografia. ISBN: 978-65-5518-356-6 1. Direito. 2. Direito Administrativo. 3. Direito Econômico. 4. Direito Público. I. Título.
2022-1026	CDD: 341.3 CDU: 342.9

Elaborado por Vagner Rodolfo da Silva - CRB-8/9410

Informação bibliográfica deste livro, conforme a NBR 6023:2018 da Associação Brasileira de
Normas Técnicas (ABNT):

SCHIRATO, Vitor Rhein. *Livre Iniciativa nos Serviços Públicos*. 2. ed. Belo Horizonte: Fórum, 2022.
353 p. ISBN 978-65-5518-356-6.

Ao Leonardo, meu filho, que me mostrou o real sentido da vida.

Le service public a été en effet erigé en France à la hauteur d'un véritale mythe, c'est-à-dire une de ces images fondatrices, polarisant les croyances et condensant les affets, sur lesquelles prend appui l'identité collective.
(CHEVALLIER, Jacques. *Le service public.* 8e éd. Paris: Puf, 2010. p. 3)

(...) en el contexto de la reforma constitucional y estatutaria y a la luz de la experiencia del proceso de construcción del Estado autonómico es imperativo: (...) Recuperar la unidad del doble orden constitucional organizativo y sustantivo: el Estado constituido no tiene entidad por sí mismo sino en cuanto instrumento cultural idóneo para la realización permanente del orden sustantivo constitucional. Éste es la formalización jurídica del proyecto de convivencia, del proyecto común "constituido", es decir, de la unidad política, social y jurídica del Estado.
(PAREJO ALFONSO, Luciano. *Crisis y renovación en el derecho público.* Lima: Palestra, 2008. p. 38)

SUMÁRIO

PREFÁCIO DA PRIMEIRA EDIÇÃO
Floriano de Azevedo Marques Neto 15

APRESENTAÇÃO DA 2ª EDIÇÃO 19

APRESENTAÇÃO DA PRIMEIRA EDIÇÃO
Odete Medauar 21

INTRODUÇÃO 23
Objeto de pesquisa 23
Delimitação da noção de serviço público 26
Delimitação na noção de concorrência 28
Estrutura do trabalho 29

PARTE I
A CONSTRUÇÃO HISTÓRICA DA NOÇÃO DE SERVIÇO PÚBLICO COMO ATIVIDADE EXCLUSIVA

CAPÍTULO 1
A NOÇÃO TRADICIONAL DE SERVIÇO PÚBLICO E SEU REGIME
JURÍDICO NO BRASIL 37

1.1   A formação da noção de serviço público 37

1.1.1   Breves considerações sobre a formação da noção no direito
europeu 37

1.1.2   O surgimento da noção no direito brasileiro 40

1.1.3   Serviço público como atividade estatal 43

1.1.4   A doutrina de Themistocles Brandão Cavalcanti 46

1.2   O regime jurídico dos serviços públicos 48

1.2.1   A divisão entre regimes de direito privado e de direito público   48

1.2.2   Conceito e regime jurídico dos serviços públicos nas
concepções tradicionais 54

1.2.3   Aplicação e consequências do regime jurídico de direito
público 58

1.3	O serviço público como forma de atividade econômica especial	61
1.4	O reflexo da doutrina na jurisprudência do Supremo Tribunal Federal	66
1.4.1	Atribuição de benefícios e prerrogativas	67
1.4.2	Concepção subjetiva de serviço público	69
1.4.3	Concepção objetiva de serviço público	70
1.4.4	Exclusividade na prestação dos serviços públicos	72
1.4.5	Criação de serviços públicos por lei	74
1.4.6	Breve conclusão	74

CAPÍTULO 2
OS FUNDAMENTOS E AS CONSEQUÊNCIAS DA NOÇÃO TRADICIONAL DE SERVIÇO PÚBLICO 75

2.1	Razões da formação da noção tradicional de serviço público	75
2.1.1	Influência da Escola do Serviço Público francesa	76
2.1.2	A influência do direito italiano	77
2.1.3	Interesses governamentais	80
2.1.4	A necessidade de explicação jurídica para situações de fato	82
2.1.5	Concepções ideológicas	85
2.1.6	A necessidade de utilização de bens públicos e privados	86
2.1.7	Breve conclusão parcial	88
2.2	As consequências da noção tradicional de serviço público no Brasil	88
2.2.1	O apego ao elemento subjetivo ou orgânico e a noção de titularidade estatal	89
2.2.2	A interpretação da Constituição segundo a doutrina	91
2.2.3	Serviço público como prerrogativa estatal, e não como obrigação	92

PARTE II
RAZÕES DA REVISÃO DA NOÇÃO DE SERVIÇO PÚBLICO

CAPÍTULO 3
OS SERVIÇOS PÚBLICOS COMO OBRIGAÇÃO ESTATAL 97

3.1	Serviços públicos e direitos fundamentais	97
3.1.1	Os serviços públicos como instrumento para a realização dos direitos fundamentais	101
3.1.1.1	Direitos fundamentais e necessidades coletivas	104
3.1.1.2	Serviços públicos e a restrição de outros direitos fundamentais	108

3.1.2	A jurisprudência do Tribunal Constitucional Alemão	112
3.1.3	Os serviços públicos e os direitos subjetivos públicos	115
3.2	Os serviços públicos como obrigação, e não como prerrogativa	117
3.3	O conteúdo dos artigos 173 e 175 da Constituição Federal	124
3.3.1	A visão tradicional da doutrina	125
3.3.2	A necessidade de uma revisão	127
3.3.2.1	O regime jurídico	128
3.3.2.2	A titularidade estatal	131
3.3.2.3	O artigo 173 como fundamento do artigo 175	132
3.3.3	A nossa posição	133
3.4	Uma interpretação hodierna da noção de serviço público à luz do conteúdo do artigo 175 da Constituição Federal	136

CAPÍTULO 4
A APLICAÇÃO DAS NORMAS DE CONCORRÊNCIA AOS SERVIÇOS PÚBLICOS ... 141

4.1	A concorrência na ordem econômica constitucional do Brasil ...	141
4.1.1	A livre concorrência como princípio da ordem econômica	142
4.1.2	A concorrência como instrumento de proteção e promoção do cidadão	147
4.2	A aplicabilidade das regras de defesa da concorrência aos serviços públicos	150
4.2.1	A necessidade de aplicação das normas de concorrência aos serviços públicos	153
4.2.2	A mitigação das normas concorrenciais para garantia do alcance das finalidades do serviço público	158
4.2.2.1	O caso da Comunidade Europeia	167
4.3	Os interesses públicos tutelados: interesses dos usuários ou interesses do Estado?	171
4.3.1	As diversas vertentes de interesses públicos	172
4.3.2	O interesse do estado no serviço público monopólico	178
4.3.3	Os interesses dos usuários	181

CAPÍTULO 5
SERVIÇOS PÚBLICOS E EXCLUSIVIDADE NA ORDEM ECONÔMICA CONSTITUCIONAL ... 185

5.1	A previsão constitucional dos serviços públicos e a ausência da regra de exclusividade	185
5.1.1	A disciplina dos serviços públicos de telecomunicações anteriormente à Emenda Constitucional nº 8/95	187

5.1.2	A disciplina dos serviços públicos de distribuição de gás natural canalizado anteriormente à Emenda Constitucional nº 5/95	191
5.1.3	Conclusão preliminar	194
5.2	As hipóteses de exclusão da concorrência em atividades na Constituição Federal e seu critério restritivo	195
5.2.1	A Constituição Federal de 1988 e a Constituição Federal de 1967	198
5.3	A distinção entre serviços públicos e monopólios de acordo com a ordem econômica constitucional	201
5.4	Os monopólios naturais e os serviços públicos	204
5.4.1	Conceito de monopólio natural	205
5.4.2	Monopólios naturais e monopólios jurídicos	209
5.4.3	O papel dos monopólios naturais na construção dos serviços públicos como atividade inadmite a concorrência	212
5.5	Os serviços postais	216
5.5.1	O regime jurídico dos serviços postais no Brasil	217
5.6	A superação da noção dos serviços públicos impassíveis de concorrência	219
5.6.1	As razões fáticas da superação	219
5.6.2	As razões jurídicas da superação	224

PARTE III
OS DESAFIOS DO NOVO SERVIÇO PÚBLICO

CAPÍTULO 6

O NÚCLEO DOS SERVIÇOS PÚBLICOS		229
6.1	A permanência do serviço público e sua configuração	229
6.2	Serviço público titularidade e serviço público regime jurídico	239
6.3	O regime jurídico dos serviços públicos	241
6.3.1	O regime jurídico de serviço público previsto no direito positivo	243
6.3.1.1	Universalização	244
6.3.1.1.1	Universalização e concorrência	248
6.3.1.2	Continuidade	254
6.3.1.3	Modicidade tarifária	260
6.3.1.3.1	Modicidade tarifária em um cenário concorrencial	264
6.3.1.3.2	Concorrência e subsídios tarifários	266
6.3.1.4	A necessária modulação do regime dos serviços públicos	270

6.3.1.5   Modicidade tarifária *versus* universalização.................................. 272

6.4   A tensão entre liberdade e ônus dos prestadores......................... 276

CAPÍTULO 7

A PRESTAÇÃO CONCORRENCIAL DOS SERVIÇOS PÚBLICOS........... 281

7.1   Breve introdução: o novo serviço público e a concorrência........ 281

7.2   Prestação concorrencial sem assimetria de regimes jurídicos..... 283

7.2.1   A questão do equilíbrio econômico-financeiro............................. 289

7.3   Prestação concorrencial com assimetria de regimes.................... 292

7.4   Acessibilidade às atividades dos serviços públicos..................... 296

7.4.1   O acesso às atividades em regime de serviço público................. 297

7.4.1.1   Prestação direta pelo Estado... 298

7.4.1.2   Concessões de serviços públicos.. 301

7.4.1.2.1   Elementos clássicos da concessão e sua revisão........................... 304

7.4.1.3   Permissão de serviços públicos.. 308

7.4.1.4   Subconcessão de serviços públicos.. 310

7.4.1.5   Arrendamento portuário... 312

7.4.2   O acesso às atividades fora do regime de serviço público.......... 314

7.4.2.1   O princípio da livre iniciativa.. 315

7.4.2.2   A necessidade de autorizações regulatórias.................................. 316

7.4.2.3   A necessidade de títulos habilitantes da administração
ordenadora... 324

7.4.2.4   A desnecessidade de qualquer título especial.............................. 327

7.5   Os serviços públicos e a concorrência... 328

CONCLUSÃO 331

REFERÊNCIAS.. 341

PREFÁCIO DA PRIMEIRA EDIÇÃO

Vitor é o que chamo de verdadeira força da natureza. Quando se põe engajado em algo, move-se com uma dedicação, uma energia e um foco impressionantes. E olhe que não sou propriamente o tipo de pessoa acomodada. Não poucas vezes comentei com Vitor, num final de tarde, que seria interessante ele escrever um artigo sobre um tema tal e, surpreso, recebi um texto pronto na madrugada ou manhãs seguintes. Sua obstinação e dedicação, confesso, dão um certo trabalho, mas são daquelas características que movem os bons pesquisadores e moldam os bons acadêmicos. Sem uma força bruta de dedicação (e sem o suor a ela associado), estou certo, não se produzem grandes livros, não se moldam docentes, não se cunham pesquisadores notáveis.

Conheci Vitor quando ele foi meu aluno no curso de graduação na PUC de São Paulo. Já naquela época era patente o interesse que revelava para os temas do direito administrativo. Ao final de duas horas corridas de aula, tudo que um professor deseja são alguns minutos de silêncio, sem ouvir sua própria voz. Algo impossível quando há na classe alguém como o autor desta obra. Inúmeras foram as ocasiões em que, ao final do horário, se acercava ele de mim com perguntas, pedidos de indicação bibliográfica, relatos de suas descobertas. Porém, para um professor ainda jovem, como era eu em meados da década de 1990, o interesse de alunos como Vitor serviam para injetar confiança e entusiasmo. Afinal, para mim, que tinha sido assistente de Celso Campilongo e de Carlos Ari Sundfeld (dois feras, mestres na didática e em despertar interesse nos alunos), nada mal que alguém estivesse se engajando na disciplina. O curso acabou e perdemos contato. Anos depois, fui procurado por Vitor, que voltava de um LLM na Alemanha. Mais velho, mas com a mesma empolgação. Trouxe-me seu trabalho de conclusão do curso e mais um artigo que publicara por lá. Ambos revelavam um amadurecimento intelectual notável. Mostrou-me também um esboço de projeto de pesquisa, embrião do que viria ser sua tese. Aplicou-se para uma vaga no mestrado e ficou em primeiro lugar no processo seletivo. Logo me convenci de que seria desperdício obrigá-lo a fazer um novo mestrado. A conversão para o doutorado foi consequência inevitável, com resultados a demonstrar o acerto da opção.

Mais um tempo e surgiu a oportunidade de trabalharmos juntos. O convívio profissional no escritório permitiu a Vitor revelar seu lado alemão. Disciplinado e dedicado, mostrou que, além de acadêmico, tem tino para a advocacia. Restava fazer uma tese com o mesmo padrão de qualidade. Há dois tipos de orientandos que dão trabalho para os orientadores. Um que chamo de *superpassivo*, não cumpre prazo, não lê o que é preciso, aceita como verdade absoluta qualquer afirmação doutrinária e parece fazer da pós-graduação uma extensão do seu período de estudante universitário. Esse definitivamente não é o Vitor. Outro tipo é o hiperativo. Também trabalhoso, é o orientando que lê tudo e mais um pouco, quer repassar a doutrina a limpo e parece buscar escrever o trabalho definitivo sobre o tema escolhido. Esse é aquele que o orientador revê um projeto e devolve com dezenas de apontamentos, que são respondidos antes do entardecer do dia seguinte. Vitor é über-ativo. Além de um pouco teimoso. Mas é tão disciplinado que acaba dando pouco trabalho. Orientá-lo chegou a ser divertido.

Quando se publica um livro, é lugar-comum dizer que a relação autor/obra se assemelha à relação pai/filho. Se assim é, a relação orientador/obra do orientado é a de um avô para um neto dileto. O orientador influi (um pouco), pode atrapalhar (muito), mas os méritos são do pai-autor. Como avô, contudo, é inevitável ter orgulho do resultado. E no caso presente creio que o orgulho é merecido. O livro que agora se tem em mãos é uma obra bastante importante sobre um tema sobremaneira tortuoso. Desde a chamada segunda crise da noção de serviço público, a doutrina se dividiu em dois blocos. De um lado, os que procuram negar as transformações ocorridas desde o final do século passado e que colhem o conceito de serviço público na sua essência: a identificação com a exclusividade estatal, a interdição ao regime de livre concorrência, a sujeição a um regime de direito público uniforme, o acesso dos particulares somente por meio de concessões. Para esse bloco de respeitáveis autores, no Brasil e fora, tudo isso não seria mais do que uma onda neoliberal, seja lá o que isso signifique. De outro lado, há os autores que, reconhecendo o fenômeno e as transformações por ele ensejadas, procuram refletir sobre seu impacto, suas condicionantes e sobre as consequências para o direito público.

Livre iniciativa nos serviços públicos reúne os predicados para ser obra de referência do segundo bloco. Partindo da premissa de que serviço público e concorrência não são necessariamente antípodas, o livro não se propõe a lutar contra os fatos, mas, sim, ir além, enfrentando de forma corajosa os problemas que a nova realidade econômica e juspositiva acarreta. Longe de ser uma obra conformista ou propagandista da ideologia do mercado, é um esforço útil e sério de abordar os desafios de conciliar serviços universais e liberdade de iniciativa; regulação tarifária e preços competitivos; bens reversíveis e compartilhamento obrigatório; dever de continuidade e ataque oportunista de concorrentes entrantes; regime de direito público e assimetria regulatória. Cada passo, cada reflexão, é embasado em pesquisa exaustiva e em premissas metodológicas bem assentadas. Tudo isso fluindo numa redação clara e precisa. O menos que se pode dizer é que se trata de um livro a um só tempo denso e prático.

Nem por isso o livro deixa de ser polêmico. Como entra em todos os temas disputados em relação a um conceito tão multifacetado como essencial para o direito administrativo, Vitor se expõe às críticas e discordâncias. Foi o que se viu na defesa perante banca integrada, além do orientador, pelos professores Odete Medauar, Fernando Aguillar, Alexandre Santos de Aragão e Dinorá Musetti Grotti. Todos estudiosos de primeira linha, com obras relevantes sobre o tema. O que se viu durante a defesa foi o que de melhor pode haver no ambiente acadêmico. Críticas duras, fundadas e ponderadas. Respostas firmes, de quem está convicto do que escreveu e tem argumentos para sustentá-lo. Um verdadeiro debate intelectual em que os debatedores e a assistência saem dele melhor do que entraram. Melhor para o Vitor, que pode incorporar parcela relevante das críticas e, sem mudar suas convicções e conclusões, melhorou o raciocínio e esclareceu vários pontos. Mas nem por isso se verá livre de críticas (o que é bom) e de algumas malcriações (o que é inevitável). Mas, afinal, o que seria da doutrina sem alguma polêmica.

Em que pesem as críticas e divergências, a tese foi aprovada por unanimidade, fazendo de seu autor doutor pela Faculdade de Direito da USP. Mais ainda, o trabalho foi eleito a melhor tese defendida no Largo de São Francisco em 2011. O que atesta que ser polêmico não é demérito. Alvíssaras.

Empolgação, combinada com dedicação, disciplina e rigor metodológico são características essenciais para o jurista. Empolgado e dedicado, Vitor, acho que nasceu assim. Disciplina, estou certo que ele ganhou em casa. Cumpria a mim ajudá-lo a desenvolver rigor acadêmico. O leitor, ao final deste livro, avaliará se tive sucesso. Eu confesso que fiquei extremamente satisfeito.

Floriano de Azevedo Marques Neto
Professor Titular da Faculdade de Direito da USP.

APRESENTAÇÃO DA 2ª EDIÇÃO

Eis que lá se vão 10 anos desde a conclusão original deste trabalho. Fruto de uma longa pesquisa de doutorado, nosso *Livre Iniciativa nos Serviços Públicos* contém uma proposta de releitura do conceito de serviço público para que ele se amolde ao mundo contemporâneo, prenhe de soluções tecnológicas que colocaram por terra muitas das premissas sobre as quais foi o conceito em discussão construído.

Ao longo dessa década, muito também mudou. Embora o período de tempo transcorrido seja relativamente curto, mudanças muito significativas ocorreram. A economia de compartilhamento, as mídias sociais e uma verdadeira revolução no mundo das comunicações e, por consequência, da oferta de bens e serviços trouxeram ainda mais desafios para os serviços públicos.

Nesse cenário, empreendemos a busca pela atualização da obra. Muito poderia ser agregado, como o caso Uber, o caso dos patinetes de locação pública e as discussões atuais sobre os serviços postais, entre tantos outros temas. Porém, ao que nos pareceu, tratar-se-ia apenas de agregar casos práticos para ilustrar a teoria proposta. A essência teórica da obra mantém-se a mesma: os serviços públicos devem ter seu foco alterado do Estado para o cidadão. Qual o móvel dessa mudança de foco é outra discussão, cujo acréscimo a esta obra poderia torná-la incoerente do ponto de vista metodológico.

Diante disso, o que se tem nesta segunda edição é, essencialmente, o que se tinha na primeira. Apenas foram atualizadas as referências que se tornaram inaplicáveis ou obsoletas. As considerações teóricas apresentadas e as discussões vividas ao longo dos últimos anos apenas deixam claro, a nosso ver, que o caminho que apontamos para a releitura do conceito de serviço público parece adequado. E que a realidade demanda algo na mesma direção do que propusemos.

Por fim, meus mais sinceros agradecimentos à brilhante jovem acadêmica e advogada Natalie Melamed Gemio, pela ajuda na atualização do texto original. Evidentemente, qualquer falha ou erro é imputável apenas e exclusivamente a mim.

Arcadas, São Paulo, verão de 2021.

APRESENTAÇÃO DA PRIMEIRA EDIÇÃO

Serviço público é tema clássico do direito administrativo. Em torno dele se formou até uma Escola de ideias jurídicas, denominada *Escola do Serviço Público* ou *Escola de Bordeaux*, encabeçada pelos franceses Duguit e Jèze, nos primórdios do século XX, recebendo adeptos em vários ordenamentos.

A força da concepção aí plasmada é inegável e teve reflexos significativos na concepção do Estado e seu papel na sociedade. No entanto, foi se modulando com o passar das décadas e com as transformações incidentes sobre o Estado e a sociedade, chegando a se cogitar de denominadas "crises" da noção de serviço público.

Até fins da década de 80 do século XX, o tema parecia adormecido e suscitava pouca atenção, embora presente nos manuais e cursos de direito administrativo.

A década de 90 do século XX desencadeou verdadeira *revitalização* do interesse e estudos do serviço público, retratada na expressiva quantidade de publicações, simpósios, congressos, dissertações de mestrado e teses de doutorado, que desde então ocorrem. O tema reveste-se de contemporaneidade, sem dúvida, pois à concepção tradicional se acrescentaram as mudanças que sofreu. E os resultados dessas mudanças o cidadão sente no cotidiano.

Contemporâneo e afinado aos primórdios do século XXI é o livro de autoria de Vitor Rhein Schirato sobre o serviço público em regime de competição, originariamente uma tese de doutorado, elaborada e defendida no programa de pós-graduação da Faculdade de Direito da Universidade de São Paulo, sob a proficiente orientação do Professor Floriano Azevedo Marques Neto.

O autor parte da concepção tradicional, expondo seus contornos, o quadro institucional de sua formação e sua expansão, sobretudo no Brasil; aponta seus reflexos também na jurisprudência do Supremo Tribunal Federal. Na sequência, dedica-se às razões da revisão da noção tradicional, explicita o conteúdo dos arts. 173 e 175 da Constituição Federal brasileira de 1988 e cuida da aplicação das normas concorrenciais aos serviços públicos. Depois, focaliza os binômios serviços públicos/ exclusividade, serviços públicos/monopólios, enfrentando, em seguida, os desafios do novo serviço público e da sua prestação em regime de concorrência.

Linguagem clara, encadeamento lógico de assuntos, invocação de situações concretas e de jurisprudência, pertinente e rica bibliografia clássica e atual, domínio das alegações na defesa dos posicionamentos apresentados – eis alguns itens de qualidade a salientar na obra ora publicada. Com esses predicados e muitos outros, esta obra, além de enriquecer a literatura na matéria, será de consulta indispensável aos estudiosos do direito administrativo e do direito público em geral.

Odete Medauar
Professora Titular de Direito Administrativo da Faculdade de Direito da USP.

INTRODUÇÃO

Objeto de pesquisa

O objeto de pesquisa deste trabalho é *a nova configuração do serviço público prestado em regime de competição e os desafios que daí advêm para o direito administrativo*. Em vista do disposto nas normas regentes de tal serviço no Brasil, desde o artigo 175 da Constituição Federal, até as normas infralegais que se aplicam às diversas atividades consideradas serviço público, é possível constatar que a noção de serviço público não mais corresponde àquela apresentada pela doutrina mais tradicional. Em primeiro lugar, porque os serviços públicos devem ser vistos como direitos dos cidadãos e não como atividades pertencentes ao Estado. E, em segundo lugar, porque a forma de prestação desses serviços passou e vem passando por uma série de reestruturações.

Com os processos de liberalização e privatização ocorridos no Brasil a partir da segunda metade da década de 1990, mesmo atividades desde sempre prestadas em regime de exclusividade pelo Estado, ou por seus delegatários, sofreram processos de desmonopolização,[1]

---

[1] O termo *desmopolização* é comum na doutrina alemã em comentário às atividades liberalizadas por força do direito comunitário europeu, que passaram por uma significativa mudança de regime a partir da década de 1990 (veja, neste sentido, a exposição de motivos da Segunda Lei de Regulação do Setor Energético Alemã – *Entwurf eines Zweiten Gesetzes zur Neuregulierung des Energiewirstchafts*, Drucksache 613/04, Berlim, 2004, p. 1-2 –, bem como BÜDENBENDER, Ulrich. Die Ausgestaltung des Regulierungskonzeptes für die Elektrizitäts – und Gaswirtschaft. *Recht der Energiewirtschaft*, Colônia, n. 12, p. 284-292, dez. 2004). Aqui, utilizamos o mesmo termo, pois contempla processo muito semelhante ao ocorrido em diversos setores no Brasil, nos quais a unicidade de agente prestador (monopólio) passou a haver uma pluralidade de agentes sujeitos a diversos regimes jurídicos.

em virtude dos quais passaram a ser prestadas em regime de competição entre uma pluralidade de agentes.

Ademais, sempre, em maior ou menor medida, houve atividades que, embora constituídas serviços públicos, tiveram acesso garantido por diversos agentes econômicos com e sem pluralidade de regimes jurídicos (como os serviços de transporte de passageiros). Via de consequência, muitos desses serviços têm, há muito, sua oferta aos usuários pautada por um regime de livre iniciativa e de competição (exemplo, o serviço de distribuição de gás natural canalizado sempre competiu com a atividade de distribuição de gás em botijões).

Com isso, ou foi a noção de serviço público posta em xeque, ou foi simplesmente negada pela doutrina a realidade competitiva e regida por normas de mercado dos serviços públicos. Dizendo com outros termos: ou propugnou-se uma sucumbência da noção de serviço público, ou, de forma mais simplista e comum entre a doutrina brasileira, negou-se a realidade subjacente, conferindo-se aos serviços públicos características não existentes na prática.

A razão para tanto decorre de uma visão doutrinária segundo a qual, em linhas gerais, os serviços públicos, *de forma inerente e necessária*, implicam uma restrição ao direito fundamental da livre iniciativa e ao princípio da livre concorrência. Segundo a doutrina mais tradicional, uma atividade, quando constituída serviço público, ocasiona uma restrição ao direito fundamental de livre iniciativa dos agentes econômicos por constituir exclusividade de iniciativa do Estado e, por conseguinte, uma restrição ao princípio da **livre** concorrência.[2]

Essa situação seria devida a uma titularidade estatal (*publicatio*), segundo a qual as atividades consideradas serviços públicos constituíram um campo de atuação exclusivo do Estado ou daqueles a lhe fazer as vezes com amparo em instrumentos de delegação (concessão ou permissão), cabíveis de acordo com critérios de conveniência e oportunidade auferidos pelo poder público. Neste cenário, particulares apenas poderiam ter acesso às atividades constituintes de serviços públicos, caso obtivessem do Estado prévio instrumento habilitante.

---

[2] Nesse sentido, entre outros, confira-se: MELLO, Celso Antônio Bandeira de. *Curso de direito administrativo*. 20. ed. São Paulo: Malheiros, 2006. p. 633; GRAU, Eros Roberto. *A ordem econômica na Constituição de 1988*. 7. ed. São Paulo: Malheiros, 2002. p. 153; GROTTI, Dinorá Adelaide Musetti. *O serviço público e a Constituição Brasileira de 1988*. São Paulo: Malheiros, 2003. p. 139; e JORDÃO, Eduardo Ferreira. *Restrições regulatórias à concorrência*. Belo Horizonte: Fórum, 2009. p. 46-48.

A partir dessa construção doutrinária duas consequências afloram: a primeira é a interdição aos agentes econômicos de acesso às atividades que constituem serviços públicos e a segunda é a impossibilidade de prestação de tais atividades em regime de competição entre diversos agentes sujeitos ou não ao mesmo regime jurídico. Essas consequências configurariam os serviços públicos e os distinguiriam das demais atividades econômicas (*i. e.*, o elemento diferenciador do serviço público das demais atividades econômicas seria, entre outros, a exclusividade estatal de iniciativa da atividade).

Contudo, a realidade hoje largamente verificada desafia as concepções mais assentadas na doutrina. Há tempos, escasseiam os serviços públicos prestados em regime de exclusividade e, mais ainda, nunca efetivamente houve o completo bloqueio de particulares a todas as atividades consideradas serviços públicos. Pode até ter havido (como permanece ocorrendo nos dias de hoje) algum grau de supressão da livre iniciativa com relação a alguns serviços públicos, mas não é possível afirmar que em todos os casos a prestação dos serviços públicos pelo Estado ou por seu delegatário impede a atuação de outros agentes econômicos no oferecimento de atividades concorrentes.

Tendo em vista essa realidade, o desafio central deste trabalho é identificar e analisar os principais problemas advindos da prestação dos serviços públicos em regime de competição. E, mais ainda, como deve se portar o direito administrativo para adequadamente lidar com a atual configuração dos serviços públicos e, em função dela, satisfazer, de maneira adequada, as demandas sociais subjacentes.

Em termos mais singelos, pretendemos responder às seguintes perguntas: (i) *qual a atual configuração dos serviços públicos prestados em regime de concorrência e quais os desafios que daí advêm?*; e (ii) *como deve o direito administrativo reagir diante desses desafios e quais instrumentos deve manejar?*

Para tanto, partiremos de três pressupostos: (i) a permanência, embora transformada, da noção de serviço público no direito brasileiro, visto que o artigo 175 da Constituição Federal permanece em vigor; (ii) a inexistência de exclusividade de iniciativa estatal nas atividades consideradas serviços públicos (*i. e.*, a inexistência de uma supressão necessária da livre iniciativa particular em razão da instituição de um serviço público); e (iii) a distinção dos serviços públicos das demais atividades econômicas, por conta da existência de um regime jurídico próprio, mas não único e idêntico a todas as atividades.

O fundamento de nossa investigação deriva da inexistência de tratamento doutrinário adequado para a prestação dos serviços públicos em regime de concorrência. Há diversas questões altamente complexas que demandam uma investigação científica aprofundada. É o caso da aplicabilidade e dos limites do princípio da *livre* concorrência aos serviços públicos, das características que diferenciam esses serviços das demais atividades econômicas, do regime jurídico da atividade, das formas de acesso aos serviços públicos e de como se dá a prestação em regime de concorrência.

Assim, pretendemos apresentar quais os contornos atuais dos serviços públicos no direito brasileiro, considerando-se haver a incidência tanto do direito fundamental da livre iniciativa, quanto do princípio da *livre* concorrência à exploração das atividades que constituem esses serviços.

Delimitação da noção de serviço público

O termo "serviço público" se apresenta no direito administrativo brasileiro impregnado de uma série de significados distintos. Pode significar uma referência genérica a toda atividade estatal (serviço público em sentido orgânico). Uma referência a atividades estatais realizadas em favor dos cidadãos (serviço público como comodidade fruível pelos cidadãos). Ou atividades econômicas específicas, com fundamento no artigo 175 da Constituição Federal (serviço público como atividade econômica a ser explorada e garantida pelo Estado).

Para Caio Tácito, os serviços públicos podem significar um sinônimo de ação estatal ou de função pública (serviço administrativo), ou podem significar um conjunto específico de atividades realizadas pelo Estado. Estas poderão ser divididas entre serviços públicos *uti universi*, ou seja, destinados a todos os cidadãos indistintamente considerados, ou *uti singuli*, ou seja, destinados a cidadãos determinados. Consoante o autor, é relevante destacar a pluralidade de ações públicas que podem ser consideradas serviços públicos.[3]

Conforme Floriano de Azevedo Marques Neto, sob o rótulo dos serviços públicos também estariam incluídas diversas atividades estatais. Menciona o autor: (i) serviço público como função pública, que

---

[3] No mesmo sentido: TÁCITO, Caio. A configuração jurídica do serviço público. *Revista de Direito Administrativo*, Rio de Janeiro, n. 233, p. 373-376, jul./set. 2003.

são atividades que oferecem determinada comodidade aos particulares, mas não têm o caráter de atividade econômica e, portanto, não podem ter sua prestação transferida a particulares; (ii) serviços públicos como atividades econômicas, divididos em quatro subgrupos: (a) os serviços públicos que podem ser delegados a particulares, nos termos do artigo 175 da Constituição Federal; (b) os serviços públicos que têm que ser, ao menos parcialmente, delegados a particulares (serviços de radiodifusão sonora de sons e imagens, nos termos do artigo 223 da Constituição Federal); (c) serviços públicos que podem ser explorados por particulares de forma suplementar (por exemplo, serviços públicos na área da saúde); e (d) serviços públicos que podem ser livremente prestados por particulares, juntamente com o Estado, a quem incumbe constitucionalmente prestá-los (por exemplo, serviços de educação).[4]

Por fim, Alexandre Santos de Aragão afirma que os serviços públicos podem ser considerados de forma amplíssima, ampla, restrita ou restritíssima. Na amplíssima, seriam um sinônimo de administração pública, eis que todas as ações dessa seriam serviços públicos. Na ampla, seriam as atividades prestacionais do Estado, ou seja, todas as atividades estatais que implicam uma prestação aos cidadãos (*uti universi* e *uti singuli*). Na restrita, por sua vez, seriam todas as atividades prestacionais em que houvesse um "liame imediato com os indivíduos", ou seja, todas as atividades *uti singuli*. Por derradeiro, na restritíssima, seriam aquelas atividades de caráter econômico remuneradas por taxa ou tarifa, excluindo-se as atividades prestacionais sociais, como saúde e educação.[5]

Para os fins deste trabalho, consideraremos os serviços públicos em sua *concepção restritíssima*, ou seja, *consideraremos os serviços públicos restritos a atividades econômicas que podem ser exploradas por particulares, nos termos do artigo 175 da Constituição Federal*.

---

[4] MARQUES NETO, Floriano de Azevedo. Concessão de serviço público sem ônus para o usuário. *In*: WAGNER JÚNIOR, Luiz Guilherme da Costa. *Direito público*: estudos em homenagem ao Professor Adilson Abreu Dallari. Belo Horizonte: Del Rey, 2004. p. 332 *et seq.*

[5] ARAGÃO, Alexandre Santos de. *Direito dos serviços públicos*. Rio de Janeiro: Forense, 2005. p. 144-149.

Delimitação na noção de concorrência

Assim como o termo "serviço público" possui uma pluralidade de significados no direito brasileiro, a noção de concorrência apresenta alguma ambivalência. A razão disso é a existência de concorrência *pelo* mercado e concorrência *no* mercado.

A concorrência *pelo* mercado é aquela que se dá entre os agentes econômicos *anteriormente ao ingresso em um determinado mercado e como condição para tal acesso*.[6] Essa modalidade de concorrência existe com relação aos serviços públicos há tempos e é incontroversa na doutrina – tão incontroversa a ponto de passar praticamente despercebida –, pois sempre foi assente que os serviços públicos poderiam ser prestados por meio de concessão, cuja outorga *depende de prévia licitação*. Esta é a regra insculpida no artigo 175 da Constituição Federal.

Assim, considerando-se a licitação anterior à outorga de uma concessão de serviço público como um mecanismo de competição entre diversos agentes econômicos no qual apenas um conseguirá ingressar em um determinado mercado (*i. e.*, prestação de um serviço público), *pode-se afirmar que a concorrência* **pelo** *mercado existe há tempos* e tradicionalmente é um mecanismo de concorrência *para* a prestação de um serviço público.

A concorrência *pelo* mercado *não* implica concorrência *no* mercado. Há mercados em que os agentes econômicos somente podem entrar após prévio processo competitivo, mas, uma vez ingressados, atuam sem competição. É o caso dos processos de licitação para a outorga de serviços públicos monopolísticos[7] (transmissão de energia elétrica, por exemplo) ou dos processos de licitação para a outorga de concessões de bens ou atividades monopolizadas pela União Federal (exploração de petróleo e gás natural ou transporte de gás natural, nos

---

[6] Consoante entendimento de Fernando Fróes, "a concorrência pelo mercado de um serviço de infra-estrutura pública por ocasião do arrendamento de um equipamento ou da outorga de uma concessão para exploração de um serviço público, ou ainda para a realização de um investimento, mesmo quando haverá exclusividade – ou seja, apenas uma companhia atuando naquele segmento" (Infra-estrutura e serviços públicos: princípios da regulação geral e econômica. *In*: CARDOZO, José Eduardo Martins; QUEIROZ, João Eduardo Lopes; SANTOS, Márcia Walquiria Batista dos (Org.). *Curso de direito administrativo econômico*. São Paulo: Malheiros, 2006. v. 1, p. 584).

[7] Utilizamos aqui o termo "monopolístico" para caracterizar os serviços públicos que não admitem pluralidade de agentes prestadores em razão de suas características intrínsecas. É o caso de todos os serviços prestados em regime de *monopólio natural*, o qual será adiante nesta tese aprofundado.

termos do §1º do artigo 177 da Constituição Federal), que não constituem serviços públicos e têm exploração não sujeita à livre iniciativa de forma inerente.

De outro bordo, "a concorrência nos mercados de infra-estrutura pública acontece quando diferentes empresas operam na mesma área, oferecendo serviço igual ou semelhante".[8] Ou seja, de maneira distinta do que se verifica com relação à concorrência *pelo* mercado, na concorrência *no* mercado os agentes não competem para *entrar* em um determinado mercado, mas, sim, competem pela prevalência *dentro* do mercado, já estando nele insertos.

A concorrência *nos* mercados dos serviços públicos, ao contrário do que ocorre com relação à concorrência *pelos* mercados, não é tão assente no direito brasileiro. Em virtude das visões mais tradicionais da noção de serviço público, ainda há, no Brasil, resistência à possibilidade jurídica de desenvolvimento do mercado de um serviço público em regime de concorrência, ou seja, com diversos agentes prestadores da mesma atividade.[9] Assim, é com relação à concorrência *no* mercado que se coloca o ponto mais controvertido e de forma direta relacionado com o tema deste trabalho.

Sendo a concorrência *pelo* mercado tradicionalmente aceita no direito brasileiro e a concorrência *no* mercado ainda controvertida, *para os fins deste trabalho utilizaremos a noção de* **concorrência no mercado** *para pautar nossa análise acerca da compatibilidade da noção de serviço público com o regime de concorrência*, não nos sendo relevante a noção de concorrência *pelo* mercado.

Estrutura do trabalho

O trabalho está estruturado em três partes, que se subdividem em sete capítulos, cujos respectivos conteúdos serão descritos a seguir.

Na primeira parte, o objetivo da pesquisa é a identificação dos fundamentos da concepção de identidade entre os serviços públicos e exclusividade. Em linhas gerais, buscaremos, em primeiro lugar, expor as origens e a evolução histórica da noção de serviço público e,

---

[8] FRÓES. Infra-estrutura e serviços públicos: princípios da regulação geral e econômica, p. 592.

[9] Como pretendemos demonstrar, a afirmação de que os serviços públicos implicam de maneira inerente uma restrição ao direito fundamental da livre iniciativa tem impactos diretos sobre a livre concorrência, eis que limita *a priori* o acesso de agentes ao mercado.

em segundo lugar, depreender dessa evolução histórica as razões para a identificação de exclusividade dos serviços públicos. Essa parte do trabalho será dividida em dois capítulos.

No Capítulo 1, teremos como objetivo apresentar a origem e a evolução histórica dos serviços públicos, com especial ênfase no direito brasileiro. De forma destacada, pretenderemos demonstrar como surge e se desenvolve a noção de serviço público no Brasil, bem como as razões de ser do regime jurídico identificado no Brasil como caracterizador dos serviços públicos. Ainda no mesmo capítulo procuraremos demonstrar como as noções doutrinárias de serviços públicos terão influência sobre a jurisprudência do Supremo Tribunal Federal, ressaltando que não teremos como objetivo extrair de tal jurisprudência um *conceito de serviço público*, mas simplesmente demonstrar, a partir de decisões selecionadas, como as concepções doutrinárias vão ser refletidas na jurisprudência da Corte.[10]

No Capítulo 2, teremos como objetivo demonstrar, a partir da construção histórica da noção de serviço público realizada no Capítulo 1, os motivos e as consequências da identidade entre serviços públicos e exclusividade. Nossa análise terá como base (i) concepções doutrinárias do que deve ser e de como deve ser prestado o serviço público e as influências estrangeiras sobre essas concepções; (ii) decisões jurisprudenciais, que, em um caso concreto, expressamente acolheu o argumento da legitimidade estatal para explorar uma atividade considerada serviço público; e (iii) movimentos históricos que vieram a desembocar em estatizações de determinados serviços públicos. Por fim, exporemos as consequências de todos os motivos apresentados sobre a noção de serviço público.

Na segunda parte do trabalho, teremos como objetivo expor as razões segundo as quais entendemos ser necessária uma revisão da noção de serviço público. Demonstradas as raízes e o estado atual do conceito de serviço público, passaremos a apresentar os fundamentos que entendemos aplicáveis a demandar que a noção de serviço público seja revisitada. Essa parte do trabalho será dividida em três capítulos.

---

[10] A fonte primordial de pesquisa foi o repertório de jurisprudência do Supremo Tribunal Federal disponível na *internet* e na *Revista do Supremo Tribunal Federal*. O corte que adotamos para pesquisar as decisões do Tribunal foi o termo "serviço público", citado em mais de 2000 decisões. Contudo, referido termo aparece em diversas acepções, que abarcam não apenas as atividades materiais de realização de necessidades coletivas, como também o serviço público em sentido orgânico, em diversos julgamentos relacionados com direitos e obrigações dos servidores públicos.

No Capítulo 3, apresentaremos a noção de serviço público que entendemos ser aplicável nos dias atuais. Em consonância com o teor garantístico da Constituição Federal de 1988, apresentaremos a vinculação essencial que deve haver entre serviços públicos e direitos fundamentais. A partir dela, asseveraremos nossa concepção de que os serviços públicos são *obrigações* do Estado e não prerrogativas desse. Em razão dessa constatação, procuraremos fundamentar que os serviços públicos não implicam, de forma inerente, uma restrição ao direito fundamental da livre iniciativa, mas apenas que impõem ao Estado um dever positivo de agir ou garantir uma ação.

Nesse ponto, apresentaremos algumas decisões do Tribunal Constitucional Alemão (*Bundesverfassungsgericht*), nas quais a Corte em questão, de maneira clara e expressa, adotou entendimento muito semelhante ao que neste trabalho propugnamos, no sentido de que as atividades determinadas *serviços públicos* devem ser vistas a partir de seu elemento finalístico e estão vinculadas à realização dos direitos fundamentais dos cidadãos. Por essa razão, cabe ao Estado garantir seu oferecimento contínuo à sociedade.

No Capítulo 4, teremos como objetivo apresentar as bases jurídicas da aplicabilidade, também aos serviços públicos, das normas de proteção e defesa da concorrência. Nossos pontos de partida serão a conclusão apresentada no capítulo anterior de que a livre iniciativa não é necessariamente limitada pela criação de um serviço público e o regime constitucional da livre concorrência. Entretanto, reconhecendo que a livre concorrência pode, em certos casos, prejudicar a prestação dos serviços públicos, trataremos de trazer à baila os critérios utilizáveis para determinar a medida de restrição possível à livre iniciativa e à livre concorrência para garantia de efetividade na prestação dos serviços públicos.

Neste item em particular utilizaremos alguns exemplos provenientes do direito comunitário europeu, com destaque para decisões do Tribunal de Justiça Europeu. A razão para tanto decorre da similaridade entre o caso europeu e o caso brasileiro no que se refere à tensão entre a noção de serviço público (e as prerrogativas estatais), mercado liberalizado e o alcance de finalidades públicas inerentes à atividade.

Na sequência, no Capítulo 5, analisaremos o regime constitucional de atividades exploradas em regime de exclusividade. Nosso objetivo será expor o tratamento distinto que a Constituição Federal confere aos serviços públicos e às atividades exploradas em regime de monopólio para reforçar nossa argumentação de que os serviços públicos não significam qualquer forma de exclusividade. Além disso, realizaremos exposição acerca das relações entre serviços públicos e monopólios naturais, visto que os segundos tiveram considerável papel na formação da característica de exclusividade dos serviços públicos.

A terceira parte, que conclui o trabalho, tem por objeto a atual configuração dos serviços públicos e os desafios dela provenientes. Essa parte será dividida em dois capítulos.

No Capítulo 7, teremos o objetivo de expor quais os contornos dos serviços públicos. Sendo esses atividades econômicas de exploração obrigatória pelo Estado, deve ser reconhecida a aplicabilidade de um regime jurídico que o diferencie das demais atividades econômicas. Todavia, o regime jurídico que identificamos não é coincidente com a doutrina majoritária. Em primeiro lugar, porque não há como afirmar que todos os serviços públicos estão sujeitos a um único regime jurídico, eis que as atividades consideradas serviços públicos são muito distintas para serem submetidas ao mesmo regime. Em segundo lugar, porque o regime jurídico dos serviços públicos deve estar diretamente relacionado com sua finalidade essencial, que é garantir o provimento de uma necessidade de bem ou serviço para a população. Em terceiro e último lugar, porque o regime jurídico de uma atividade há de ser procurado no direito positivo e não na doutrina.

Assim, apresentaremos o regime jurídico dos serviços públicos adequado segundo nosso entendimento, que é composto pelas obrigações de universalização, continuidade e modicidade tarifária, sempre moduladas a cada atividade e entendidas no contexto da prestação concorrencial de tais serviços.

Finalmente, no Capítulo 7 exporemos como se dá a prestação em concorrência dos serviços públicos e quais os seus efeitos. Em essência, será objeto de nossa investigação como se dá o acesso às atividades consideradas serviços públicos e como se dá a concorrência entre os agentes exploradores da atividade, a qual comportará a sujeição a diferentes regimes jurídicos. O resultado que pretendemos alcançar é demonstrar como os serviços públicos podem ser – e são – explorados por diversos agentes em pluralidade de regimes jurídicos e quais os mecanismos previstos no direito positivo para garantir o funcionamento dos serviços.

Para encerrar o trabalho, apresentaremos síntese de conclusão, formada por parágrafos numerados que contêm uma conclusão apresentada ao longo do texto. Cada parte e cada capítulo serão representados por mais de um parágrafo numerado, eis que chegaremos a diversas conclusões parciais ao longo deste trabalho, todas refletidas na síntese conclusiva.

PARTE I

A CONSTRUÇÃO HISTÓRICA DA NOÇÃO DE SERVIÇO PÚBLICO COMO ATIVIDADE EXCLUSIVA

CAPÍTULO 1

A NOÇÃO TRADICIONAL DE SERVIÇO PÚBLICO E SEU REGIME JURÍDICO NO BRASIL

1.1 A formação da noção de serviço público

1.1.1 Breves considerações sobre a formação da noção no direito europeu

O surgimento da noção de serviço público se dá na França na segunda metade do século XIX, como se verá. Contudo, a concepção de que determinadas atividades deveriam ser garantidas por uma ação estatal é consideravelmente anterior. Como informam Gilles J. Guglielmi e Geneviève Koubi, os fundamentos da noção de serviço público antecedem a obra de Léon Duguit. Constam das diversas declarações de direitos dos homens e dos cidadãos elaboradas após 1789, eis que, em diversos casos, essas continham a noção de utilidades comuns a serem garantidas pelo Estado, sobre as quais se funda a noção de serviço público. Afirmam os autores:

> A afirmação dos direitos e liberdades do homem e do cidadão dependem da percepção de utilidade pública ou de utilidade comum, que se encontram na base da noção de serviço público.[1]

---

[1] GUGLIELMI, Gilles J.; KOUBI, Geneviève. *Droit du service public*. 2ᵉ éd. Paris: Montchrestien, 2007. p. 39, tradução nossa.

Todavia, a noção da existência de utilidades públicas que se destinam a garantir o bem de todos e que, portanto, devem ser asseguradas pelo Estado é, em certa medida, colidente com a concepção de Estado liberal vigente à época da França revolucionária. É dizer, entender que havia determinadas atividades que deveriam ser empreendidas pelo Estado para a garantia do bem coletivo era, de alguma forma, contrário aos ideais de não intervenção estatal subjacentes aos pensamentos da Revolução Francesa.

Nesse sentido, a noção de serviço público, como hoje a conhecemos, surge na França, em fins do século XIX, em decorrência de uma leitura da jurisprudência do Conselho de Estado destinada a apresentar os delineamentos do direito administrativo, da competência jurisdicional do Conselho de Estado e do próprio Estado, como forma de conciliação entre os ideais liberais da época e as necessidades coletivas. Tal noção foi elaborada pelos juristas integrantes daquela posteriormente designada *Escola de Bordeaux* ou *Escola do Serviço Público*,[2] cujo primeiro representante de grande relevo foi León Duguit.

A formulação apresentada por referido autor[3] para definir os serviços públicos teria um objetivo prático a realizar: delimitar o perímetro de intervenção do Estado, e, bem assim, determinar o campo de incidência da jurisprudência do Conselho de Estado e do direito administrativo, procurando manter a noção de liberalismo e conformá-la às demandas sociais amparadas pelas declarações de direito.[4]

Era uma das construções destinadas a apresentar uma concepção de Estado e sua delimitação, entre outras apresentadas na mesma época por outros juristas, segundo as quais o Estado seria *puissance publique* (conforme sustenta Maurice Haurriou) ou seria pessoa de direito civil (defendida por David).[5] O ponto de partida de todas essas concepções foi o *Arrêt Blanco*, decisão do Conselho de Estado Francês de 1873, que reconhecia sua competência para julgar dano causado pela

---

[2] Cf. BRACONNIER, Stéphane. *Droit des services publics*. 2ᵉ éd. Paris: PUF, 2007. p. 122.

[3] Para o autor, serviço público seria "toda atividade que deve ser assegurada, disciplinada e controlada pelos governantes, porque sua realização é indispensável para a realização e o desenvolvimento da interdependência social e porque, por sua natureza, não pode ser realizada completamente sem a intervenção da força governamental" (DUGUIT, Léon. *Traité de droit constitutionnel*. 3ᵉ éd. Paris: De Boccard, 1928. t. II, p. 61, tradução nossa).

[4] Cf. BRACONNIER. *Droit des services publics*, p. 123.

[5] Cf. BRACONNIER. *Droit des services publics*, p. 122.

companhia estatal de distribuição de tabaco, *em razão da existência de um serviço público*.[6]

Após o surgimento da noção no direito francês e ainda durante os períodos de discussão doutrinária nos quais houve sua consolidação, outras nações passaram a incorporá-la em seus ordenamentos de outras formas e por outras razões. No direito italiano, a noção de serviço público aparece acolhida pelo direito local no início do século XX nos processos de assunção, pelo Estado, da prestação de determinados serviços essenciais, como os serviços de transporte ferroviário de passageiros, os de telecomunicações, os postais e os de fornecimento de energia elétrica e gás natural.[7]

No direito espanhol, encontra-se cenário semelhante ao descrito com relação ao direito italiano. Como narra Gaspar Ariño Ortiz, em decorrência dos progressos técnicos advindos da primeira revolução industrial, verifica-se a existência de determinadas atividades essenciais à satisfação de necessidades coletivas que têm vocação essencialmente monopolística. Contudo, em razão dos ideais liberais do período pós-revolução, não se poderia permitir que o Estado assumisse a exploração de tais atividades sem uma justificativa. Daí emerge a noção de serviço público como um elemento de conformação entre uma ação positiva do Estado na economia e a ideologia da época. Ou seja, também aqui a noção de serviço público surge da necessidade de se conferir legitimidade à ação econômica estatal em determinados campos.[8]

Note-se que, em todos os casos descritos, o surgimento da noção de serviço público decorre de uma necessidade concreta. No caso do direito francês, essa noção é necessária para a demarcação do campo de incidência do direito administrativo e dos limites de intervenção do Estado na economia. De outro bordo, no direito italiano, ela se presta a garantir para o Estado uma *reserva originária* de determinada atividade considerada relevante para a coletividade, conferindo-lhe o direito de

---

[6] Como bem informa Odete Medauar, o *arrêt Blanco* foi relevante por ser o primeiro com seu conteúdo após ter o Conselho de Estado se tornado jurisdição independente e por ter sido a primeira decisão em que não se mencionou a regra segundo a qual apenas autoridades administrativas poderiam decidir sobre pedidos que pretendessem fazer do Estado devedor. Cf. Serviço público. *Revista de Direito Administrativo*, Rio de Janeiro, n. 189, p. 102, jul./set. 1992.

[7] Cf. SORACE, Domenico. *Estado y servicios públicos*. Traducción de Eugenia Ariano Deho. Lima: Palestra, 2006. p. 27-31.

[8] ARIÑO ORTIZ, Gaspar. *Principios de derecho público económico*. 3. ed. Granada: Comares, 2004. p. 536-537.

prestá-la e, ao mesmo tempo, interditando seu acesso a particulares,[9] em processo semelhante ao que ocorre no caso espanhol em que o serviço público presta-se a legitimar a ação estatal em certos campos econômicos.

No direito alemão, conforme reporta Fritz Fleiner, o cenário pós-Primeira Guerra deu origem à necessidade de assunção, pelo Estado, de determinadas atividades econômicas consideradas essenciais para a sociedade, o que fez emergir a apartação entre administração pública de prestações e administração pública de autoridade, na medida em que, além da atuação autoritária típica do Estado, passou a haver uma atuação prestacional, fornecedora de bens e serviços indispensáveis à coletividade.[10] Como se verifica na origem do conceito de serviço público no direito francês, no direito alemão a noção surge como um mecanismo de criação de obrigações do Estado em favor dos particulares para a realização de necessidades coletivas relevantes, sob os impulsos da Constituição Republicana de Weimar de 1919.

1.1.2 O surgimento da noção no direito brasileiro

No direito brasileiro, a trajetória percorrida pela noção de serviço público até a promulgação de 1988 é tortuosa. Ao contrário do que se verificou em países como França e Itália, nos quais ela se forma a partir de necessidades práticas, no direito brasileiro, surge muito após emergir a percepção de que determinadas atividades eram impregnadas de um interesse coletivo relevante e, portanto, demandavam alguma forma de participação estatal, pois seu desenvolvimento pela iniciativa privada não atendia ao interesse coletivo de forma eficaz.

Ainda no período imperial, havia a noção de que o Estado deveria desempenhar certas atividades de interesse coletivo, as quais ficavam a cargo dos *agentes administrativos externos*.[11] Havia, ainda, a noção de que algumas delas deveriam ficar a cargo de um controle maior do Estado, pois, embora desempenhadas por particulares, deveriam estar sujeitas a algum mecanismo de concessão outorgado pela coroa. Tratava-se de

---

[9]   CASSESE, Sabino. *La nuova costituzione economica*. Roma-Bari: Latersa, 2004. p. 84.

[10] FLEINER, Fritz. *Les principes généraux du droit administratif allemand*. Tradução de Charles Eisemann. Paris: Delagrave, 1933. p. 80-81.

[11] Cf. URUGUAY, Visconde do. *Ensaio sobre o direito administrativo*. Rio de Janeiro: Typographia Nacional, 1862. t. I, p. 183. No mesmo sentido, confira-se: RIBAS, Joaquim Antonio. *Direito administrativo brasileiro*. Reimpressão da obra de 1861. Brasília: Ministério da Justiça, 1968. p. 85 *et seq.*

mecanismo de conciliação entre o dogma liberal vigente à época e a noção de que determinadas atividades deveriam ser controladas com maior intensidade pelo Estado,[12] em razão da existência de um *privilégio da coroa* sobre elas decorrente de *monopólios régios*.[13] Contudo, muito mais do que uma aproximação da concepção francesa de serviço público, havia uma aproximação à noção ibérica de privilégios régios.

A partir da proclamação de República e da edição da Constituição de 1891, não há mais que se falar em privilégios régios para se conferir ao Estado poder de ingerência sobre determinadas atividades. Então, a base dos debates acerca das atividades de interesse coletivo e sua relação com o Estado passou a tomar rumo distinto, verificando-se nas primeiras décadas do século XX uma aproximação muito maior do direito brasileiro ao direito norte-americano do que ao direito francês. Nesse cenário, ao invés de serem consideradas pertencentes à coroa, são consideradas atividades a demandar um *controle* estatal, em modelo muito semelhante ao das *public utilities* do direito norte-americano.

Assim, o que no início sofria algum controle estatal por ser considerado algo pertencente à coroa em nome de *privilégios régios* passa, em fins do século XIX e início do século XX, a ser considerado atividade de interesse público, estando sujeita a alguma forma de controle estatal em razão de sua *utilidade pública*, isto é, sua necessidade pelo público.

Ruy Barbosa, comentando o §25 do artigo 72 da Constituição Federal de 1891, reconhece a regra da liberdade econômica, inclusive nos serviços de utilidade coletiva. Segundo o autor, apenas se poderia cogitar de restrições à livre iniciativa nos casos de (i) impossibilidade material de concorrência, ou seja, quando uma atividade *não puder ser* desempenhada em regime de competição (como ocorre, por exemplo, no caso de atividades demandantes do uso excludente de bens públicos); (ii) *"razões administrativas de polícia: moralidade, salubridade, ordem"*; e (iii) atividades a demandar, com base econômica, investimentos de altas montas, que, dessa forma, deveriam ser prestadas em regime de monopólio para permitir o retorno do capital investido.[14]

---

[12] Cf. ARAGÃO. *Direito dos serviços públicos*, p. 564.

[13] Cf. SUNDFELD, Carlos Ari. A regulação de preços e tarifas dos serviços de telecomunicações. *In*: SUNDFELD, Carlos Ari. *Direito administrativo econômico*. São Paulo: Malheiros, 2000. p. 317.

[14] Cf. BARBOSA, Ruy. *Comentários à Constituição Federal Brasileira*. São Paulo: Saraiva, 1934. p. 25.

Ou seja, no período da chamada República Velha (1891-1930) e no início do Estado Novo (após 1930), predominava a noção de liberdade de iniciativa, inclusive com relação aos serviços de utilidade pública. Contudo, dada a relevância destes serviços, era cediça a noção de uma intervenção estatal, cujo objetivo era regulamentar o exercício da atividade para garantia de alcance de suas finalidades e, assim, atendimento ao interesse público. A concessão era o instrumento utilizado para regulamentar o exercício das atividades de interesse público, sem as colocar entre as típicas do Estado.

Luiz de Anhaia Mello, por exemplo, coloca a prestação dos serviços de utilidade pública como atividade *quase-pública* (e não função pública, como depois veio a ser considerada a noção de serviço público), mencionando a concessão regulamentada por comissões como a forma adequada de garantir que referida prestação atinja as finalidades previstas na lei, qual seja, a satisfação de necessidades coletivas.[15]

De forma semelhante, Bilac Pinto observa que o mecanismo adequado para a regulamentação dos serviços de utilidade pública é aquele realizado ou por meios contratuais ou por meio de comissões especializadas, em modelo muito semelhante ao norte-americano. Sobre o tema, afirma o autor:

> Relativamente ao controle e fiscalização dos serviços de utilidade pública, os processos conhecidos são de três ordens a saber:
> a) Regulamentação puramente contratual;
> b) Regulamentação efetiva por comissões; e
> c) Regulamentação direta pelo Poder Público.
> Desses processos de regulamentação, o último, somente pode ter aplicação satisfatória nos regimes de economia mista e de propriedade pública, sendo aplicáveis os outros dois ao regime de concessão.
> Em face da determinação constitucional, sobre a fixação das tarifas e a fiscalização dos serviços concedidos, a nossa escolha terá fatalmente que fazer-se entre a regulamentação puramente contratual e a regulamentação efetiva por comissões.[16]

J. H. Meirelles Teixeira adota igual linha, inclusive mencionando o exemplo norte-americano. Porém, adverte que o modelo de

---

[15] MELLO, Luiz de Anhaia. *O problema económico dos serviços de utilidade pública*. São Paulo: Prefeitura Municipal de São Paulo, 1940. p. 76-78, 97 *et seq.*

[16] PINTO, Bilac. *Regulamentação efetiva dos serviços de utilidade pública*. 2. ed. atualizada por Alexandre Santos de Aragão. Rio de Janeiro: Forense, 2002. p. 34-35.

regulamentação contratual e por comissões, caso não realizado de forma adequada, demandará uma intervenção mais intensa do Estado, que poderá, até, contemplar a assunção da atividade pelo Estado. É o que se depreende da seguinte colocação:

> Sem uma atitude esclarecida, da parte dos concessionários; sem regulamentação pela qual se fixem claramente os seus direitos e deveres, as finalidades públicas dos serviços e os pressupostos jurídicos e sociais implícitos na concessão; sem órgãos públicos capazes de zelar pela efetiva aplicação desses princípios, que se desejam, como propõe o Presidente Roosevelt ao indicar a exata natureza das comissões norte-americanas, verdadeiras tribunas do público, pondo em atividade seus engenheiros, seus contadores e seus recursos legais com o firme propósito de fazer justiça tanto aos financiadores como aos consumidores; sem, afinal, justiça especializada que decida, em última instância, se foram ou não aplicados os preceitos e critérios da lei federal, não é possível duvidar de que a prestação direta dos serviços públicos tomará realmente, e muito mais depressa do que seria lícito prever, o lugar até hoje ocupado pela concessão na execução dos serviços públicos de caráter industrial.[17]

A partir da década de 1940, sob a égide da Constituição Federal de 1937, tal realidade começa a se alterar, eis que o Estado passa a assumir direta e paulatinamente as atividades de interesse coletivo, impingindo-lhes um regime muito mais próximo do serviço público francês do que o das *public utilities* norte-americanas, como se verá nos tópicos subsequentes.

1.1.3 Serviço público como atividade estatal

Fundamentado no disposto na Constituição de 1937[18] e em decorrência do movimento de intensificação da intervenção estatal na economia existente na época, verificou-se, no âmbito do Governo Federal, forte tendência de retomada do controle da prestação dos serviços de utilidade pública.

---

[17] TEIXEIRA, J. H. Meirelles. *O problema das tarifas nos serviços públicos concedidos*. São Paulo: Departamento Jurídico da Prefeitura Municipal de São Paulo, 1941. p. 562.

[18] O artigo 15, incisos V e VI, e o artigo 143 da Constituição de 1937 constituem a competência privativa da União Federal sobre determinados serviços e atividades, tais como os serviços postais, os serviços de radiodifusão e o transporte ferroviário. Tais dispositivos não encontram previsões análogas na Constituição de 1891.

Formou-se, na segunda metade da década de 1930, por ordem do então Ministro da Justiça, Francisco Campos,[19] uma comissão de juristas, composta por Miranda Carvalho, Eugênio Gudin, Hélio Macedo Soares, Alcides Lins, Lair Tostes, Anhaia Melo, Alves de Sousa, Bilac Pinto, Plínio Branco, Seabra de Oliveira, Valdir Niemeyer, Lemos Neto, Saturnino de Brito, Ubaldo Lobo, Oscar Weinscheinck e Odilon Braga, à qual se atribuiu o dever de elaborar uma lei geral sobre fiscalização e controle dos serviços públicos concedidos, em atendimento ao disposto no artigo 147 da Constituição Federal de 1937.

Dentre as conclusões de referida comissão, consolidadas em trabalho clássico da lavra de Odilon Braga, foi identificada a aproximação do direito brasileiro ao direito norte-americano na disciplina da prestação dos serviços de utilidade pública concedidos após a proclamação da República, o que, segundo a comissão, não seria conveniente. E também a insuficiência legislativa norteadora dos serviços concedidos no período do império (em especial os portos e ferrovias).[20] Nesse cenário, identificou a comissão a necessidade de profunda revisão do marco legislativo da prestação dos serviços públicos, sobretudo para orientar o controle por parte do Estado.

No âmbito das conclusões da comissão aludida encontra-se a migração do direito pátrio de uma influência norte-americana para uma influência maior do direito continental europeu, sobretudo o francês. Por essa razão, concluiu a comissão pela necessidade de substituição da expressão *serviço de utilidade pública* pela expressão *serviço público concedido*, instituindo o início da expressão *serviço público* com o sentido que agora se conhece no direito brasileiro.[21] Não se deu mera troca de nomes. Ao contrário. Atividades consideradas privadas e sujeitas a um

---

[19] Importante aqui mencionar que o próprio Francisco Campos, em seus escritos, demonstra uma proximidade do autor muito maior com o sistema francês do que com o sistema norte-americano. É o que se depreende, por exemplo, da concepção do autor acerca da propriedade dos serviços públicos concedidos pelo Estado e sua faculdade de alterar, a qualquer tempo, os termos e condições da delegação por meio de concessão. Cf., entre outras manifestações, Encampação de serviço público: quando pode ocorrer: conseqüências da encampação e indenização a que tem direito o concessionário. *In*: CAMPOS, Francisco. *Direito administrativo*. Rio de Janeiro: Freitas Bastos, 1958. v. 2, p. 49.

[20] Cf. BRAGA, Odilon. Serviços públicos concedidos. *Revista de Direito Administrativo – Seleção Histórica*, Rio de Janeiro, p. 93, 1995.

[21] Importante aqui mencionar que o termo *serviço público* não era já àquele tempo uma novidade no direito brasileiro. Quando da instituição da comissão de revisão dos serviços públicos concedidos, tal expressão já existia entre nós, mas sempre com sentido orgânico de atividade administrativa. É exatamente o que se depreende do Decreto nº 579, de 30 de julho de 1938, que criou o Departamento Administrativo do Serviço Público (DASP),

acompanhamento público passaram a ser vistas como *atividades públicas*, pertencentes ao Estado e só exploradas por agentes não estatais em circunstâncias específicas.

Afirma Odilon Braga:

> Bem se vê, pois, que a noção de serviço público explorado por concessão, resultante dos trabalhos da Comissão Geral e das votações da Comissão Coordenadora, é a que emerge das realidades tradicionais do nosso direito administrativo, inspiradas pelo direito equivalente da Europa continental.
>
> *Por efeito dela, o serviço denomina-se 'público', não porque seja de utilização do 'público' ou de 'um público', mas porque pertence ao sistema das atividades do poder público (arts. 1º, 8º e 10º).*
>
> Por conseguinte, o que este concede não é o serviço, mas tão somente sua execução lucrativa, mediante o uso e o gozo dos bens e direitos destinados a assegurar a sua organização e seu funcionamento.[22]

O que se pretende demonstrar é encerrado de forma muito clara no segundo parágrafo da citação. Conforme a ideia desenvolvida pelo autor, as atividades que até então eram reguladas por serem de *utilidade pública* (*i. e.*, de interesse coletivo) passam a ser incorporadas às funções públicas por constituir *serviços públicos*. Assim, o critério subjetivo de serviço público (aquele segundo o qual a presença do Estado na atividade é necessária para sua caracterização), antes inexistente, passa a existir. A ação estatal transfere-se da regulação (controle) destinada ao alcance de finalidades para a própria assunção da atividade.

A influência norte-americana presente com relação às atividades de interesse coletivo passa a ser substituída pela influência europeia (sobretudo francesa) no delineamento de um *serviço público*, considerado por sua vertente institucional, isto é, pela sua marca de atividade pertencente ao Estado e ao seu plexo inerente de atividades, ou seja, o que era antes considerado de atribuição privada por influência norte-americana passaria a ser considerado de propriedade pública por influência europeia.[23]

Com isso, verifica-se, a partir da Constituição de 1937, uma significativa transição no direito administrativo brasileiro vincada

---

incumbido de organizar e gerir os órgãos e entidades incumbidos de exercer atividades administrativas.

[22] BRAGA. Serviços públicos concedidos, p. 98, grifamos.

[23] Cf. BRAGA. Serviços públicos concedidos, p. 116.

pela passagem de atividades privadas sujeitas a uma regulamentação pública, nos moldes norte-americanos, para atividades públicas, pertencentes ao poder público, cuja *execução* poderia ser transferida a particulares. Em outras palavras, verifica-se a migração de uma concepção mais funcionalista do serviço público (*i. e.*, serviço público é a atividade que se presta a uma finalidade pública) para uma concepção com predominância orgânica de serviço público (*i. e.*, serviço público é aquele desempenhado diretamente pelo Estado ou por terceiro, por delegação especial do Estado).

Essa transição terá significativos impactos no desenvolvimento do direito administrativo brasileiro em matéria de serviços públicos, porque foi o fundamento para a assunção direta, pelo poder público, de enorme gama de serviços públicos, o que será aprofundado no Capítulo 2, e porque foi a base para o desenvolvimento doutrinário da concepção de serviço público até hoje existente e muita vez refletida na jurisprudência, como se verá adiante.

1.1.4 A doutrina de Themistocles Brandão Cavalcanti

A mudança de paradigma prenunciada com o relatório da comissão criada por Francisco Campos, consolida-se no Brasil com Themistocles Brandão Cavalcanti, muito influenciado pelo direito francês,[24] sobretudo por Gaston Jèze. Além da consolidação da noção de que os serviços públicos seriam atividades pertencentes ao Estado, passou-se, no direito pátrio, a se atribuir aos serviços públicos um regime jurídico especial.[25]

---

[24] O autor recorre à ideia de Duguit e dos demais integrantes da Escola do Serviço Público dizendo que a finalidade do próprio Estado é a oferta e a manutenção dos serviços públicos. Cf. *Princípios gerais de direito administrativo.* Rio de Janeiro: Freitas Bastos, 1945. p. 217-218. Note-se, contudo, que a edição da obra aqui citada é muito posterior a seus trabalhos inaugurais. Inicialmente, o autor publica sua concepção de serviço público em 1936, na obra *Instituições de direito administrativo* (Rio de Janeiro: Freitas Bastos, 1936).

[25] Gaston Jèze também era membro da Escola do Serviço Público e seguidor das lições de Léon Duguit. Contudo, indo além das lições do clássico publicista, Jèze passa a mencionar a existência de um regime jurídico próprio das atividades consideradas serviços públicos, o que teve influência decisiva no delineamento da noção de serviço público no Brasil. Segundo o autor: "dizer que, em determinado caso, existe serviço público significa que os agentes têm a possibilidade de usar procedimentos de direito público, de apelar a teorias e a regras especiais, ou seja, de recorrer a um regime jurídico especial: *este regime se caracteriza pela subordinação dos interesses privados ao interesse geral; pelo fato de a organização do serviço ser sempre modificável conforme a necessidade de ajustes às necessidades de interesse geral e, por conseqüência, pela via legal e regulamentar"* (*Princípios generales del derecho administrativo.*

Segundo Themistocles Brandão Cavalcanti, a noção de serviço público não é una, nem tampouco estática. Envolve uma complexa gama de atividades estatais e pode variar em função do tempo, conforme venha a ser necessário para o atendimento das necessidades coletivas,[26] o que revela o forte alinhamento do autor com a doutrina francesa.[27] Ademais, segundo o autor, o que vai distinguir o serviço público das demais atividades é o *regime jurídico a que se submete a atividade*, pautado por determinações estatais.

Conforme afirma o autor:

> O essencial no serviço público é o regime jurídico a que obedece, a parte que tem o Estado na sua regulamentação, no seu controle, os benefícios e os privilégios de que goza, o interesse coletivo a que visa atender.[28]

Desse modo, verifica-se que a doutrina de Themistocles Brandão Cavalcanti institui no Brasil a existência dos serviços públicos não apenas sob o ângulo de atividades pertencentes ao Estado, mas também sob o aspecto de serviços *sujeitos a um regime jurídico especial, decorrente de normas especiais impostas pelo Estado e necessárias para o atendimento das necessidades coletivas*. E mais: de seus textos resultou a identificação dos três elementos clássicos do serviço público: elemento finalístico, elemento orgânico e elemento material, pois o autor menciona que um serviço público pode ser identificado quando houver a intervenção do Estado (elemento orgânico), um regime jurídico especial (elemento material) e uma necessidade coletiva a ser satisfeita (elemento finalístico).[29]

Sendo assim, a teoria de Themistocles Brandão Cavalcanti fez acentuar a divisão entre os regimes jurídicos nos serviços públicos, afirmando que estes deveriam, necessariamente, ser submetidos a um regime jurídico com prerrogativas e benefícios. Com isso, torna-se nítida a apartação entre o regime jurídico de direito privado, aplicável à maior parte das atividades, e o regime jurídico de direito público, atribuído aos serviços públicos.

Traducción de Juan N. San Millán Almagro. Buenos Aires: De Palma, 1949. v. 2, p. 18, tradução para o português nossa e grifos do original).

[26] CAVALCANTI, Themistocles Brandão. *Tratado de direito administrativo*. 5. ed. Rio de Janeiro: Freitas Bastos, 1964. v. 2, p. 59.

[27] Exatamente nesse sentido, JÈZE. *Principios generales del derecho administrativo*, v. 2, p. 22.

[28] CAVALCANTI. *Tratado de direito administrativo*, v. 2, p. 55.

[29] CAVALCANTI. *Tratado de direito administrativo*, v. 2, p. 59.

1.2 O regime jurídico dos serviços públicos

Após a descrição da evolução da doutrina brasileira em matéria de serviços públicos, é necessário apresentar os elementos caracterizadores do regime jurídico de direito público, aplicável aos serviços públicos, assim como suas origens e seu desenvolvimento.

1.2.1 A divisão entre regimes de direito privado e de direito público

A identificação de um critério para separar o direito público, típico do Estado, do direito privado, típico das relações entre particulares, sempre chamou a atenção dos estudiosos do direito.

No período subsequente à Revolução Francesa não havia grandes distinções entre o regime jurídico do Estado e o regime jurídico dos particulares. Ambos eram sujeitos às determinações e aos limites impostos pela lei,[30] o que deflagrou a distinção entre o Estado de Polícia, existente no período anterior à revolução, no qual o Estado não se submetia à lei, e o Estado de Direito, então criado. Em geral, particulares e Estado submetiam-se ao mesmo direito e se vinculavam de forma idêntica à lei, eis que em todos os casos havia uma *vinculação negativa*, segundo a qual todos poderiam fazer tudo aquilo que não fosse proibido por lei.[31]

Entretanto, a necessidade identificada na filosofia política da Alemanha do século XIX, de justificação e legitimação do poder do Estado, e a verificada na França, de definição de critérios para repartição das competências do Conselho de Estado e da justiça comum, fizeram surgir questionamentos acerca da aplicabilidade de um único regime jurídico ao Estado e aos particulares. Daí decorreu a busca por um critério que identificasse a ação estatal e permitisse aos estudiosos do direito identificar seus contornos e suas consequências jurídicas.

---

[30] Como bem remonta Caio Tácito, a pedra fundamental da construção da submissão da administração pública à lei, com decorrente atribuição de feição jurídica à administração pública, dá-se no ano de 1800, na França, com a Lei nº 28 pluviose do ano VIII. Cf. *Direito administrativo*. São Paulo: Saraiva, 1975. p. 1.

[31] A noção de vinculação negativa foi há muito superada, tendo sido sucedida por uma noção de vinculação estritamente positiva do Estado, segundo a qual este apenas poderia realizar aquilo que a lei autorizasse. Hoje, muitas questões se colocam acerca do grau de vinculação do Estado à lei, havendo aqueles que defendem uma vinculação próxima da positiva e aqueles que defendem uma vinculação mais próxima da negativa. Para uma análise profunda detalhada do tema, confira-se: (SESIN, Domingo Juan. *Administración pública, actividad reglada, discrecional y técnica*: nuevos mecanismos de control judicial. 2. ed. Buenos Aires: Lexis Nexis Depalma, 2004. p. 22 *et seq.*).

CAPÍTULO 1
A NOÇÃO TRADICIONAL DE SERVIÇO PÚBLICO E SEU REGIME JURÍDICO NO BRASIL | 49

No direito alemão, conforme leciona Jörn Ipsen,[32] três correntes foram formadas para identificar o direito aplicável à ação estatal.
Uma primeira esteava-se no critério dos interesses, propugnando que
se estaria diante de um regime público quando houvesse apenas *interesses públicos* tutelados, ao passo que se estaria diante de um regime
privado quando houvesse *interesses privados* na relação jurídica. Tal
teoria não prosperou em razão da possibilidade de o Estado se valer
de instrumentos de direito privado para atender o interesse público e
de particulares poderem atuar por instrumentos privados para satisfazer tal interesse.

Uma segunda, mais clássica e defendida por autores como Jellinek
e Fritz Fleiner,[33] propugnava o critério de autoridade para separar esses
dois regimes. Enquanto o direito privado seria inspirado na igualdade
entre os particulares em suas relações jurídicas, o direito público seria
determinado pela *autoridade* estatal, com poder de, em ação unilateral,
constituir os particulares em obrigações. Tal corrente não prosperou,
embora tenha sido aceita por longo período de tempo, em razão da
possibilidade de arranjos contratuais entre Estado e particulares e em
razão da possibilidade de existência de relações de autoridade também
no direito privado, de tal forma que nem sempre a ação estatal é autoritária e nem sempre a relação cunhada pelo direito civil é igualitária.[34]

Segundo as concepções atuais, no direito alemão, não há um
critério que possa ser *a priori* definido para estabelecer o regime jurídico da administração pública. A ação estatal seria tão diversificada,
que não poderia haver um regime jurídico único.[35] Haveria, assim, a

---

[32] Cf. IPSEN, Jörn. *Allgemeines Verwaltungsrecht*. 3. Aufl. Colônia: Carl Heymanns, 2003. p. 6
    et seq.

[33] Para Fritz Fleiner, não haveria uma distinção entre direito público e direito privado com
    relação à ação da administração pública. Esta poderia se valer de instrumentos tidos como
    de direito público, como de instrumentos tidos como de direito privado. O elemento
    diferenciador da administração pública em relação aos particulares decorre do caráter
    autoritário e unilateral da ação administrativa, em oposição ao caráter bilateral e igualitário
    das relações de direito privado. Cf. *Les principes généraux du droit administratif allemand*, p.
    44-46.

[34] Guido Zanobini também parte do pressuposto da superioridade do Estado para qualificar a
    distinção entre direito público e direito privado. Contudo, o autor reconhece a possibilidade
    de o Estado estar sujeito a relações típicas de direito privado às quais o caráter da supremacia
    e da autoridade não serão aplicáveis. Cf. *Corso de diritto amministrativo*. 8ª ed. Milano: Giuffrè,
    1958. v. 1, p. 25-26.

[35] SCHMIDT-ASSMANN, Eberhard. *Das Allgemeine Verwaltungsrecht als Ordnungsidee*. 2. Aufl.
    Heidelberg: Springer, 2006. p. 27.

sujeição da administração pública ao regime jurídico que a lei viesse a determinar para cada caso específico.

Na França, a busca por um critério de separação foi tema de intensas discussões entre fins do século XIX e início do século XX. Dois critérios principais foram propostos, como ensina Jacqueline Morand-Deviller: o critério da soberania do poder público, proposto pela Escola de Toulouse, e o critério do serviço público, proposto pela Escola de Bordeaux[36]

Conforme o primeiro, o regime de direito público proviria da autoridade estatal, do exercício de sua soberania. Pelo segundo critério, resultaria da prestação dos serviços públicos. A mesma autora afirma que, na atualidade, o regime público provém de uma mescla de referidas teorias, contemplando ao mesmo tempo a finalidade pública da ação administrativa e a autoridade necessária.[37]

Os critérios identificados no direito alemão e no direito francês são, de certa maneira, semelhantes. Ou buscam apartar público e privado pelo crivo da autoridade ou pelo crivo do caráter serviente da administração pública, consubstanciado na noção de serviço público no direito francês e na noção de interesse público no direito alemão.

No direito brasileiro, diversas foram as teorias propostas para diferenciar o regime jurídico do Estado e o dos particulares. Segundo Caio Tácito, o regime público é aquele que decorre da lei, em razão da submissão da administração pública à lei, com vistas à tutela e à realização do interesse público, em contraposição ao regime privado em que há uma vinculação negativa dos agentes à lei e uma busca pela realização de interesses particulares. Portanto, segundo o autor, o elemento fundamental do direito público reside em sua forma de relação com a lei e no dever de atingir a finalidade precípua de realizar o interesse público.[38]

A teoria mais difundida no Brasil – embora cada vez mais sujeita a questionamentos de todas as espécies – é aquela proposta por Celso Antônio Bandeira de Mello, segundo a qual o regime de direito público seria demarcado por um binômio de "princípios", formado pelos

---

[36] Cf. MORAND-DEVILLER, Jacqueline. *Cours droit administratif*. 11ᵉ éd. Paris: Montchrestien, 2009. p. 23.

[37] Cf. MORAND-DEVILLER. *Cours droit administratif*, p. 24.

[38] TÁCITO. *Direito administrativo*, p. 1-12.

"princípios" da supremacia do interesse público e da indisponibilidade do interesse público.[39] Nos lineamentos dessa teoria, que ainda será esmiuçada neste trabalho, a atuação da administração pública baseia-se na ideia de o interesse público, por ela tutelado, ser *supremo em relação aos interesses particulares*, mostrando-se *indisponível*, de tal forma que é vedado ao administrador público dispor de qualquer matéria relacionada ao interesse público. Nessa visão, o que definiria a ação da administração pública, apartando-a dos agentes privados, seria um conjunto de prerrogativas especiais destinadas à garantia de consecução do *interesse público*.[40] Enquanto os agentes privados perseguem interesses privados, não lhes é atribuída pelo ordenamento jurídico qualquer *prerrogativa*, sendo suas relações baseadas na igualdade. De seu turno, a administração pública age perseguindo o interesse público, o qual, por ser supremo em relação aos particulares e indisponível, confere prerrogativas especiais à administração pública e a impede de pactuar, em igualdade de condições, com agentes privados.

A noção de supremacia do interesse público como fundamento de um conjunto de prerrogativas da administração pública é uma construção típica do direito administrativo brasileiro, que reúne elemento das duas principais teorias formuladas no direito europeu continental. Isso ocorre, pois a formulação da teoria da supremacia do interesse público, ao mesmo tempo, parte de um pressuposto finalístico (atendimento de interesses ou necessidades coletivos) e de um pressuposto de autoridade, na medida em que a prerrogativa atribuída à administração pública para a satisfação do interesse público é o uso de uma autoridade desigual com relação aos particulares. Sendo assim, o regime da administração pública seria aquele reunindo *prerrogativas* (autoridade) e finalidades a serem alcançadas por meio dessas prerrogativas.

Ela pressupõe completa separação entre o regime de direito público e o de direito privado. Se há interesse público, há o regime de direito público e, portanto, a incidência de prerrogativas e de autoridade. De outro lado, se não há interesse público, há um regime privado demarcado pela ausência de prerrogativas e pela igualdade entre as partes. Os regimes jurídicos são, nesta perspectiva, excludentes,

---

[39] MELLO. *Curso de direito administrativo*, p. 43 *et seq.*
[40] Cf. DI PIETRO, Maria Sylvia Zanella. *Direito administrativo*. 21. ed. São Paulo: Atlas, 2008. p. 60.

incomunicáveis. Qualquer interpenetração de um regime com o outro seria uma transgressão do direito.

Note-se que esse entendimento não reflete a atual situação fática verificada. Embora seja reconhecido um caráter especial na administração pública, em momento algum há uma submissão a um regime jurídico único ou a uma apartação completa e estanque entre público e privado. A gama de atividades e atribuições conferidas ao Estado é tão ampla e tão diversificada que não se pode pretender encontrar um único regime jurídico qualificador da presença do Estado. Esta assumirá diferentes formas e critérios a cada momento, conforme assim estabelecer o direito positivo de acordo com a *função* a ser desempenhada pela administração pública.

Atualmente, não há como se falar em uma separação rígida entre regimes público e privado. Estes se confundem e se misturam; os critérios tradicionais de separação não conseguem responder a situações hoje presentes. Por vezes a privados são conferidas prerrogativas típicas do direito público – como a condução de processos de urbanização, nos quais serão satisfeitos interesses meramente empresariais do particular e interesses públicos[41] –, ao mesmo tempo em que a administração pública se vale da transação e do consensualismo para atingir o interesse público, abrindo mão de suas "prerrogativas".[42]

Dessa forma, entendemos que o elemento diferenciador entre público e privado reside no fato de que a administração pública só age na realização de *funções*, ou seja, somente age para realizar algo que lhe seja imposto pelo ordenamento jurídico (*i. e.*, uma obrigação), norteado por normas jurídicas que forem aplicáveis. Não há como se buscar um único regime jurídico para a realização de todas as *obrigações* impostas à administração pública. Em cada momento e em cada função a ser realizada, o regime jurídico aplicável terá determinadas peculiaridades, manejáveis pela administração pública dentro das margens impostas pelo direito, conforme venha a ser necessário para o cumprimento adequado das respectivas obrigações.

---

[41] Sobre o tema, confira-se: JUSTEN FILHO, Marçal. Concessões urbanísticas e outorgas onerosas. *In*: WAGNER JÚNIOR, Luiz Guilherme da Costa. *Direito público*: estudos em homenagem ao Professor Adilson Abreu Dallari. Belo Horizonte: Del Rey, 2004. p. 529.

[42] Cf. ALMEIDA, Fernando Dias Menezes de. *Teoria do contrato administrativo*: uma abordagem histórico-evolutiva com foco no direito brasileiro. Tese (Livre-docência) – Faculdade de Direito da Universidade de São Paulo, Departamento de Direito do Estado, São Paulo, 2010. p. 298. Mimeografado.

Nesse sentido, preciosa é a lição de Sabino Cassese:

> (...) a administração é considerada, enquanto tal, função. Quer-se dizer, desta forma, que a administração é instituída para cuidar dos interesses gerais e que, portanto, deve estar, na sua globalidade, em uma 'relação de congruência' com os fins públicos. O ordenamento, portanto, assegura a funcionalização da administração em todos os seus aspectos: a organização, os meios (pessoal, patrimonial e financeiro) e a atividade.[43]

Portanto, o intuito de apresentar critérios estanques e únicos de apartação entre público e privado não tende a não prosperar, dada a dificuldade da tarefa. Ambos se entrelaçam e se confundem na prática do direito. Os critérios apontados não alcançam abarcar todas as ações da administração pública e dos particulares.

Sendo assim, se há algum elemento diferenciador entre regime público e regime privado, tal elemento reside na noção de *função*, ou seja, de obrigação a ser cumprida, que impregna todas as ações da administração pública, e não na natureza pública ou privada da norma jurídica aplicável.

Não nos valemos, aqui, da clássica apartação feita pela doutrina entre função pública e serviço público, de acordo com o qual as funções públicas consistiriam em funções típicas de Estado e os serviços públicos em atividades exercidas pelo Estado, mas não típica de um poder soberano.[44] A noção de *função* predica a atribuição de uma obrigação ao Estado, caracterizando sua ação. Enquanto os particulares são movidos pela autonomia da vontade, o Estado é movido pelo cumprimento de funções, ou seja, de obrigações que lhe são impostas pelo ordenamento jurídico, pelo meio mais adequado proposto no ordenamento.[45]

---

[43] CASSESE, Sabino. *Istituzioni di diritto amministrativo.* 2ª ed. Milano: Giuffrè, 2006. p. 23, tradução nossa.

[44] Cf. TÁCITO. *Direito administrativo.* p. 198.

[45] Como afirma Vasco Manuel Pascoal Dias Pereira da Silva, "a lei, num número crescente de casos, limita-se à definição de grandes objectivos, bem como à indicação de princípios gerais de actuação, deixando às autoridades administrativas amplas margens de apreciação no que respeita à sua concretização" (*Em busca do acto administrativo perdido.* Coimbra: Almedina, 2003. p. 83).

1.2.2 Conceito e regime jurídico dos serviços públicos nas concepções tradicionais

Após ser adotada a noção de serviço público em substituição à noção de *serviços de utilidade pública*, passou-se, no Brasil, com frequência, a impor aos serviços públicos um regime jurídico especial, denominado *regime jurídico de direito público*. Esse regime jurídico seria delineado por uma série de prerrogativas asseguradas ao Estado (ou a seu delegatário) na prestação dos serviços públicos, em oposição a um regime jurídico de direito privado, que seria incompatível com tais prerrogativas. É dizer, quando há a sujeição ao regime de direito público, há, necessariamente, oposição e incompatibilidade com o regime de direito privado.

Como prenunciado, no delineamento de um regime jurídico de direito público, a doutrina brasileira sofre fortes influências de Gaston Jèze, jurista integrante da Escola do Serviço Público, que identifica como elemento definidor dos serviços públicos a sujeição a um regime jurídico especial. Para ele, o regime jurídico dos serviços públicos seria identificável a partir do "estabelecimento de obrigações especiais destinadas a assegurar o funcionamento do serviço", as quais incluem o poder de constituir servidões e determinar desapropriações, a sujeição dos interesses particulares ao interesse geral, o poder de recolher tributos e outras formas de remuneração pela prestação dos serviços, entre outras.[46]

No direito brasileiro, após Themistocles Brandão Cavalcanti,[47] que propugnava pela existência de um regime de prerrogativas aplicável aos serviços públicos, outros doutrinadores passaram a identificar nos serviços públicos um regime de prerrogativas especiais, além do regime relacionado ao poder conferido ao Estado controlador da atividade de dispor sobre a organização do serviço e o valor das tarifas.[48] É o caso da posição é adotada por Oswaldo Aranha Bandeira de Mello.[49]

---

[46] JÈZE. *Principios generales del derecho administrativo*, v. 2, p. 23.

[47] CAVALCANTI. *Tratado de direito administrativo*, v. 2, p. 59.

[48] CAVALCANTI. *Tratado de direito administrativo*, v. 2, p. 55. No mesmo sentido, MEIRELLES, Hely Lopes. *Direito administrativo brasileiro*. 27. ed. atualizada por Eurico de Andrade Azevedo, Délcio Balestero Azevedo e José Emmanuel Burle Filho. São Paulo: Malheiros, 2002. p. 316 *et seq*.

[49] MELLO, Oswaldo Aranha Bandeira de. *Princípios gerais de direito administrativo*. Rio de Janeiro: Forense, 1969. v. 1, p. 149.

CAPÍTULO 1
A NOÇÃO TRADICIONAL DE SERVIÇO PÚBLICO E SEU REGIME JURÍDICO NO BRASIL | 55

Segundo Ruy Cirne Lima, os serviços públicos têm intrínseca vinculação com a organização administrativa.[50] Seria inerente à noção de referidos serviços a existência de quatro garantias, a modelar o regime jurídico de direito público. Tais garantias seriam representadas por: (i) patriotismo dos agentes prestadores, que, necessariamente, deveriam ser brasileiros; (ii) o não predomínio do escopo de lucro na exploração da atividade, de forma a serem admissíveis limitações aos ganhos das empresas concessionárias; (iii) a proteção das empresas prestadoras de serviços públicos contra processos privados de execução patrimonial que lhes possam embargar as atividades; e (iv) a proteção da prestação do serviço público contra *interesses privados da administração* que possam causar qualquer embaraço à prestação do serviço.[51]

Acerca do assunto, Mário Masagão afirma que os serviços públicos são *regidos pelo direito público*, como todas as demais atividades do Estado, exceto aquelas equiparadas às ações dos particulares. Assim, para o autor, é inerente à noção de serviço público um regime jurídico especial, que o diferencia das atividades privadas.[52] Linha semelhante é adotada por José Cretella Júnior, que também identifica no serviço público um regime jurídico próprio de direito público, fundamentado na aplicação de *princípios publicísticos*.[53] Mas, nenhum dos autores explicita o conteúdo do regime de direito público, podendo-se entender que se trata de uma extensão, aos serviços públicos, do regime de prerrogativas típicas da administração pública.

Para Celso Antônio Bandeira de Mello, o elemento fundamental na caracterização de um serviço público reside *no regime jurídico da atividade*, consagrado em lei. Para ele, é essencial, a fim de caracterizar um serviço público, a incidência de um regime próprio de direito público, exorbitante do regime privado, resultante de uma vontade legislativa. Afirma o autor:

> Serviço público ou atividade pública é aquela que se consubstancia através de regime jurídico especial, instituído pelo Estado no interesse

---

[50] LIMA, Ruy Cirne. Organização administrativa e serviço público no direito administrativo brasileiro. *Revista de Direito Público*, São Paulo, n. 59-60, p. 131-132, jul./dez. 1981.

[51] LIMA, Ruy Cirne. *Princípios de direito administrativo brasileiro*. Porto Alegre: Globo, 1939. p. 70.

[52] MASAGÃO, Mário. *Curso de direito administrativo*. 6. ed. São Paulo: Revista dos Tribunais, 1977. p. 269.

[53] CRETELLA JR., José. *Manual de direito administrativo*. 2. ed. Rio de Janeiro: Forense, 1979. p. 203.

direto dos fins que consagrar como próprios. Este regime especial instaura procedimentos exorbitantes do direito privado, é derrogatório das regras de direito comum e constitui situação privilegiada em favor das partes (o Poder Público), excepcionando a igualdade comutativa das situações e vontades jurídicas. Não é, pois, uma qualidade própria da atividade; apenas decorre do regime normativo.[54]

Em outra manifestação, considera:

> Como toda e qualquer noção jurídica, esta – serviço público – só tem préstimo e utilidade se corresponder a um dado sistema de princípios e regras; isto é, a um regime, a uma disciplina peculiar. Daí que só merece ser designado como serviço público aquele concernente à prestação de atividade e comodidade material fruível diretamente pelo administrado, desde que tal prestação se conforme a um determinado e específico regime: o regime de direito público.[55]

Conforme o entendimento do autor, referido regime de direito público incidente sobre os serviços públicos constitui uma:

> unidade normativa formada por princípios e regras caracterizados pela supremacia do interesse público sobre o interesse privado e por restrições especiais, firmados uns e outros em função da defesa de valores especialmente qualificados no sistema normativo.[56]

Nessa perspectiva, o regime jurídico dos serviços públicos seria caracterizado pela possibilidade de atuação autoritária da administração pública, pautada por prerrogativas e privilégios especiais, que seriam, nas palavras do autor, expressões de soberania, tais como a possibilidade de constituição unilateral de particulares em obrigações, presunção de legitimidade, autoexecutoriedade, entre outras.[57]

Em suas manifestações mais recentes acerca da matéria, ele afirma que o regime jurídico de direito público dos serviços públicos seria decorrente da adoção de determinados princípios jurídicos específicos, dos quais adviriam tanto as prerrogativas e privilégios da

---

[54] MELLO, Celso Antônio Bandeira de. *Natureza e regime jurídico das autarquias*. São Paulo: Revista dos Tribunais, 1968. p. 170.

[55] MELLO, Celso Antônio Bandeira de. *Prestação de serviços públicos e administração indireta*. 2. ed. São Paulo: Revista dos Tribunais, 1983. p. 18.

[56] MELLO. *Prestação de serviços públicos e administração indireta*, p. 19.

[57] MELLO. *Prestação de serviços públicos e administração indireta*, p. 19.

administração pública (como o "princípio" da supremacia do interesse público sobre o interesse particular e o princípio da motivação), quanto obrigações inerentes a uma atividade destinada à satisfação de necessidades essenciais da coletividade (como ocorre com os princípios da universalidade, da continuidade e da modicidade tarifária).[58]

Ainda, na concepção do autor, o regime de direito público aplicável à atividade deve ser único, não sujeito a modulações, de tal forma que uma atividade, quando erigida a serviço público, estaria, na sua integralidade, sujeita a referido regime. Vale dizer, aplicável o regime jurídico de direito público sobre uma atividade, ela ficaria infensa ao regime privado, pois seria impossível que uma mesma atividade fosse regida pelas suas normas e pelas normas do regime de direito público.

É o que se depreende da seguinte colocação do autor:

> Em suma: o que se deseja encarecer é que de nada adiantaria qualificar como serviço público determinadas atividades se algumas fossem regidas por princípios de direito público e outras prestadas em regime de economia privada.[59]

De forma diversa, Maria Sylvia Zanella Di Pietro entende não haver um regime jurídico exclusivamente público para os serviços públicos. A autora afirma que o referido regime jurídico será total ou de modo parcial o regime de direito público, sendo este composto, entre outras normas, pelos princípios da continuidade, da mutabilidade e o da igualdade entre os usuários. Segundo a autora, os serviços públicos industriais ou comerciais (que formam o cerne deste trabalho) podem sofrer a influência do "direito comum", em questões como a incidência das normas de emprego em vez do regime estatutário, a aplicação do direito civil para o regime de determinadas relações comerciais e para o regime dos bens não afetos ao serviço. Porém, ainda no seu pensamento, tais serviços públicos não se equipararão a atividades econômicas, eis que são atividades assumidas pelo Estado e postas sob sua incumbência.[60]

Mesmo é o entendimento de Lúcia Valle Figueiredo, para quem os serviços públicos são atividades prestadas pelo Estado ou por terceiros em seu lugar, sob a sujeição de um regime prevalente de direito

---

[58] MELLO. *Curso de direito administrativo*, p. 640-641.
[59] MELLO. *Prestação de serviços públicos e administração indireta*, p. 19.
[60] Cf. DI PIETRO. *Direito administrativo*, p. 95 et seq.

público. Ou seja, ainda que possa haver alguma influência do direito privado, os serviços públicos sujeitam-se ao regime jurídico de direito público, informado por determinados princípios jurídicos e determinados privilégios e prerrogativas especiais.[61]

Em sentido semelhante, Odete Medauar anota que as atividades caracterizadas como serviço público devem ser, ao menos em parte, sujeitas ao regime de direito público, não podendo haver serviços públicos sujeitos de forma exclusiva ao direito privado. Na sua óptica, não haveria campos passíveis de definição *a priori* de incidência do direito privado, devendo sempre haver um mínimo de regime público aplicável à atividade, ainda que se possa pensar nela de modo evolutivo, inserindo-se uma lógica econômica e a concorrência.[62]

Diante das considerações doutrinárias apresentadas, pode-se verificar que os serviços públicos são, no direito brasileiro, em geral considerados atividades prestadas de forma direta ou indireta pelo Estado, sob um regime jurídico especial de direito público, com vistas à satisfação de necessidades elementares da sociedade. Tal definição incorpora os elementos material (atividade destinada à satisfação de necessidades coletivas), orgânico (prestadas pelo Estado ou por quem lhe faça as vezes) e formal (sob um regime de direito público).[63] Esses seriam, portanto, os traços fundamentais do serviço público no direito brasileiro em geral.

1.2.3 Aplicação e consequências do regime jurídico de direito público

Verifica-se, então, que o elemento formal dos serviços públicos (*i. e.*, seu regime jurídico de direito público) é um dos mais relevantes para sua configuração. Embora se detectem algumas discussões entre a maior relevância dos critérios orgânico ou material, o critério formal está presente em todas as definições. Por isso, torna-se relevante perquirir

---

[61] FIGUEIREDO, Lúcia Valle. *Curso de direito administrativo*. 6. ed. São Paulo: Malheiros, 2003. p. 78-79.

[62] Cf. MEDAUAR, Odete. *Direito administrativo moderno*. 10. ed. São Paulo: Revista dos Tribunais, 2006. p. 315-316.

[63] Acerca da evolução que nesse ponto mencionamos, confira-se: LEAL, Rogério Gesta. O serviço público no Brasil e seus impactos extra-normativos: aspectos econômicos e sociais das decisões judiciais. *Interesse Público*, Belo Horizonte, ano 11, n. 57, p. 32 *et seq.*, set./out. 2009.

qual o efetivo conteúdo do elemento formal, sua extensão e suas decorrências na configuração jurídica dos serviços públicos.

Pode-se indicar uma linha comum entre os entendimentos apontados: do regime jurídico de direito público incidente sobre os serviços públicos decorrem certas prerrogativas especiais em favor do Estado prestador (ou daqueles que venham a prestar a atividade em nome e no lugar do Estado), que podem ou não vir associadas a deveres especiais, nos casos em que se considere que princípios como universalização, modicidade tarifária, continuidade e outros integram o regime jurídico de direito público.[64]

Essas prerrogativas têm uma enorme abrangência, pois abarcam diversos benefícios e privilégios conferidos ao Estado prestador dos serviços públicos, ou a quem esteja em seu lugar por delegação, tais como benefícios fiscais (artigo 31 da Constituição Federal de 1946) e privilégios em processos de execução patrimonial. Todavia, uma das mais relevantes do chamado regime jurídico de direito público incidente sobre os serviços públicos reside, nesta linha, na *exclusividade de prestação conferida à atividade*.

Na formulação mais comum no direito pátrio,[65] a incidência de um regime jurídico de direito público sobre os serviços públicos transforma a atividade em uma ação prestada em regime de *exclusividade estatal*. Conforme entendimento de parcela significativa da doutrina administrativista brasileira, *a prestação de um serviço público implica*, ipso iure, *por conta do regime jurídico de direito público, uma reserva de mercado exclusiva nas mãos do Estado, com a subtração da atividade do âmbito da livre iniciativa econômica, fazendo com que apenas o Estado ou quem dele receba uma delegação possa explorar a atividade*.

Gaston Jèze indica a presença de monopólio estatal como forte indício da existência de um serviço público, pois a eleição de uma atividade como serviço público faz do Estado seu titular, legitimando a exclusividade.[66] Da mesma forma, Themistocles Brandão Cavalcanti sustenta que os serviços públicos são apenas aqueles prestados

---

[64] Por exemplo, para Mário Masagão, os princípios dos serviços públicos são caracteres gerais dos serviços públicos e não princípios a eles aplicáveis. Cf. *Curso de direito administrativo*, p. 268.

[65] Mencione-se aqui que a construção não é exclusiva do direito brasileiro. No direito argentino também há quem defenda que os serviços públicos devem ser prestados em regime de exclusividade estatal. Neste sentido, confira-se: GORDILLO, Agustín. *Tratado de derecho administrativo*. Belo Horizonte: Del Rey, 2006. t. II, p. VI-10-11.

[66] JÈZE. *Principios generales del derecho administrativo*, v. 2, p. 23.

diretamente pelo Estado ou por particulares em regime de concessão estatal. Caso haja atividade com maior liberdade econômica, ter-se-ia um *serviço público impróprio*, ou seja, uma atividade de interesse coletivo, mas sem configurar um serviço público. Assim, o autor também defende um regime de exclusividade estatal para os serviços públicos.[67]

Para Mário Masagão, os serviços públicos têm essa natureza seja porque sobre eles recai um *monopólio público*, seja porque são prestados em um regime de privilégio, decorrente do poder de seu prestador explorar, sem possíveis concorrências, os bens do domínio público. Logo, as atividades erigidas a serviço público ou são monopolizadas pelo Estado ou implicam um privilégio estatal consistente no direito de utilização de bens do domínio público.[68] O mesmo entendimento é compartilhado por José Cretella Júnior.[69]

Na visão de Ruy Cirne Lima, os serviços públicos são essencialmente exclusivos do Estado em razão de sua vinculação com a organização administrativa e com os deveres impostos ao Estado. Com isso, atividades que venham a ser assumidas pelo Estado em razão de sua relevância social e que demandem o uso de bens do domínio público são consideradas *serviços públicos* e, como tais, são exclusivas do poder público, devendo ser prestadas de forma direta ou em regime de concessão ou permissão.[70]

Para Celso Antônio Bandeira de Mello, os serviços públicos são atividades que não são convenientes de serem deixadas para a livre iniciativa, devendo ser necessariamente assumidas pelo Estado. A permanência de uma atividade erigida a serviço público como atividade de livre acesso retira por completo sua função como serviço público.[71]

---

[67] CAVALCANTI. *Tratado de direito administrativo*, v. 2, p. 50-51.

[68] MASAGÃO. *Curso de direito administrativo*, p. 271.

[69] CRETELLA JR., José. *Direito administrativo brasileiro*. 2. ed. Rio de Janeiro: Forense, 2000. p. 428, 429.

[70] Cf. LIMA. Organização administrativa e serviço público no direito administrativo brasileiro, p. 131-132.

[71] Note-se aqui que o autor faz um comentário acerca da possibilidade de coexistência da mesma atividade em dois regimes jurídicos que poderia demonstrar uma incompatibilidade entre nossas afirmações e o entendimento do autor. Contudo, segundo o autor, apenas os serviços públicos de saúde, educação, assistência social e previdência social podem ser explorados em coexistência de regimes. Os demais serviços públicos previstos na Constituição Federal, que constituem o objeto de estudo deste trabalho, seriam exclusivos do Estado ou daqueles que vierem a receber uma delegação do Estado. Cf. MELLO. *Curso de direito administrativo*, p. 644, 650-652.

Assim, para o autor, a constituição de um serviço público resulta na existência de uma *prestação exclusiva* pelo Estado, ou por seu delegatário.[72]

No posicionamento de Maria Sylvia Zanella Di Pietro, os serviços públicos devem estar fora da livre iniciativa, sendo de reserva estatal exclusiva. Caso um determinado serviço público venha a ser colocado em ambiente de livre iniciativa, segundo a autora, ele deixa de ser serviço público propriamente dito e passa a ser um serviço público "virtual" ou "impróprio", apenas sendo um serviço público próprio quando prestado de modo exclusivo pelo Estado ou por um delegatário em regime de concessão ou permissão.[73]

Desse modo, em tradicionais concepções doutrinárias da característica de serviço público incidente sobre certa atividade resulta a aplicação de um *regime jurídico de direito público*, do qual decorre *uma exclusividade estatal na exploração da atividade*, ficando vedado, em tese, o livre acesso por particulares. Sendo assim, a prerrogativa de exploração exclusiva pelo Estado, a qual integraria o regime jurídico de direito público, seria elemento configurador dos serviços públicos. Em outras palavras, a constituição de um serviço público interditaria a adoção das regras de mercado para a atividade e afastaria a livre iniciativa, eis que seu regime público típico impossibilita a aplicação dessas.[74]

1.3 O serviço público como forma de atividade econômica especial

Uma das teorias mais relevantes apresentadas nas últimas décadas no Brasil acerca da natureza jurídica dos serviços públicos é aquela formulada por Eros Roberto Grau, para quem os serviços públicos formariam uma *categoria especial de atividade econômica*. Para ele, "*atividade econômica é* gênero *no qual se inclui a* prestação de serviços públicos",[75] de tal forma que as atividades econômicas seriam divididas em atividades econômicas em sentido amplo e atividades econômicas em

---

[72] MELLO. *Curso de direito administrativo*, p. 633. Ademais, confira-se o conteúdo da nota de rodapé nº 5 do Capítulo XI da mesma obra, que, a despeito de seu conteúdo essencialmente político, deixa muito clara a sua posição quanto à reserva exclusiva dos serviços públicos ao Estado ou a seu delegatário.

[73] DI PIETRO. *Direito administrativo*, p. 215-216.

[74] Cf. GROTTI. *O serviço público e a Constituição Brasileira de 1988*, p. 139.

[75] GRAU, Eros Roberto. *Elementos de direito econômico*. São Paulo: Revista dos Tribunais, 1981. p. 89, destaques do original.

sentido estrito. As primeiras abarcariam todas as atividades econômicas, inclusive os serviços públicos, ao passo que as segundas seriam apenas aquelas insertas em um contexto de livre iniciativa, do qual são excluídos, por conseguinte, os serviços públicos. Afirma o autor:

> Pretende o capital reservar para sua exploração, *como atividade econômica em sentido estrito*, todas as matérias que possam ser, imediata ou potencialmente, objeto de profícua especulação lucrativa. Já o trabalho aspira atribua-se ao Estado, para que este as desenvolva não de modo especulativo, o maior número possível de *atividades econômicas (em sentido amplo)*. É a partir deste confronto – do estado em que tal confronto se encontrar, em determinado momento histórico – que se ampliarão ou reduzirão, correspectivamente, os âmbitos das *atividades econômicas em sentido estrito* e dos *serviços públicos*. Evidentemente, a ampliação ou retração de um ou de outro desses campos será função do poder de reivindicação, instrumentado por poder político, de um e outro, capital e trabalho. A definição, pois, desta ou daquela parcela da *atividade econômica em sentido amplo* como *serviço público* é – permanecemos a raciocinar em termos de um modelo ideal – decorrência da captação, no universo da realidade social, de elementos que informem adequadamente o estado, em um certo momento histórico, do confronto entre interesses do capital e do trabalho.[76]

Ainda, a "iniciativa econômica está para o setor privado assim como o serviço público está para o setor público".[77] Sendo assim, verifica-se, pela teoria formulada por Eros Roberto Grau, que haveria determinadas atividades econômicas naturalmente destinadas à exploração pelo Estado. Essas seriam parcela daquelas atividades econômicas em sentido amplo que apresentariam um elemento que as predispusesse para prestação estatal. Portanto, enxerga o autor a existência de uma *livre iniciativa pública* para a exploração de referidas atividades econômicas.

De acordo com esse entendimento, as atividades que se configuram como serviços públicos são atividades econômicas em sentido amplo, que, em razão de sua relevância à consecução da coesão social, são convertidas em serviços públicos. Com isso, a concepção do autor

---

[76] GRAU. *A ordem econômica na Constituição de 1988*, p. 147, destaques do original.

[77] GRAU, Eros Roberto. *Direito, conceitos e normas*. São Paulo: Revista dos Tribunais, 1988. p. 110.

de serviço público prescinde de uma análise prévia de seu regime jurídico ou de seu prestador. A atividade, em si própria, conteria elementos que a fizessem despontar como um serviço público.

Afirma o autor:

> Serviço público, diremos, é atividade indispensável à consecução da coesão social. Mais: o que determina a caracterização de determinada parcela da atividade econômica em sentido amplo como serviço público é a sua vinculação ao interesse social.[78]

Não haveria nem na Constituição, nem na legislação infraconstitucional um rol fechado das atividades constituintes de serviços públicos. Pelas concepções do autor na teoria em debate, o caráter principiológico e programático da Constituição autoriza afirmar que qualquer atividade que seja indispensável para a *coesão social* será um serviço público. Nessa perspectiva, a caracterização de um serviço público prescindiria de qualquer análise jurídica, bastando apenas os próprios delineamentos da atividade em função das necessidades do interesse social. Com isso, para ele, um serviço público não seria caracterizado em razão de seu regime jurídico, mas, sim, apresentaria um regime jurídico próprio, porque serviço público.[79]

Por conseguinte, o que se pode extrair da teoria é a divisão das atividades econômicas em atividades econômicas em sentido estrito e serviços públicos (atividades econômicas em sentido amplo). As primeiras pertencem à iniciativa privada, somente podendo ser exploradas pelo Estado nos casos com expressa autorização pela Constituição Federal (artigo 173). E as segundas pertencem ao Estado por serem atividades de extrema relevância para a coesão social, somente podendo ser exploradas por particulares em casos específicos, por meio de concessão ou permissão (artigo 175).

Permanecendo na trilha do autor sobre a teoria das atividades econômicas especiais, o reconhecimento de uma determinada atividade econômica em sentido amplo como serviço público não é irrelevante juridicamente. Além da obrigação estatal de sua exploração, em regra, as atividades econômicas em sentido amplo convertidas a serviço público implicariam um direito *privativo* do Estado, exceto nos casos em que

---

[78] GRAU. *A ordem econômica na Constituição de 1988*, p. 159.
[79] Cf. GRAU. *A ordem econômica na Constituição de 1988*, p. 163-166.

a Constituição disponha em sentido contrário. Assim, a Constituição Federal criaria serviços públicos privativos (aqueles previstos no artigo 175) e serviços públicos *não privativos*, representados pelos serviços de saúde e educação, que, por força de dispositivo constitucional expresso, abertos à livre iniciativa privada (artigos 199 e 209).[80]

Com relação aos serviços públicos de que cuidamos neste trabalho (os serviços públicos econômicos previstos no artigo 175 da Constituição Federal), entende Eros Roberto Grau que sua constituição *o torna uma atividade privativa do Estado* e, portanto, subtraído da livre iniciativa econômica, de tal forma que seu empreendimento por particulares apenas pode se dar no regime público por meio de concessão, permissão e autorização.[81] Ele não aceita a hipótese de assimetria de regimes, na qual os serviços públicos podem ser explorados simultaneamente nos regimes público e privado, tal como se depreende das seguintes colocações:

> O raciocínio desenrolado era evidentemente errôneo, visto ter partido de premissa equivocada, qual seja, a de que a mesma atividade caracteriza ou deixa de caracterizar serviço público conforme esteja sendo empreendida pelo Estado ou pelo setor privado. Isso, como se vê, é inteiramente insustentável.
>
> Assim, o que torna os chamados serviços públicos não privativos distintos dos privativos é a circunstância de os primeiros poderem ser prestados pelo setor privado independentemente de concessão, permissão ou autorização, ao passo que os últimos apenas poderão ser prestados pelo setor privado sob um desses regimes.[82]

Para Fernando Herren Aguillar, os serviços públicos devem ser vistos a partir de uma análise de atividades econômicas. Na visão do autor, os serviços públicos seriam atividades reservadas para o Estado, enquanto as demais atividades econômicas são destinadas aos particulares. A grande ruptura com o pensamento de Eros Grau na formulação de Fernando Herren Aguillar reside no fato de que, para esse último, os serviços públicos são previstos de forma exaustiva na Constituição Federal, de tal forma que apenas existem serviços públicos quando o texto constitucional expressamente assim declarar, não havendo a

---

[80] Cf. GRAU. *A ordem econômica na Constituição de 1988*, p. 153.

[81] No Capítulo 7, adiante, teceremos alguns comentários acerca do papel e da relação entre autorização e serviços públicos.

[82] Cf. GRAU. *A ordem econômica na Constituição de 1988*, p. 153-154.

possibilidade de criação de serviços públicos adicionais em razão de elementos intrínsecos da atividade.[83]

Diante dessas considerações, é possível apresentarmos os pontos comuns e conflitantes entre as concepções mais tradicionais dos serviços públicos e a concepção do serviço público como atividade econômica especial.

Em primeiro lugar, segundo a teoria dos serviços públicos como atividades econômicas especiais, não há a colocação do tema dos serviços públicos como elemento de identificação do direito administrativo ou como delimitador da esfera pública, tal qual ocorre com relação às primeiras teorias fortemente influenciadas pelo direito francês.[84] Com isso, a noção de serviço público restringe-se, de forma exclusiva, a atividades econômicas, não abarcando quaisquer outras estatais, como as sociais e as culturais.[85]

Ademais, segundo a teoria dos serviços públicos como atividades econômicas especiais, o relevante para a definição de um serviço público não será o regime jurídico sobre ele incidente, tampouco o reconhecimento, em lei, da configuração de serviço público. Será, no entanto, a natureza fática da atividade em vista das necessidades sociais, da qual decorrerá, *ipso facto*, o seu regime especial e a sua colocação no campo

---

[83] Cf. AGUILLAR, Fernando Herren. *Controle social dos serviços públicos*. São Paulo: Max Limonad, 1999. p. 125, 133-134.

[84] Sobre a questão, observa Dinorá Adelaide Musetti Grotti: "Os serviços públicos, de forma diferente, a par de sua dimensão econômica – visto serem também relativos a bens escassos – obedecem a parâmetros diferentes a respeito de oportunidade e conveniência de serem prestados em determinadas condições, sob prerrogativas e sujeições especiais. Referem-se ao espaço público e não ao espaço privado, e sua qualificação como serviço público supõe excluir uma atividade das regras de mercado. Dessa forma, os serviços públicos podem ter diferentes modos de prestação, atendendo às necessidades coletivas, à garantia dos usuários, funcionando, inclusive, como uma técnica de proteção aos direitos humanos, consoante a maneira conjuntural de abordar a realidade social em determinado momento histórico" (*O serviço público e a Constituição Brasileira de 1988*, p. 139).

[85] A Constituição Federal contempla gama relativamente ampla de atividades econômicas enfeixadas sob a noção de serviço público, as quais vão de atividades meramente administrativas (serviço público em sentido orgânico) até serviços de natureza eminentemente social (saúde e educação), perpassando por atividades nitidamente econômicas. Assim, a visão dos serviços públicos como atividades essencialmente econômicas deveria, necessariamente, excluir as atividades prestacionais de saúde e educação, eis que estas estão situadas fora da ordem econômica e são serviços públicos sociais e não econômicos. Daí decorre, segundo nosso entendimento, contradição na teoria de Eros Roberto Grau, uma vez que o autor restringe a noção de serviços públicos a atividades econômicas e inclui, dentre os serviços públicos, atividades que, quando exploradas pelo Estado, jamais serão atividades econômicas.

de atuação do Estado (independente de sua previsão *numerus clausus* ou não no texto constitucional).

De outro turno, no tocante aos traços comuns, tanto a concepção do serviço público como elemento definidor do direito administrativo, quanto aquela que vê esse serviço como atividade econômica especial enxergam consequência idêntica: a eleição de uma atividade como serviço público interdita, de forma necessária, seu exercício pelos particulares, exceto se detentores de concessões, permissões ou autorizações, resultantes de iniciativa do poder público. Vale dizer, em ambos os casos, entende-se haver uma interdição imanente à livre iniciativa como decorrência da configuração de determinada atividade como serviço público.

No caso da visão mais comum do direito administrativo, tal interdição decorre da inserção do serviço público no campo típico de atividades do Estado e de sua submissão a um regime jurídico de direito público, contrário a um regime de livre iniciativa e livre concorrência. De outro bordo, no caso da visão dos serviços públicos como atividades econômicas especiais, a interdição à livre iniciativa seria uma decorrência do caráter privativo devido a seu relevo para a coesão social.

1.4 O reflexo da doutrina na jurisprudência do Supremo Tribunal Federal

As concepções doutrinárias mencionadas ao longo deste capítulo passaram, ao longo do tempo, a exercer reflexo na jurisprudência do Supremo Tribunal Federal. Não o exerceram, porém, de forma uniforme. Há momentos em que o aspecto material dos serviços públicos tem força preponderante, sendo sucedido, em vezes, pelo aspecto formal e em outras oportunidades pelo aspecto orgânico.

Há que se observar que o Supremo Tribunal Federal não emprega o termo "serviço público" só com o sentido aqui adotado. Referido termo é usado pelo Tribunal para designar uma série de atividades públicas, que abrangem desde a exploração de determinadas atividades pelo Estado até a atividade orgânica da administração pública.[86]

---

[86] Nesse sentido, muito propriamente afirma Adriana de Moraes Vojvodic que a utilização do termo "serviços públicos" pelo Supremo Tribunal Federal "não segue um critério muito rígido por parte do Tribunal". Cf. Nos labirintos do STF: em busca do conceito de "serviço público": uma visão a partir do caso "ECT". *In*: COUTINHO, Diogo Rosenthal; VOJVODIC,

Sem o intuito de, neste ponto, extrair da jurisprudência do Supremo Tribunal Federal *um conceito de serviço público*, a partir de decisões pontuais se demonstrará como as noções doutrinárias de serviços públicos afetam as decisões do Supremo Tribunal Federal, ante uma finalidade: evidenciar como o entendimento que rejeitamos se realiza na prática do direito administrativo brasileiro. Vale dizer, procuraremos demonstrar como há decisões que se constroem em torno da noção de uma prerrogativa estatal e não de um direito dos cidadãos.

Identificaremos decisões que (i) atribuem ao Estado (ou a seu delegatário) privilégios e prerrogativas na prestação dos serviços públicos; (ii) adotam uma concepção subjetiva de serviço público, conferindo ao Estado benefícios de serviços públicos mesmo em situações nas quais não há materialmente um serviço público; (iii) em sentido contrário, identificam o serviço público a partir de uma concepção objetiva, conferindo benefícios e privilégios apenas nos casos em que haja a prestação de um serviço público sob o aspecto material;[87] (iv) atribuem ao Estado, além de outros privilégios, exclusividade na prestação dos serviços públicos; e (v) tratam sobre a possibilidade de criação por lei de serviços públicos. Em todos os casos, ficará ressaltada, com clareza, a influência da formação doutrinária da noção de serviço público, a partir da segunda metade da década de 1930 sobre a jurisprudência do principal tribunal brasileiro.

1.4.1 Atribuição de benefícios e prerrogativas

Um dos grandes temas enfrentados pelo Supremo Tribunal Federal em matéria de serviços públicos foi o tema dos benefícios fiscais. Em consonância com o que demonstramos anteriormente, parte essencial do regime jurídico dos serviços públicos, segundo a doutrina apresentada a partir da década de 1940, era exatamente a atribuição de benefícios e isenções fiscais às empresas prestadoras de serviços públicos.

Nesse caminho, diversos são os casos em que o Supremo Tribunal Federal é chamado para decidir sobre a aplicação dos benefícios contidos

---

Adriana (Org.). *Jurisprudência constitucional*: como decide o STF?. São Paulo: Malheiros, 2009. p. 418.

[87] A existência de decisões que ora se norteiam pelo critério subjetivo de serviço público e ora pelo critério objetivo demonstra a falta de uniformidade no tratamento conferido pela mais alta Corte brasileira ao tema do serviço público.

no artigo 31[88] da Constituição de 1946 e dispositivos semelhantes previstos nas cartas constitucionais subsequentes, como o artigo 150 da Constituição de 1988.

No teor de considerações doutrinárias, o Tribunal em diversos casos decidiu pela concessão de benefícios e privilégios a prestadores de serviços públicos, independente da forma jurídica adotada para a prestação do serviço (empresa pública, sociedade de economia mista, autarquia ou concessão). É o que se depreende, entre outros, do recurso extraordinário RE nº 17.468/DF,[89] relatado pelo Ministro Orozimbo Nonato, e da decisão cautelar AC nº 1851QO/RO,[90] bem posterior, relatada pela Ministra Ellen Gracie.

Note-se que a concessão de benefícios fiscais habitualmente era restrita à prestação de serviço público e ao regime de concessão, negando-se qualquer benefício a empresas que não prestam serviços públicos ou que não se sujeitam ao regime de concessão. Isso ocorre, pois o instrumento habilitador à prestação dos serviços é considerado essencial para a definição de direito aos privilégios tributários, em razão da discriminação feita entre os regimes de prestação direta, concessão e permissão. É, com exatidão, o que se depreende do RE nº 67.722/SP,[91]

---

[88] Determinava o dispositivo (*in verbis*): "Art. 31 – A União, aos Estados, ao Distrito Federal e aos Municípios é vedado: (...) V – lançar impostos sobre: a) bens, rendas e serviços uns dos outros, sem prejuízo da tributação dos serviços públicos concedidos, observado o disposto no parágrafo único deste artigo; (...) Parágrafo único – Os serviços, públicos concedidos, não gozam de isenção tributária, salvo quando estabelecida pelo Poder competente ou quando a União a instituir, em lei especial, relativamente aos próprios serviços, tendo em vista o interesse comum".

[89] Dispõe a ementa da decisão (*in verbis*): "Concessão de serviço público. Imunidade fiscal. Lei especial de isenção. Poderes implícitos da união. Conhecimento e desprovimento do recurso".

[90] Dispõe a ementa da decisão (*in verbis*): "recurso extraordinário. Concessão de efeito suspensivo. Presença dos pressupostos autorizadores da tutela. Ação cautelar submetida a referendo. Tributário. Imunidade recíproca. Art. 150, VI, a, da Constituição Federal. 1. Plausibilidade jurídica do pedido (*fumus boni juris*) diante do entendimento firmado por este Tribunal quando do julgamento do RE 407.099/RS, rel. Min. Carlos Velloso, 2ª Turma, DJ 06.8.2004, no sentido de que as empresas públicas e sociedades de economia mista prestadoras de serviço público de prestação obrigatória e exclusiva do Estado são abrangidas pela imunidade tributária recíproca prevista no art. 150, VI, a, da Constituição Federal. 2. Exigibilidade imediata do tributo questionado no feito originário, a caracterizar o risco de dano irreparável ou de difícil reparação (*periculum in mora*). 3. Decisão cautelar referendada".

[91] Dispõe a ementa do acórdão (*in verbis*): "Empresa aeroviária. Permissionária e não concessionária de serviço público. A sua execução está sujeita não a contrato, mas as normas do poder público, sem exclusividade. Imposto de indústrias e profissões. Devido porque nem a constituição, nem a lei autorizam a sua isenção. Conhecimento e provimento do recurso".

CAPÍTULO 1
A NOÇÃO TRADICIONAL DE SERVIÇO PÚBLICO E SEU REGIME JURÍDICO NO BRASIL

relatado pelo Ministro Themistocles Brandão Cavalcanti, em que se nega isenção fiscal a permissionária de serviço público, bem como do RE nº 92.937/RJ,[92] relatado pelo Ministro Rafael Mayer.

1.4.2 Concepção subjetiva de serviço público

Outra influência da doutrina sobre a jurisprudência do Supremo Tribunal Federal em matéria de serviços públicos é a adoção, em determinadas decisões citadas, de uma noção *subjetiva* de serviço público, pela qual todas as atividades exploradas pelo Estado configuram serviços públicos e, portanto, estão sujeitas ao regime jurídico típico de tais serviços.

Na mesma trilha, há decisões do Supremo Tribunal Federal estendendo ao Banco do Brasil e à Caixa Econômica Federal as isenções tributárias a que faziam jus os prestadores de serviços públicos. Entre diversos outros com o mesmo teor,[93] o recurso extraordinário RE nº 18.560,[94] relatado pelo Ministro Nelson Hungria, reconheceu o Banco do Brasil como prestador de serviço público federal e a ele estendeu todos os privilégios fiscais típicos aplicáveis aos serviços públicos; em igual molde, o RE nº 49.521/DF,[95] relatado pelo Ministro Antonio Villas Boas, relacionado à Caixa Econômica Federal.[96]

---

[92] Dispõe a ementa do acórdão (*in verbis*): "Imposto sobre serviços. Obras contratadas com a Petrobras. Sociedade de economia mista. Decreto-lei 406/68 (inaplicação). – a execução de obras hidráulicas ou de construção civil. Contratada com a Petrobras, não goza da isenção prevista no art. 11 do decreto-lei 406-68, em virtude de não ser ela concessionária de serviço público, porém sociedade de economia mista. Recurso extraordinário conhecido e provido".

[93] Entre outros: RE nº 16.572, relatado pelo Ministro Mário Guimarães, RE nº 21.296, relatado pelo Ministro Afrânio Costa, RE nº 21.044, relatado pelo Ministro Nelson Hungria, RE nº 20.394, relatado pelo Ministro Ribeiro da Costa, RE nº 7.866, relatado pelo Ministro Nelson Hungria, RE nº 18.199, relatado pelo Ministro Ribeiro da Costa.

[94] Dispõe a ementa do acórdão (*in verbis*): "O Banco do Brasil é um delegado de serviços públicos federais e, como tal, goza de imunidade fiscal, nos termos do art. 31, v, letra a, da Constituição. Não há distinguir, para o efeito dessa imunidade, entre suas atividades de caráter público e suas atividades de caráter privado, pois umas e outras de tal forma se conjugam, que constituem uma unidade incindível. Mesmo os imóveis por ele adquiridos para sede de seu estabelecimento principal ou de suas agencias estão afetados, inseparavelmente, aos seus fins públicos e privados".

[95] Dispõe a ementa do acórdão (*in verbis*): "A Caixa Econômica Federal, serviço público federal, goza de imunidade tributária do artigo 31 da Constituição da Republica, não podendo o Estado lançar impostos sobre os seus bens".

[96] Importante mencionar que ao tempo das decisões em comento, o Banco do Brasil acumulava as funções de banco central e de entidade da União Federal destinada a garantir a efetividade das políticas públicas de crédito. Portanto, poder-se-ia afirmar que apenas os benefícios eram concedidos em razão da parcela de serviço público em sentido orgânico prestada pelo Banco do Brasil. Contudo, como se depreende do recurso extraordinário RE nº 49.521,

Cotejando-se a decisão com a doutrina de Themistocles Brandão Cavalcanti e de Ruy Cirne Lima, pode-se, com nitidez, verificar seu reflexo na jurisprudência da Corte, na medida em que ambos os doutrinadores, sob forte influência francesa, atribuem forte peso ao elemento subjetivo dos serviços públicos, tendendo, na esteira das lições de Jèze, a considerar todas as atividades estatais como serviços públicos.[97]

1.4.3 Concepção objetiva de serviço público

Com o desenvolvimento, no âmbito da doutrina, da distinção entre prestação de serviços públicos e exploração de atividades econômicas, tem início, no âmbito do Supremo Tribunal Federal, uma reflexão acerca da adoção da concepção subjetiva de serviços públicos. Sendo assim, mais recente, há decisões que reconhecem a aplicação apenas às empresas estatais prestadoras de serviços públicos de privilégios fiscais e executivos, o que demonstra um afastamento da concepção subjetiva e uma aproximação à concepção objetiva de serviço público. É o caso do já citado RE nº 92.937, relatado pelo então Ministro Rafael Mayer, do RE nº 108.498/SP,[98] relatado pelo então Ministro Carlos Madeira.

Mais emblemático, nesse sentido, é o entendimento da Corte com relação aos serviços postais. No Recurso Extraordinário nº 220.906-9/DF, relatado pelo Ministro Maurício Corrêa, o Supremo Tribunal Federal faz clara apartação entre serviços públicos e atividades econômicas. Como

---

verifica-se que o fundamento da decisão é realmente uma concepção subjetiva dos serviços públicos.

[97] A exceção é o RMS nº 1.314/RJ, relatado pelo Ministro Aníbal Freire em 1950, que nega à Companhia Siderúrgica Nacional, então estatal, os privilégios do serviço público em razão da decisão, baseada no elemento objetivo dos serviços públicos, que referida empresa não era prestadora de serviços públicos. Esta decisão demonstra claramente a impossibilidade de se procurar qualquer uniformidade na jurisprudência do STF, eis que é contemporânea a diversas decisões que reconheceram o Banco do Brasil como prestador de serviços públicos. Dispõe a ementa da decisão em comento (*in verbis*): "Não provimento. Companhia Siderúrgica Nacional. Pela sua organização e estatuto, não pode ser incluída entre os serviços públicos concedidos a que expressamente se refere o art. 31, parágrafo único da Constituição de 1946".

[98] Dispõe a ementa do acórdão: "Imposto sobre serviços. Serviços técnicos de engenharia prestados a empresas estatais. Isenção. Inaplicação do artigo 11 do decreto-lei 406/68. A jurisprudência não reconhece a qualidade de concessionários de serviços públicos às empresas públicas ou sociedades de economia mista, pelo só fato de serem criadas pelo estado, embora não tenham por objeto a prestação de serviços ao público, por conta e risco, mediante remuneração tarifada. Se a empresa para a qual são prestados serviços técnicos, não presta tais serviços, mas tem por objeto outras atividades, não tem aplicação, em relação ao particular, a isenção de que trata o artigo 11 do decreto-lei 406/68. Recurso conhecido e provido".

demonstrado pela respectiva ementa, há a adoção, pelo Tribunal, da natureza jurídica de serviço público dos serviços postais, aplicando à Empresa de Correios e Telégrafos todos os privilégios e benefícios da administração pública direta, apesar da natureza empresarial da atividade, de forma a conferir aos bens da ECT o mesmo regime jurídico dos bens públicos, excluindo-os de um processo de execução patrimonial.[99]

De igual maneira, na AC nº 669/SP, relatada pelo Ministro Carlos Ayres Britto, o STF fez separação entre o regime jurídico das empresas estatais exploradoras de atividade econômica e as empresas estatais prestadoras de serviço público com relação ao processo de execução patrimonial, demonstrando claro apego a uma concepção objetiva de serviço público. Em referida ação, a Corte Suprema impediu o bloqueio de valores depositados nas contas da Companhia do Metropolitano de São Paulo por entender que se tratava de *bens públicos* em razão de sua *afetação à prestação de um serviço público*, tendo afirmado textualmente que "adota-se esse entendimento sobretudo em homenagem ao princípio da continuidade do serviço público, sobre o qual, a princípio, não pode prevalecer o interesse creditício de terceiros".[100]

---

[99] O acórdão em questão recebeu a seguinte ementa: "EMENTA: Recurso extraordinário. Constitucional. Empresa Brasileira de Correios e Telégrafos. Impenhorabilidade de seus bens, rendas e serviços. Recepção do artigo 12 do Decreto-Lei nº 509/69. Execução. Observância do regime de precatório. Aplicação do artigo 100 da Constituição Federal. 1. À empresa Brasileira de Correios e Telégrafos, pessoa jurídica equiparada à Fazenda Pública, é aplicável o privilégio da impenhorabilidade de seus bens, rendas e serviços. Recepção do artigo 12 do Decreto-lei nº 509/69 e não-incidência da restrição contida no artigo 173, §1º, da Constituição Federal, que submete a empresa pública, a sociedade de economia mista e outras entidades que explorem atividade econômica ao regime próprio das empresas privadas, inclusive quanto às obrigações trabalhistas e tributárias. 2. Empresa pública que não exerce atividade econômica e presta serviço público da competência da União Federal e por ela mantido. Execução. Observância ao regime de precatório, sob pena de vulneração do disposto no artigo 100 da Constituição Federal. Recurso extraordinário conhecido e provido".

[100] Dispõe a ementa do acórdão (*in verbis*): "Constitucional e processo civil. Sociedade de economia mista, prestadora de serviço público. Sistema metroviário de transportes. Execução de título judicial. Penhora incidente sobre receita de bilheterias. Recurso extraordinário com alegação de ofensa ao inciso II do §1º do art. 173 da Magna Carta. Medida cautelar. Até o julgamento do respectivo recurso extraordinário, fica sem efeito a decisão do Juízo da execução, que determinou o bloqueio de vultosa quantia nas contas bancárias da executada, Companhia do Metropolitano de São Paulo – METRÔ. Adota-se esse entendimento sobretudo em homenagem ao princípio da continuidade do serviço público, sobre o qual, a princípio, não pode prevalecer o interesse creditício de terceiros. Conclusão que se reforça, no caso, ante o caráter essencial do transporte coletivo, assim considerado pelo inciso V do art. 30 da Lei Maior. Nesse entretempo, restaura-se o esquema de pagamento concebido na forma do art. 678 do CPC. Medida cautelar deferida".

1.4.4 Exclusividade na prestação dos serviços públicos

Há casos em que o Supremo Tribunal Federal faz a associação direta da instituição de um serviço público com um regime de exclusividade em favor do Estado, em consonância ao entendimento doutrinário acerca das consequências do serviço público. Em 1963, no RE nº 49.988/SP,[101] relatado pelo Ministro Hermes Lima, o Tribunal decidiu que poderia um município *"retirar a atividade dos serviços funerários do comércio comum"*. Por conseguinte, demonstrou o Tribunal que a instituição de um serviço público implica restrição ao direito fundamental da livre iniciativa e cria um regime de exclusividade de determinada atividade em favor do Estado.

Mais recentemente, na já citada Decisão Cautelar AC nº 1851QO/RO, relatada pela Ministra Ellen Gracie, há expressa menção de serviço público "de prestação obrigatória e exclusiva" pelo Estado (item 2 da ementa supratranscrita). Ou seja, mesmo em julgados mais recentes verifica-se a adoção, pelo mais alto tribunal brasileiro, da exclusividade como um elemento da prestação dos serviços públicos.

O caso mais emblemático sobre o tema é o recente julgamento da Ação de Descumprimento de Preceito Fundamental nº 46/DF sobre os serviços postais, cuja ementa dispõe o quanto segue (*in verbis*):

ARGÜIÇÃO DE DESCUMPRIMENTO DE PRECEITO FUNDAMENTAL. EMPRESA PÚBLICA DE CORREIOS E TELEGRÁFOS. PRIVILÉGIO DE ENTREGA DE CORRESPONDÊNCIAS. SERVIÇO POSTAL. CONTROVÉRSIA REFERENTE À LEI FEDERAL 6.538, DE 22 DE JUNHO DE 1978. ATO NORMATIVO QUE REGULA DIREITOS E OBRIGAÇÕES CONCERNENTES AO SERVIÇO POSTAL. PREVISÃO DE SANÇÕES NAS HIPÓTESES DE VIOLAÇÃO DO PRIVILÉGIO POSTAL. COMPATIBILIDADE COM O SISTEMA CONSTITUCIONAL VIGENTE. ALEGAÇÃO DE AFRONTA AO DISPOSTO NOS ARTIGOS 1º, INCISO IV; 5º, INCISO XIII, 170, CAPUT, INCISO IV E PARÁGRAFO ÚNICO, E 173 DA CONSTITUIÇÃO DO BRASIL. VIOLAÇÃO DOS PRINCÍPIOS DA LIVRE CONCORRÊNCIA E LIVRE INICIATIVA. NÃO-CARACTERIZAÇÃO. ARGUIÇÃO JULGADA IMPROCEDENTE. INTERPRETAÇÃO CONFORME À CONSTITUIÇÃO CONFERIDA AO ARTIGO 42 DA LEI N. 6.538, QUE ESTABELECE SANÇÃO, SE CONFIGURADA A VIOLAÇÃO DO PRIVILÉGIO POSTAL DA UNIÃO. APLICAÇÃO ÀS ATIVIDADES POSTAIS DESCRITAS NO ARTIGO 9º,

---

[101] Dispõe a ementa do acórdão (*in verbis*): "Organização de serviços públicos municipais. Entre estes estão os serviços funerários. Os municípios podem, por conveniência coletiva e por lei própria, retirar a atividade dos serviços funerários do comércio comum".

CAPÍTULO 1
A NOÇÃO TRADICIONAL DE SERVIÇO PÚBLICO E SEU REGIME JURÍDICO NO BRASIL | 73

DA LEI. 1. O serviço postal – conjunto de atividades que torna possível o envio de correspondência, ou objeto postal, de um remetente para endereço final e determinado – não consubstancia atividade econômica em sentido estrito. Serviço postal é serviço público. 2. A atividade econômica em sentido amplo é gênero que compreende duas espécies, o serviço público e a atividade econômica em sentido estrito. Monopólio é de atividade econômica em sentido estrito, empreendida por agentes econômicos privados. A exclusividade da prestação dos serviços públicos é expressão de uma situação de privilégio. Monopólio e privilégio são distintos entre si; não se os deve confundir no âmbito da linguagem jurídica, qual ocorre no vocabulário vulgar. 3. A Constituição do Brasil confere à União, em caráter exclusivo, a exploração do serviço postal e o correio aéreo nacional [artigo 20, inciso X]. 4. O serviço postal é prestado pela Empresa Brasileira de Correios e Telégrafos – ECT, empresa pública, entidade da Administração Indireta da União, criada pelo decreto-lei n. 509, de 10 de março de 1.969. 5. É imprescindível distinguirmos o regime de privilégio, que diz com a prestação dos serviços públicos, do regime de monopólio sob o qual, algumas vezes, a exploração de atividade econômica em sentido estrito é empreendida pelo Estado. 6. A Empresa Brasileira de Correios e Telégrafos deve atuar em regime de exclusividade na prestação dos serviços que lhe incumbem em situação de privilégio, o privilégio postal. 7. Os regimes jurídicos sob os quais em regra são prestados os serviços públicos importam em que essa atividade seja desenvolvida sob privilégio, inclusive, em regra, o da exclusividade. 8. Argüição de descumprimento de preceito fundamental julgada improcedente por maioria. O Tribunal deu interpretação conforme à Constituição ao artigo 42 da Lei n. 6.538 para restringir a sua aplicação às atividades postais descritas no artigo 9º desse ato normativo.

Em referida decisão, o Supremo Tribunal Federal consignou a natureza jurídica das atividades dos serviços postais de *serviços públicos* e procedeu à apartação da noção de serviços públicos da noção de monopólio, na ordem jurídica constitucional. O fundamento da separação foi feito sob a perspectiva de uma segregação entre serviços públicos (atividades econômicas em sentido amplo) e atividades econômicas em sentido estrito. Tal separação deve-se muito ao fato de que o relator da ementa foi o Ministro Eros Grau, autor da teoria da segregação das atividades econômicas entre atividades econômicas em sentido estrito e em sentido amplo, como anteriormente descrito.

Por conta do fundamento da decisão, a Corte Suprema brasileira firmou seu entendimento acerca da inexistência de monopólio sobre as atividades dos serviços postais e reafirmou uma exclusividade em sua prestação por conta da existência de um serviço público, o que ratifica a noção do Tribunal de que os serviços públicos constituem um privilégio em favor do Estado e demonstra a grande influência dos conceitos doutrinários mencionados anteriormente na formação da jurisprudência do STF. Isso ocorre, pois a Corte decidiu que as atividades consideradas serviços públicos não poderiam ser livremente acessadas por particulares sem um título habilitador (concessão ou permissão).[102]

1.4.5 Criação de serviços públicos por lei

Finalmente, a jurisprudência do Supremo Tribunal Federal também apresenta grande influência da doutrina – em especial daquela exposta por Themistocles Brandão Cavalcanti e por Celso Antônio Bandeira de Mello – com relação à ideia de que os serviços públicos só podem ser criados por lei, quando oportuno e conveniente para a realização do interesse público. É o que se depreende do já citado RE nº 49.988/SP, relatado pelo Ministro Hermes Lima, em que a Corte entende ser constitucional a criação de um serviço público novo por lei.

1.4.6 Breve conclusão

Como se pode ver, embora não seja possível extrair-se da jurisprudência do Supremo Tribunal Federal um conceito de serviço público, nem tampouco uma uniformidade na definição de seu regime jurídico (o que, aliás, sequer foi nosso propósito), pode-se verificar que os elementos essenciais identificados pela doutrina para qualificar os serviços públicos desde a segunda metade da década de 1930 são refletidos, com intensidades e circunstâncias distintas, na jurisprudência da Corte até os dias de hoje.

Dessa forma, procurar analisar e rever os conceitos doutrinários demarcadores dos serviços públicos está longe de ser uma tarefa despicienda ou meramente teórica, pois tais conceitos se refletem na prática jurídica brasileira, incluindo a jurisprudência da mais alta Corte nacional.

---

[102] Importante mencionar que na decisão foi assegurado o direito de livre exercício de determinadas atividades referentes à entrega de diversos tipos de correspondências, as quais, segundo o entendimento da Corte, não estariam abarcadas pelo conteúdo do serviço público criado pela Lei nº 6.538/78, o que, em certa medida, corrobora nosso entendimento, pois prevê de forma clara que determinadas atividades econômicas materialmente concorrentes dos serviços públicos podem livremente ser exploradas por agentes econômicos privados, sem qualquer tipo de impedimento de acesso ao mercado.

CAPÍTULO 2

OS FUNDAMENTOS E AS CONSEQUÊNCIAS DA NOÇÃO TRADICIONAL DE SERVIÇO PÚBLICO

2.1 Razões da formação da noção tradicional de serviço público

No capítulo anterior, objetivamos descrever o processo de formação da noção de serviço público no direito brasileiro na visão tradicional. Demonstramos o processo de transição de uma concepção bem aproximada do direito estadunidense de regulação contratual de serviços de utilidade pública para uma concepção influenciada pela Escola do Serviço Público francesa, a partir da incorporação ao direito pátrio das ideias de titularidade estatal da atividade, valorização do elemento subjetivo do serviço público e sujeição a um regime jurídico de direito público, permeado de prerrogativas e benefícios especiais.

Empreendida essa missão, devemos, agora, identificar os fundamentos que levaram a referida transição. Segundo entendemos, tais razões são diversas. Vão desde a influência teórica da Escola do Serviço Público sobre a doutrina brasileira até a busca por fundamentos jurídicos para a realização de atividades de estrito interesse do Governo brasileiro em um determinado momento histórico.

Sendo assim, passaremos, na sequência, a apontar as razões da formação da noção tradicional de serviço público que pudemos identificar a partir do direito positivo e da doutrina mencionados no capítulo anterior.

2.1.1 Influência da Escola do Serviço Público francesa

Analisando-se a doutrina brasileira do direito administrativo predominante, após a década de 1940, verifica-se forte influência da doutrina da Escola do Serviço Público francesa. Enquanto autores como Ruy Barbosa, J. H. Meirelles Teixeira e Bilac Pinto são fortemente influenciados pelo direito norte-americano – e, via de consequência, pela jurisprudência da Suprema Corte norte-americana –, autores de alto prestígio nas décadas de 1940, 1950 e 1960 são fortemente influenciados pela Escola do Serviço Público francesa.

Themistocles Brandão Cavalcanti, por exemplo, cita a noção de serviços de utilidade pública do direito norte-americano (*public utilities*), que deve ser incluída na noção de serviço público por ele descrita, fazendo com que tais atividades ficassem sujeitas ao *regime jurídico de direito público* propugnado pelo autor. Sobre a questão afirma:

> Mas, apesar dessas divergências da jurisprudência norte-americana, não seria, a nosso ver, errado considerar de utilidade pública, de forma genérica, todos os serviços que, de um modo geral, não estão catalogados entre os serviços essenciais do Estado, mas que se podem compreender na noção que acima demos de serviço público.[1]

Mesmo é o caminho trilhado por Ruy Cirne Lima, para quem serviços públicos e serviços de utilidade pública são expressões equivalentes, sendo conceitos formados por sua relevância à satisfação de necessidades da coletividade, o que deixa transparecer forte influência francesa, notadamente de Léon Duguit. Segundo o autor:

> Serviço público e serviço de utilidade pública são expressões que se equivalem. (...)
> Nada melhor caracteriza o serviço do que essa sinonímia. Por ela se patenteia que o serviço público não tem por objeto meramente a utilidade individual e a utilidade coletiva, mas, também, a existência mesma da sociedade como um bem em si própria. Por aquela sinonímia se põe a nu, destarte, a feição distinta do serviço público. Serviço público – podemos dizer, – é todo serviço essencial relativa à sociedade ou, pelo menos num momento dado. Realiza o serviço público o bem do indivíduo e o

---

[1] CAVALCANTI. *Tratado de direito administrativo*, v. 2, p. 60.

bem do agregado, mas consiste a sua feição distintiva em que se mostra concomitantemente à existência da sociedade, bem em si mesma.[2]

Essa mudança de perspectiva, do direito estadunidense para o direito francês, mostra-se bem permeada em toda a doutrina subsequente até os dias atuais, como tivemos a oportunidade de demonstrar no capítulo anterior. Nas considerações doutrinárias posteriores sobre os serviços públicos, apresentadas após a segunda metade da década de 1950, consolida-se a adoção, no direito brasileiro, dos princípios e preceitos da Escola do Serviço Público francesa. Nesse sentido, autores como Celso Antônio Bandeira de Mello, em suas anotações sobre o serviço público, partem dos pressupostos franceses, sem qualquer referência ao direito norte-americano,[3] o que, desde então, é repetido pela doutrina brasileira.[4]

Tal influência sobre a doutrina brasileira foi, pouco a pouco, penetrando no direito positivo e na jurisprudência, fazendo com que o direito brasileiro passasse, a partir da década de 1960, a aceitar de forma predominante a noção de serviço público afrancesada,[5] que até hoje existe entre nós sem maiores questionamentos, abandonando as noções de serviços de utilidade pública e demais noções similares provenientes do direito norte-americano.

2.1.2 A influência do direito italiano

Não apenas o direito francês exerceu influência sobre a construção brasileira da noção de serviço público. O direito italiano também teve seu papel na construção brasileira. Embora seja a noção de serviço público no direito italiano também influenciada pelo direito francês, há certas passagens na construção do serviço público na Itália que são aproveitadas no direito brasileiro, sobretudo a partir da década de 1960,

---

[2] LIMA. *Princípios de direito administrativo brasileiro*, p. 71.

[3] Nesse sentido, confira-se: MELLO. *Natureza e regime jurídico das autarquias*, p. 148 *et seq.*

[4] Note-se que a doutrina de Hely Lopes Meirelles é exceção à regra. Em suas considerações sobre o serviço público, há a separação entre serviço público e serviço de utilidade pública, bem como uma considerável influência da doutrina de autores no começo do século XX. Sobre o tema, confira-se: MEIRELLES. *Direito administrativo brasileiro*, p. 316 *et seq.*; e MEIRELLES, Hely Lopes. Serviço público: telefonia. *In: Estudos e pareceres de direito público*. São Paulo: Revista dos Tribunais, 1982. v. 6, p. 186-187.

[5] A expressão "serviço público afrancesado" é de Carlos Ari Sundfeld. Cf. A administração pública na era do direito global. *In*: SUNDFELD, Carlos Ari; VIEIRA, Oscar Vilhena (Coord.). *O direito na era global*. São Paulo: Max Limonad, 1999. p. 161.

quando autores como Caio Tácito e Celso Antônio Bandeira de Mello trazem para suas considerações determinados doutrinadores italianos da primeira metade do século XX.

Como tivemos a oportunidade de sublinhar no primeiro capítulo, a noção de serviço público na Itália decorre da assunção, pelo Estado, de atividades econômicas de interesse coletivo, como os transportes, as telecomunicações, os serviços postais e o fornecimento de gás e energia elétrica.[6] Mas a assunção de tais atividades pelo Estado, no direito italiano, teve um traço que se repetiu no direito brasileiro e que não era algo imanente à noção de serviço público no direito francês:[7] a criação de uma *reserva originária ou exclusiva* da atividade em favor do Estado. Vale dizer, no direito italiano, quando se instaura a noção de serviço público, opera-se uma tomada da atividade com exclusividade pelo Estado, interditando o acesso de particulares.[8]

Nesse sentido se coloca a observação de Sabino Cassese, fazendo referência à construção histórica da noção de serviço público:

> O regime tradicional dos serviços públicos é caracterizado por dois elementos. O primeiro é a reserva originária ou exclusiva e produz o efeito de privar todos os sujeitos da legitimação de assumir a qualidade de empreendedores nos setores 'reservados'. O regime de reserva, consolidado – como notado anteriormente – no primeiro quarto do século XX, encontrou, depois de algumas décadas, uma consagração no artigo 43 da Constituição, o qual submeteu a reserva originária a uma reserva legal, em decorrência do qual empresas ou categorias de empresas podem ser 'reservadas originariamente' apenas com aprovação legislativa.[9]

Assim, a reserva de mercado criada no Brasil com a instituição da noção de serviço público sobre alguns setores da economia de interesse coletivo (como o setor elétrico, o setor de transportes e o setor de telecomunicações) teve influência muito maior do direito italiano do que do direito francês, eis que a reserva originária de atividades econômicas

---

[6] SORACE. *Estado y servicios públicos*, p. 27-31.

[7] Vale reiterar que a definição de serviço público apresentada por Léon Duguit não trazia a exclusividade estatal como característica necessárias, mas apenas trazia o dever de o Estado *garantir* a atividade. Cf. *Traité de droit constitutionnel*, t. II, p. 61.

[8] Cf. ALESSI, Renato. *Instituciones de derecho administrativo*. Tradução de B. P. P. Barcelona: BOSCH, 1970. t. II, p. 366.

[9] CASSESE. *La nuova costituzione economica*, p. 84, tradução nossa.

desse jaez em favor do Estado ou de seu delegatário é uma construção primariamente italiana, ao invés de francesa.[10]

Demais disso, o direito italiano teve outra influência significativa sobre o direito brasileiro na delimitação da noção de serviço público para as atividades *uti singuli*, como pode se depreender da obra de Caio Tácito,[11] para quem os serviços públicos são apenas aqueles *uti singuli*.

No direito francês, tal como exposto de modo breve no Capítulo 1, a noção de serviço público é muito ampla, abrangendo não apenas atividades de caráter econômico, como também diversas outras atividades estatais prestadas a uma generalidade de indivíduos indistintamente.

Em contrapartida, no direito italiano, a partir da obra de Renato Alessi, nos serviços públicos haveria *relação jurídica* entre Estado e utente. Segundo o autor, há uma bilateralidade na relação jurídica desses serviços, de tal forma que à noção de serviço público seria inerente a fruição individualizada, existente apenas nos serviços públicos *uti singuli*.[12] Desse modo, no direito italiano, a noção de serviço público diferencia-se da noção das demais atividades administrativas pelo fato de que o primeiro seria oferecido a indivíduos definidos e as segundas seriam oferecidas indistintamente a toda a coletividade (são os chamados serviços *uti universi*).

No direito brasileiro, no processo de desenvolvimento e consolidação da noção de serviço público, ela ficou restrita aos serviços públicos *uti singuli*, permanecendo os serviços *uti universi* para o campo de outras atividades estatais não classificáveis como serviços públicos. Além de Caio Tácito,[13] Celso Antônio Bandeira de Mello[14] apresenta forte influência da caracterização *uti singuli* dos serviços públicos, pois a definição de serviço público apresentada pelo autor menciona serem referidas atividades *fruíveis individualmente pelo cidadão*, excluindo de sua definição os serviços *uti universi*.

---

[10] A esse tema retornaremos no tópico 5.4.3.

[11] TÁCITO. *Direito administrativo*, p. 200-201.

[12] Cf. ALESSI, Renato. *Le prestazioni amministrative rese ai privati*. Milano: Giuffrè, 1956. p. 1-12.

[13] TÁCITO. *Direito administrativo*, p. 200-201.

[14] O conceito de serviço público apresentado pelo autor ("serviço público é toda atividade de oferecimento material destinada a satisfação da coletividade em geral, mas fruível singularmente pelos administrados, que o Estado assume como pertinente a seus deveres e presta por si mesmo ou por quem lhe faça as vezes, sob um regime de Direito Público – portanto, consagrador de prerrogativas de supremacia e de restrições especiais –, instituído em favor dos interesses definidos como públicos no sistema normativo", cf. *Curso de direito administrativo*, p. 634) menciona as atividades fruíveis *singularmente*, o que demonstra a restrição do autor da noção de serviço público àqueles *uti singuli*.

2.1.3 Interesses governamentais

Outro elemento a influenciar a origem e a consolidação da noção de serviço público no Brasil foi o plexo de interesses do Governo Federal a partir de fins da década de 1930, quando o Estado brasileiro resolveu iniciar um longo e profundo processo de intervenção direta na economia, capitaneando o desenvolvimento nacional, em alinhamento à tendência verificada em diversos outros países na mesma época.

Como ensina Luís Roberto Barroso:

> O inchamento do Estado brasileiro é um processo contínuo, de muitas décadas. A atuação econômica do Estado, no Brasil, começa no século passado, na década de 40, sob a inspiração da substituição das importações. Com uma iniciativa privada frágil, a economia era impulsionada pelo Estado. Esta década assistiu à criação das primeiras grandes empresas estatais, a Companhia Siderúrgica Nacional, a Fábrica Nacional de Motores, a Companhia Vale do Rio Doce e a Companhia Hidroelétrica do Rio São Francisco.[15]

Há, no plano político-econômico, uma significativa mudança de postura da ação do Estado brasileiro. Um profundo nacionalismo – típico do pensamento da época –, aliado à necessidade de que o Estado dirigisse e promovesse o desenvolvimento levaram à repulsa ao capital estrangeiro, então presente nos então chamados serviços de utilidade pública, e à demanda por maior controle do Estado sobre determinadas atividades econômicas.

Como se pode depreender do relatório da comissão nomeada[16] por Francisco Campos, o principal objetivo do governo ao procurar elaborar um novo marco jurídico para as concessões de serviços públicos era o de conferir ao Estado maior controle sobre as atividades concedidas, já que a regulação contratual vigente no cenário da época não vinha apresentando resultados satisfatórios.

Como anotou Odilon Braga, as concessões dos chamados *serviços de utilidade pública* deixavam muito a desejar, pois o contrato, pela natureza jurídica de direito privado, não conferia ao poder público

---

[15] BARROSO, Luís Roberto. Apontamentos sobre as agências reguladoras. *In*: FIGUEIREDO, Marcelo (Org.). *Direito e regulação no Brasil e nos EUA*. São Paulo: Malheiros, 2004. p. 88.

[16] A comissão ora mencionada é aquela descrita no capítulo anterior, constituída com o objetivo de propor um projeto de lei nacional das concessões de serviços públicos, cujas conclusões foram relatadas por Odilon Braga na obra *Serviços públicos concedidos*.

os poderes necessários para o adequado controle da atividade. Era necessário adotar-se o sistema de concessões existente para portos e ferrovias, tão influenciado pelos modelos europeus, em especial pelo modelo francês.[17]

A adoção do modelo europeu, que pressupunha a propriedade pública e a existência de amplos poderes ao Estado para o controle da atividade concedida, mostrava-se um instrumento útil para o avanço interventivo do Estado sobre o domínio econômico propugnado à época. A necessidade da retomada do controle sobre determinados setores da economia, em especial do setor elétrico, ressaltado por Odilon Braga,[18] tornou a noção afrancesada de serviço público um instrumento muito útil de consecução dos objetivos e interesses do Governo Federal.

Themistocles Brandão Cavalcanti, Procurador-Geral da República na década de 1940,[19] afirmava que o Estado poderia, em relação aos serviços industriais de relevante interesse coletivo, dispor sobre a atividade e *avocar para si a competência para sua prestação*. Segundo o autor, embora a atividade também possa ser explorada por empresas particulares, a finalidade de obtenção de lucro destas poderia obstar o alcance das finalidades públicas imperativas ao Estado, de tal forma que é lícito a ele assumir a atividade, prescindindo do lucro e fazendo realizar as finalidades que lhe são impostas. É claro e subjacente à ideia do autor um incentivo a que o Estado assuma os serviços públicos industriais.[20]

Esse entendimento foi o supedâneo jurídico para que o Estado, a partir da década de 1940, iniciasse um vultuoso processo de nacionalização dos serviços de transporte ferroviário[21] e dos serviços de energia elétrica, com a criação de empresas estatais atuantes nos setores e por meio da aquisição, forçosa ou consensual, de empresas privadas detentoras de concessões. Tal processo viria a ser consolidado e concluído em meados da década de 1970 e incluiria, também, outros serviços públicos,

---

[17] Cf. BRAGA. Serviços públicos concedidos, p. 93-95.

[18] BRAGA. Serviços públicos concedidos, p. 93.

[19] Informação constante da primeira edição da obra *Princípios gerais de direito administrativo*, de 1945.

[20] Cf. CAVALCANTI. *Princípios gerais de direito administrativo*, p. 230-231.

[21] O próprio Themistocles Brandão Cavalcanti apresenta a seguinte nota sobre os serviços de transporte ferroviário na década de 1940: "Entre nós, se a tendência não tem sido esta [estatização], havendo ótimas estradas de ferro particulares, no entretanto, numerosos têm sido os casos de encampação a que foi obrigado o Governo Federal sob pressão de condições financeiras mais do que deficitárias das empresas. Outras, embora se mantendo, recorrem a favores e auxílios oficiais para não caírem em completo descrédito" (*Princípios gerais de direito administrativo*, p. 244).

como os serviços de telecomunicações e os de abastecimento de água e coleta de esgoto.[22] Exemplo disso é a criação, em 1945, por meio do Decreto-Lei nº 8.031, de 3 de outubro, da Companhia Hidroelétrica do Rio São Francisco (CHESF), à qual seria transferida a incumbência de desenvolver a atividade de geração de energia elétrica na região nordeste do Brasil.

Em decorrência do exposto, verifica-se que a noção de serviço público como atividade estatal exclusiva, sujeita a um regime jurídico especial de direito público, teve um relevante papel na apresentação dos fundamentos jurídicos para a encampação, pelo Estado, da prestação de diversos serviços públicos e para os processos de nacionalização e estatização[23] realizados a partir da década de 1940. Inclusive, o principal introdutor e defensor, no direito brasileiro, da noção de serviço público à francesa ocupava cargo de procurador da República, sendo o responsável por auxiliar e dar fundamento jurídico às ações do Governo Federal.

2.1.4 A necessidade de explicação jurídica para situações de fato

Adicionalmente à utilização da noção de serviço público, na linha francesa, para fundamentação jurídica das ações de interesse do Governo Federal, a mesma noção também é utilizada para explicar situações de fato existentes à época, com relação ao desenvolvimento de certas atividades pelo Estado. Ou seja, a noção de serviço público permitiu sustentar juridicamente o exercício de determinadas atividades econômicas pelo Estado.

Note-se que não há a mesma ocorrência mencionada no tópico precedente. Lá, a noção de serviço público surge como fundamento de

---

[22] Uma das últimas empresas privadas do setor elétrico a ser nacionalizada foi a São Paulo Power and Ligh Company, empresa de origem canadense que recebeu a concessão para a exploração dos serviços de eletricidade na cidade de São Paulo no início do século XX por meio de decreto do então Presidente Campos Salles por um prazo de 70 anos e permaneceu privada até 1979, quando foi nacionalizada e integrada ao Grupo Eletrobras, completando a estatização das empresas mais relevantes do setor elétrico brasileiro.

[23] A distinção aqui apresentada entre nacionalização e estatização decorre do fato de que não apenas os serviços federais foram estatizados, como também serviços locais. Exemplo disso é a encampação, em 1940, pela Prefeitura do Município de São Paulo, dos serviços de transporte coletivo de passageiros por bondes, até então explorados pela já citada São Paulo Power and Light Company e transferidos para a Companhia Municipal de Transportes Coletivos (CMTC).

uma política pública de estatização de determinados setores da economia. Nesta hipótese, a noção de serviço público emerge como *explicação jurídica* do empreendimento, pelo Estado, de algumas atividades econômicas, nos casos de questionamentos de legalidade apresentados em função da proteção do direito de livre iniciativa previsto na Constituição.

Exemplo dessa realidade é a discussão, muito comum na década de 1930, da *municipalização dos serviços de abatedouros públicos*. Essa atividade, nas primeiras décadas do século passado, foi em diversos casos assumida pelos Municípios, de tal forma que apenas carnes provenientes de matadouros públicos ou de matadouros concedidos pelas municipalidades poderiam ser comercializadas. Com isso, houve sensível restrição ao direito de livre iniciativa na atividade de abate e comercialização de carne bovina.

O fundamento direto da constituição da atividade de operação e manutenção de abatedouros públicos como serviços públicos era, conforme mencionado pelo poder público, a necessidade de controle da adequação sanitária da atividade de abate de gado, com o propósito de assegurar que doenças relacionadas ao consumo de carne fossem evitadas.[24] Em paralelo, havia também uma razão econômica de controle dos preços da carne comercializada.[25]

Durante a década de 1930, a municipalização dos serviços de abatedouros públicos foi questionada judicialmente pelas empresas (quase sempre estrangeiras) que exploravam a atividade de abate e comércio de carne bovina, sob a alegação de supressão indevida da livre iniciativa. Pretendiam referidas empresas que fosse extinta a exclusividade municipal no abate de gados, para que (i) houvesse matadouros privados ou (ii) fosse possível a importação, de outros municípios, de carne bovina destinada ao abate.

Na mais célebre das discussões, o Supremo Tribunal Federal julgou improcedente o Recurso Extraordinário nº 3.172, proposto em face da Prefeitura do Município de São Paulo pela Sociedade Anônima Frigorífico Anglo, no qual a recorrente impugnava a constitucionalidade do Ato Legislativo Municipal nº 1.526, de 6 de janeiro de 1939, por meio do qual foi municipalizado o serviço de abate de gado, em razão

---

[24] Cf. MELLO, Oswaldo Aranha Bandeira de. *A municipalização de serviços públicos*: contra-razões de recurso extraordinário interposto pela Prefeitura Municipal de São Paulo. São Paulo: Publicação da Prefeitura Municipal de São Paulo, 1939. p. 60-63.

[25] Cf. MELLO. *A municipalização de serviços públicos*, p. 63.

de possível violação ao artigo 25 da Constituição Federal de 1937, que dispunha sobre a livre circulação de bens e mercadorias.

Nas razões da recorrente, preparadas pelo então diretor jurídico do Município de São Paulo, Oswaldo Aranha Bandeira de Mello, há a alegação de que a atividade de abate de gado se constitui em atividade essencial, com enorme relevância para o interesse público, donde se justificaria a instituição de serviço público, com exploração exclusiva pelo Município. No texto das razões, afirmava o jurista:

> O monopólio, portanto, exercido pela PREFEITURA DO MUNICÍPIO DE SÃO PAULO, relativo ao serviço de matança é absolutamente constitucional e está perfeitamente de acordo com a sua tradição governamental.
>
> E esse monopólio é exercido no interesse público. Isso se explica porque, sendo o serviço de abastecimento de carnes à população uma coisa que diz muito de perto à questão da saúde pública, deve ser cuidada de modo mais completo e mesmo todo e qualquer interesse individual. É pois natural o Município chame a si a exploração da matança do gado que deve ser distribuído ao consumo local, porque ele pode, melhor que ninguém, controlar a qualidade e a sanidade do produto a ser consumido, bem como a normalização dos seus preços em bases razoáveis, impedindo abusos dos 'trusts' e facilitando, desse modo, ao público a aquisição desse gênero de primeira necessidade.[26]

Na linha de argumentação desenvolvida, verifica-se a invocação da noção de serviço público em seus caracteres objetivo (atividade essencial à coletividade) e subjetivo (explorado direta e exclusivamente pelo Estado), para justificar a exploração de uma determinada atividade econômica pelo poder público. Embora não haja menção direta à Escola do Serviço Público francesa, há nítida compatibilidade entre os argumentos demonstrados e os preceitos de referida escola. Com isso, verifica-se o uso da noção de serviço público como elemento jurídico justificador da ação estatal no domínio econômico, o que foi aceito pela jurisprudência da época.

A argumentação desenvolvida pela Prefeitura de São Paulo foi aceita por unanimidade pelo Supremo Tribunal Federal. Em acórdão relatado pelo Ministro José Linhares, o recurso extraordinário foi julgado improcedente, mantendo-se a constitucionalidade do ato municipal. Em

---

[26] MELLO. *A municipalização de serviços públicos*, p. 63.

essência, o fundamento do acórdão consistiu na derrogação de direitos individuais em prol do interesse público, justificando-se a monopolização da atividade como forma de atendimento do interesse público pelo Município.[27]

Destarte, pode-se verificar que a construção do serviço público como atividade estatal exclusiva, além de ter sido utilizada como fundamento para a inauguração de uma política pública de controle e nacionalização dos serviços públicos, também foi instrumento valioso para a justificação da exploração, pelo Estado, de atividades econômicas em contraste com o direito de livre iniciativa consagrado na Constituição Federal. Não obstante, verifica-se que o objetivo primário em ambos os casos é exatamente o mesmo: assumir a exploração de uma determinada atividade econômica considerada de relevante interesse coletivo, utilizando a noção de serviço público.[28]

2.1.5 Concepções ideológicas

Além de todos os elementos de influência descritos, ainda subjaz à noção de serviço público construída no Brasil uma forte concepção ideológica do que deva ser o Estado, do que deva constituir seu âmbito de atuação e de quais os seus limites. É dizer, além da forte influência do direito estrangeiro (principalmente o direito francês e o direito italiano) e das circunstâncias de fato que fizeram do serviço público um instrumento a implementar políticas governamentais, a noção de serviço público, no Brasil, foi sobremaneira influenciada por concepções ideológicas provenientes da doutrina e muitas vezes repetidas na jurisprudência.

Como observa Alexandre Santos de Aragão:

> Não há dúvidas que o tema dos serviços públicos, por ser diretamente relacionado às funções que o Estado deve desempenhar no domínio social e econômico, constitui campo fértil para o debate ideológico. (...).

---

[27] Veja-se, por exemplo, nesse sentido, o voto do Ministro Eduardo Espínola, ao afirmar que "o ato legislativo atendeu ao interesse público sem ferir o direito individual".

[28] Nesse ponto reafirma-se a aproximação do direito brasileiro mais ao direito italiano do que ao direito francês. Enquanto no último o desenvolvimento da noção de serviço público está relacionado a outras questões que não apenas a legitimação estatal para o desempenho de certa atividade, no direito italiano a noção de serviço público serve de fundamento para a exploração de atividades de interesse coletivo com exclusividade pelo Estado, como se demonstrou ser o caso brasileiro.

A ideologização do estudo dos serviços públicos possui dois riscos opostos, a depender da ideologia do intérprete: os liberais tendem a ver os serviços públicos, na melhor das hipóteses, como um mal necessário, sendo bem vindos todos os mecanismos que liberalizem o setor e/ou nele instaurem a concorrência, que, por si só, como a 'mão invisível do mercado', traria benefícios para toda a coletividade; para os juristas com perfil mais social, os serviços públicos são precipuamente um mecanismo de garantia dos direitos fundamentais, incumbindo ao Estado assegurá-los a qualquer custo, devendo as preocupações com a racionalidade econômica das atividades serem deixadas em segundo plano diante de qualquer inovação de exigências da 'dignidade da pessoa humana'.[29]

Portanto, é imperativo, na análise da noção jurídica de serviço público, ter-se em mente que esta sempre foi e sempre estará sujeita a influências de posições ideológicas dos intérpretes do direito. No direito brasileiro, verifica-se a presença de tais influências na concepção de serviço em diversos pontos, tais como a amplitude da noção e o regime jurídico sobre ela incidente. Daí resultam diversas concepções do que venha a ser serviço público e dos seus limites e regime jurídico, tal como se pôde verificar no Capítulo 1.

2.1.6 A necessidade de utilização de bens públicos e privados

O último dos elementos com relação direta à formação da noção de serviço público é a *necessidade de utilização de bens públicos e privados* para a prestação de referido serviço. Com frequência, a prestação da maior parte dos serviços públicos demanda a utilização de enorme gama de bens públicos (sobretudo as vias públicas) e de bens privados, que devem ser sujeitos a desapropriações e servidões administrativas.

Segundo a lição de Floriano de Azevedo Marques Neto, uma das classes de uso dos bens públicos é o *uso específico administrativo*. Segundo o autor:

> Caracteriza tal uso o fato de que ele é franqueado apenas aos agentes do Estado ou quem lhe faça as vezes, no exercício de uma função administrativa, exclusiva ou não exclusiva do Estado, da qual os

---

[29] ARAGÃO. *Direito dos serviços públicos*, p. 17.

administrados (toda a coletividade ou apenas parcela dela) só serão beneficiários indiretos.[30]

Em razão da necessidade de habilitação especial para a utilização dos bens públicos subjacentes à prestação dos serviços (agente do Estado ou alguém que lhe faça as vezes) e de autorização especial para conduzir processos de desapropriação e instituição de servidões administrativas, perpassa a ideia de que apenas o Estado ou alguém por ele designado pode prestar os serviços públicos. Vale dizer, o caráter público da atividade decorre, também, da necessidade de uso especial de bens públicos e da condução de processos de desapropriação e instituição de servidões administrativas.

No direito estrangeiro, pode-se mencionar o pensamento de Georg Hermes. Segundo o professor da Universidade de Frankfurt am Main, a responsabilidade estatal de prestação dos serviços de infraestrutura não só decorre da necessidade de uso especial de bens públicos, mas também da necessidade de desapropriar e instituir servidões sobre bens particulares.[31]

Entre nós, Ruy Barbosa,[32] Mário Masagão[33] e José Cretella Júnior[34] asseveram os direitos de utilização do domínio público e de desapropriação e instituição de servidões de bens particulares como caracterizadores do *privilégio de exclusividade* inerente aos serviços públicos. Portanto, nessa visão, a necessidade especial do uso de bens públicos e particulares presente nos serviços públicos seria um dos elementos formadores da noção, sobretudo para fundamentar o caráter de exclusividade que se impinge a tais serviços.

Conforme se verá no Capítulo 5, trata-se da influência da noção de *monopólio natural*[35] na constituição dos serviços públicos. Isso ocorre, pois, segundo as correntes doutrinárias mencionadas, apenas o Estado

---

[30] MARQUES NETO, Floriano de Azevedo. *Bens públicos*: função social e exploração econômica: o regime jurídico das utilidades públicas. Belo Horizonte: Fórum, 2009. p. 409.

[31] HERMES, Georg. *Versorgungssicherheit und Infrastrukturverantwortung des Staates*, In: Staatlicher und europäischer Umweltschutz im Widerstreit, Umweltrechtstage 2001, Ministerium für Umwelt und Naturschutz, Landwitschaft und Verbraucherschutz des Landes NRW, Düsseldorf, 2001. p. 29-30.

[32] Cf. BARBOSA. *Comentários à Constituição Federal Brasileira*, p. 25.

[33] Cf. MASAGÃO. *Curso de direito administrativo*, p. 271.

[34] Cf. CRETELLA JR. *Direito administrativo brasileiro*, p. 427-428.

[35] Para os fins desta obra, a noção de monopólio natural coloca-se em razão da impossibilidade de duplicação das infraestruturas do serviço em decorrência do uso exclusivo e rival de bens públicos que não podem ser duplicados (como as vias públicas, por exemplo). Os

poderia ser capaz de explorar atividades que demandam o uso exclusivo e rival de bens públicos,[36] de tal forma que, além do enorme interesse público subjacente à atividade, haveria o monopólio do uso de bens públicos como elemento influente na constituição da noção de serviços públicos.

Percebe-se, assim, que a noção de serviço público também é amoldada como uma atividade privativa do Estado e prestada em regime de exclusividade, por ser necessária a utilização de bens públicos que não podem ser duplicados ou não admitiam o compartilhamento por diversos agentes e a outorga de prerrogativas especiais de desapropriação e instituição de servidões administrativas aos agentes prestadores.

2.1.7 Breve conclusão parcial

Ao lume do exposto até este momento, verifica-se não haver apenas um fundamento para a construção da noção de serviço público como hoje se encontra no direito brasileiro. Há um conjunto de fatores entrelaçados, incidindo na formação e na consolidação da noção de serviço público. Em um primeiro momento, há uma influência do direito estrangeiro. Na sequência, há sua utilização para fundamentar juridicamente determinadas ações estatais em curso ou a serem implementadas, ao que vai se agregando, cada vez com maior intensidade, concepções político-ideológicas. Enfim, as próprias características das diversas atividades erigidas a serviços públicos vêm a reforçar os elementos integrantes de sua noção.

2.2 As consequências da noção tradicional de serviço público no Brasil

Uma vez demonstrados os fundamentos que influenciaram a concepção de serviço público hoje difundida, cabe-nos analisar os efeitos de tal formação. Não basta identificar por que os serviços públicos são

---

principais contornos e consequências dos monopólios naturais serão analisados no Capítulo 5, adiante.

[36] A noção de bens exclusivos e rivais é uma noção econômica, segundo a qual um determinado bem não possa ser usado por qualquer pessoa quando usado por outra. Assim, o uso de bens públicos para a instalação das redes de suporte dos serviços públicos seria um uso exclusivo e rival. Sobre o tema, confira-se: MARQUES NETO. *Bens públicos*: função social e exploração econômica: o regime jurídico das utilidades públicas, p. 44 *et seq.*

considerados como o são hoje. É necessário identificar, do ponto de vista jurídico, os resultados da configuração impingida ao longo do tempo aos serviços públicos.

Segundo nossa visão, há três consequências diretas: um apego ao elemento orgânico ou subjetivo, a leitura da Constituição a partir da doutrina e a construção dos serviços públicos como prerrogativas do Estado. Passemos, assim, à breve análise de cada uma delas.

2.2.1 O apego ao elemento subjetivo ou orgânico e a noção de titularidade estatal

Tendo em vista que a noção de serviço público, numa visão histórica, foi utilizada para fundamentar, do ponto de vista jurídico, a assunção, pelo Estado, de determinadas atividades econômicas de interesse coletivo, o conceito de serviço público sempre esteve relacionado com a presença do Estado, fazendo emergir com relevo o elemento orgânico ou subjetivo do serviço público.

Embora o elemento material da atividade (sua direta relação na satisfação de necessidades coletivas) sempre tenha sido relevante para a constituição de um serviço público no direito brasileiro, a presença do Estado e sua exclusividade seria um elemento essencial do serviço público. Seja em decorrência da necessidade de fundamentação de ações administrativas, seja por conta de influências do direito estrangeiro, seja, ainda, em decorrência de influências socioeconômicas, são os serviços públicos colocados como atividades privativas e exclusivas do Estado.

Com isso, é recorrente o entendimento de que uma atividade não exclusiva, ou coexistente em dualidade de regimes, deixa de ser serviço público, passando a ser "serviço público virtual" ou "serviço público impróprio".[37] A essência do serviço público residiria em sua exploração pelo Estado ou de forma exclusiva por quem receba uma delegação do Estado, com sujeição ao regime de direito público, prenhe de prerrogativas e privilégios.

A titularidade estatal é aventada, neste sentido, como um dos elementos definidores dos serviços públicos e corresponderia a uma *publicatio* da atividade, vista como o elemento a permitir que a atividade apenas seja desempenhada pelo Estado ou por quem lhe faça as

---

[37] Cf. DI PIETRO. *Direito administrativo*, p. 215-216.

vezes, *interditando-se aos demais particulares o direito de ter a iniciativa de explorar a mesma atividade ou outra concorrente do ponto de vista material.*[38] É dizer, como consequência do histórico e das influências sobre a noção de serviço público, a titularidade estatal da atividade é associada a uma restrição inerente ao direito da livre iniciativa, pois é mecanismo por meio do qual só determinados agentes específicos podem acessar as atividades consideradas serviços públicos, com base em títulos jurídicos habilitantes especiais.

Destarte, uma atividade, por constituir serviço público, estaria excluída da livre iniciativa por ter no Estado seu titular e único detentor da iniciativa de exploração. E a consequência imediata dessa construção é a exploração exclusiva da atividade pelo Estado ou por seus delegatários, sob o regime jurídico de direito público, antagônico a mecanismos de mercado.

Ademais, parte-se do pressuposto de que todas as atividades que sejam consideradas serviços públicos estão submetidas a um mesmo e único regime jurídico e de que o grau de restrição ao direito fundamental à livre iniciativa, presente em todas as referidas atividades, é o mesmo, o que não nos parece adequado no atual contexto constitucional. Trata-se de mais uma manifestação da noção de *supremacia do interesse público sobre o particular*, que será analisada mais adiante com maior cuidado.[39]

Os elementos que conduzem à formação da noção de serviço público mencionados levam a um apreço muito grande pela presença do Estado e por restrições ao exercício da atividade, em detrimento do aspecto essencial dos serviços públicos consistente em seu caráter finalístico. Há uma predefinição de prevalência de interesses e uma uniformização de coisas não uniformes, o que nos parece equivocado.

---

[38] A noção de *publicatio* é vista como uma atividade *exclusiva do Estado,* de tal forma que a titularidade estatal associada aos serviços públicos predique, de forma necessária, a sujeição da atividade a um regime de exclusividade estatal. Sobre o tema, confira-se: ARAGÃO, Alexandre Santos de. *Agências reguladoras e a evolução do direito administrativo econômico.* Rio de Janeiro: Forense, 2002. p. 151-153.

[39] Antecipando discussão que será aprofundada, cabe trazer à baila a seguinte colocação de Gustavo Binenbojm: "todas as aludidas desequiparações entre o Poder Público e os particulares, não podem ser justificadas à luz de uma regra de prevalência apriorística e absoluta dos interesses da coletividade sobre os interesses individuais. (...) a preservação, na maior medida possível, dos direitos individuais constitui porção do próprio interesse público" (Da supremacia do interesse público ao dever de proporcionalidade: um novo paradigma para o direito administrativo. *Revista de Direito Administrativo,* Rio de Janeiro, n. 239, p. 23, jan./mar. 2005).

2.2.2 A interpretação da Constituição segundo a doutrina

Ultimando, em estrita consonância com o que mencionamos e antecipando discussão que sucederá, a construção da noção de serviço público no Brasil faz com que o artigo 175 da Constituição Federal e todas as normas do direito positivo regentes dos serviços públicos sejam lidos com o acréscimo de letras que não existem. É dizer, a noção de serviço público com os caracteres anteriormente mencionados é algo tão arraigado na prática jurídica brasileira que se insiste em dizer decorrer da Constituição e do direito infraconstitucional um regime jurídico que neles não está contido.

Pode até ser que, em um determinado momento histórico, o regime jurídico aventado pela doutrina para os serviços públicos tenha encontrado alguma ressonância no direito positivo.[40] Contudo, nos dias atuais, após todas as reformas e todas as transformações por que passou o direito administrativo brasileiro nos últimos 20 anos, não há mais como se sustentar que o regime jurídico dos serviços públicos seja delineado de forma idêntica àquela proposta há mais de cinquenta anos. Muito menos se pode afirmar que o regime jurídico dos serviços públicos seja único.

Tornou-se corriqueira a afirmação de que o regime de direito público e a titularidade estatal (compreendida como prestação exclusiva), inerentes aos serviços públicos, são decorrentes do disposto no artigo 175 da Constituição Federal e das diversas normas infraconstitucionais aplicáveis a tais serviços. Com isso, a doutrina retira do aplicador do direito a missão de recorrer ao direito positivo para analisar, em cada caso, qual o regime jurídico aplicável a um serviço público, pois tal regime é previamente estabelecido e delineado.

Para Jacques Chevallier, os serviços públicos tornaram-se uma espécie de *mito*, uma imagem.[41] Embora o autor teça seus comentários acerca do direito administrativo francês, suas colocações são aplicáveis ao direito brasileiro. Sendo mito, não poderia estar o serviço público sujeito ao direito positivo, eis que seu conteúdo jurídico precede as normas constitucionais e legais.

---

[40] É o que nos parece ser o caso da legislação regente dos serviços postais contida na Lei nº 6.538, de 22 de junho de 1978, que será analisada no Capítulo 5, adiante.

[41] Cf. CHEVALLIER. *Le service public*, p. 3.

Percebe-se que a construção histórica da noção de serviço público faz com que até hoje os aplicadores do direito leiam o conteúdo do direito positivo dele extraindo termos que não estão expressos. O *caput* do artigo 175 da Constituição Federal determina incumbir ao poder público a prestação dos serviços públicos. Não menciona a existência de um regime jurídico próprio, nem muito menos fixa uma titularidade estatal demarcadora de uma exclusividade. Mais ainda, referido artigo remete à lei a disciplina detalhada dos serviços públicos, sem qualquer menção a uma lei única, orgânica ou geral. De tal constatação decorre que o regime jurídico de um serviço público deva ser aquele compreendido na lei específica e não em letra não escrita da Constituição Federal.

A força das construções ideológicas do serviço público é tamanha que se pretende que o texto constitucional seja interpretado a partir de concepções doutrinárias, quando a realidade – parece-nos – deveria ser o exato contrário. Tal como exporemos com a detença necessária ao longo deste trabalho, nem a Constituição, nem tampouco outras normas do direito positivo refletem os caracteres do serviço público definidos pela doutrina. Pode até haver a aceitação de um ou outro ponto, mas a integralidade da noção como ela é idealizada (ou mitificada) existe apenas nos livros de direito administrativo.

2.2.3 Serviço público como prerrogativa estatal, e não como obrigação

Um último ponto que nos parece digno de menção é a formação na doutrina e com fortes reflexos na jurisprudência de um conjunto de prerrogativas públicas, e não de um conjunto de direitos dos cidadãos. Das construções descritas nos tópicos anteriores pode-se depreender a criação de um arcabouço que faz do serviço público uma prerrogativa estatal, ao invés de uma obrigação do Estado em face dos cidadãos. Os motivos de nossa afirmação são evidentes. Por tradição, a menção doutrinária à existência dos serviços públicos vem permeada de termos como "prerrogativas", "sujeições", "reservas", "exclusividade", "monopólio", entre outros que criam benefícios para o Estado sem, necessariamente, criar benefícios para os cidadãos.

A noção do regime jurídico especial dos serviços públicos, entre nós difundida por Themistocles Brandão Cavalcanti, gravita em torno

CAPÍTULO 2
OS FUNDAMENTOS E AS CONSEQUÊNCIAS DA NOÇÃO TRADICIONAL DE SERVIÇO PÚBLICO | 93

da concessão de benefícios à sua prestação,[42] isentando o poder público prestador – ou, conforme a legislação vigente, até mesmo seus delegatários – da obrigação de pagar tributos, e em torno da garantia de existência, em favor do Estado, de prerrogativas especiais, tais como modificar a forma de gestão e prestação do serviço a qualquer tempo, oferecer sacrifícios à propriedade privada etc.

Na mesma senda, as garantias do serviço público, inerentes a seu regime jurídico, segundo Ruy Cirne Lima,[43] colocam os serviços públicos como infensos a processos de execução patrimonial e interferência pública ou privada, adicionalmente aos benefícios fiscais mencionados anteriormente. Com isso, mais uma gama de prerrogativas e benefícios é criada com relação aos serviços públicos.

O tal regime jurídico administrativo mencionado por Celso Antônio Bandeira de Mello confere ao Estado um enorme plexo de prerrogativas em consequência da *supremacia do interesse público sobre o interesse privado*,[44] que, como adiante se verá com detença, nada mais faz senão colocar à disposição do Estado um enorme instrumentário de poderes nem sempre acompanhado de deveres, na medida em que o próprio Estado ditará qual é o interesse público supremo.

Como se disse, a lição do autor congrega os aspectos de autoridade e serviência da administração pública. Contudo, por conta de sua construção, sempre prevalecerá o da autoridade, consubstanciado em prerrogativas que, não raro, lesam o interesse público efetivo. Embora o autor declare o serviço público como dever inafastável do Estado,[45] em grande medida sua construção propicia que a atividade crie uma série de benefícios ao Estado sem uma necessária contraprestação ao cidadão.

Por fim, a concepção dos serviços públicos como atividades bloqueadoras da livre iniciativa – seja em decorrência do regime jurídico dos serviços públicos, seja da titularidade estatal da atividade, seja da existência de atividades econômicas em sentido estrito e em sentido amplo – cria em favor do Estado uma exclusividade, porque importa o exercício de uma atividade sem concorrentes. Tal cenário faz com que o Estado possa atuar de forma exclusiva em um mercado pleno

---

[42]   Cf. CAVALCANTI. *Tratado de direito administrativo*, v. 2, p. 55.

[43]   LIMA. *Princípios de direito administrativo brasileiro*, p. 70.

[44]   Cf. MELLO. *Curso de direito administrativo*, p. 85-86.

[45]   Cf. MELLO. *Curso de direito administrativo*, p. 640.

de prerrogativas, o que, ao fim do dia, leva, de forma invariável, a ineficiências e desrespeitos aos direitos dos cidadãos.

Cria-se uma relação verticalizada entre Estado e cidadão, na qual os cidadãos são obrigados a consumir serviços públicos prestados em regime de exclusividade por um Estado pleno de prerrogativas e poderes esteados em concepções doutrinárias projetadas sobre formulações desprovidas de maior concreção e vinculação com a realidade, como a supremacia do interesse público sobre o particular e a separação das atividades econômicas entre as de sentido amplo e as de sentido estrito.

Em que pese ser bem verdade que a pretensão de criação de um regime jurídico dos serviços públicos[46] tenha tido o objetivo de assegurar o efetivo alcance de suas finalidades – ou seja, a satisfação de direitos dos cidadãos –, sua formulação no direito brasileiro teve efeito reverso: criou mecanismos para o Estado ser ineficiente e cheio de prerrogativas que não são condizentes com o conteúdo garantístico da Constituição Federal, o que se verá com a detença necessária nos capítulos que seguirão neste trabalho.

---

[46] Mencionamos aqui pretensão em razão da impossibilidade de se falar em um único regime jurídico para os serviços públicos, tal como demonstraremos ao longo deste trabalho.

PARTE II

RAZÕES DA REVISÃO DA NOÇÃO DE SERVIÇO PÚBLICO

CAPÍTULO 3

OS SERVIÇOS PÚBLICOS COMO OBRIGAÇÃO ESTATAL

3.1 Serviços públicos e direitos fundamentais

Uma das discussões centrais para o direito público é a busca de uma razão de ser para a atividade estatal. Após o fim do antigo regime, passou a ser necessária a definição das razões pelas quais o Estado deve existir e deve atuar, visto que deixa de ser a vontade do soberano o elemento condutor da atuação estatal. Isso ocorre, pois, na vigência de referido regime, o Estado atuava segundo a vontade do soberano e, de forma exclusiva, para o alcance das finalidades por ele estabelecidas. A partir do momento em que o Estado deixa de se confundir com a pessoa do soberano e passa a ter uma atuação autônoma, torna-se necessário identificar quais as razões de tal atuação.

Comum é o entendimento de que o Estado não é um fim em si mesmo, mas deve perseguir uma finalidade pública, que justifica sua existência e legitima a sua atuação. O elemento identificador de sua finalidade, contudo, varia, de modo significativo, na doutrina do direito do Estado e, em particular, do direito administrativo. Há entendimentos baseados na autoridade e na soberania decorrentes da função administrativa de organizar e ordenar a sociedade.[1] Há outros segundo os quais tal elemento é o interesse público, que deve ser gerido e tutelado pela administração pública.[2] Há também aquele segundo o qual a própria

---

[1] MAYER, Otto. *Derecho administrativo alemán*. Tradução da edição francesa de 1904 de Horacio H. Heredia e Ernesto Krotoschin. 2. ed. Buenos Aires: Depalma, 1982. t. I, p. 3-5, 27 *et seq.*

[2] Por todos: MELLO. *Curso de direito administrativo*, p. 59.

noção de serviço público é o elemento identificador do Estado,[3] entre demais possíveis (como os calcados em autoridade, soberania etc.). E há, por fim, o entendimento de que o Estado se presta a satisfazer os direitos fundamentais.[4]

A nós, parece-nos, à luz do conteúdo dos textos constitucionais da segunda metade do século XX, que o elemento definidor das finalidades do Estado – e, via de consequência, da administração pública – é o conjunto de direitos fundamentais consagrado no texto constitucional, visto que referidos direitos "são direitos dos indivíduos e obrigam o Estado".[5] Assim, segundo entendemos, qualquer discussão acerca do fundamento e da razão de ser da atuação do Estado e da administração pública nos dias atuais deve ser conduzida pelos direitos fundamentais estatuídos pelo texto constitucional, na medida em que de referidos direitos são extraídos os direitos dos indivíduos e as obrigações do Estado.

A base de nosso entendimento é a completa mudança ocorrida na construção do ordenamento jurídico, iniciada na primeira metade do século XX e consolidada em sua segunda metade, quando a Constituição passou a ocupar uma posição central no ordenamento jurídico, com a criação, em favor dos cidadãos, de uma série de direitos contrapostos a obrigações do Estado. Até então, a Constituição era o estatuto geral de organização jurídica e política de um Estado, determinando a forma de produção das normas jurídicas, seu sistema institucional de funcionamento e a demarcação de um sistema autônomo e independente.[6]

A partir da promulgação da Constituição Alemã de Weimar em 1919 e, sobretudo, a partir dos textos constitucionais da segunda metade do século XX, em especial, a Lei Fundamental de Bonn de 1949, a Constituição Italiana de 1948 e a Constituição Espanhola de 1978, o sentido jurídico da Constituição é por completo alterado, na medida

---

[3] Conforme afirma o autor: "(...) o Estado não é mais o poderio de uma coletividade soberana, mas uma federação de serviços públicos, com relação aos quais os governantes têm que assegurar e disciplinar o funcionamento" (DUGUIT, Léon. De la situation juridique du particulier faisant usage d'um service public. In: *Melanges Maurice Hauriou*. Paris: Librairie Recueil Sirey, 1929. p. 255, tradução nossa).

[4] Cf. JUSTEN FILHO, Marçal. *Curso de direito administrativo*. São Paulo: Saraiva, 2005. p. 27 *et seq*.

[5] PIEROTH, Bodo; SCHLINK, Bernhard. *Grundrechte – Staatsrecht II*. 25. Aufl. Heidelberg: C.F. Muller, p. 15, tradução nossa.

[6] Sobre o tema, confira-se: HAACK, Stefan. Der Begriff der Verfassung. *Europarecht n. 5*. Nomos: Baden Baden, 2004. p. 785-793.

em que muito mais do que determinar as normas fundamentais de funcionamento[7] de um Estado, a Constituição passa a contemplar direitos fundamentais dos cidadãos, oponíveis ao Estado e demandantes de obrigações negativas e positivas deste. Tais direitos fundamentais passam, no contexto constitucional da segunda metade do século XX, a ter eficácia direta e independente de previsão legal, vinculando a via legislativa e prescindindo da ratificação dela.[8]

Sendo assim, o Estado que antes agia de acordo com a lei e a partir das autorizações e determinações nela contidas (em sentido estrito) passa a atuar de forma direta de acordo com o disposto no texto constitucional, pautado pelos direitos fundamentais expressos criados em favor dos cidadãos, que representam obrigações correspondentes do Estado. Essa construção traz reflexos evidentes sobre a atuação da administração pública, já que a vincula, de forma direta, à realização dos direitos criados em favor dos administrados no texto constitucional.[9]

O cidadão, no atual contexto constitucional, é o centro da ordem jurídica, fazendo com que a atuação estatal esteja vinculada à realização de seus direitos fundamentais. Nesse sentido, afirma Felipe Rotondo Tornaría:

> a pessoa humana é o centro do Estado de Direito, cujo regime jurídico reconhece direitos que são fundamentais porque provêm da dignidade que lhes é inerente e a cujo respeito o Estado efetua o reconhecimento e estabelece procedimentos de garantia; esses direitos atendem à sua interioridade e também a sua condição de ser político ou social.[10]

Assim, entendemos que qualquer atuação estatal analisada deve ser vista a partir dos direitos fundamentais, uma vez que eles

---

[7] A nomenclatura utilizada é de Stefan Haack, que se refere a uma possível noção de constituição como norma fundamental de funcionamento (*Grundregelwerk*). Cf. Der Begriff der Verfassung, p. 786-788.

[8] *Vide*, neste sentido, o disposto no item 3 do artigo 1 da Constituição Alemã de 1949, bem como o disposto no §1º do artigo 5º da Constituição Federal de 1988.

[9] Como anota Eberhard Schmidt-Assmann, a evolução da dinâmica dos direitos fundamentais causou uma integração do direito administrativo não apenas com a ampliação das atribuições da administração pública, como também em uma significativa alteração da relação da administração pública com a lei, na medida em que a administração passa a estar vinculada diretamente aos direitos fundamentais. Cf. *Das Allgemeine Verwaltungsrecht als Ordnungsidee*, p. 63.

[10] TORNARÍA, Felipe Rotondo. Derechos fundamentales y administración pública. *In*: REIS, Jorge Renato dos; LEAL, Rogério Gesta (Org.). *Direitos sociais e políticas públicas*: desafios contemporâneos. Santa Cruz do Sul: EDUNISC, 2006. t. VI, p. 1587, tradução nossa.

são os definidores das prerrogativas criadas em favor dos indivíduos, ocupantes do centro da ordem jurídica, e, em contrapartida, das obrigações impostas ao Estado. Na exata medida em que todos os direitos dos indivíduos decorrem, de modo direto ou indireto, de um direito fundamental, todas as obrigações do Estado – aí incluídos os serviços públicos – também têm como base a relação de direitos fundamentais contemplada nos textos constitucionais contemporâneos.

Como ressalta Gustavo Binenbojm, os institutos clássicos do direito administrativo foram construídos ao largo dos direitos fundamentais, quase sempre ao entorno da noção de autoridade, o que não se coaduna com a posição suprema que o texto constitucional – e, no centro dele, o cidadão e seus direitos fundamentais – tem na estrutura teleológica do Estado.[11] Por essa razão, mister se faz uma revisão das construções clássicas do direito administrativo com a finalidade de conjugá-las aos direitos fundamentais, que, reiteramos, são os fundamentos diretos da ação estatal.

Desta forma, ao se ter em pauta a discussão acerca dos serviços públicos, defendemos que o fundamento de sua existência – como toda e qualquer outra forma de ação estatal – outro não é que os direitos fundamentais consagrados no texto constitucional, cuja aplicação é direta e prescinde de uma ratificação por uma decisão legislativa. Vale dizer, *a prestação dos serviços públicos, neste trilhar, é uma obrigação estatal esteada pelos direitos fundamentais contidos no texto constitucional.*[12]

Os direitos fundamentais, no atual estágio de sua evolução, apresentam um caráter dúplice. Em alguns casos, contemplam uma obrigação do Estado de se abster da realização de qualquer ato que possa violar a eles (*status negativus*), ou seja, impõem ao Estado uma

---

[11]   BINENBOJM, Gustavo. *Uma teoria do direito administrativo*: direitos fundamentais, democracia e constitucionalização. Rio de Janeiro: Renovar, 2006. p. 72.

[12]   Note-se aqui que o que se propõe é distinto da construção proposta por Léon Duguit. Embora o autor também construa a noção de serviço público em torno de uma obrigação do Estado, suas concepções gravitam em torno da lei. Ou seja, segundo a construção de Duguit de serviços públicos, tal como já mencionado, esses são obrigações do Estado para a satisfação de necessidades da sociedade, conforme definidas em lei, ao passo que a construção que ora propomos tem a lei como simples regulamento da satisfação de obrigações previstas no texto constitucional, vinculantes ao legislador, que são consubstanciadas nos direitos fundamentais. No atual contexto constitucional, portanto, a lei "expressa os interesses dos atuais diversos setores da sociedade que se manifestam em condição de maioria, enquanto que os direitos invioláveis são diretamente atribuídos pela Constituição como patrimônio jurídico de seus titulares, independentemente da lei e das maiorias" (BASSA MERCADO, Jaime. *El Estado constitucional de derecho*: efectos sobre la constitución vigente y los derechos sociales. Santiago: Lexis Nexis, 2008. p. 98, tradução nossa).

obrigação negativa de interferência, os quais são os chamados direitos fundamentais de liberdade (tais como a propriedade, a liberdade etc.).[13] Em outros, contemplam uma obrigação positiva do Estado (*status positivus*), conduzindo a um dever positivo de ação do destinatário do direito fundamental (o Estado).[14] Ainda, em outros, podem conter, de forma simultânea, tanto uma obrigação positiva, quanto uma obrigação negativa, tal como ocorre com o direito fundamental de livre locomoção (inciso XV do artigo 5º da Constituição Federal de 1988), que, além de impor ao Estado a obrigação de não estabelecer barreiras à livre movimentação dos cidadãos, ainda determina ao Estado o dever de prover aos cidadãos meios para a livre movimentação (*i. e.*, serviços públicos de transporte).

Portanto, os serviços públicos são atividades desenvolvidas pelo Estado com a finalidade de concretizar direitos fundamentais de caráter positivo ou misto, cuja realização demande uma atuação positiva do Estado. Com essa construção, temos que não apenas os direitos sociais e econômicos (direitos fundamentais de segunda geração) seriam realizados por meio da prestação desses serviços, mas também os direitos fundamentais de liberdade (direitos fundamentais de primeira geração) seriam concretizados por eles.[15]

3.1.1 Os serviços públicos como instrumento para a realização dos direitos fundamentais

No momento presente da vida em sociedade, não se afigura mais a possibilidade de uma existência alheia à prestação dos serviços públicos, sobretudo em um contexto constitucional como o brasileiro. Como muito bem pondera Georg Hermes, o acesso a serviços de infraestrutura é uma "condição necessária de existência de uma organização estatal moderna", sendo que:

---

[13] Cf. EPPING, Volker. *Grundrechte*. 4. Aufl. Heidelberg: Springer, 2010. p. 5.

[14] Cf. JARASS, Hans D.; PIEROTH, Bodo. *Grundgesetz für die Bundesrepublik Deutschland*. 10. Aufl. München: C.H. Beck, 2009. p. 19, tradução nossa.

[15] Como bem menciona Paulo Bonavides, os direitos fundamentais podem ser vistos em uma evolução em gerações. A primeira geração seria aquela que abrange direitos fundamentais mais basilares (direitos de liberdade), a segunda geração aquela que abrange direitos pouco mais sofisticados, tais como os direitos sociais, culturais e econômicos, quanto à terceira e à quarta gerações, seriam aquelas que contemplam o direito ao desenvolvimento e o direito à democracia, respectivamente. Sobre o tema, confira-se: *Curso de direito constitucional*. 13. ed. São Paulo: Malheiros, 2003. p. 562 *et seq.*

um corpo comunitário organizado como Estado, que pretenda integrar todos os moradores de um território, não pode existir sem que seja assegurado o direito mínimo de cada pessoa de ter acesso aos canais de conexão que permitem a vida em comunidade, razão pela qual existe em cada setor de infraestrutura, juntamente com a necessidade de uma conexão, um fomento à possibilidade de acesso a todas as condições de um oferecimento seguro dos serviços universais.[16]

Na mesma linha, afirma Arne Glöckner:

A partir do apelo não apenas de caráter programático e não vinculante, mas diretamente aplicável e válido dever de otimização do princípio do Estado social consoante artigo 20, item 1, da Constituição, decorre o dever estatal de garantir as condições mínimas de vida digna para os cidadãos. O dever social do Estado demanda a segurança de um mínimo existencial e fundamenta uma responsabilidade conjunta do Estado pela cobertura das necessidades mais importantes dos cidadãos.[17]

Analisando-se a Constituição Federal de 1988, verifica-se que tanto os direitos fundamentais de liberdade (em essência, insculpidos no artigo 5º da Carta Constitucional brasileira), quanto os fundamentos (artigo 1º), os objetivos do Estado (artigo 3º) e os direitos fundamentais econômicos e sociais demandam, para sua plena realização, o acesso amplo e universal aos serviços de infraestrutura.[18] A comprovação dessa afirmação decorre do quanto contido no *caput* do artigo 6º da Constituição Federal e em diversos dos dispositivos das ordens econômica e social da Constituição Federal (Títulos VII e VIII do texto constitucional vigente).

A prestação dos serviços públicos emerge, assim, como instrumento necessário para a realização dos direitos fundamentais assegurados aos cidadãos brasileiros pelo texto constitucional vigente.[19] Com isso, quer-se dizer que os serviços públicos não apenas constituem

---

[16] HERMES. *Versorgungssicherheit und Infrastrukturverantwortung des Staates*, p. 27, tradução nossa.

[17] GLÖCKNER, Arne. *Kommunale Infrastrukturverantwortung und Konzessionsmodelle*. München: C.H. Munique, 2009. p. 60, tradução nossa.

[18] Nesse ponto, cabe mencionar que, para José Carlos Vieira de Andrade, todos os direitos fundamentais derivam do princípio da dignidade da pessoa humana, cuja relação com os serviços públicos é mais do que evidente. Cf. *Direitos fundamentais na Constituição Portuguesa de 1976*. 3. ed. Coimbra: Almedina, 2004. p. 273.

[19] Consoante lição antiga e precisa de Ruy Cirne Lima, "os direitos fundamentais, assegurados na Constituição, ao revés de limite, são, quanto aos serviços públicos, o fundamento e a

CAPÍTULO 3
OS SERVIÇOS PÚBLICOS COMO OBRIGAÇÃO ESTATAL | 103

uma obrigação estatal decorrente da afirmação dos direitos fundamentais, como também – e sobretudo – *são instrumentos colocados à disposição pelo Estado para garantir a plena realização de referidos direitos fundamentais.*[20]

Todas as ações empreendidas pelo Estado no contexto constitucional vigente são carreadas pela necessidade de concretização dos direitos fundamentais e devidas a eles. Ou seja: o Estado existe para garantir os direitos dos cidadãos, e para que possa fazer valer tal garantia deve se valer de meios para tanto. No caso dos direitos fundamentais que impõem ao Estado deveres positivos ou mistos, *os serviços públicos aparecem como instrumentos para a garantia de satisfação de tais direitos fundamentais.*[21]

Nesse sentido, afirma Marçal Justen Filho, com muita propriedade:

> o serviço público é o desenvolvimento de atividades de fornecimento de utilidades necessárias, de modo direto e imediato, à satisfação de direitos fundamentais. Isso significa que o serviço público é o meio de assegurar a existência digna do ser humano. O serviço de atendimento a necessidades fundamentais e essenciais para a sobrevivência material e psicológica dos indivíduos. Há um vínculo de natureza direta e indireta entre o serviço público e a satisfação de direitos fundamentais.[22]

Para que se tenha a realização completa dos direitos fundamentais assegurados aos cidadãos pela Constituição Federal de 1988, o texto constitucional colocou à disposição do Estado um instrumento denominado serviço público, em consonância com o disposto no artigo 175. Na medida em que a plêiade de direitos assegurados aos cidadãos aumenta (como ocorre com a integração à esfera dos direitos fundamentais dos direitos sociais e econômicos), devem existir instrumentos eficazes para possibilitar ao Estado a satisfação plena e adequada de tais direitos, dos quais emergem a necessidade e o fundamento dos serviços públicos.

---

razão de ser destes" (Organização administrativa e serviço público no direito administrativo brasileiro, p. 131).

[20] Exatamente neste sentido, afirma com razão Marcos Augusto Perez: "Com efeito, o serviço público é, pelo menos em nosso ordenamento jurídico, a pedra de toque do sistema de intervenção estatal de efetivação dos Direitos Fundamentais e do Estado Democrático de Direito" (*O risco no contrato de concessão de serviço público.* Belo Horizonte: Fórum, 2006. p. 54).

[21] Muito bem anota Robert Alexy que "a satisfação de direitos a prestações sociais pressupõe que o Estado retire de outros os meios necessários para tanto, o que restringe sua liberdade fática de ação" (*Teoria dos direitos fundamentais.* Tradução de Virgílio Afonso da Silva. São Paulo: Malheiros, 2008. p. 247).

[22] JUSTEN FILHO. *Curso de direito administrativo*, p. 480.

Note-se que identificamos o serviço público como *instrumento* necessário à satisfação integral dos direitos fundamentais. Com isso, não consideramos os serviços públicos, de forma direta, direitos fundamentais, ao contrário do que afirma Jorge Luis Salomoni que os considera, *de per se*, direitos fundamentais.[23] Tais direitos, segundo entendemos, antecedem os serviços públicos e lhe dão sustentação fática e jurídica (*i. e.*, a competência estatal para prestar os serviços públicos só existe porque existem direitos fundamentais a serem concretizados), o que será bastante relevante para a configuração dos serviços públicos como direitos subjetivos públicos dos cidadãos, como exporemos adiante.[24]

Por derradeiro, há que se ressaltar que esses serviços não são a única forma de se concretizar os direitos fundamentais, mas um dos instrumentos colocados à disposição do Estado para cumprir suas obrigações oriundas de tais direitos, sendo aplicáveis, apenas, para atividades que comportem o regime de serviço público para seu pleno cumprimento, quais sejam: as atividades que demandem uma atuação positiva do Estado (direitos fundamentais *status positivus* ou misto), de conteúdo econômico (como adiante explicaremos) e cujo emprego do regime de serviço público seja proporcional à finalidade que se pretende alcançar, o que será tratado adiante.

3.1.1.1 Direitos fundamentais e necessidades coletivas

Desde a inaugural definição de serviço público de Duguit[25] a referência ao serviço público como atividade destinada a suprir necessidades coletivas é quase uníssona em todas as definições apresentadas para tentar configurar do ponto de vista jurídico o que vem a ser tal serviço. Contudo, segundo entendemos, uma menção genérica ao termo *necessidades coletivas* ou outro equivalente parece-nos ampla, fazendo com que

---

[23] SALOMONI, Jorge Luis. El concepto atual de servicio público en la República Argentina. *In*: HERNANDES-MENDIBLE, Victor (Org.). *Derecho administrativo iberoamericano*. Caracas: Ediciones Paredes, 2007. t. II, p. 1726.

[24] Nesse sentido, afirma Alexandre Santos de Aragão, citando Élie Cohen e Claude Henry, que não há direito fundamental à prestação dos serviços públicos, mas que alguns direitos fundamentais *demandam* os serviços públicos para sua plena realização. Cf. *O direito dos serviços públicos*, p. 532-533.

[25] Como já transcrevemos, Léon Duguit define serviços públicos como "toda atividade que deve ser assegurada, disciplinada e controlada pelos governantes, porque sua realização é indispensável para a realização e o desenvolvimento da interdependência social e porque, por sua natureza, não pode ser realizada completamente sem a intervenção da força governamental" (*Traité de droit constitutionnel*, p. 61, tradução nossa).

as definições, apresentadas pela doutrina para a instituição do serviço público, acabem por ser muito fluidas, sem um conteúdo específico.[26] Para procurar contornar o problema, diversas foram as soluções propostas. Celso Antônio Bandeira de Mello, procurando restringir a significação das necessidades coletivas (manifestadas pelo autor como interesses públicos) a serem supridas por meio dos serviços públicos, de forma a conferir maior concreção à definição da atividade, afirma que tais necessidades são cambiáveis conforme tempo e espaço, sendo determinadas por lei de acordo com o momento histórico que se analise e a localidade que se tenha em mira.[27][28]

Tal proposição não deixa de ser verdadeira, eis que é inegável a mutabilidade dos serviços públicos,[29] mas parece-nos um tanto fluida, pois sempre dependente de uma segunda análise do direito positivo. Ademais, tal construção fornece ao administrador público e ao legislador enorme margem de discricionariedade para definir o que é ou não uma necessidade coletiva relevante, digna de se instaurar um sistema de suprimento por meio da instituição de um serviço público.

De forma semelhante, Maria Sylvia Zanella Di Pietro apresenta construção segundo a qual a necessidade coletiva relevante que deva ser suprida por meio da instituição de um serviço público é aquela que a lei vier a determinar.[30] Ou seja, simplificando o raciocínio de Celso Antônio Bandeira de Mello, a autora entende que um serviço público poderá existir sempre que a lei eleger uma necessidade coletiva a ser suprida por meio de tal serviço, independentemente de análise

---

[26] A título de exemplo, Jorge H. Sarmiento García afirma que as necessidades coletivas advêm de uma "soma apreciável de concordantes necessidades individuais", caracterizadas pelas necessidades sentidas por uma porção considerável de indivíduos em uma determinada coletividade. Cf. Los servicios públicos. *In*: GONZÁLEZ AGUIRRE, Marta. *Los serviços públicos*. Buenos Aires: Depalma, 1994. p. 16-17.

[27] Cf. MELLO. *Prestação de serviços públicos e administração indireta*, p. 19-21 (em especial, p. 20). Linha semelhante é adotada por Alexandre Santos de Aragão, para quem os serviços públicos recaem sobre atividades essenciais, reconhecidas por lei, com base na Constituição. Cf. *Direito dos serviços públicos*, p. 158-160.

[28] No mesmo sentido, afirma Dinorá Musetti Grotti: "A qualificação de uma dada atividade como serviço público remete ao plano da concepção de Estado e seu papel. É o plano da escolha política, que pode estar fixada na Constituição do país, na lei, na jurisprudência e nos costumes vigentes em um dado momento histórico" (*O serviço público e a Constituição Brasileira de 1988*, p. 87).

[29] Como adverte Stéphane Braconnier, os serviços públicos não são imutáveis, eis que são criados para a satisfação do interesse coletivo, o qual, evidentemente, é mutável ao longo do tempo, tornando os serviços públicos também aptos a acompanhar tal mutabilidade. Cf. *Droit des services publics*, p. 319-320.

[30] Cf. DI PIETRO. *Direito administrativo*, p. 95-96.

substancial fática acerca da efetiva importância da necessidade que ensejou sua criação.

Também o entendimento da autora não nos parece adequado, eis que confere excessiva margem de discricionariedade ao legislador para definir quais são as necessidades coletivas que devem ser supridas por meio da prestação de um serviço público. Parece-nos haver, nesse caso, uma desvinculação entre a criação por lei de um serviço público e os requisitos constitucionais necessários para tal criação. O espaço de apreciação do legislador seria muito ampliado.

Por fim, segundo Eros Roberto Grau, os serviços públicos recaem sobre atividades essenciais, indispensáveis à coesão social, independentemente do reconhecimento pela Constituição ou pela lei. Para o autor, tal como já descrito, não importa o regime de prestação, o agente prestador ou qualquer outro elemento. Basta que a atividade apresente um grau de essencialidade para a coesão social e, nos termos do autor, uma "vinculação ao interesse social".[31]

Ora, se a concepção de Celso Antônio Bandeira de Mello já seria fluida, segundo entendemos, mais ainda ocorre com a de Eros Roberto Grau, pois julgar que possa haver serviço público em razão da simples essencialidade da atividade significa atribuir uma competência discricionária quase infinita ao administrador público para definir quais os casos em que há ou não esse serviço. Basta que a prestação seja essencial à coletividade. Isso pode levar à imposição de serviço público a atividades que, de forma clara, não são reconhecidas como tal (as bancárias, por exemplo) e pode levar à inexistência de serviço público em outra que o demandaria.

Consoante entendemos, faz-se necessária uma definição de quais são as atividades que podem ser consideradas essenciais e, portanto, serem supridas por meio da constituição de um serviço público. Deve ser necessária a definição de critérios mais concretos para aferir a essencialidade de uma atividade para considerá-la serviço público. Afirmar, com simplicidade, que os serviços públicos referem-se a atividades essenciais à satisfação de necessidades coletivas parece-nos uma construção, além de insuficiente, descolada do contexto constitucional vigente.

Sendo assim, reputamos mais adequado que os serviços públicos sejam considerados em função, com exclusividade, dos direitos

---

[31] GRAU. *A ordem econômica na Constituição de 1988*, p. 159.

CAPÍTULO 3
OS SERVIÇOS PÚBLICOS COMO OBRIGAÇÃO ESTATAL | 107

fundamentais, de tal forma que as necessidades coletivas que demandam sua existência sejam sempre cingidas às decorrentes de direitos erigidos pelo texto constitucional como direitos fundamentais dos cidadãos.[32] Tal critério, consideramos, além de delimitar o alcance da expressão *necessidades coletivas* (ou outra equivalente), apresenta os limites do Estado na constituição de determinada atividade como serviço público.

Nosso entendimento não pretende petrificar as atividades que constituem serviços públicos pelo mesmo prazo de vigência do rol dos direitos fundamentais em um determinado momento histórico. Mesmo quando vinculada a criação desse serviço à satisfação de um direito fundamental, criado pela ordem constitucional, há cambialidade no rol de atividades que constituirão serviços públicos. Isso ocorre, pois *a criação de um serviço público não é a única forma de satisfação de um direito fundamental* com *status positivus* ou misto. A sua criação para satisfazer um direito fundamental, conforme se exporá na sequência, dependerá sempre de um crivo de proporcionalidade com relação aos fins que se pretende alcançar.

Um exemplo pode ilustrar bem o quanto afirmamos. Como vimos, no início do século XX, foi comum o estabelecimento do regime de serviço público sobre a atividade de matadouros públicos. O fundamento da constituição de tal serviço era a garantia da saúde pública e da economia, na medida em que apenas nos matadouros públicos seria possível a garantia de atendimento a todas as normas sanitárias aplicáveis e de estabilização de preços das mercadorias.[33]

Havia, nesse caso, um direito fundamental a ser concretizado – o direito fundamental à saúde –, e a forma proporcional de concretização foi a instituição do regime de serviço público para o alcance das finalidades pretendidas.[34] Contudo, com o passar dos anos e o desen-

---

[32] Neste ponto cabe ressaltar que César A. Guimarães Pereira entende que não apenas os direitos fundamentais podem servir de esteio para a constituição de um serviço público, mas também outros valores oriundos do texto constitucional (inclusive de normas programáticas). Discordamos da posição do autor, visto que, segundo entendemos, as obrigações do Estado (tanto negativas quanto positivas) decorrem sempre, direta ou indiretamente, de um direito fundamental. Por esta razão, pretender justificar que possa ser constituído serviço público sobre atividade que não está diretamente vinculada a um direito fundamental poderá ampliar demasiadamente o rol de atividades que poderão ser sujeitas ao regime de serviço público, implicando limitações indesejáveis a outros direitos fundamentais. Cf. *Usuários de serviços públicos*. 2. ed. São Paulo: Saraiva, 2008. p. 307-308.

[33] Cf. MELLO. *A municipalização de serviços públicos*, p. 63 *et seq.*

[34] Como exposto no capítulo anterior, a base dos questionamentos judiciais dos atos de municipalização dos serviços de abatedouros públicos foi exatamente o direito de livre

volvimento da ciência e das técnicas de poder de polícia no campo sanitário, passou a ser possível efetivar-se o mesmo direito fundamental (direito à saúde) por meio de outros instrumentos que não a instituição de um serviço público, tal como a simples fiscalização do desempenho da atividade econômica de abate de gado. Logo, o regime de serviço público deixou de ser necessário para garantia daquele determinado direito fundamental, de tal forma que sua manutenção importaria em ação desproporcional e, portanto, antijurídica.

Sendo assim, tem-se que o regime de serviço público deve recair sobre atividades que venham a ser empreendidas pelo Estado para a satisfação de direitos fundamentais *status positivus* ou misto, *sempre e na exata medida em que a instituição do serviço público seja a forma proporcional de satisfação daquele determinado direito fundamental*, descabendo, segundo entendemos, falar em necessidades coletivas de forma desgarrada do texto constitucional e, mais ainda, aludir a atividades que sejam permanentes serviços públicos, imutáveis ao longo do tempo.

3.1.1.2 Serviços públicos e a restrição de outros direitos fundamentais

Falamos, em diversas oportunidades, no tópico anterior, que a instituição de um serviço público deve ser um meio *proporcional* ao fim que se pretende alcançar para ser um instrumento adequado à concretização de um determinado direito fundamental. Entretanto, não apresentamos o elemento de aferição da proporcionalidade para determinação do cabimento jurídico desse serviço sobre certa atividade. É esse o preciso ponto que pretendemos desenvolver nesse tópico.

Ao afirmar que a prestação dos serviços públicos é um instrumento para a satisfação de determinados direitos fundamentais *status positivus* ou mistos, afirmamos, por consequência, que ao Estado é imposto o dever de atuar de forma positiva para garantir a satisfação do direito fundamental em questão. Com isso, afirmamos também que a instituição de um determinado serviço público demanda que o Estado empreenda determinada atividade econômica ou imponha à sua exploração significativas restrições (como adiante se detalhará), o que diminuirá o acesso dos particulares à atividade, seja pela concorrência

---

iniciativa, tendo sido aceita pelo Poder Judiciário a tese de que a restrição a referido direito seria lícita para a finalidade a ser alcançada com a instituição do serviço.

CAPÍTULO 3
OS SERVIÇOS PÚBLICOS COMO OBRIGAÇÃO ESTATAL | 109

promovida pelo agente estatal, seja pela sua retirada de um ambiente competitivo,[35] trazendo impactos diretos sobre o direito fundamental da livre iniciativa (inciso XIII do artigo 5º da Constituição Federal).[36] Para que se possa aferir a possibilidade jurídica da instituição de serviço público como meio para a satisfação de determinado direito fundamental, será necessário realizar um exame de proporcionalidade entre a finalidade que se pretende alcançar com a instituição do serviço público (forma de satisfação do direito fundamental) e as restrições impostas ao direito fundamental da livre iniciativa.[37]

Em consonância com o disposto no inciso XIII do artigo 5º da Constituição Federal, "é livre o exercício de qualquer trabalho, ofício ou profissão", de tal forma que todos os cidadãos têm o livre direito de empreender a atividade que melhor lhe convier para garantia de seu sustento. Como anota Peter Badura, comentando o artigo 12 da Constituição alemã (em sentido material, equivalente ao inciso XIII do artigo 5º da Constituição Federal): "como direito fundamental protege a norma constitucional o acesso a uma profissão, atividade econômica e ao mercado (a 'escolha' de uma profissão) e o exercício da atividade profissional".[38]

---

[35] Adiante, no Capítulo 7, retomaremos essa questão para, com a detença necessária, delinear os casos em que há ou não possibilidade de concorrência na prestação dos serviços públicos. Em qualquer caso, já podemos deixar consignada nossa discordância com o entendimento de que a simples instituição de um serviço público implica *ipso iure* o bloqueio à livre iniciativa, tal como sustenta Alexandre Santos de Aragão. Cf. *Direito dos serviços públicos*, p. 159.

[36] Como bem salienta Jens-Peter Schneider, a exploração de atividades econômicas pelo Estado sempre limita o direito fundamental da livre iniciativa, na medida em que a atuação do Estado no domínio econômico, de algum modo, restringe a atuação dos particulares, independentemente da existência de qualquer regime especial restritivo da concorrência. Cf. O Estado como sujeito econômico e agente direcionador da economia. Tradução de Vitor Rhein Schirato. *Revista de Direito Público da Economia – RDPE*, Belo Horizonte, ano 5, n. 18, p. 203, abr./jun. 2007.

[37] Importante destacar aqui o posicionamento de alguns juristas, como Odete Medauar e Alexandre Santos de Aragão, que consideram que aos serviços públicos não se aplica o princípio da livre iniciativa, eis que a atividade, pela simples constituição como serviço público, fica excluída do campo de atuação dos particulares. Conforme exporemos ao longo deste trabalho, discordamos deste posicionamento, por não enxergarmos os serviços públicos como atividades *ipso facto* excluídas do mercado, havendo casos em que referido princípio será aplicável e, em outros, não. Sobre o tema, confira-se: MEDAUAR, Odete. Ainda existe serviço público?. *In*: TÔRRES, Heleno Taveira. *Serviços públicos e direito tributário*. São Paulo: Quartier Latin, 2005. p. 38; e ARAGÃO. *Direito dos serviços públicos*, p. 159.

[38] BADURA, Peter. *Wirtschaftsverfassung und Wirtschaftsverwaltung*. 3. Aufl. Tübingen: Mohr Siebeck, 2008. p. 21, tradução nossa.

Prima facie,[39] é assegurado a todos o livre direito de empreender uma atividade econômica lícita para dela extrair seu sustento. No entanto, no momento em que é instituído um determinado serviço público para garantir a satisfação de um outro direito fundamental (ou até mesmo do próprio direito fundamental à livre iniciativa, visto que, muitas vezes, na sociedade hodierna, a exploração de determinada atividade econômica demanda o acesso a um ou mais serviços públicos e a fruição deles), o direito de livre escolha à exploração de atividades econômicas é restringido. Isso ocorre, pois o acesso à atividade econômica será interditado (casos em que há restrições à concorrência) ou será prejudicado, eis que, de forma obrigatória, haverá o Estado, ou quem lhe faça as vezes, atuando naquela atividade.

Em vista a essa consideração, tem-se que o direito fundamental (direito à livre iniciativa), *prima facie* irrestrito, passa a poder sofrer restrições quando cotejado com outros direitos fundamentais, cuja satisfação demanda a redução do campo de abrangência do direito fundamental da livre iniciativa. Nesse cenário, é necessário apresentar quais os elementos que balizarão a juridicidade ou a antijuridicidade de uma restrição ao direito da livre iniciativa para se identificar quando a instituição de um determinado serviço público está de acordo com a ordem jurídica.

Tendo já nos posicionado acerca da existência de suporte fático amplo para o direito fundamental à livre iniciativa (*i. e.*, referido direito *prima facie* não encontra restrições), partimos do pressuposto de que o direito à livre iniciativa não apresentará restrições imanentes, ou seja, naturais à sua própria existência. Com isso, como adverte Virgílio Afonso da Silva, quanto maior o suporte fático de um direito fundamental, maior a quantidade de conflitos entre direitos fundamentais, o que demandará a restrição de algum deles em benefício do outro, fazendo com que seja necessário um exame de proporcionalidade para identificar se o grau de restrição é aceitável ou não, do ponto de vista jurídico.[40]

---

[39] A adoção do termo *"prima facie"* aqui não é aleatória. Deve-se ao nosso posicionamento conforme a teoria de Robert Alexy de que os direitos fundamentais possuem um *suporte fático* (a situação protegida pelo direito fundamental) *amplo* e, portanto, *prima facie* (ou seja, em teoria) não encontram restrições, apenas sendo restritos quando postos em confronto com outros direitos fundamentais. Cf. *Teoria dos direitos fundamentais*, p. 320-322.

[40] Cf. SILVA, Virgílio Afonso da. *Direitos fundamentais*: conteúdo essencial, restrições e eficácia. São Paulo: Malheiros, 2009. p. 167 *et seq.*

CAPÍTULO 3
OS SERVIÇOS PÚBLICOS COMO OBRIGAÇÃO ESTATAL | **111**

Seguindo o entendimento do mesmo autor, baseado nas lições de Robert Alexy, o exame de proporcionalidade, a ser realizado para aferir a legalidade ou ilegalidade da restrição de um determinado direito fundamental, deve ser efetivado a partir de três análises, quais sejam, adequação, necessidade e proporcionalidade em sentido estrito. A adequação da restrição é a análise pela qual se verifica se a medida adotada é *adequada* para a realização de outro direito fundamental. De outro bordo, a necessidade é a análise pela qual se verifica se a medida restritiva é, de forma efetiva, *necessária* para a realização de outro direito fundamental. Por fim, a proporcionalidade em sentido estrito é a análise pela qual a medida restritiva é *proporcional* à realização de outro direito fundamental.[41]

Trazendo-se essas considerações para o caso em análise (*i. e.*, prestação dos serviços públicos), entendemos que a possibilidade jurídica de se instituir um determinado serviço público dependerá da *proporcionalidade* da medida em vista do direito fundamental à livre iniciativa, de tal forma que: (i) a instituição do serviço público deverá ser meio *adequada* à satisfação de um determinado direito fundamental; (ii) a instituição do serviço público deverá ser *necessária* à realização daquele determinado direito fundamental; e (iii) a restrição imposta ao direito fundamental à livre iniciativa deverá ser *proporcional* ao benefício emergente da satisfação do outro direito fundamental por meio da instituição do serviço público; daí porque poderão se admitir gradações na limitação ao direito fundamental à livre iniciativa.[42]

À luz das considerações precedentes, ratificaremos o exposto no tópico anterior e adiantaremos algo do que será tratado adiante afirmando que *a instituição de um serviço público não é nem mutável em conformidade com fluidas e subjetivas "necessidades coletivas" (que não são nada concretas e podem ser facilmente manuseadas conforme desejos políticos), nem muito menos pode depender de rol taxativo de atividades previstas*

---

[41] Cf. SILVA. *Direitos fundamentais*: conteúdo essencial, restrições e eficácia, p. 169-178.

[42] Como adiante no Capítulo 6 se verá, a instituição de um determinado serviço público poderá impor restrições mínimas ao direito à livre iniciativa (o Estado – ou seu delegatário – é apenas mais um agente em um mercado sem restrições à entrada) ou restrições muito severas, quando inexistir a possibilidade de coexistência do Estado (ou de seu delegatário) com outros agentes (como ocorre, por exemplo, no serviço público de operação portuária, como se exporá), deflagrando a existência de gradações na restrição ao direito fundamental à livre iniciativa, donde avulta o caráter essencial da proporcionalidade em sentido estrito.

na Constituição Federal;[43] *a instituição de um serviço público nada mais é, nesta perspectiva, do que uma medida estatal destinada à satisfação de um direito fundamental, que deve ser proporcional (i. e., adequada, necessária e proporcional em sentido estrito) à restrição imposta ao direito fundamental à livre iniciativa.*

3.1.2 A jurisprudência do Tribunal Constitucional Alemão

Aquilo exposto acerca da relação entre serviços públicos e direitos fundamentais já foi anotado pelo Tribunal Constitucional Alemão (*Bundesverfassungsgericht – BverfG*) em diversos casos. Dentre os mais relevantes, a Corte Constitucional Alemã anotou, em 1985, que:

> o fornecimento de energia elétrica é uma atividade pública do mais alto significado, porque o fornecimento de energia elétrica pertence ao campo das atividades essenciais (Daseinsvorsorge) e é uma prestação que se destina a cobrir as necessidades essenciais para assegurar uma existência humana digna aos cidadãos.[44]

Na decisão em comento, questionava-se a possibilidade de se desapropriar bens privados para a implementação de redes de suporte do fornecimento de energia elétrica, em face do direito de propriedade assegurado no artigo 14 da Constituição Alemã. Nesse contexto, entendeu o Tribunal que a garantia da continuidade e da existência do fornecimento de energia elétrica seria suficiente para justificar a desapropriação de bens particulares, justificando uma restrição de um direito fundamental, destinada à satisfação de outros direitos fundamentais.

Em decisão mais recente, a Corte manteve o mesmo entendimento quando questionada acerca da constitucionalidade de ato expropriatório emanado em favor da empresa prestadora dos serviços de energia elétrica sujeita ao novo regime vigente de tais serviços, caracterizado pela existência de concorrência.[45] Nesse caso, o Tribunal reforçou a

---

[43] Aqui fazemos referência à concepção de Fernando Herren Aguillar, que será mais adiante analisada com maior profundidade, segundo a qual o rol dos serviços públicos é taxativo na Constituição Federal, não sendo constitucional a instituição, por lei, de outros serviços públicos além daqueles que constam do texto constitucional. Cf. *Direito econômico:* do direito nacional ao direito supranacional. 2. ed. São Paulo: Atlas, 2009. p. 304-308 (em especial, p. 308).

[44] BVerfGE 66,248, tradução nossa.

[45] BVerfG, 1 BvR 1914/02, de 10 de setembro de 2008.

necessidade de garantia do fornecimento de energia elétrica para satisfação das necessidades sociais básicas e afirmou que a existência de concorrência não retiraria da atividade o caráter público e, portanto, não retiraria a possibilidade de restrição do direito de propriedade em benefício da satisfação de outros direitos fundamentais.

Nota-se, a partir da análise de ambas as decisões, que o *BVerfG*, em que pese a ausência do conceito jurídico de serviço público no direito alemão,[46] reconhece a existência de um dever de agir positivo do Estado, no sentido de, no mínimo, garantir o fornecimento adequado de energia elétrica aos cidadãos, ao mesmo tempo em que faz a correlação direta entre os serviços públicos (aqui tomados em sentido objetivo, eis que o direito alemão não reconhece o serviço público em sentido subjetivo) e a satisfação de direitos fundamentais dos cidadãos, fundamentados, entre outros dispositivos, no direito à existência digna dos homens, contemplado no artigo 1, item 1, da Constituição Alemã.

Demais disso, como noticia Arne Glöckner, em outras oportunidades o mesmo Tribunal Constitucional Alemão impôs deveres do Estado de, no mínimo, garantir, por diversos meios (tais como o orçamentário), a existência correta, adequada e contínua dos serviços de infraestrutura, em nome do princípio do Estado Social, insculpido no artigo 20, item 1, da Constituição alemã.[47] Também nesses casos, os serviços públicos vêm considerados como instrumentos para a realização dos direitos fundamentais dos indivíduos por referida Corte, na mesma linha em que argumentamos.

Verifica-se, assim, que mesmo em um país no qual não existe a tradição dos serviços públicos (ao menos em seu sentido subjetivo, como dissemos), o conteúdo dos direitos fundamentais, erigidos em favor dos cidadãos, impõe ao Estado um dever positivo de ação, consubstanciado no dever de garantir aos cidadãos a fruição adequada dos serviços públicos.

À luz do conteúdo dos direitos fundamentais constantes da Constituição Federal de 1988 (não apenas os direitos fundamentais individuais, mas também os direitos sociais e econômicos), entendemos

---

[46] As *Daseinvorsorge*, inserido o campo de atuação da administração prestacional (cf. FLEINER. *Les principes généraux du droit administratif allemand*, p. 80-81), são categorias de ações administrativas, não denotando um instituto jurídico, como denotam os serviços públicos no Brasil. Cf. IPSEN, Jörn. *Niedersächsisches Kommunalrecht*. 3. Aufl. Boorberg: Hannover, 2006. p. 210-211.

[47] GLÖCKNER. *Kommunale Infrastrukturverantwortung and Konzessionsmodelle*, p. 61-62.

serem aplicáveis, com plenitude, ao direito brasileiro as considerações apresentadas pelo Tribunal Constitucional Alemão, sobretudo considerando-se a constitucionalização como direito fundamental dos direitos sociais, que não existem de forma expressa na Constituição alemã. Portanto, é possível entender que, tanto quanto afirmado pela Corte Constitucional Alemã com relação ao direito alemão, os serviços públicos, no contexto constitucional brasileiro, são instrumentos de realização dos direitos fundamentais, impondo, via de consequência, um dever positivo de ação ao Estado.

Cabe também mencionar o entendimento do Tribunal Constitucional Alemão com relação à possibilidade de restrição ao direito fundamental da livre iniciativa em decorrência da instituição de um serviço público. Como menciona Peter Badura, é cediço na jurisprudência da Corte que:

> os direitos fundamentais de uma empresa privada exploradora de atividades econômicas não protegem fundamentalmente contra o ingresso do Estado ou de uma entidade pública regional como concorrente, na medida em que a exploração da atividade econômica pelos particulares não se torne impossível, ou seja desencorajada ou esbarre em um monopólio indevido.[48]

No mesmo sentido, Rolf Stober afirma que "a atividade econômica pública no campo das prestações essenciais e da cobertura das necessidades coletivas é de constitucionalidade indubitável", já tendo sido constatado pelo Tribunal Constitucional Alemão que tal atividade pública é uma condição ao desenvolvimento das atividades econômicas pelos particulares (*BVerfGE* 38, 326, 339).[49]

Com isso, o Tribunal Constitucional Alemão, quando questionado acerca da possibilidade de restrição ao direito fundamental da livre iniciativa, entende que, contanto que haja uma finalidade legítima a ser alcançada – prestação de atividades essenciais –, poderá referido direito ser restringido, desde que de forma proporcional ao benefício a ser alcançado, o que pode ser depreendido do requisito mencionado por Peter Badura de inexistência de monopólios indevidos.

---

[48] BADURA. *Wirtschaftsverfassung und Wirtschaftsverwaltung*, p. 204, tradução nossa.

[49] STOBER, Rolf. *Allgemeines Wirtschaftsverwaltungsrecht*. 14. Aufl. Stuttgart: Kohlhammer, 2005. p. 224, tradução nossa.

3.1.3 Os serviços públicos e os direitos subjetivos públicos

Nas considerações precedentes, tivemos como objetivo expor a relação existente entre serviços públicos e direitos fundamentais, fazendo constar nosso posicionamento acerca do caráter instrumental que os serviços públicos possuem na realização de referidos direitos que tenham caráter *status positivus* ou misto, com base na teoria externa dos direitos fundamentais (*i. e.*, a satisfação de determinados direitos fundamentais erigidos pela ordem constitucional demanda a restrição a outro direito fundamental, qual seja, a liberdade de iniciativa). Restanos, neste momento, apresentar quais são as consequências jurídicas desse entendimento.

Como advertem Ferdinand O. Kopp e Ulrich Ramsauer, "as garantias dos direitos fundamentais propriamente contêm não apenas direitos subjetivos, como também públicos".[50] Vale dizer, a configuração de determinado direito fundamental pelo ordenamento jurídico faz emergir, em favor de seu titular, um *direito subjetivo público*, oponível contra seu obrigado (o Estado), o que, como muito bem define Hartmut Maurer:

> é portanto – da perspectiva dos cidadãos – o poder jurídico conferido pelo Direito Público aos cidadãos, segundo o qual esses podem exigir do Estado uma determinada ação como conseqüência de interesses próprios.[51]

Na esteira das lições de Eberhard Schmidt-Assmann e Robert Alexy, o *direito subjetivo público* confere aos particulares o direito de exigir uma ação ou inação da administração pública,[52] com fundamento na proteção ou garantia de um direito fundamental. Trata-se de direito do indivíduo exigível de maneira imediata e incondicional da administração pública, que pode conter o direito de exigir uma inação por parte do Estado (os chamados direitos de defesa) ou o direito de exigir uma determinada ação positiva por parte do Estado, ou o direito de exigir

---

[50] KOPP, Ferdinand; RAMSAUER, Ulrich. *Verwaltungsverfahrensgesetz – Kommentar*. 10. Aufl. München: C.H. Beck, 2008. p. 41, tradução nossa.

[51] MAURER, Hartmut. *Allgemeines Verwaltungsrecht*. 14. Aufl. München: C.H. Beck, 2002. p. 160, tradução nossa.

[52] SCHMIDT-ASSMANN. *Das Allgemeine Verwaltungsrecht als Ordnungsidee*, p. 81 *et seq.*; ALEXY. *Teoria dos direitos fundamentais*, p. 196 *et seq.*

ambas (em alguma medida uma inação e em outra uma ação, como elementos necessários à satisfação do direito fundamental).

Ao termos afirmado que os serviços públicos são *instrumentos* à satisfação de determinados direitos fundamentais, bem como que os direitos fundamentais constituem em favor dos cidadãos *direitos subjetivos públicos*, asseveramos, via de consequência, *que a prestação dos serviços públicos é um instrumento para o cumprimento de direitos subjetivos públicos dos cidadãos e que, portanto, constitui nos indivíduos titulares dos direitos fundamentais um direito de exigência em face do Estado.*

Existindo direitos fundamentais que demandam do Estado a realização de determinada ação positiva, os quais configuram em favor dos administrados um *direito subjetivo público* de exigir a realização de tal ação positiva, e sendo esta consubstanciada na prestação de um serviço público, considera-se que os particulares titulares de direitos subjetivos públicos têm, como instrumento de proteção de referidos direitos, o poder de exigir do Estado a prestação do serviço público. É uma decorrência lógica do quanto exposto. Se a prestação dos serviços públicos destina-se a realizar direitos fundamentais e se tais direitos fundamentais fazem emergir direitos subjetivos públicos, é evidente que ao exigir a realização do direito subjetivo público estar-se-á a exigir a prestação do serviço público que *serve* para realizar o direito fundamental.

Sendo assim, a instituição de um determinado serviço público como forma de realização de um determinado direito fundamental acarreta o direito dos titulares de tal direito fundamental de exigir do Estado a prestação do serviço público em questão, na medida em que referida exigência é uma decorrência lógica da existência de um direito subjetivo público do titular do direito fundamental. Daí decorre que o direito de ação dos particulares contra a falta da prestação ou contra a prestação defeituosa de um serviço público não é esteada, apenas, na responsabilidade objetiva do Estado consagrada no §6º do artigo 37 da Constituição Federal, mas, sim, é esteada no §1º do artigo 5º da Constituição Federal, que garante a aplicação imediata e direta dos direitos fundamentais.

Por fim, é necessário mencionar que, ao contrário do que afirmamos[53] e do que considera Jorge Luis Salomoni,[54] a criação de um

---

[53] Cf. SCHIRATO, Vitor Rhein. A experiência e as perspectivas da regulação do setor portuário no Brasil. *Revista de Direito Público da Economia – RDPE*, Belo Horizonte, n. 23, p. 177, jul./set. 2008.

[54] O autor considera que o usuário dos serviços públicos é titular de um *direito subjetivo*, do que não discordamos. Contudo, segundo o autor, o direito subjetivo é decorrente da

determinado serviço público não implica, de per si, a constituição de um direito subjetivo público. O direito subjetivo público emerge do *direito fundamental a ser satisfeito pelo serviço público criado pelo ordenamento jurídico*. Vale dizer, é da relação jurídica decorrente do direito fundamental que advém o direito subjetivo público e não da relação jurídica decorrente da prestação de um serviço público (esta é instrumental àquela). É bem verdade que tanto em um caso quanto em outro os particulares têm o direito de exigir a prestação do serviço público, mas sendo o fundamento do direito subjetivo o direito fundamental, do qual decorre o serviço público, o fundamento da exigência do particular é a satisfação de seu direito fundamental, que se dá pela prestação do serviço público e não pela prestação direta do serviço público.

3.2 Os serviços públicos como obrigação, e não como prerrogativa

A construção que apresentamos no item precedente demonstra que os serviços públicos têm um caráter instrumental para a satisfação de direitos fundamentais dos indivíduos consagrados pela ordem jurídica. Trata-se de construção em certa maneira distinta daquela que está na origem da noção de serviço público, visto que o caráter do Estado como devedor de obrigações decorrentes de direitos fundamentais era algo pouco difundido quando da construção inicial dos serviços públicos.

No surgimento da noção de serviço público, o Estado começava a ser instado a tomar atitudes positivas para a garantia de direitos dos cidadãos, ao invés de simplesmente tomar atitudes negativas para garantia de vida, liberdade e propriedade, na realização dos anseios da Revolução Francesa. Essas atitudes positivas afirmavam uma evolução do pensamento revolucionário acerca do Estado, uma nova forma de definição do espaço público, uma nova forma de definição do próprio papel do Estado, em suma.[55]

Nessa perspectiva, a noção de serviço público, em sua gênese, serve para separar as ações que pertencem ao Estado e as ações que pertencem aos particulares, com a finalidade de definir em quais casos haveria a incidência do direito administrativo e a competência

---

constituição do serviço público, de per se, como direito fundamental, do que discordamos. Cf. SALOMONI, Jorge Luis. *Teoria general de los servicios públicos*. Buenos Aires: Ad Hoc, 2004. p. 401.

[55] Cf. GUGLIELMI; KOUBI. *Droit du service public*, p. 38.

jurisdicional do Conselho de Estado francês. Havia, é bem verdade, a noção de que o Estado agia para satisfazer direitos dos cidadãos e, assim, cumprir uma obrigação. Contudo, essa noção (i) não derivava de direitos fundamentais (incipientes no contexto constitucional da época e sem a eficácia jurídica que hoje têm) e, (ii) muito menos, tinha como objetivo definir um campo de obrigações materiais do Estado, mas apenas definir critérios de competência jurisdicional conforme o sistema francês.

Assim é que, também como já demarcamos, a noção de serviço público no direito francês, de forma necessária, era impregnada de um regime jurídico próprio, distinto do regime jurídico das atividades privadas. Era nesse ponto que residia o fundamento da competência do Conselho de Estado. Vale dizer, na perspectiva da Escola do Serviço Público, a atividade é relevante para a satisfação de necessidades sociais; *logo*, torna-se atribuição do Estado e, portanto, é dotada de um regime jurídico próprio, *exorbitante do direito privado*, na medida em que confere ao seu prestador poderes que não existem nas relações do direito civil, dando origem à competência do Conselho de Estado.[56]

Quando da adoção, no direito brasileiro, das concepções da Escola do Serviço Público, houve a procura pela adaptação das mesmas considerações do direito francês no Brasil. Todavia, como não há, no Brasil, dualidade de jurisdição, buscou-se diferenciar os serviços públicos das demais atividades empreendidas pelo Estado, conferindo-se aos serviços públicos um regime jurídico próprio demarcado pela presença do Estado, pelo caráter de interesse geral da atividade e pela existência de um regime jurídico próprio. Assim, no Brasil, o serviço público foi identificado como um território de atuação estatal, uma atividade que, por características próprias, estaria sujeita à exploração estatal.

Ocorre, contudo, que a evolução da noção de serviço público no Brasil caminhou muito mais para assegurar ao Estado uma prerrogativa do que para garantir aos cidadãos um direito (ao qual corresponde uma efetiva *obrigação* do Estado). É evidente que as atividades constituídas como serviços públicos têm sujeição a um controle estatal. Porém, isso não implica afirmar que delas decorra um privilégio para

---

[56] Como bem indica Stéphane Braconnier, o regime jurídico de direito público é o terceiro elemento que configura a noção de serviço público, juntamente com a presença de uma pessoa pública e a destinação da atividade à satisfação de necessidades coletivas. Ainda segundo a autora, o regime jurídico exorbitante do direito privado decorre do interesse geral satisfeito pela atividade. Cf. *Droit des services publics*, p. 185-186.

CAPÍTULO 3
OS SERVIÇOS PÚBLICOS COMO OBRIGAÇÃO ESTATAL 119

o Estado, ao contrário do que é afirmado em construções doutrinárias existentes no Brasil a partir da década de 1930,[57] que muito mais se preocuparam em delimitar um espaço de privilégio ao Estado do que um dever a ele imposto para a satisfação de direitos dos cidadãos contemplados na ordem jurídica.

Com forte inspiração francesa, os serviços públicos são, de forma obrigatória, prestados sob um *regime jurídico de direito público*. Para Celso Antônio Bandeira de Mello, o regime jurídico de direito público é o elemento essencial dos serviços públicos, que os diferencia das demais atividades exploradas pelo Estado. Segundo o autor, tal regime predica, *de maneira necessária*, a presença do Estado na atividade, um regime de supremacia e privilégios e a *exclusão da atividade da livre iniciativa*.[58]

Em sentido contrário, Eros Roberto Grau, como já destacamos, afirma que os serviços públicos existem por características inerentes à atividade, das quais decorre o *regime jurídico de serviço público*. Ou seja, segundo o autor, o regime jurídico de serviço público não é o elemento definidor do serviço público, mas sim uma consequência da atividade, que contém características que dela fazem um serviço público.[59]

Entretanto, em ambos os casos, o *regime jurídico de direito público* – decorrente, no direito francês, da necessidade de definição do direito administrativo – é construído com a finalidade de separar os serviços públicos das demais atividades econômicas, afastando a incidência da livre iniciativa e criando em favor do prestador da atividade uma série de privilégios e prerrogativas. Vale dizer, em decorrência do regime jurídico de direito público aplicável aos serviços públicos no Brasil (tal como esse regime jurídico é construído), que tais serviços são sempre infensos à livre iniciativa e acarretam uma série de privilégios.

Para resumir, a construção de serviço público no Brasil, com base no regime jurídico de direito público, que não contém uma disciplina jurídica clara, *fez de tal serviço uma prerrogativa do Estado e não um direito dos cidadãos, haja vista que o foco do regime jurídico sempre é visto da perspectiva do Estado, e não dos cidadãos.*

---

[57] A título meramente exemplificativo, retome-se aqui o regime de proteções do serviço público mencionado por Ruy Cirne Lima e até hoje reproduzido por Celso Antônio Bandeira de Mello. Cf. LIMA. *Princípios de direito administrativo brasileiro*, p. 70, bem como MELLO. *Curso de direito administrativo*, p. 636.

[58] Cf. MELLO. *Curso de direito administrativo*, p. 639, 643. No mesmo sentido, confira-se: FIGUEIREDO. *Curso de direito administrativo*, p. 79-80; AGUILLAR. *Direito econômico*: do direito nacional ao direito supranacional, p. 307.

[59] Cf. GRAU. *Direito, conceitos e normas*, p. 111.

Seja na visão de Celso Antônio Bandeira de Mello (o serviço é público em razão de seu regime), seja na visão de Eros Roberto Grau (o regime é público porque a atividade é serviço público), sempre o regime público é construído em favor do Estado, e não dos cidadãos – *i. e.*, por conta do regime jurídico público pode haver privilégios e prerrogativas em favor do Estado –, havendo para o serviço a imposição de um regime jurídico pouco amparado pelo direito positivo. Isso, inclusive, é refletido, com clareza, na quantidade de decisões jurisprudenciais que muito mais se preocupam em proteger o Estado contra ações privadas do que em garantir direitos para os cidadãos nos campos dos serviços públicos, como adiante descreveremos.[60]

Sobre o tema, Luís S. Cabral de Moncada, em comentário à construção do regime jurídico dos serviços públicos no direito português (análoga à situação brasileira, conforme entendemos), afirma:

> A noção de serviço público aparecia assim a coonestar uma situação de diminuição das garantias dos particulares perante a administração, na medida em que, imune ou quase à legalidade, por razões institucionais, no seu interior se justificava a presença de regulamentos autônomos. Funcionava também no mesmo sentido uma pouco exigente distinção entre o âmbito interno e o externo da administração, pretexto para colocar os serviços públicos à margem das exigências de predeterminabilidade legislativa da respectiva actuação.[61]

Essa visão é oposta à que aqui defendemos. Ao afirmar que os serviços públicos seriam instrumentos criados pelo ordenamento jurídico para a satisfação de direitos fundamentais dos cidadãos, estamos muito longe de procurar qualquer regime de privilégio para o Estado. Estamos, sim, a imputar ao Estado um dever positivo de agir para cumprir *obrigações* que lhe são impostas pela ordem jurídica, às quais se contrapõem direitos subjetivos públicos dos cidadãos.[62] Isso é

---

[60] Entre diversas outras, veja-se, por exemplo: o Recurso Extraordinário nº 220.906-9/DF, Recurso Extraordinário nº 220.041-5/RS, entre outras mencionadas no Capítulo 1, nas quais a grande preocupação do Poder Judiciário é criar privilégios para a administração pública na execução patrimonial de suas obrigações, sob o pálio de uma proteção à prestação dos serviços públicos.

[61] MONCADA, Luís S. de Cabral. Os serviços públicos essenciais e a garantia dos utentes. *In*: MONCADA, Luís S. de Cabral. *Estudos de direito público*. Coimbra: Coimbra Ed., 2001. p. 350.

[62] Floriano de Azevedo Marques Neto, ao mencionar a essência de um serviço público, deixa claro o viés obrigacional da atividade em face do Estado. Textualmente, afirma o autor: "se a comodidade fruível pela coletividade (o objeto da concessão) é uma atividade humana,

evidente, eis que, se afirmamos que os serviços públicos decorrem de direitos subjetivos públicos, constatamos, pela via reflexa, que eles impõem ao Estado uma obrigação.

O regime de direito público existente nos serviços públicos – que, além de não contar com disciplina legislativa clara, não tem um significado unívoco e nem tampouco uniforme entre todos os serviços públicos – não pode predicar um privilégio ao Estado, impedindo, de modo automático, o acesso por particulares à atividade sem um título permissivo do Estado, nem muito menos outros privilégios em geral identificados na jurisprudência como benefícios na execução patrimonial em decorrência do descumprimento de obrigações.[63]

Os serviços públicos – e, por conseguinte, o regime jurídico que lhes é aplicável – têm um conteúdo obrigacional. Impõem ao Estado uma obrigação de agir, independentemente de alguma eventual restrição ao direito fundamental da livre iniciativa. A existência de um determinado serviço público decorre da existência de um direito fundamental com *status positivus*, que cria nos cidadãos um direito subjetivo público que demanda do Estado uma atuação positiva para ser satisfeito. Nessa perspectiva, a restrição ao direito fundamental de livre iniciativa está longe de ser algo automático, mas, sim, é algo que *apenas ocorre na medida em que haja colisão entre o direito fundamental a ser satisfeito pelo serviço público e o direito fundamental de livre iniciativa e sempre de forma proporcional.*

Assim, a prestação de um serviço público não traz, por si só, qualquer privilégio ou prerrogativa ao Estado, seja na garantia de uma

---

definida em lei como de relevância tal que o Poder Público assume o ônus de garantir sua disponibilidade contínua e universal à coletividade, temos a concessão de um serviço público" (Algumas notas sobre a concessão de rodovias. *Boletim de Direito Administrativo*, São Paulo, n. 4, p. 247, 2000).

[63] Como bem pondera Floriano de Azevedo Marques Neto acerca da consideração de bens públicos pelo critério objetivo. Segundo o autor, os bens públicos podem ser identificados quando *afetados* a uma atividade pública (entre as quais, os serviços públicos). Nestas hipóteses, sobre eles e estritamente enquanto *afetados* a uma atividade pública, recairiam a impenhorabilidade e a inalienabilidade dos bens públicos. Nessa perspectiva, segundo nosso entendimento, qualquer proteção patrimonial conferida em processo de execução jamais poderá recair sobre uma *entidade* (seja ela pública ou privada), mas sim sobre os bens integrantes do patrimônio desta entidade *que estejam afetados a uma atividade pública*. Via de consequência, o regime jurídico de direito público dos serviços públicos, quando muito, impediriam a execução de bens diretamente vinculados à prestação dos serviços, nunca impedindo a execução dos demais bens do patrimônio da entidade prestadora dos serviços, nem muito menos a execução da própria entidade, sob pena de clara violação ao princípio da igualdade. Sobre o tema dos bens públicos, confira-se: *Bens públicos*: função social e exploração econômica: o regime jurídico das utilidades públicas, p. 117 *et seq.*

exclusividade na prestação, seja na criação de uma proteção patrimonial. Apenas haverá uma restrição à livre iniciativa na medida em que haja uma colisão entre direitos fundamentais e sempre de forma proporcional. Da mesma forma, só haverá proteção patrimonial aos *bens afetados à prestação do serviço público e enquanto mantiverem esta qualidade*, jamais havendo qualquer proteção ao agente prestador em si ou aos demais bens que compõem o seu patrimônio (bens não vinculados à prestação dos serviços).

Com isso, afirmamos que, ao invés de ser uma prerrogativa do Estado (uma atribuição ao Estado ou a seu delegatário um privilégio), a prestação dos serviços públicos é *uma obrigação em sentido jurídico do Estado* que deve por ele ser cumprida de acordo com o regime jurídico compatível com as peculiaridades da atividade para satisfazer os direitos dos cidadãos.

Como bem salienta Jorge Leite Areias Ribeiro de Faria, o termo "obrigação" comporta diversos sentidos, dentre os quais um sentido jurídico, segundo o qual obrigação é algo inserto em uma *relação jurídica* na qual a um sujeito de direito é atribuído um *poder jurídico (direito subjetivo)* e a outro sujeito de direito é imposto um *dever jurídico* de realizar ou deixar de realizar algo ou dar algo.[64] Portanto, mostramos nossa nova concordância com Renato Alessi,[65] defendendo que os serviços públicos *constituem relações jurídicas nas quais o Estado é obrigado a fazer algo e os cidadãos têm o direito (de natureza subjetiva pública, como já destacamos) de receber este algo*.

Não há correlação direta entre serviço público e qualquer forma de privilégio. Há apenas a constatação de que a ordem jurídica impõe ao Estado o dever de fornecer aos cidadãos determinada utilidade, sendo facultado ao Estado cumprir, de maneira direta, seu dever jurídico ou valer-se de associações com particulares para fazê-lo por meio de concessões ou permissões.

Outra não pode ser a conclusão, após analisar-se o conteúdo do artigo 175 da Constituição Federal. Ao determinar que "incumbe ao Poder Público (...) a prestação dos serviços públicos", nada mais faz o texto constitucional senão impor ao Estado um dever jurídico de prestar os serviços públicos, facultando que tal dever poderá ser cumprido, na

---

[64] FARIA, Jorge Leite Areias Ribeiro de. *Direito das obrigações*. Coimbra: Almedina, 1987. v. 1, p. 17-19.

[65] Cf. ALESSI. *Le prestazioni amministrative rese ai privati*, p. 1-12.

forma da lei, diretamente (*i. e.*, pelo próprio Estado) ou indiretamente, por meio de concessões ou permissões de serviços públicos.[66]

Não há qualquer locução no artigo 175 ou em outro dispositivo do texto constitucional que crie qualquer reserva de mercado ou privilégio em favor do Estado no campo da prestação dos serviços públicos. Ao contrário, como já dito, a construção constitucional dos direitos fundamentais e a criação de um regime específico de exclusividade e privilégio (monopólios jurídicos) deixam muito claro que não há como se aventar qualquer forma de privilégio ou exclusividade com relação aos serviços públicos.

Como observa Odete Medauar:

> Vê-se que a Constituição Federal fixou um vínculo de presença do poder público na atividade qualificada como serviço público, presença esta que pode ser forte ou fraca, mas que não pode ser abolida. Esta presença se expressa na escolha do modo de realização da atividade, na sua destinação ao atendimento de necessidades da coletividade.[67]

Sendo assim, os serviços públicos possuem um vínculo jurídico com o Estado, impondo-lhe uma obrigação, da qual não pode se eximir. No cumprimento de tal obrigação, o Estado poderá agir de forma mais ou menos intensa, com restrição maior ou menor ao direito fundamental da livre iniciativa, conforme necessário e proporcional à satisfação do direito fundamental que deve ser satisfeito pela prestação de atividade qualificada como serviço público.

Portanto, não há como associar o *vínculo obrigacional* existente entre Estado e serviços públicos a qualquer privilégio ou prerrogativa, de tal forma que o elemento definidor dos serviços públicos não é um regime jurídico de direito público ou uma exclusividade estatal (configurada como uma prerrogativa no Brasil), mas, sim, é a existência de uma obrigação do Estado e de direitos subjetivos dos cidadãos.

---

[66] Neste sentido, muito propriamente afirma Juan Carlos Cassagne: "em rigor, todo serviço público (seja próprio ou impróprio) consiste em uma prestação *obrigatória* e concreta, de natureza econômico-social, que satisfaz uma necessidade básica e direta do habitante (correios, transporte, eletricidade etc.)" (*La intervención administrativa*. 2. ed. Buenos Aires: Abeledo-Perrot, 1994. p. 36).

[67] MEDAUAR. Ainda existe serviço público?, p. 38.

3.3 O conteúdo dos artigos 173 e 175 da Constituição Federal

Tendo deixado assentado que os serviços públicos são instrumentos de cumprimento dos direitos fundamentais insculpidos na Constituição Federal – que, diga-se, são os elementos que comandam a atuação do Estado[68] – e, como tal, são *obrigações jurídicas impostas ao Estado*, é necessário, agora procurar divisar a aplicabilidade dos conteúdos dos artigos 173 e 175 da Constituição Federal.

A separação é essencial a partir do momento em que colocamos as noções de que (i) a atuação do Estado é pautada por direitos fundamentais, os quais, quando apresentarem um caráter *status positivus* ou misto, exigirão uma atuação positiva estatal e (ii) ela poderá se dar no campo econômico, por meio da prestação de um serviço público, o que importará, em alguma medida, em uma restrição ao direito fundamental da livre iniciativa.

Ademais, os serviços públicos, tanto quanto as demais atividades empreendidas pelo Estado com fundamento no artigo 173 da Constituição Federal, *são atividades econômicas*.[69] De igual maneira, com fundamento no papel dos direitos fundamentais como pauta da atuação do Estado na atual ordem econômica,[70] em ambos os casos o Estado atua para a satisfação de direitos fundamentais *status positivus* ou misto,[71] restringindo o direito fundamental de livre iniciativa,

---

[68] Necessário ressaltar que o Estado é o sujeito obrigado final dos direitos fundamentais, de tal forma que todos os poderes e funções estatais estão vinculados por referidos direitos, devendo agir ou deixar de agir conforme necessário para o cumprimento de cada direito fundamental. Sobre a questão, confira-se: IPSEN, Jörn. *Staatsrecht II*. 8. Aufl. München: Luchterhand, 2005. p. 23.

[69] Nesse ponto, concordamos com Floriano de Azevedo Marques Neto, que apresenta o argumento de que tanto os serviços públicos são atividades econômicas, que sua descentralização no âmbito da administração pública era feita para empresas estatais. Cf. A nova regulamentação dos serviços públicos. *Revista Eletrônica de Direito Administrativo*, n. 1, p. 7, fev./abr. 2005. Disponível em: <www.direitodoestado.com.br>. Acesso em: 3 nov. 2010.

[70] Sobre o tema, Daniel Mauro Nallar afirma: "(...) uma análise elementar a respeito das atividades a que se pretende fazer referência quando se utiliza o termo 'serviço público' deixa em evidência a natureza essencialmente econômica de tais atividades, motivo pelo qual um primeiro critério a se ter em conta é que, quando se opina e define o 'papel do Estado em matéria de serviços públicos', está se fazendo referência ao 'papel do Estado na economia' – ou em um setor dela – e que toda intervenção do Estado com relação a referidos serviços é uma intervenção do Estado na economia" (*Regulación y control de los servicios públicos*: repercusiones prácticas del fundamento de su impunidad. Buenos Aires: Marcial Pons, 2010. p. 165, tradução nossa).

[71] Neste sentido, veja-se o nosso já mencionado: Instituições financeiras públicas: entre a necessidade e a inconstitucionalidade. *Revista Scientia Iuridica*, Braga, n. 321, t. LIX, p. 125 *et seq.*, jan./mar. 2010.

CAPÍTULO 3
OS SERVIÇOS PÚBLICOS COMO OBRIGAÇÃO ESTATAL | 125

o que aumenta ainda mais a possibilidade de consideração de que não haveria uma distinção entre os serviços públicos e as demais atividades econômicas empreendidas pelo Estado.

Assim, poderá haver a interpretação de que entendemos que os serviços públicos compreendidos no artigo 175 da Constituição Federal são idênticos às demais atividades econômicas empreendidas pelo Estado com fundamento no artigo 173, o que não corresponde ao nosso entendimento.

Nesse diapasão, teremos como objetivo neste tópico expor as distinções que consideramos existentes entre os serviços públicos contemplados no artigo 175 da Constituição Federal e as atividades econômicas exploradas pelo Estado com fundamento no artigo 173 do mesmo diploma. Todavia, na construção de nosso entendimento, distanciar-nos-emos do entendimento em geral exposto pela doutrina, visto que a noção de serviço público que adotamos é distinta daquela apresentada no direito brasileiro.

3.3.1 A visão tradicional da doutrina

Sempre foi majoritária na doutrina brasileira a aceitação de uma distinção entre o conteúdo dos artigos 173 e 175 da Constituição Federal. Por diversos fundamentos, a doutrina sempre se posicionou no sentido de que as atividades contempladas no artigo 173 não se assemelham àquelas contempladas no artigo 175. Em essência, menciona a existência de uma distinção imanente entre os serviços públicos do artigo 175 e as atividades econômicas do artigo 173, imputando aos primeiros uma *titularidade estatal* (traduzida no conceito da *publicatio*) e às segundas a inexistência dessa titularidade, marcada pela concorrência entre público e privado.

Como já mencionado, Eros Roberto Grau defende a presença de um grupo de atividades econômicas em sentido amplo, que incluiriam os serviços públicos, e um outro de atividades econômicas em sentido estrito, do qual os serviços públicos estariam excluídos.[72] Nessa visão, parcela das atividades econômicas em sentido amplo, representada pelos serviços públicos, seria pertencente ao Estado, estando, em absoluto, subtraída do alcance e do acesso pelos agentes privados, exceto quando dotados de títulos legitimadores conferidos pelo Estado. De

---

[72] GRAU. *A ordem econômica na Constituição de 1988*, p. 146 *et seq.*

outro bordo, as atividades econômicas em sentido estrito seriam típicas dos agentes privados, sendo sua exploração pelo Estado um caso de intervenção direta *no*[73] domínio econômico, em convívio e concorrência com os agentes privados.

Em outra vertente, José Afonso da Silva e Marçal Justen Filho distinguem os serviços públicos do artigo 175 das atividades econômicas do artigo 173 pelo crivo da titularidade, porém, sem considerar que eles sejam atividades econômicas especiais. Para os autores, as atividades econômicas são de titularidade privada, só podendo ser exploradas pelo Estado em caráter excepcional, nos casos estritos previstos na Constituição Federal, ao passo que os serviços públicos são de *titularidade estatal*, pertencentes ao Estado e interditados para a iniciativa privada.[74] [75]

Em linha semelhante, Celso Antônio Bandeira de Mello diferencia o conteúdo dos artigos 173 e 175 da Constituição Federal pelo crivo do regime jurídico, que faz com que os serviços públicos não possam ser considerados atividades econômicas. Para o autor, a ação do Estado fundada no artigo 173 é pautada pelo regime jurídico de direito privado, pois as atividades econômicas, tendo sido reservadas aos particulares, são regidas por tal regime jurídico. De outro lado a atividade estatal fundada no artigo 175 é pautada pelo regime jurídico público, pois é atividade pública (não econômica, portanto).[76]

Finalmente, para Fernando Herren Aguillar, a distinção entre os serviços públicos do artigo 175 e as atividades econômicas do artigo 173

---

[73] Consoante o entendimento de Eros Roberto Grau, a intervenção *no* domínio econômico é aquela realizada de forma direta, por participação (em conjunto com agentes privados) ou por absorção (por meio de monopólios), ao passo que a intervenção *sobre* o domínio econômico é aquela realizada de forma indireta, por indução dos agentes privados. Cf. *A ordem econômica na Constituição de 1988*, p. 174-175.

[74] Cf. SILVA, José Afonso da. *Comentário contextual à Constituição*. 6. ed. São Paulo: Malheiros, 2009. p. 717, 725.

[75] Cf. JUSTEN FILHO, Marçal. Empresas estatais e a superação da dicotomia "prestação de serviço público/exploração de atividade econômica". *In*: FIGUEIREDO, Marcelo; PONTES FILHO, Valmir (Org.). *Estudos de direito público em homenagem a Celso Antônio Bandeira de Mello*. São Paulo: Malheiros, 2006. p. 406.

[76] Afirma o autor: "A distinção entre uma coisa e outra é óbvia. Se está em pauta atividade que o Texto Constitucional atribuiu aos particulares e não atribuiu ao Poder Público, admitindo, apenas, que este, excepcionalmente, possa empresá-la quando movido por 'imperativos da segurança nacional' ou acicatado por 'relevante interesse coletivo', como tais 'definidos em lei' (tudo consoante dispõe o art. 173 da Lei Magna), casos em que operará, basicamente, na conformidade do regime de Direito Privado, é evidente que em hipóteses quejandas não estará perante atividade pública, e, portanto, não se estará perante serviços públicos" (MELLO. *Curso de direito administrativo*, p. 648).

reside em dois elementos fundamentais: os serviços públicos são, de modo necessário, prestados em regime de exclusividade pelo Estado, operando "verdadeiro monopólio de uma dada atividade econômica",[77] e as atividades econômicas, escoradas no artigo 173, são exploradas pelo Estado em regime de concorrência com a iniciativa privada. Ainda para o autor, os serviços públicos são previstos de forma exaustiva na Constituição Federal, ao passo que as atividades econômicas a serem exploradas pelo Estado poderão ser previstas em leis ordinárias que regulamentem os conceitos constitucionais de relevante interesse coletivo e imperativos de segurança nacional.[78]

Em linhas gerais, pode-se depreender que, segundo o entendimento tradicional, a distinção essencial entre a exploração de atividades econômicas e a prestação dos serviços públicos (artigos 173 e 175 da Constituição Federal) – conforme espelhada nas concepções citadas e em outras encontráveis na doutrina – é vincada pela titularidade estatal dos serviços públicos e pela existência de um regime jurídico especial desses serviços, não refletido no caso das atividades econômicas.

A titularidade estatal predicaria, de forma indispensável, um afastamento da iniciativa privada, já que os serviços públicos seriam prestados em regime de exclusividade pelo Estado ou por seus delegatários. Na mesma senda, o regime jurídico dos serviços públicos seria distinto do regime jurídico das atividades econômicas, havendo privilégios na prestação desses serviços que não se repetem na exploração das atividades econômicas.

3.3.2 A necessidade de uma revisão

As distinções apontadas com relação ao conteúdo dos artigos 173 e 175 da Constituição Federal demandam uma revisão, pois, *permissa venia*, não refletem, com precisão, o conteúdo da Constituição Federal, sendo atadas a concepções, a nosso ver, já não atuais de serviços públicos. O posicionamento da doutrina majoritária merece revisão em virtude de três fundamentos essenciais: (i) não há uma distinção de regimes tão clara quanto pretende a doutrina entre serviços públicos e atividades econômicas nos dias atuais; (ii) não há titularidade estatal dos serviços públicos, mas, sim, uma *obrigação* do Estado;

---

[77] AGUILLAR. *Direito econômico*: do direito nacional ao direito supranacional, p. 307.

[78] AGUILLAR. *Direito econômico*: do direito nacional ao direito supranacional, p. 307, 308.

e (iii) os serviços públicos nada mais são do que um grupo de atividades econômicas exploradas pelo Estado *com base na autorização contida no próprio artigo 173 da Constituição Federal.*

3.3.2.1 O regime jurídico

O entendimento doutrinário existente parte do pressuposto de que os serviços públicos são dotados de um regime jurídico específico, próprio, nada semelhante ao aplicável às atividades econômicas exploradas com fundamento no artigo 173. Tal distinção pode até ter sido clara um dia, mas hoje não mais, de sorte que, segundo entendemos, não há como se partir do crivo do regime da atividade para diferenciar serviço público e o de atividade econômica.

Como expusemos no primeiro capítulo deste trabalho, o direito positivo, ao regulamentar um determinado serviço público, dotava-o, em alguns casos,[79] de um regime jurídico especial, colocando a atividade com exclusividade na esfera estatal e conferindo a ela uma série de prerrogativas inexistentes com relação às demais atividades.[80] Contudo, com os processos de liberalização e abertura pelos quais os serviços públicos passaram nos últimos anos, tornou-se muito dificultosa a identificação de um regime jurídico típico de serviço público e um regime jurídico típico das atividades econômicas.

Como ainda trataremos com a detença necessária neste trabalho, a partir das reformas implementadas na década de 1980 em diante (no Brasil, após a década de 1990), diversos serviços públicos foram liberalizados e sujeitos a um regime de concorrência entre prestadores de serviços e entre estes e exploradores de atividades econômicas desenvolvidas no mesmo campo da economia. Tal cenário predica a

---

[79] É necessário mencionar aqui, ao contrário do que aponta a doutrina, que nem todos os serviços públicos foram criados como uma atividade necessária e exclusivamente estatal. Há serviços públicos que desde sempre foram sujeitos a regime jurídico dúplice, podendo tanto ser prestados como serviço público pelo poder público ou por seus delegatários, quanto como atividades privadas pelos particulares interessados. É o caso dos serviços de irrigação, que podem ser prestados no regime público, quando planejados e implementados pelo poder público, ou no regime privado, quando desenvolvidos diretamente pelos interessados. É o que dispõe expressamente o artigo 25 da Lei nº 12.787, de 11 de janeiro de 2013, que trata da Política Nacional de Irrigação.

[80] Veja-se, por exemplo, o caso do artigo 151 do Código de Águas, que cria uma série de prerrogativas, assim como benefícios fiscais, para os prestadores dos serviços públicos de energia elétrica. No mesmo sentido, como já exposto, Ruy Cirne Lima mencionava a concessão de benefícios e privilégios como um traço marcante dos serviços públicos. Cf. *Princípios de direito administrativo brasileiro*, p. 70.

CAPÍTULO 3
OS SERVIÇOS PÚBLICOS COMO OBRIGAÇÃO ESTATAL | 129

igualdade de condições de todos os agentes,[81] colocando em xeque a existência de um regime jurídico próprio, demarcador da característica essencial do serviço público.

De outro bordo, atividades que antes eram serviços públicos deixaram de sê-lo, passando a ser atividades econômicas sujeitas a uma forte regulação estatal e, não raro, continuaram sendo prestadas pelo Estado em condições muito semelhantes, o que torna impossível identificar com clareza em quais casos se trata de serviço público e em quais casos das demais atividades econômicas.[82]

Ademais, a sujeição de uma enorme plêiade de atividades a uma complexa e severa regulação estatal faz desaparecer a noção de que as atividades econômicas seriam demarcadas por um regime jurídico de ampla liberdade de iniciativa. Cada vez mais, impinge-se às atividades econômicas um regime de obrigações provenientes de normas públicas, em razão de seu acentuado grau de essencialidade para a satisfação das necessidades coletivas. Entretanto, não se cria sobre essas atividades um serviço público senão mecanismos de controle exercidos pelo Estado, para satisfação dos interesses da coletividade.

Na esteira das lições de Luis Cosculluela Montaner e Mariano López Benítez, o regime jurídico de direito público típico dos serviços públicos implicaria três poderes da administração pública, quais sejam: (i) o poder regulamentar, consistente no poder de disciplinar a atividade; (ii) o poder de polícia, consistente no poder de fiscalizar a prestação do serviço; e, por fim, (iii) o poder de instituir taxas ou tarifas.

---

[81] Como muito bem nota Giorgio Monti, a desmonopolização e a liberalização de um setor demandam três formas de atuação legislativa, quais sejam, a restrição dos direitos de propriedade do antigo monopolista, a criação de estruturas governamentais que permitam a convivência de diversos agentes e o estabelecimento de normas de câmbio entre os agentes e entre estes e os consumidores, consistentes na igualdade de tratamento entre os agentes e o estabelecimento de normas claras que pautem as relações entre os agentes prestadores e os consumidores ou usuários. Daí por que mencionamos não ser mais possível pretender demarcar a existência de serviços públicos em razão de um regime jurídico especial, pois, em um contexto liberalizado, o regime de serviço público será muito próximo ao regime privado de qualquer atividade econômica. Sobre o tema, confira-se: *EC Competition Law*. Cambridge: Cambridge University Press, 2007. p. 444.

[82] É o caso flagrante da atividade de geração de energia elétrica, que, inicialmente, era sujeita ao regime de serviço público, mas, atualmente, não é. Não obstante, os agentes prestadores da atividade (que incluem em muitos casos o próprio Estado, cujas empresas controladas ainda são as maiores geradoras de energia elétrica no Brasil) permanecem os mesmos, apenas sujeitando-se a atividade a regime distinto e, definitivamente, muito próximo, eis que a atividade é fortemente regulada. Sobre o tema, confira-se o nosso: Geração de energia elétrica no Brasil: 15 anos fora do regime de serviço público. *Revista de Direito Público da Economia – RDPE*, Belo Horizonte, v. 8, n. 31, p. 141-168, jul./set. 2010.

Esse regime jurídico, contudo, não pode ser utilizado para diferenciar serviço público das demais atividades econômicas, haja vista que diversas atividades econômicas (muitas das quais, inclusive, exploradas pelo próprio Estado) são sujeitas a poderes muito semelhantes exercidos pelo Estado, sem, no entanto, serem serviços públicos. Veja, nesse sentido, as atividades desempenhadas pelas instituições financeiras, por exemplo.[83]

Sendo assim, vê-se, com clareza, uma aproximação de regimes jurídicos, com a relativização do regime público incidente sobre os serviços públicos e a criação de um intenso regime de regulação imposto sobre atividades econômicas, fazendo com que a distinção de regimes jurídicos, que antes era clara, passasse a ser turva e, em alguns casos, quase imperceptível. Nesse sentido, afirma Marçal Justen Filho:

> Ocorre que, já há algum tempo, a ampliação da complexidade da organização econômica e a busca por novas oportunidades de negócios conduziram ao surgimento de situações problemáticas. A nitidez da distinção foi-se nublando e tornando mais difícil a manutenção da dicotomia na sua configuração original. Tal derivou do exercício cumulativo por uma única e mesma entidade administrativa de atividades reconduzíveis tanto a uma como a outra das categorias que compõem a dicotomia.[84]

Analisando-se a questão nos dias atuais, vemos que o crivo do regime jurídico da atividade não pode ser utilizado como elemento de diferenciação entre serviços públicos e atividades econômicas exploradas pelo Estado. Tanto porque não há mais um regime jurídico público definível com certeza e único para os serviços públicos (tal como analisaremos com a detença necessária mais adiante), quanto porque não raro as atividades econômicas exploradas pelo Estado (necessárias para a satisfação do interesse coletivo, como determina a Constituição Federal) sujeitam-se a intensa regulação, com regime muito aproximado ao regime do serviço público.

---

[83] COSCULLUELA MONTANER, Luis; LÓPEZ BENÍTEZ, Mariano. *Derecho público económico*. 2. ed. Madrid: Iustel, 2008. p. 240.

[84] JUSTEN FILHO. Empresas estatais e a superação da dicotomia "prestação de serviço público/exploração de atividade econômica", p. 409.

3.3.2.2 A titularidade estatal

O segundo critério em geral apresentado pela doutrina para diferenciar os serviços públicos das atividades econômicas exploradas pelo Estado seria a *titularidade estatal* que recairia sobre os serviços públicos. Embora os fundamentos de tal titularidade estatal variem em razão da consideração dos serviços públicos como atividades econômicas ou atividades administrativas, é comum a identificação do afastamento da livre iniciativa das atividades erigidas a serviços públicos, em razão de pertencerem tais atividades ao Estado.

Esse segundo elemento também não parece ser adequado para divisar serviços públicos e atividades econômicas, conquanto não consideramos haver sobre os serviços públicos a titularidade estatal da forma como esta é entendida pela doutrina.[85]

Em primeiro lugar, não há como se falar em titularidade estatal em uma atividade sujeita ao regime de concorrência, muitas vezes vincado pela liberdade (ainda que condicionada) de entrada de novos agentes no setor. Portanto, em todos os serviços públicos liberalizados, não há como se falar em titularidade estatal (exceto se considerada como obrigação estatal). E, em segundo lugar, sempre houve atividades sujeitas, de forma concomitante, a regimes distintos, aplicáveis conforme a existência ou não de serviço público (uma vez mais, o caso dos serviços públicos de irrigação). Assim, não há como se falar em titularidade estatal de uma atividade que também pode, ao mesmo tempo, ser prestada em regime apenas privado (ou, como preferimos, sem qualquer regime especial).

Em vez de existir uma titularidade estatal sobre os serviços, há uma restrição maior ou menor ao direito fundamental da livre iniciativa, conforme *bastante* para a satisfação dos direitos fundamentais a que se destina um determinado serviço público. Dizendo com outras palavras: não há uma titularidade estatal da atividade que afasta a livre iniciativa privada, *há uma atividade que constitui uma obrigação estatal, cujas características específicas podem justificar restrições ao direito fundamental da livre iniciativa, **as quais deverão sempre ser proporcionais à***

---

[85] Em consonância com os posicionamentos doutrinários expostos acima, vê-se que a noção de titularidade estatal, no Brasil, vem associada à noção de "propriedade", de "pertença", da atividade ao Estado, que se constitui como único agente dotado de iniciativa de exploração. Trata-se de noção mais intensa e mais diametralmente oposta à concorrência do que a reserva criada para o Estado no caso dos serviços públicos italianos. Sobre o tema, confira-se: CASSESE. *La nuova costituzione economica*, p. 88.

satisfação de outros direitos fundamentais por meio da prestação do serviço público.

Assim, pensar na titularidade estatal da atividade como elemento definidor do serviço público e, portanto, que o distingue das demais atividades econômicas empreendidas pelo Estado, parece-nos um equívoco. Tanto porque não há titularidade na prestação da atividade, na medida em que sempre pôde haver a exploração da atividade em regimes específicos, seja porque qualquer restrição imposta ao direito fundamental da livre iniciativa não decorre de qualquer privilégio específico, mas sim de uma restrição de um direito fundamental para a satisfação de outros.

3.3.2.3 O artigo 173 como fundamento do artigo 175

Em terceiro e último lugar, entendemos que os argumentos apresentados pela doutrina esbarram em mais uma questão: o artigo 173 e o artigo 175 não tratam de matérias distintas, ou seja, não são artigos sem qualquer relação; são artigos que se fundamentam, pois o fundamento de aplicabilidade do artigo 175 é a *permissão contida no artigo 173.* Vale dizer, não porque o artigo 173 versa sobre a exploração de atividades econômicas e o artigo 175 sobre os serviços públicos que não há qualquer relação entre eles. O artigo 175 nada mais contempla do que uma das formas de exploração de atividades econômicas pelo Estado, na forma permitida pelo artigo 173.

Analisando-se o texto do artigo 173 da Constituição Federal, tem-se que "ressalvados os casos previstos nesta Constituição, a exploração direta de atividade econômica pelo Estado (...)". Daí se depreende que o Estado só poderá explorar diretamente atividades econômicas nas hipóteses previstas na Constituição Federal e nos demais casos expressamente contemplados pelo próprio artigo 173 (relevante interesse coletivo e imperativos de segurança nacional). Dessa maneira, ao ser claro que os serviços públicos são atividades econômicas que a Constituição coloca como *obrigações do Estado,* temos como certo que a prestação dos serviços públicos nada mais é do que *um dos casos em que a Constituição Federal permite que o Estado explore atividades econômicas diretamente.* Daí emerge novamente a necessidade de procurarmos construir um novo conceito de apartação entre os serviços públicos e as demais atividades econômicas exploradas pelo Estado, divisando o conteúdo dos artigos 173 e 175 da Constituição Federal.

3.3.3 A nossa posição

Postas as razões pelas quais os elementos de diferenciação apresentados pela doutrina não são, segundo entendemos, condizentes com o conteúdo da Constituição Federal, passa a ser necessária a exposição de nossa posição acerca do conteúdo dos artigos 173 e 175 da Constituição Federal, o que será nosso objeto de estudo neste tópico.

Em primeiro lugar, retomando a ideia já discorrida, não há que se falar em uma distinção absoluta entre os conteúdos dos artigos 173 e 175 da Constituição Federal, eis que a prestação dos serviços públicos prevista no artigo 175 tem fundamento no artigo 173. Todavia, entendemos ser necessário divisar, com clareza, qual a consequência jurídica de haver a Constituição Federal determinado que certas atividades econômicas são uma *obrigação* do Estado e outras atividades econômicas poderão ser empreendidas pelo Estado.

O conteúdo do artigo 173 distinguir-se-ia do conteúdo do artigo 175 *em razão da obrigatoriedade contida neste segundo*, não refletida no primeiro. É dizer, segundo entendemos, *o artigo 175 contempla uma forma obrigatória de exercício de atividades econômicas pelo Estado para realizar algo aos cidadãos, ao passo que o artigo 173 contempla hipóteses de exercício facultativo de atividades econômicas pelo Estado*. O fundamento de nossa posição decorre do próprio texto constitucional, quando este menciona no artigo 173 a *possibilidade de exercício de atividades econômicas* e no artigo 175 a *obrigatoriedade de exercício de determinadas atividades econômicas classificadas como serviços públicos que consistem em prestações em favor dos cidadãos.*[86]

De acordo com o que reputamos mais apropriado, a diferenciação essencial entre os artigos 173 e 175 da Constituição não reside na reserva de um ou de outro ao Estado ou à iniciativa privada, nem tampouco nos regimes jurídicos da atividade, mas, sim, na existência de uma obrigação de intervenção pelo Estado no caso do artigo 175 e

---

[86] Exatamente nesse sentido anota Fernando Garrido Falla em comentário ao direito espanhol, mas plenamente aplicável ao caso brasileiro: "A gestão econômica de atividades, como categoria jurídica, não pode ser suprimida utilizando o clássico molde do serviço público, por existirem diferenças fundamentais entre esta atividade e a característica do serviço público: enquanto o serviço público consiste na prestação de um serviço aos administrados, em proporcional uma utilidade aos administrados mediante a prestação de um serviço (que é de caráter imaterial), a gestão econômica de atividades se caracteriza porque consiste em uma atividade que proporciona bens ao mercado. Trata-se, portanto, de uma dação de bens ao mercado" (*Las transformaciones del régimen administrativo*. Madrid: Instituto de Estúdios Políticos, 1962. p. 145, tradução nossa).

de uma faculdade de empreendimento no caso das demais atividades econômicas. Daí, afirma-se que nos casos em que houverem sido constituídos serviços públicos, *haverá uma obrigatoriedade de exploração da atividade econômica serviço público*, ao passo que nos casos em que houver relevante interesse coletivo ou imperativo de segurança nacional (hipóteses bastante abertas, diga-se[87]), *haverá mera faculdade do Estado de explorar determinada atividade econômica*.

Embora analisando o ordenamento jurídico português, entendemos ser plenamente transponível para nossa realidade a seguinte lição de Paulo Otero:

> a cláusula de bem-estar ou do Estado Social, tal como envolve o reconhecimento de uma iniciativa econômica pública em sectores vedados a iniciativa privada (...), mostra-se também passível de possuir eficácia operativa em sectores económicos não vedados à iniciativa privada: as tarefas ou incumbências fundamentais conferidas pela Constituição ao Estado, enquanto expressão concretizadora do modelo de bem-estar, são susceptíveis de gerar obrigação de o Estado desenvolver uma actividade de intervenção económica (...).[88]

Nos casos em que se falar de serviços públicos, a obrigação do Estado de satisfazer determinado direito fundamental demandará do Estado uma atuação positiva no domínio econômico por meio da exploração de uma determinada atividade econômica (*i. e.*, prestação de um serviço público), *impondo-lhe uma obrigação*. É isso que vemos, com evidência, defluir do *caput* do artigo 175, quando este determina *incumbir* ao Estado a prestação dos serviços públicos.

O mesmo não ocorre com as demais atividades econômicas empreendidas pelo Estado com fundamento no artigo 173 da Constituição Federal. Para nós, referido dispositivo confere ao Estado a faculdade de explorar determinada atividade econômica para satisfazer relevantes interesses coletivos ou imperativos de segurança nacional, na medida em que poderá haver outras formas de atuação *sobre* o domínio econômico

---

[87] Manoel Gonçalves Ferreira Filho bem anota que "apesar de reconhecida a primazia de iniciativa privada, caberá a atuação do Estado como empresário onde o legislador, numa decisão política, entender existir um 'relevante interesse coletivo'. Não há, pois, garantia segura e efetiva contra o avanço da estatização da economia" (*Curso de direito constitucional*. 35. ed. São Paulo: Saraiva, 2009. p. 367).

[88] OTERO, Paulo. *Vinculação e liberdade de conformação jurídica do sector empresarial do Estado*. Coimbra: Coimbra Ed., 1998. p. 119.

que possam suprir o mesmo interesse coletivo relevante e, conforme o caso, o mesmo imperativo de segurança nacional. É dizer, nos termos do artigo 173 da Constituição Federal, a exploração direta de atividades econômicas é um dos meios para se realizar o relevante interesse coletivo[89] e imperativos de segurança nacional, mas não o único, razão pela qual não se pode confundir a exploração de atividades econômicas com a prestação de serviços públicos.

A análise da legitimidade da ação estatal nos casos dos artigos 173 e 175 da Constituição Federal é, em absoluto, distinta. No caso do artigo 175, não se analisa se é ou não possível ao Estado explorar aquela atividade qualificada como serviço público. Analisa-se apenas e tão somente se há um direito fundamental que justifica a instituição de um serviço público, bem como se a eventual restrição imposta ao direito fundamental da livre iniciativa é *proporcional* à realização do direito a ser satisfeito com a prestação do serviço em questão. Em sentido contrário, no caso das demais atividades econômicas, além do crivo da proporcionalidade da ação estatal, é necessário realizar exame prévio de legitimidade da ação estatal naquilo que se refere ao seu cabimento jurídico, isto é, com relação à licitude de o Estado empreender determinada atividade econômica, com fundamento nas limitações impostas pela Constituição Federal.

Ademais, em que pese em ambos os casos de exploração de atividades econômicas o Estado estar a realizar direitos fundamentais, haja vista que a atuação estatal deve ser sempre pautada por referidos direitos, as finalidades pretendidas em um e outro caso são distintas. Enquanto no caso da prestação dos serviços públicos o Estado está a perseguir apenas a realização de um determinado direito fundamental que exija dele uma prestação positiva, no caso da exploração das demais atividades econômicas, *haverá um juízo político prévio à decisão de empreender ou não a atividade econômica*.

---

[89] Nesse ponto, deve-se mencionar o entendimento há tempos exposto por Floriano de Azevedo Marques Neto de que o Estado há muito deixou de deter a exclusividade na realização do interesse público, sendo cada vez maior o número de entidades privadas que são incumbidas de realizar o interesse coletivo, o que reforça nossa ideia de que o relevante interesse coletivo mencionado na Constituição Federal está longe de somente poder ser satisfeito apenas pelo Estado. Sobre o tema, confira-se: *Regulação estatal e interesses públicos*. São Paulo: Malheiros, 2002. p. 146; e Fundamentos e conceituação das PPP. *In*: MARQUES NETO, Floriano de Azevedo; SCHIRATO, Vitor Rhein (Coord.). *Estudos sobre a Lei das Parcerias Público-Privadas*. Belo Horizonte: Fórum, 2011. p. 17.

Expliquemo-nos: no caso dos serviços públicos, sua prestação ou garantia pelo Estado é obrigatória, não havendo outra atuação possível, ao passo que no caso das demais atividades econômicas, a exploração direta é uma alternativa, havendo outras possíveis (como o fomento e demais formas de indução, por exemplo), de tal forma que a escolha por empreender a atividade não é apenas jurídica, mas também política, envolvendo a posição do Estado como agente de direção e indução da economia.[90]

Nesse teor, afirma Alexandre Santos de Aragão:

> A diferença em ambos os casos é que os serviços públicos têm por objetivo o atendimento direto de necessidades ou utilidades públicas, não o interesse fiscal ou estratégico do Estado, como ocorre com as atividades econômicas stricto sensu.[91]

Entendemos, então, que não se confunde a prestação dos serviços públicos com a exploração de outras atividades econômicas pelo Estado, em que pese serem os serviços públicos atividades econômicas, porque a prestação dos serviços públicos contemplada no artigo 175 da Constituição Federal é uma *obrigação do Estado*, enquanto a exploração de outras atividades econômicas com fundamento no artigo 173 é uma *faculdade do Estado*, não sendo relevantes para a distinção a titularidade da atividade ou seu regime jurídico, como aponta a doutrina.[92]

3.4 Uma interpretação hodierna da noção de serviço público à luz do conteúdo do artigo 175 da Constituição Federal

Tendo deixado assentado neste capítulo que os serviços públicos prestam-se a realizar direitos fundamentais que apresentem, no todo ou em parte, um *status positivus*, e que (i) fazem emergir em favor dos cidadãos um *direito subjetivo público* e (ii) impõem, em contrapartida,

---

[90] Confira-se, nesse sentido: ARIÑO ORTIZ. *Principios de derecho público económico*, p. 300-301, visto que o autor claramente faz a distinção entre a exploração de atividades econômicas e a prestação de serviços públicos, ressaltando a possibilidade de câmbio da exploração direta de atividades econômicas pelo Estado por outras formas de atuação.

[91] ARAGÃO. *Direito dos serviços públicos*, p. 179.

[92] A exceção que se apresenta é constituída pelos monopólios estatais arrolados no artigo 177 da Constituição Federal, os quais, em razão dos fundamentos de sua constituição, são obrigações tanto quanto os serviços públicos.

ao Estado uma *obrigação* em sentido jurídico, cujo teor será essencial para diferenciar os serviços públicos das demais atividades econômicas empreendidas pelo Estado, temos, neste momento, que apresentar nosso entendimento do que venha a ser serviço público no direito brasileiro.

Em primeiro lugar, é necessário deixar assentado que descabe cogitar a supressão da noção de serviço público do direito brasileiro. O serviço público permanece existindo, sem que tenha, de alguma forma, sido excluído das discussões jurídicas brasileiras. Embora se possa falar em atividades de relevante interesse coletivo com conteúdo econômico (ou não administrativo) que se encontram sujeitas a forte regulação estatal, não há como se falar que referidas atividades tenham feito o serviço público sucumbir.[93] Da mesma forma, a sujeição de atividades que antes constituíam serviços públicos a outros regimes e à inserção de competição na prestação de referidos serviços (com ou sem a assimetria de regimes), a nosso ver, não tiveram o condão de fazer inexistir a noção de serviço público.[94] Os serviços públicos existem e permanecerão existindo até que se altere a Constituição Federal.

O que fundamenta nosso entendimento é simples: *o artigo 175 da Constituição Federal permanece em pleno vigor, dotado de plena eficácia*, prevendo a existência dos serviços públicos e impondo-os ao Estado, como sua obrigação. Portanto, enquanto estiver em vigor o artigo 175 da Constituição Federal, não há como cogitar na supressão dos serviços públicos do direito brasileiro. E expomos nosso argumento pela via mais simples e pragmática, pois, enquanto houver direitos fundamentais que demandem certa atuação econômica positiva do Estado para sua satisfação, *haverá serviço público*, independente do artigo 175. Contudo, este segundo argumento é meramente complementar, na medida em que o artigo 175 da Constituição Federal já espanta qualquer dúvida acerca da permanência dos serviços públicos no direito brasileiro.

---

[93] Como muito bem adverte Giampaolo Rossi, "não é suficiente para definir determinada atividade como serviço público a destinação a satisfazer fins sociais" [*Diritto amministrativo*. Milano: Giuffrè, 2005. p. 309, tradução nossa. (Principi, v. 1)].

[94] Carlos Ari Sundfeld entende que a expressão "serviço público" diz pouco ou nada para atividades insertas em setores sujeitos a processos de desmonopolização, liberalização e privatização. Tal afirmação é entendida por Marcos Augusto Perez (cf. *O risco no contrato de concessão de serviço público*, p. 53) como sendo uma manifestação do autor de que os serviços públicos não mais existem. Contudo, discordamos. Entendemos que o autor propugna por uma revisão da noção de serviço público segundo o contexto atualmente existente, com o que concordamos. Cf. *A administração pública na era do direito global*, p. 161.

Não obstante, ao mesmo tempo que entendemos que os serviços públicos permanecem existindo por conta do conteúdo do artigo 175 da Constituição Federal, entendemos também que não há como ler tal dispositivo e interpretá-lo tal como os lornhões da França dos fins do século XIX. É preciso aprender seu sentido e, por consequência, analisar os serviços públicos, nos dias atuais, de forma condizente com todas as alterações que houve ao longo de mais de um século na estrutura do Estado, no conteúdo da Constituição, na sociedade e em suas formas de interação e, sobretudo, é necessário realizar tal análise de acordo com o atual contexto constitucional.

Como pondera Juan Carlos Cassagne:

> é evidente que o serviço público, como toda instituição jurídica, sofre transformações impostas pelo momento histórico em que se desenvolve. Nesse processo, que varia segundo os distintos países, as instituições abrigam sempre uma espécie de dialética interna, sinalizada pela realidade política, social e econômica, que as levam a se transformar, adaptar-se ou desaparecer temporariamente (este último em razão da perda da vigência ou utilidade para a sociedade e para o Estado). Mas resulta claro que a instituição jurídica nunca se mantém incólume frente às transformações, pois, dependendo da realidade, não pode sobreviver sem a essa se adaptar.[95]

Na mesma linha, afirma Odete Medauar:

> Pode-se pensar de modo evolutivo no tocante ao serviço público para inserir o dado econômico, a gestão privada, a concorrência, sem abolir a presença do Estado, o aspecto social, os direitos sociais.[96]

Portanto, para os fins desse trabalho, ao lume do que dispõe o artigo 175 da Constituição Federal, entendemos que os serviços públicos *são obrigações positivas impostas ao Estado pela ordem jurídica com a finalidade de satisfazer direitos fundamentais que exigem do Estado uma atuação positiva e material na ordem econômica para prestar determinado serviço ou, no mínimo, garantir sua prestação.*

---

[95] CASSAGNE, Juan Carlos. *Derecho administrativo*. 8. ed. Buenos Aires: Lexis Nexis, 2006. v. 2, p. 407-408, tradução nossa.

[96] MEDAUAR, Odete. *Direito administrativo em evolução*. 2. ed. São Paulo: Revista dos Tribunais, 2003. p. 217.

Vê-se, portanto, que não são inerentes à noção de serviço público, *por não terem esteio no artigo 175 da Constituição Federal*, nem o tal regime jurídico de direito público (ao qual voltaremos adiante neste trabalho[97]), nem tampouco qualquer forma de titularidade estatal, exceto se considerada tal titularidade a partir do conteúdo obrigacional imposto ao Estado.

Sendo assim, o que é elemento marcante dos serviços públicos e, portanto, deve fazer parte do núcleo de sua definição, é o conjunto formado pelo caráter obrigacional da atividade (que impõe ao Estado o dever de prestação da atividade ou garantia dela), sua vinculação aos direitos fundamentais (que, de novo, pautam as relações entre cidadãos e Estado) e sua consubstanciação na exploração de uma atividade econômica material (não normativa, nem diretiva, portanto) pelo Estado ou por quem lhe faça as vezes, subsistindo seu dever de garantidor.[98][99]

É com base nesta definição que desenvolvermos o restante deste trabalho.

---

[97] Como detalharemos, há um regime jurídico que atribui traços específicos aos serviços públicos. Contudo, este regime jurídico está longe de ser único e aplicável com a mesma intensidade para todos os serviços públicos e tem seu fundamento no direito positivo regente de cada serviço público criado pelo direito considerado de forma individual. Não é inerente ao conceito de serviço público, nem tampouco (e muito menos) decorrente do artigo 175 da Constituição Federal.

[98] Neste ponto concordamos novamente com Giampaolo Rossi, cuja definição de serviço público não contempla nem a titularidade estatal, nem o regime jurídico de direito público, mas sim o caráter da atividade e sua vinculação a fins coletivos. Segundo o autor: "*o serviço público é uma atividade não autoritária que consiste em prestações diretas a satisfazer interesses a proteção necessária*" [*Diritto amministrativo*. Milano: Giuffrè, 2005. p. 308, tradução nossa e grifos do original. (Principi, v. 1)].

[99] Note-se que a clássica definição de Duguit ("toda atividade que deve ser assegurada, disciplinada e controlada pelos governantes, porque sua realização é indispensável para a realização e o desenvolvimento da interdependência social e porque, por sua natureza, não pode ser realizada completamente sem a intervenção da força governamental", cf. *Traité de droit constitutionnel*, p. 61), apresentada no Capítulo 1, já deixa claro que não há titularidade estatal ou qualquer forma de exclusividade por parte do Estado, mas apenas *um dever de garantia da realização e da efetiva prestação da atividade*.

CAPÍTULO 4

A APLICAÇÃO DAS NORMAS DE CONCORRÊNCIA AOS SERVIÇOS PÚBLICOS

4.1 A concorrência na ordem econômica constitucional do Brasil

A Constituição Federal de 1988 inovou no que concerne ao regime jurídico da livre concorrência. Após ter determinado que a livre iniciativa – além de direito fundamental constituído nos termos do inciso XIII do artigo 5º – é o fundamento primordial da ordem econômica constitucional (artigo 170, *caput*), o texto constitucional, de modo expresso, previu a livre concorrência como um dos princípios norteadores da ordem econômica. Com isso, não apenas garantiu o livre direito dos cidadãos de desempenhar qualquer atividade econômica (respeitadas apenas as limitações previstas em lei), como também determinou que os agentes insertos em certo mercado atuem em regime de livre concorrência, com todas as implicações daí decorrentes, que serão analisadas neste capítulo.[1]

Como deixamos anotado no capítulo anterior, os serviços públicos são *obrigações* impostas ao Estado para a garantia de direitos fundamentais insculpidos na Constituição. Via de consequência, a criação de um serviço público impõe ao Estado um dever de empreender determinada

---

[1] Gilmar Ferreira Mendes, Inocêncio Coelho e Paulo Gustavo Gonet Branco, analisando a ordem econômica constitucional, ressaltam o caráter instrumental da livre concorrência em relação à livre iniciativa. Citando as lições de Miguel Reale, os autores acentuam que os conceitos não se confundem, mas são intrinsecamente inter-relacionados, de tal forma que a livre concorrência é um dos elementos que garantem a efetividade da livre iniciativa. Cf. *Curso de direito constitucional*. 2. ed. São Paulo: Saraiva, 2008. p. 1358. Na mesma senda, José Afonso da Silva afirma que a livre concorrência é um instrumento de garantia da livre iniciativa. Cf. *Curso de direito constitucional*. 22. ed. São Paulo: Malheiros, 2003. p. 771.

atividade econômica, visto que tal empreendimento – desde que proporcional – é a forma de atuação estatal necessária para a realização de um particular direito fundamental. Como já exposto, a existência de um serviço público não elide, como regra, o direito à livre iniciativa. Poderá, em casos específicos, impor-lhe restrições, cuja intensidade variará conforme seja proporcional para garantir o direito fundamental em questão.

Partindo-se do pressuposto de que a existência de um serviço público não afastará *ipso iure* o direito fundamental à livre iniciativa, entendemos ser necessário analisar qual a relação entre serviços públicos e livre concorrência, eis que, como mencionado, a livre concorrência é um *instrumento* de garantia da livre iniciativa, de tal forma que, havendo (ainda que com algum grau de restrição) liberdade de iniciativa também nos serviços públicos, haverá, por conseguinte, uma concorrência na prestação de tais serviços, o que nada mais é do que simples aplicação das normas constitucionais regentes da ordem econômica.

A partir do conteúdo da ordem econômica constitucional, vemos com clareza que a regra traçada pelo legislador é a da livre concorrência, razão pela qual, exceto nos casos em que necessária e proporcional, haverá concorrência na prestação dos serviços públicos, não sendo possível invocar-se o combalido *regime jurídico de direito público* para afastar a aplicação das regras concorrenciais às atividades consagradas como serviço público. Destarte, nosso objetivo nas linhas que seguem será analisar a aplicação das normas contidas na ordem econômica constitucional aos serviços públicos, sobretudo no que se refere à proteção da livre concorrência.

4.1.1 A livre concorrência como princípio da ordem econômica

Nos termos do inciso IV do artigo 170 da Constituição Federal, a livre concorrência foi inserida como um dos *princípios* regentes da ordem econômica constitucional. Essa inserção tem consequências jurídicas muito relevantes, em razão da configuração e das funções dos princípios jurídicos, de forma que o legislador constituinte, ao estabelecer que a liberdade de concorrência é um *princípio jurídico*, determinou que esse comando tivesse concretos efeitos jurídicos, vinculantes a todos os demais agentes elaboradores e aplicadores do direito.

Muita discussão existe na doutrina acerca do que venha a ser qualificado como princípio jurídico e sobre seus efeitos concretos. Não obstante haver certa concordância no sentido de que eles são *normas jurídicas* que compõem o ordenamento jurídico, paira, ainda, considerável controvérsia a respeito do sentido jurídico de um princípio, sua forma de aplicação e suas consequências jurídicas. Portanto, antes da análise do efetivo conteúdo normativo do inciso IV do artigo 170 da Constituição Federal, teceremos algumas considerações acerca da configuração jurídica dos princípios jurídicos.

Para Celso Antônio Bandeira de Mello, princípio:

> é, por definição, mandamento nuclear de um sistema, verdadeiro alicerce dele, disposição fundamental que se irradia sobre diferentes normas compondo-lhes o espírito e servindo de critério para sua exata compreensão e inteligência exatamente por definir a lógica e a racionalidade do sistema normativo, no que lhe confere a tônica lhe dá sentido harmônico. É o conhecimento dos princípios que preside a intelecção das diferentes partes componentes do todo unitário que há por nome sistema jurídico positivo.[2]

Analisando-se essa definição, duas características dos princípios avultam: o papel dos princípios na orientação da interpretação das normas que compõem o ordenamento jurídico e seu papel na integração e harmonização das normas jurídicas. Em essência, pretende o autor que os princípios jurídicos sejam vistos como *valores* que norteiam a interpretação de todas as normas jurídicas, compondo-lhes o sentido quando de sua inserção no sistema jurídico.

Segundo nossa leitura, a definição de princípio apresentada pelo autor não é a mais apropriada. Em primeiro lugar, porque confere eficácia muito fluida aos princípios jurídicos, uma vez que lhes atribui valor por demais amplo e, não raro, subjetivo, em função de seu iminente cunho interpretativo. Em segundo, porque parece confundir princípios jurídicos com normas jurídicas. Não seria possível, conforme entendemos, que os princípios se irradiassem sobre as normas jurídicas, *visto que os princípios nada mais são do que normas jurídicas*. Compreendemos que os princípios jurídicos devem ter papel mais relevante e mais definido dentro do ordenamento jurídico. Logo, para os fins deste trabalho,

---

[2] MELLO. *Curso de direito administrativo*, p. 902-903.

não será o conceito apresentado pelo administrativista que norteará nossas conclusões.

De forma distinta, para Miguel Reale:

> (...) princípios são enunciações normativas de valor genérico, que condicionam e orientam a compreensão do ordenamento jurídico, quer para a sua aplicação e integração, quer para a elaboração de novas normas.[3]

Da definição apresentada, de imediato, podem ser notados não só a noção de que princípios são *normas jurídicas* e que, portanto, integram o ordenamento jurídico, como também o iminente caráter pragmático da função dos princípios no ordenamento jurídico consubstanciado em um dever de ponderação. Isso ocorre, pois o autor refere-se aos princípios como *normas jurídicas com aplicação eminentemente finalísticas*, ou seja, normas jurídicas que impõem ao aplicador do direito o dever de encontrar uma *finalidade* quando de sua concretização. Ressalta o autor, também, a imperatividade de uma *ponderação* na aplicação dos princípios jurídicos, por demandar uma avaliação efetiva pelo aplicador do direito.

A definição de Humberto Ávila é pertinente, na medida em que não trata dos princípios jurídicos como elemento de interpretação, mas, sim, como norma jurídica de efeitos bastante claros. Não há fluidez na configuração da função dos princípios jurídicos no ordenamento jurídico. Muito ao contrário, há uma função clara atribuída a referidas normas de se buscar uma finalidade (que tem efeito normativo e, portanto, vinculante), após processo de ponderação.

Ainda sobre o tema, afirma Robert Alexy:

> princípios são normas que ordenam que algo seja realizado na maior medida possível dentro das possibilidades jurídicas e fáticas existentes. (...) são, por conseguinte, mandamentos de otimização, que são caracterizados por poderem ser satisfeitos em graus variados e pelo

---

[3] REALE, Miguel. *Lições preliminares de direito*. 27. ed. 10. tiragem. São Paulo: Saraiva, 2010. p. 304. Em sentido semelhante, Humberto Ávila define princípios jurídicos como "Princípios são normas imediatamente finalísticas, primariamente prospectivas e com pretensão de complementariedade e de parcialidade, para cuja aplicação se demanda uma avaliação da correlação entre o estado de coisas a ser promovido e os efeitos decorrentes da conduta havida como necessária à sua promoção" (*Teoria dos princípios*. São Paulo: Malheiros, 2003. p. 70).

A APLICAÇÃO DAS NORMAS DE CONCORRÊNCIA AOS SERVIÇOS PÚBLICOS

fato de que a medida devida de sua satisfação não depende somente das possibilidades fáticas, mas também das possibilidades jurídicas.[4]

A nosso ver, essa definição, longe de contrariar aquela apresentada por Humberto Ávila, complementa-a. Segundo Robert Alexy, os princípios jurídicos são *normas jurídicas* que também apresentam um *conteúdo finalístico*, porque ordenam a realização de algo e também obrigam ao aplicador um dever de ponderação, na medida em que impõem que delas se extraia, no caso concreto, o maior grau de efetividade diante das circunstâncias jurídicas e fáticas existentes. Nessa direção, tal concepção complementa aquela apresentada por Humberto Ávila por determinar que o seu conteúdo finalístico seja obtido a partir de um dever de otimização e por determinar que a atividade de ponderação levará em conta elementos fáticos e jurídicos.

Face a essas considerações, nosso entendimento acerca do *conteúdo jurídico* do princípio da livre concorrência terá como norte a noção de que o comando normativo, contido no inciso IV do artigo 170 da Constituição Federal, longe de ser mero instrumento de aplicação em caso de lacuna legal, é uma *norma jurídica* com conteúdo efetivo que impõe ao aplicador um dever a ser cumprido.[5] Não haveria, ao lume da Constituição Federal de 1988, como adotar interpretação distinta.

Nesse sentido, com muita propriedade, afirma Luís Roberto Barroso:

> os princípios jurídicos, especialmente os de natureza constitucional, viveram um vertiginoso processo de ascensão, que os levou de fonte subsidiária do Direito, nas hipóteses de lacuna legal, ao centro do sistema jurídico. No ambiente pós-positivista de reaproximação entre o Direito e a Ética, os princípios constitucionais se transformam na porta de entrada dos valores dentro do universo jurídico.[6]

Assim, parece-nos que o inciso IV do artigo 170 da Constituição Federal significa que *a garantia da livre concorrência é um dever jurídico de caráter finalístico, vinculante às demais regras jurídicas aplicáveis que versem sobre o tema do desenvolvimento de atividades econômicas, que deve ser aplicado*

---

[4] ALEXY. *Teoria dos direitos fundamentais*, p. 90.
[5] Conforme bem pondera Eros Roberto Grau: "os princípios obrigam seus destinatários igualmente, sem exceção, a cumprir as expectativas generalizadas de comportamento" (*O direito posto e o direito pressuposto*. 6. ed. São Paulo: Malheiros, 2005. p. 112).
[6] BARROSO, Luís Roberto. *Curso de direito constitucional*. São Paulo: Saraiva, 2009. p. 317.

de forma ponderada, conforme as condições de cada caso, sempre com a máxima eficácia possível diante das condições jurídicas e fáticas existentes. Com isso, a livre concorrência não significa uma simples orientação de interpretação das normas jurídicas. Significa, ela própria, uma norma jurídica que contém um dever jurídico a impor a garantia da livre concorrência da forma mais eficaz possível no caso concreto.

Mais ainda, a qualificação da livre concorrência como um *princípio jurídico* tem como consequência a sua única possibilidade de restrição *diante de conflito com outro princípio jurídico.* Sendo a livre concorrência uma decorrência da livre iniciativa (essa também um princípio jurídico em razão de sua previsão no inciso XIII do artigo 5º da Constituição Federal[7]), tem-se que a livre concorrência só poderá ser sacrificada nos casos em que houver uma restrição à livre iniciativa e quando houver um conflito com outros princípios jurídicos contemplados no ordenamento, *sempre após prévio processo de ponderação.*

Como mencionado no capítulo anterior, *prima facie* todos os princípios jurídicos têm aplicação plena. Contudo, no momento de sua aplicação, poderá haver casos em que haja conflito entre eles, demandando, em algum grau, alguma restrição a um dos princípios envolvidos no conflito. A existência e o grau da restrição devem ser obtidos em processo de *ponderação*, tendo-se em conta o dever de *proporcionalidade* da restrição (*i. e.*, análise sob o crivo da necessidade, da adequação e da proporcionalidade em sentido estrito).

A partir dessas considerações, tem-se que a inclusão da livre concorrência como *princípio jurídico* (assim como ocorre com o princípio da livre iniciativa) faz com que (i) *prima facie*, sempre haja o dever de observância e vinculação ao princípio da livre concorrência com relação a qualquer norma ou ação administrativa que se destine a regular uma situação jurídica no âmbito da ordem econômica (aplicação direta do disposto no inciso IV do artigo 170 da Constituição Federal), *bem como* (ii) a livre concorrência apenas possa ser restrita após processo prévio de ponderação, *em caso de conflito com outros princípios jurídicos.* Essas considerações serão de fundamental importância para a análise da livre concorrência na prestação dos serviços públicos.

---

[7] A menção aqui é feita em razão do conteúdo principiológico de que são dotadas todas as normas que criam direitos fundamentais. Cf. SARMENTO, Daniel. Supremacia do interesse público? As colisões entre direitos fundamentais e interesses da coletividade. *In:* ARAGÃO, Alexandre Santos de; MARQUES NETO, Floriano de Azevedo (Org.). *Direito administrativo e seus novos paradigmas.* Belo Horizonte: Fórum, 2008. p. 119.

4.1.2 A concorrência como instrumento de proteção e promoção do cidadão

Visto o conteúdo jurídico do *princípio da livre concorrência*, resta mencionar a função da concorrência no direito brasileiro. Isso ocorre, pois, como referido, a livre concorrência *não é um fim em si mesma*,[8] é um *instrumento* para o alcance de outras finalidades.[9] Para os fins específicos deste trabalho, analisaremos uma dessas finalidades, qual seja, a de proteger e promover os cidadãos.

Como alude Domingo Valdés Prieto, a proteção da livre concorrência visa a tutelar bens jurídicos que podem ser conceituados de formas distintas.[10] Entre tais bens jurídicos que são tutelados pela concorrência encontra-se a promoção do direito dos consumidores ou usuários. Todavia, aqui não nos referimos apenas aos consumidores em sentido estrito, como definidos no Código de Defesa do Consumidor (Lei nº 8.078, de 11 de setembro de 1990, em seu artigo 2º), mas, sim, a todos aqueles que adquirem bens ou serviços, sejam ou não consumidores ou usuários finais, visto que todos são beneficiados por um sistema concorrencial.[11]

Isso ocorre, pois ao se mencionar que uma das finalidades da livre concorrência é promover e proteger os cidadãos, não se pretende dizer que a proteção da concorrência se confunde com a proteção do consumidor. Por expressa determinação constitucional (inciso V do artigo 170 da Constituição Federal, que institui o *princípio da proteção do consumidor* como norma da ordem econômica constitucional), defesa da livre concorrência e proteção do consumidor são coisas inter-relacionadas, mas distintas. Enquanto a primeira visa à redução da assimetria econômica entre consumidor e fornecedor, equilibrando a relação jurídica, a segunda persegue a defesa do mercado enquanto instituição sem foco direto na relação entre consumidor e fornecedor,

---

[8]   Cf. FORGIONI, Paula A. *Os fundamentos do antitruste*. São Paulo: Revista dos Tribunais, 1998. p. 170.

[9]   Como bem adverte Adalberto Costa, a concorrência poderá ter diversos significados, tanto do ponto de vista estritamente econômico, quanto do ponto de vista jurídico, quanto de um ponto de vista híbrido. Dependerá, em qualquer caso, do enfoque que se dê para analisar a concorrência. Cf. *Regime legal da concorrência*. Coimbra: Almedina, 2004. p. 94.

[10] VALDÉS PRIETO, Domingo. *Libre competencia y monopolio*. Santiago: Editorial Jurídica de Chile, 2006. p. 90 *et seq.*

[11] VALDÉS PRIETO. *Libre competencia y monopolio*, p. 149.

não obstante da preservação da liberdade de concorrência emergirem benefícios aos consumidores.[12]

A esse respeito, o que se pretende aqui analisar não é, com especificidade, a proteção do direito do consumidor por meio da defesa da livre concorrência, conquanto tal análise seria centrada na relação entre consumidor e fornecedor. O que se almeja examinar com detalhes é o conjunto de benefícios que pode ser auferido pelos usuários e consumidores (não apenas os finais, mas todos eles) por meio da proteção e do fomento da livre concorrência.

Bem anota Leila Cuéllar que concorrência pode ser definida como "a disputa ou competição entre empresas detentoras de bens análogos, pela conquista do mercado".[13] Nesse cenário, em um ambiente concorrencial, diversas empresas competem para oferecer aos seus consumidores bens e serviços. Quanto maior o número de competidores, na teoria, mais eles terão de se esforçar para oferecer produtos de maior qualidade e a preços mais baixos. Tal situação exigirá uma constante demanda por estudos e pesquisas na melhoria dos produtos oferecidos e na redução dos custos de produção, com a finalidade de conquistar mercados (*i. e.*, aumentar o número de compradores para seus produtos).

Dentro dessa realidade, avultam os benefícios que emergem para os consumidores e usuários, pois, quanto maior o número de fornecedores de um determinado bem ou serviço, maiores as possibilidades de redução dos preços e aumento da qualidade do bem ou do serviço oferecido. Portanto, a inserção, a proteção e o fomento da concorrência tendem a produzir efeitos bastante profícuos e desejáveis aos consumidores e usuários,[14] pois tende a melhorar as condições nas quais os

---

[12] Cf. COSCULLUELA MONTANER; LÓPEZ BENÍTEZ. *Derecho público económico*, p. 253.

[13] CUÉLLAR, Leila. Abuso de posição dominante no direito de concorrência brasileiro. *In*: CUÉLLAR, Leila; MOREIRA, Egon Bockmann. *Estudos de direito econômico*. Belo Horizonte: Fórum, 2004. p. 34.

[14] Cabe aqui mencionar que há considerável discussão doutrinária acerca da diferenciação ou da equiparação entre consumidores e usuários. Há posição segundo a qual usuários e consumidores são equivalentes, em virtude da aplicabilidade das normas de proteção e defesa do consumidor também aos usuários de serviços públicos (entre outros, cf. PORTO JR. A proteção dos usuários de serviços públicos. *In*: SUNDFELD (Coord.). *Direito administrativo econômico*, p. 244-245) e há posição segundo a qual há distinções entre consumidores e usuários de serviços públicos, haja vista que os segundos gozariam de uma proteção mais ampla (entre outros, cf. VALDIVIA, Diego Zegarra. Apuntes en torno a la caracterización jurídica de los usuarios de servicios públicos y la actividad de la administración reguladora. *In*: ASSOCIACIÓN PERUANA DE DERECHO ADMINISTRATIVO. *Modernizando el Estado para un país mejor – Ponencias del IV Congreso Nacional de Derecho Administrativo*. Lima:

bens e serviços lhe são oferecidos. Quanto melhor o funcionamento de um determinado mercado, melhores serão as condições oferecidas aos cidadãos, enfim.

Por essa perspectiva que se costuma colocar a legislação antitruste como instrumento para a realização de *políticas econômicas*,[15] visto que a inserção, a proteção e o fomento da concorrência em um determinado mercado pode ser um valioso instrumento para a melhoria dos produtos e serviços oferecidos (o que garante considerável incentivo à pesquisa e ao desenvolvimento de novas tecnologias), bem como para a redução dos preços praticados, beneficiando todos os agentes econômicos.

Diante do exposto, tem-se que *a previsão constitucional da livre concorrência como princípio jurídico da ordem econômica, com a consequente imposição ao legislador ordinário de obrigação de garantir a concorrência e reprimir o abuso do poder econômico, nada mais é do que um instrumento normativo de realização de política econômica (política de estado[16]) que objetiva propiciar melhores condições a todos os agentes econômicos decorrentes da redução dos preços e do aumento de qualidade dos produtos gerados pela concorrência entre os fornecedores, a um só tempo protegendo e promovendo o cidadão.*

Palestra, 2010. p. 332). Ainda nos parece corroborar a tese de que há uma distinção ente consumidor e usuário de serviço público o fato de a Constituição Federal fazer menção expressa a ambos, em casos distintos (menção aos consumidores no inciso IV do artigo 170 e aos usuários no inciso II do parágrafo único do artigo 175). Se fossem idênticos, não haveria a necessidade de previsões distintas.

[15] Cf. EMMERICH, Volker; EMMERICH, Volker. *Kartellrecht*. 11. Aufl. München: C.H. Beck, 2008. p. 3-4, bem como FORGIONI. *Os fundamentos do antitruste*, p. 177, entre outros.

[16] Cabe aqui citar a menção feita com muita propriedade por Floriano de Azevedo Marques Neto à existência de políticas de estado, políticas de governo, políticas públicas e políticas regulatórias. No caso em análise, parece-nos claro que a criação de um *princípio jurídico de livre concorrência* nada mais é do que uma das políticas de estado, já que estas "são aquelas definidas, por lei, no processo complexo que envolve o Legislativo e o Executivo. Nelas vêm consignadas as premissas e objetivos que o Estado brasileiro, num dado momento histórico, quer ver consagrados para um dado setor da economia ou da sociedade. As políticas de estado hão de ser marcadas por um traço de estabilidade, embora possam ser alteradas para sua adequação a um novo contexto histórico, bastando para isso a alteração no quadro legal". Adiante, menciona o autor que as políticas de estado não defluem somente da lei, mas também da Constituição, corroborando o quanto aqui afirmamos. Cf. *Agências reguladoras independentes*: fundamentos e seu regime jurídico. Belo Horizonte: Fórum, 2005. p. 84, 85, 87.

4.2 A aplicabilidade das regras de defesa da concorrência aos serviços públicos

Não obstante a Constituição Federal prever, desde o dia 5 de outubro de 1988, a livre concorrência como princípio jurídico e, portanto, tê-la incluído em suas políticas de Estado como instrumento de melhoria das condições do mercado e de proteção e promoção do cidadão, ainda persiste na doutrina enorme dificuldade em se admitir a aplicação das normas concorrenciais aos serviços públicos. Em que pese o mencionado artigo 31 da Lei nº 12.529, de 30 de novembro de 2011, determinar sua aplicação para todas as pessoas físicas e jurídicas, públicas ou privadas, exploradoras de qualquer atividade econômica, inclusive monopólios, os serviços públicos permanecem em muitos casos infensos a um regime concorrencial.[17]

Segundo entendemos, a inaplicabilidade das normas concorrenciais aos serviços públicos decorre, de modo fundamental, dos elementos que analisamos no capítulo anterior, quais sejam, a titularidade estatal e o regime jurídico de direito público. Ainda é predominante o entendimento de que esses serviços são de titularidade estatal, ou seja, pertencem ao Estado, que possui uma exclusividade na sua prestação e, portanto, são insuscetíveis à liberdade de iniciativa consagrada pela Constituição Federal.[18] Da mesma forma e como consequência da titularidade estatal, os serviços públicos estariam sujeitos a um regime – supostamente uniforme – de direito público, que o colocaria, de forma integral, nas mãos do Estado, de sorte que não seriam aplicáveis à atividade mecanismos de mercado que determinem sua forma de exploração e prestação.

Vale, acerca do tema, ainda a dicotomia entre serviços públicos e atividades econômicas para afirmar que aqueles, em razão da titularidade estatal e do regime jurídico de direito público, não estariam sujeitos à livre concorrência, ao contrário do que ocorre com relação

---

[17] Sabino Cassese comenta fenômeno semelhante ocorrido no direito comunitário, no qual, apesar de haver regras impondo um regime concorrencial a todas as atividades desde a promulgação do Tratado de Roma em sua versão original nos anos 50, apenas na década de 1990 passou-se a editar normas no âmbito do direito secundário disciplinando um regime de efetiva concorrência nos setores dos serviços públicos. Cf. *La nuova costituzione economica*, p. 86-87.

[18] Entre diversos outros, Agustín Gordillo defende que o regime de exclusividade é inerente e essencial ao regime de serviço público, fazendo com que as atividades sujeitas a algum grau de competição percam *ipso facto* sua característica de serviço público. Cf. *Tratado de derecho administrativo*, t. II, p. VI-11.

a estas. A teoria de Eros Roberto Grau[19] é, em absoluto, expressiva neste sentido. Ao divisar a ordem econômica constitucional entre atividades econômicas em sentido amplo e atividades econômicas em sentido estrito, determinando que apenas as segundas (das quais estão excluídos os serviços públicos) estão sujeitas à liberdade de iniciativa e à liberdade de concorrência, deixa claro o autor a blindagem dos serviços públicos à concorrência e às suas normas regentes existente em seu entendimento.

Demais disso, cabe mencionar as lições de Floriano de Azevedo Marques Neto. Comentando o tema, ele acentua que a tese da inaplicabilidade das normas do direito da concorrência aos serviços públicos apresentava três fundamentos, um ideológico, um jurídico e um econômico, este último baseado nos monopólios naturais, tema que será por nós analisado adiante. Acerca dos fundamentos ideológico e jurídico, afirma o autor:

> Ideologicamente, havia a concepção de que natureza da atividade que predicava sua eleição à condição de serviço público envolvia tal monta de interesses públicos que interditava sua exploração em regime de mercado, sujeitos ao abalo da exploração competitiva.
> Juridicamente a idéia de exploração exclusiva pelo Estado decorria da visão de que tendo o Estado, mediante lei, feito recair sobre uma atividade o regime de direito público, impossível seria fragilizar este regime especial, ensejando a oportunidade de esvaziar tal incidência regulatória pela via de competição com outros atores a ela não sujeitos.[20]

No capítulo anterior, dedicamo-nos a questionar tanto a titularidade estatal, quanto o regime jurídico de direito público, quanto, portanto, a dicotomia entre serviços públicos e atividades econômicas. Deixamos assentado que a titularidade estatal, caso exista, não pode ser enxergada como reserva de mercado em favor do Estado, mas, sim, deve ser vista como uma *obrigação imposta ao Estado pelo ordenamento jurídico*. Da mesma forma, deixamos assentado (e ainda retomaremos esse tema adiante) que o regime jurídico de direito público não tem as feições que costuma lhe designar a doutrina, mas, sim, deve ser analisado conforme cada serviço público sob o crivo da proporcionalidade na medida em que necessário para a satisfação de um determinado

---

[19] Cf. GRAU. *A ordem econômica na Constituição de 1988*, p. 153.
[20] MARQUES NETO. A nova regulamentação dos serviços públicos, p. 9.

direito fundamental – o que afasta o regime especial comentado, com propriedade, por Floriano de Azevedo Marques Neto. Por fim, também expusemos nossa discordância quanto aos critérios divisores de serviços públicos e atividades econômicas, deixando clara nossa posição de que a diferença existente deve ser vista pela relação de obrigação ou faculdade do Estado com relação à atividade.

Trilhando nesse mesmo caminho, parece-nos infundada a invocação de uma inaplicabilidade das normas do direito da concorrência aos serviços públicos, na medida em que nem o regime de direito público tem o conteúdo que se lhe impõe (o qual, mencione-se, não encontra abrigo no direito positivo), nem a titularidade estatal predica qualquer forma de exclusividade que possa afastar as regras do direito da concorrência. Em nossa óptica, a resistência existente em se assegurar aos serviços públicos a incidência das normas do direito da concorrência é muito mais decorrente dos argumentos ideológicos citados por Floriano de Azevedo Marques Neto do que por qualquer razão jurídica que seja.

A partir do momento em que a Constituição Federal consagra a *livre concorrência como um princípio jurídico* (que, como dito, *prima facie*, não encontra limites) e, sobretudo, a partir do momento em que o regime constitucional dos serviços públicos não predica um afastamento *a priori* da livre iniciativa, nem muito menos qualquer forma de exclusividade em favor do Estado, não há razões para não se aplicar aos serviços públicos as regras regentes da livre concorrência. Muito ao contrário, a inexistência de restrições *a priori* da livre iniciativa com relação aos serviços públicos faz com que a aplicação do *princípio da livre concorrência* seja uma decorrência natural e obrigatória. É dizer, se há algum conflito de princípios que afasta a livre concorrência no caso dos serviços públicos, com certeza, não se trata de um conflito com a liberdade de iniciativa, como propugna a doutrina pátria.[21]

Sendo assim, neste tópico teremos como objetivo demonstrar a aplicabilidade das normas do direito da concorrência aos serviços públicos, *bem como* apresentar os critérios nos quais tais normas não devem ser aplicadas, a partir das concepções apresentadas acerca da

---

[21] Como muito bem pondera Floriano de Azevedo Marques Neto, o entendimento de que o regime de direito público afastaria as normas do direito da concorrência "*traía* um equívoco de origem", já que tal regime (cujo efetivo significado será analisado adiante neste trabalho) não implica a retirada da atividade do mercado. Cf. A nova regulamentação dos serviços públicos, p. 10.

necessária *ponderação* na aplicação dos princípios jurídicos, cotejando-os com a aplicação de outros princípios jurídicos.

4.2.1 A necessidade de aplicação das normas de concorrência aos serviços públicos

Após meados da década de 1990, passa a haver no Brasil maior pressão pela liberalização dos serviços públicos, até então quase que na íntegra monopolizados pelo Estado.[22] As razões para essa pressão são diversas. Em primeiro lugar, do ponto de vista jurídico, as normas do direito da concorrência passam a ganhar mais espaço dentro do ordenamento jurídico, desafiando o regime jurídico de direito público aplicável sobre esses serviços. Em segundo lugar, do ponto de vista tecnológico, os avanços encontrados passam a possibilitar a quebra dos "monopólios naturais",[23] facilitando a pluralidade de agentes nos campos de monopólio. Em terceiro lugar, do ponto de vista econômico, passa-se a cogitar da concorrência como *ferramenta* destinada à melhoria dos serviços públicos, com o estabelecimento de nova política econômica para eles.[24] Por fim, do ponto de vista fiscal, passa a existir o esgotamento da capacidade de investimento do Estado na prestação deles e a necessidade de quebra dos monopólios estatais, que, muitas vezes, escondiam consideráveis ineficiências.[25]

Nesse passo, os serviços antes prestados em regime de exclusividade por agentes estatais passam a ser prestados em regime de competição entre agentes privados, adquirentes do controle de empresas estatais sujeitas a processos de privatização ou ingressantes no mercado *ex novo*, e agentes públicos, que tiveram sua exclusividade quebrada.[26]

---

[22] Como se mencionará adiante, sempre houve serviços sujeitos a algum grau de competição.

[23] Conforme será tratado posteriormente com maior detença, monopólios naturais são aquelas infraestruturas que não podem ser duplicadas, ou cuja duplicação é inviável por razões econômicas e/ou ambientais e urbanísticas.

[24] Cf. FORGIONI. *Os fundamentos do antitruste*, p. 170-171.

[25] Sobre o tema, irretocáveis as palavras de Sabino Cassese, que são aplicáveis à realidade brasileira na totalidade: "A liberalização destes setores [dos serviços públicos], produzida pelo direito comunitário e recebida, portanto, no ordenamento interno, comportou a limitação e, em alguns casos, a integral supressão do precedente regime de reserva e de monopólio legal, que por ser onicompreensivo e fundado sobre um único operador, escondia muitas ineficiências e iniqüidade" (*La nuova costituzione economica*, p. 87, tradução nossa).

[26] Como bem anotam Vital Moreira e Fernanda Maçãs: "A liberalização de um sector da economia não significa que o sector público empresarial tenha de desaparecer, podendo o Estado continuar a intervir, desde que respeite os princípios do mercado, em especial,

Ocorre, contudo, que esse processo não adveio (ainda está advindo) sem conflitos. Diversos questionamentos ocorrem.

A transição de uma prestação exclusiva para uma prestação concorrencial implica a quebra de consideráveis paradigmas. Entre diversos outros – que incluem até o questionamento da própria sobrevivência da noção de serviço público, sobre o qual nos manifestaremos adiante neste trabalho –, a quebra do paradigma da exclusividade implica considerável alteração na forma de atuação do Estado com relação ao serviço público. A regulação da atividade, que antes era desenvolvida pela mesma pessoa prestadora[27] e era baseada no comando hierárquico produzido pela própria Administração,[28] passa a ser exercida de forma segregada com relação à prestação e passa a ter base contratual[29] ou regulamentar, e não mais hierárquica.

Além disso, a incidência das normas do direito da concorrência sobre os serviços públicos passa a demandar do Estado uma nova postura até então inexistente, qual seja, a postura de não apenas defender a livre concorrência, mas, sim, a postura de adotar mecanismos que, de modo efetivo e eficaz, *propiciem* a concorrência, visto que ela tem de passar a existir em atividades antes exploradas com exclusividade por um único agente.[30]

Nesse contexto, o que se tem, nos dias atuais, é a sujeição geral dos serviços públicos também ao *princípio* da livre concorrência, com a existência de obrigação do Estado de tomar providências positivas para inserir competição nos setores antes sujeitos a exclusividades. Com a liberalização de diversas das atividades que constituem serviços públicos no direito brasileiro, a regra da exclusividade passa a ser a exceção de tal forma que só pode existir quando *expressamente prevista em lei* e de forma estritamente justificada e proporcional às finalidades da atividade, como se verá adiante, em consonância com o disposto no artigo

---

as regras da concorrência" (*Autoridades reguladoras independentes*. Coimbra: Coimbra Ed., 2003. p. 11).

[27] Sobre o tema afirmam Vital Moreira e Fernanda Maçãs: "O quadro organizatório institucional girava em torno de operadores públicos que, quase sempre em situação de monopólio, acumulavam as funções de proprietários e produtores com as de regulação e ordenação dos mercados" (*Autoridades reguladoras independentes*. Coimbra: Coimbra Ed., 2003. p. 11).

[28] Cf. MARQUES NETO. A nova regulamentação dos serviços públicos, p. 8.

[29] Cf. MARQUES NETO. A nova regulamentação dos serviços públicos, p. 8.

[30] Cf. GIGLIONI, Fabio. *L'Accesso al mercato nei servizi di interesse generale*. Milano: Giuffrè, 2008. p. 45-47.

16 da Lei nº 8.987, de 13 de fevereiro de 1995, com relação aos serviços públicos concedidos.

A concorrência, nessa perspectiva, passa a ser uma ferramenta para a realização das finalidades do serviço público, em lugar da exclusividade, na medida em que se pretende, por meio de tal ferramenta, conferir aos usuários dos serviços públicos os benefícios que antes só se criam alcançáveis por meio das exclusividades públicas. Vale dizer, ao contrário do que antes se cria, no sentido de que a inserção de concorrência seria uma ameaça às finalidades dos serviços públicos, tem-se hoje o cenário oposto: a concorrência é o reconhecimento dos direitos dos usuários desses serviços e um instrumento na realização de suas finalidades.[31] Nesse sentido, afirma Diego Zegarra Valdivia:

> Para o usuário, portanto, a abertura para a concorrência dos mercados dos serviços públicos não é um dado sem importância: ao contrário, trata-se do reconhecimento de seu direito a obter na transação econômica um resultado eqüitativo, garantido por uma concorrência que lhe é dada a pretender como assegurada, ou no seu direito a demandar o ressarcimento do dano produzido pela falta de referida concorrência.[32]

Desde uma perspectiva jurídica – adicional à qualificação da concorrência como a *ferramenta* de realização de política econômica na prestação dos serviços públicos –, não poderia ser diferente o papel da concorrência na prestação dos serviços públicos em razão de sua *condição constitucional*. Consoante discorremos, a concorrência hoje é um *princípio constitucional*, razão pela qual o comando constitucional impositivo da concorrência é uma norma jurídica vinculante, da qual irradiam efeitos jurídicos imediatos que só podem ser afastados em caso de conflito com outros princípios jurídicos.

É dizer, a partir do momento em que o legislador constituinte erigiu a concorrência à condição de princípio jurídico, *determinou que a concorrência seja diretamente aplicável às situações reguladas pelo legislador ordinário, exceto em caso de conflito com outros princípios e na exata medida do adequado após prévia ponderação da situação concreta. Daí, o que se tem*

---

[31] Como bem menciona Floriano de Azevedo Marques Neto, "a pressão pela abertura dos mercados e o crescimento do direito concorrencial e do pressuposto da competição como benéfico para o consumidor afetaram fortemente as barreiras ideológicas à introdução da competição nos serviços públicos" (A nova regulamentação dos serviços públicos, p. 9).

[32] VALDIVIA. Apuntes en torno a la caracterización jurídica de los usuarios de servicios públicos y la actividad de la administración reguladora, p. 330, tradução nossa.

é que a concorrência, ao contrário do regime jurídico de direito público (como construído pela doutrina), tem eficácia jurídica direta e vinculante, não podendo ser excluída, de forma liminar, pela suposição de que a qualificação de uma determinada atividade como serviço público não pode ser prestada em regime de concorrência.

Como princípio jurídico que é, a concorrência só poderá ser restrita, segundo a teoria dos princípios, diante de conflito com outros princípios jurídicos e apenas na exata medida do necessário para o cumprimento do princípio que, após ponderação, deve prevalecer sobre a concorrência. Tal como afirmado por Robert Alexy,[33] os princípios jurídicos contêm um dever de otimização, donde decorre que a concorrência, por ser um princípio jurídico, deve ter aplicação tão otimizada quanto possível. Com isso, nas hipóteses em que haja conflito entre o princípio jurídico da concorrência e outros princípios jurídicos, ela deverá ser tão ao máximo aplicada quanto possível para permitir a realização conjunta do princípio conflitante (o que equivale a dizer que deverá a concorrência ser tão pouco sacrificada quanto possível).

Daí por que temos como claro que os serviços públicos estão sujeitos, na plenitude, às normas concorrenciais, não havendo qualquer razão para afastamento *a priori* da aplicabilidade do princípio da concorrência sobre eles. Apenas se poderá cogitar de tal afastamento nos casos em que houver conflitos entre a concorrência e outros princípios. Em linha com o que afirmamos no capítulo anterior acerca da vigência do princípio da livre iniciativa na prestação dos serviços públicos, a livre concorrência só pode ser afastada de forma proporcional à realização de outros princípios jurídicos, decorrentes do dever de cumprimento de outros direitos fundamentais consagrados na Constituição Federal.

Nesse passo, a prestação dos serviços públicos deverá, em regra, ocorrer em regime de livre concorrência, a qual poderá envolver tanto agentes sujeitos a um mesmo regime jurídico (diversos concessionários de serviços públicos), quanto agentes sujeitos a regimes jurídicos distintos (concessionários de serviços públicos e agentes participantes do mercado relevante com outros títulos jurídicos ou até mesmo sem qualquer título jurídico). Apenas importa mencionar que, em qualquer caso, as finalidades do serviço público deverão *ser garantidas pelo Estado*, que é primariamente obrigado a garantir a efetiva prestação da atividade aos cidadãos.

---

[33] Cf. ALEXY. *Teoria dos direitos fundamentais*, p. 90.

Via de consequência, podemos entender que a prestação dos serviços públicos envolve regime jurídico bastante complexo, pois esse, a um só tempo, deve garantir e proteger a livre concorrência entre os agentes prestadores (independente de seus regimes jurídicos – como adiante se verá), bem como *tem* que garantir o alcance das finalidades do serviço para satisfação dos direitos fundamentais dos usuários, eis que, como assentado no capítulo anterior, esses serviços nada mais são do que instrumentos destinados à satisfação de direitos fundamentais.

Esse regime jurídico complexo é mais um elemento para rechaçamos as teorias que afirmam que a inserção de concorrência na prestação dos serviços públicos ocorre em detrimento dos usuários, que passariam a ser meros consumidores. Isso ocorre, pois a inserção de um regime concorrencial na sua prestação, longe de ameaçar os direitos dos usuários, é um instrumento de fomento desses direitos, pois, além de todas as garantias de que gozam os usuários dos serviços públicos (na qualidade de titulares de direitos fundamentais a serem concretizados por meio da prestação desses serviços), com a concorrência, eles passam a se beneficiar de todos os direitos dos consumidores, em relação aos aspectos da competição entre os agentes prestadores,[34] eis que, em qualquer caso, deverá haver garantia do alcance das finalidades do serviço público.[35]

Portanto, ao lume do exposto, entendemos que a construção da ordem econômica constitucional de 1988 impõe que as normas do direito da concorrência sejam também aplicáveis aos serviços públicos, de maneira que seja imperativa a competição entre diversos agentes na prestação de tais serviços, *desde que não sejam necessárias ao princípio da livre concorrência para a satisfação de outros princípios que venham a ser colidentes*. A concorrência, além de não ser contrária à finalidade dos serviços públicos, é, em muitos casos, um instrumento para sua satisfação, fazendo apenas ampliar a esfera de direitos dos usuários e

---

[34] Nesse ponto manifestamos nossa concordância com Diego Zegarra Valdivia, quando afirma que *"o usuário de serviços públicos tem a aparência de um consumidor qualificado, porque se beneficia de todos os direitos que pertencem ao consumidor, mas também tem direitos ulteriores. No plano conceitual (...), a noção de usuário busca, de tal forma, um equilíbrio entre a imersão de uma força centrípeta que empurra a identificar-se com a noção de consumidor e a persistência de uma força centrífuga que marca todavia seus aspectos característicos"* (Apuntes en torno a la caracterización jurídica de los usuarios de servicios públicos y la actividad de la administración reguladora, p. 332, tradução nossa e destaques do original).

[35] Nesse sentido, confira-se: ARAGÃO. *Direito dos serviços públicos*, p. 506-507.

nunca a diminuir, uma vez que a multiplicidade de agentes não afasta o dever de atendimento de referida finalidade.

4.2.2 A mitigação das normas concorrenciais para garantia do alcance das finalidades do serviço público

A partir de nossas considerações do tópico precedente, fica evidente que as normas do direito da concorrência não serão aplicáveis a todos e quaisquer casos relacionados à prestação dos serviços públicos. Em que pese, hoje, a livre concorrência constituir a *regra* dessa prestação em virtude dos contornos jurídicos do princípio jurídico da livre concorrência, há casos em que exceções hão de ser encontradas. Referem-se às possibilidades de comprometimento das finalidades dos serviços públicos pela sua eventual submissão à concorrência.

A livre concorrência, enquanto princípio jurídico, *encontra aplicabilidade até o momento em que deva ser restringida, após processo de ponderação, em razão de conflitos com outros princípios jurídicos*. Esses princípios jurídicos que poderão vir a ser colidentes com a livre concorrência na prestação dos serviços públicos serão determinados pelas finalidades de cada um desses serviços, isto é, pelos direitos fundamentais a serem satisfeitos por meio de sua prestação.

Assim, uma primeira consideração a ser exposta refere-se ao fato de que eventuais restrições à livre concorrência na prestação de um serviço público em nada se referem a características imanentes desses serviços públicos (como o regime jurídico de direito público ou a titularidade estatal, tal como em geral entendidos pela doutrina), mas, sim, a questões externas a eles, consistentes em possíveis ameaças ao cumprimento de suas finalidades (*i. e.*, possibilidade de não cumprimento de um determinado direito fundamental em deflagração de um conflito entre princípios jurídicos) como decorrência da submissão ao regime concorrencial.

Sobre esse tema, sob o prisma dos serviços públicos no direito comunitário europeu, afirma Santiago Muñoz Machado:

> As declarações de serviço público genéricas, que permitem aos estabelecimentos e empresas beneficiarem-se de prerrogativas gerais que as situem em posições de mercado desiguais em relação às empresas privadas, são substituídas no direito comunitário pela designação de 'missões' de interesse geral ou de serviço público, que impõem prestações, objetivos

CAPÍTULO 4
A APLICAÇÃO DAS NORMAS DE CONCORRÊNCIA AOS SERVIÇOS PÚBLICOS | 159

e atividades específicas derrogatórios das regras de concorrência e, em sua virtude, criadores de posições jurídicas ou financeiras de privilégio.[36]

Sendo os serviços públicos obrigações estatais impostas pelo ordenamento jurídico em razão de sua necessidade para a satisfação de direitos fundamentais, é evidente que não se poderia cogitar da sujeição da atividade ao mesmo destino de todas as demais atividades econômicas, pois isso poderia resultar na não realização de um direito fundamental e, portanto, no descumprimento de um dever estatal e na violação de um direito subjetivo público dos usuários. Na mesma linha, sempre que a livre concorrência puder prejudicar o alcance das finalidades que levaram à instituição de um determinado serviço público, entendemos que o regime de livre concorrência deverá ser restrito.

Consideramos, então, que a livre concorrência deverá ser ponderada e poderá ser restrita na prestação dos serviços públicos sempre que, em sua decorrência, puder haver prejuízos ao dever de universalidade e ao dever de modicidade tarifária do serviço público em questão. Vale dizer, sempre que a existência de uma pluralidade de agentes puder levar ao sacrifício dos deveres de universalização e de cobrança de tarifas módicas, deverá a concorrência ser *proporcionalmente* afastada (repetimos: a restrição só decorre de conflito e deve sempre ser fruto de ponderação, em razão do *status* de princípio jurídico da concorrência).

A escolha da modicidade tarifária e da universalização como parâmetros de possíveis restrições à livre concorrência não é aleatória: deve-se ao fato de que eles constituem dois dos elementos essenciais dos serviços públicos (como adiante serão debatidos) que podem com mais facilidade ser afetados por um regime concorrencial, na medida em que os serviços públicos, por demandarem altas montas de investimento para seu oferecimento, podem ter o retorno dos investimentos frustrado em casos específicos de competição.

Da mesma forma que afirmamos que a concorrência poderá ser uma política econômica de fomento na prestação dos serviços públicos, sua restrição também poderá sê-lo, porque, em determinados casos, poderá ser previsto período sem concorrência para favorecimento ou da modicidade tarifária ou da universalização. Em um país em desenvolvimento como o Brasil, no qual ainda há um longo caminho até a

---

[36] MUÑOZ MACHADO, Santiago. *Servicio público y mercado*. Madrid: Civitas, 1998. p. 222-223, tradução nossa. (I, Los fundamentos).

plena universalização dos serviços públicos, bem como para a modicidade tarifária plena (sobretudo considerando-se as elevadas taxas de retorno que os empreendedores esperam de projetos brasileiros), tal instrumento pode se mostrar bastante efetivo.[37]

Há casos em que a simples determinação da existência de um mercado concorrencial poderá ser contrária à realização da finalidade do serviço público. Como deixamos assentado no capítulo anterior, os serviços públicos não são atividades econômicas como todas as demais. São atividades dotadas de enorme relevância para a sociedade, na medida em que se destinam à realização de direitos fundamentais dos cidadãos. Portanto, se as prestações destinadas à satisfação dos direitos fundamentais podem ser afetadas pela existência de um regime concorrencial, tal regime deverá ser revisto. Nestas hipóteses, a concorrência teria um efeito oposto ao desejado. Ao invés de ser um instrumento de fomento e realização dos serviços públicos, passa a ser elemento que impossibilita sua plena realização.

Neste sentido, pondera Elisa Scotti:

> nesta perspectiva de regimes especiais, inspirados na garantia de determinadas prestações aos cidadãos, deveriam ser admitidas apenas de modo que, com base na valoração derivada da ciência econômica, a ordem jurídica geral do mercado não se releve em condição de assegurar uma oferta adequada, acessível e universal àquelas idênticas prestações a todos os possíveis fruidores.[38]

Em um mercado competitivo, a tendência natural dos agentes é a concentração nas áreas mais rentáveis. Dessa forma, a prestação dos serviços em localidades mais distantes e, não raro, mais carentes, pode ser prejudicada. Este cenário é, em absoluto, oposto ao que se propugna com relação a uma atividade considerada serviço público, pois alija da fruição do serviço parcela da população, ferindo o dever de universalização. Logo, diante das configurações específicas do mercado, poderá

---

[37] A corroborar o entendimento exposto, pode-se mencionar o artigo 49 da Diretiva 2009/73/CE da Comunidade Europeia, que versa sobre as regras comuns do mercado interno de gás natural. Segundo referido artigo, os países que se configurem como um *"mercado emergente"* poderão, enquanto apresentarem essa configuração, derrogar alguns dos dispositivos destinados ao fomento da concorrência, sobretudo aqueles relativos ao livre acesso às infraestruturas e à liberdade de empreendimento para a construção de novos gasodutos.

[38] SCOTTI, Elisa. *Il pubblico servizio*: tra tradizione nazionale e prospettive europee. Pádua: CEDAM, 2003. p. 190-191, tradução nossa.

CAPÍTULO 4
A APLICAÇÃO DAS NORMAS DE CONCORRÊNCIA AOS SERVIÇOS PÚBLICOS | 161

haver restrições à concorrência para possibilitar que o serviço seja levado à maior quantidade de pessoas possível, caso não haja outros mecanismos possíveis de universalização (tais como subsídios cruzados setoriais, subsídios derivados de fundos de universalização etc.). Vale dizer, ainda que a racionalidade econômica da concorrência favoreça determinados agentes de mercado localizados em determinados pontos do território, ou detentores de certas condições subjetivas (por exemplo, grandes consumidores), quando se trata de atividades qualificadas como serviços públicos (que envolvem direitos subjetivos dos usuários), outros elementos estão em jogo, devendo ser sopesados e ponderados junto com a concorrência, o que poderá levar a restrições à implantação de um regime concorrencial.

Sobre o tema, irretocáveis as palavras de Floriano de Azevedo Marques Neto, essenciais para fundamentar o quanto expomos.

> quando estamos diante da abertura de segmentos antes objeto de monopólios e que envolvem atividades essenciais à coletividade (mormente atividades consideradas serviços públicos), a introdução da competição (e, por conseqüência, a utilização do aparato regulatório do direito da concorrência) deve ser condicionada por outras pautas sobremodo relevantes. A eficácia econômica perseguida pela competição deve ser posta em cotejo com a eficácia das políticas públicas elegíveis para tal segmento. Nos quadrantes da Constituição vigente, não se põe aceitável privilegiar o ângulo da competição nos serviços públicos sem assegurar meios e condições para atendimento de metas e parâmetros de universalização e continuidade da prestação da utilidade pública. E na identificação do ponto de equilíbrio entre estas duas dimensões, deve-se adotar, como chave, a identificação dos beneficiários potenciais, evitando que parcelas hipersuficientes da sociedade se beneficiem em detrimento dos segmentos menos afortunados e excluídos da fruição do serviço público.[39]

O mesmo poderá ocorrer com relação à modicidade tarifária. Em determinados casos, a prestação dos serviços públicos em regime de competição poderá ter efeito reverso sobre as tarifas cobradas dos usuários. Isso ocorre, pois, em diversos casos, a existência de subsídios

---

[39] MARQUES NETO, Floriano de Azevedo. Universalização de serviços públicos e competição: o caso da distribuição de gás natural. *Revista Trimestral de Direito Público*, São Paulo, n. 34, p. 42, 2001.

cruzados[40] [41] entre os usuários é essencial instrumento para garantir não apenas a universalidade, mas também a modicidade tarifária de determinada classe de consumidores menos abastados. Em um cenário concorrencial, a disputa por mercados e a necessidade de ampla abertura da estrutura de custos pode inviabilizar a realização de subsídios cruzados entre os usuários, na medida em que tende a fazer com que os agentes prestadores cobrem, com exclusividade, o quanto necessário para a prestação do serviço, inviabilizando a cobrança de eventuais excedentes destinados à realização dos subsídios cruzados.[42]

Como aponta Floriano de Azevedo Marques Neto, em um cenário concorrencial, as fontes de financiamento externas ao serviço (fundos de universalização ou pagamentos provenientes do orçamento público) são as preferenciais para o financiamento da universalização, já que são as formas que distribuem a toda a sociedade os ônus decorrentes da prestação dos serviços públicos, sem criar mecanismos de alteração das condições de mercado.[43] Caso seja necessária, em razão das características peculiares de um determinado setor, a adoção de mecanismos de subsídios cruzados para manutenção da modicidade tarifária, a concorrência deve ser afastada.

Chegamos, então, a um ponto no qual a regra na prestação dos serviços públicos é a concorrência, em razão da posição normativa do princípio da livre concorrência na ordem econômica constitucional. Porém, em casos específicos em que as *finalidades* específicas dos serviços públicos (entendidas como a satisfação de determinado direito

---

[40] Na precisa conceituação de Jacintho Arruda Câmara, "o subsídio cruzado consiste na transferência de recursos obtidos num determinado segmento para outro, a fim de que o segmento beneficiado possa pagar valores mais baixos" (*Tarifa nas concessões*. São Paulo: Malheiros, 2009. p. 79).

[41] Referimo-nos ao subsídio cruzado entre usuários e não ao subsídio cruzado entre atividades da cadeia produtiva. Isso porque o primeiro é um instrumento útil para a promoção das finalidades dos serviços públicos, ao passo que o segundo é pernicioso em um cenário concorrencial por criar situações artificiais.

[42] Novamente recorremos às lições de Jacintho Arruda Câmara, quando o autor afirma que "a remuneração cobrada em cada segmento envolvido é, por assim dizer, alterada artificialmente em virtude do subsídio. No segmento do qual se extrai o subsídio o valor cobrado é superior ao necessário, pois, além dos custos e da remuneração do prestador do serviço, há a parcela referente à transferência de recursos; o segmento beneficiado, por sua vez, pratica valores aquém do necessário para compensar os custos e a remuneração do operador, uma vez que tem sua equação econômica favorecida com o montante recebido" (*Tarifa nas concessões*, p. 79).

[43] Cf. MARQUES NETO, Floriano de Azevedo. As políticas de universalização, legalidade e isonomia: o caso "telefone social". *Revista de Direito Público da Economia – RDPE*, Belo Horizonte, ano 4, n. 14, p. 98, abr./jun. 2006.

fundamental) possam ser prejudicadas pela competição entre os agentes prestadores, em especial no que concerne aos deveres de modicidade tarifária e universalização, a regra da concorrência pode ser afastada. Mas ainda se faz necessário apresentar em qual medida isso pode acontecer na prestação de um serviço público.

Para tanto, segundo entendemos, será preciso uma *ponderação* da aplicação do princípio da livre concorrência, tal como anunciado no início deste capítulo, em consideração aos demais princípios aplicáveis, segundo o crivo da proporcionalidade. Antes de qualquer análise, será necessária a plena compreensão do que vem a ser a finalidade de um determinado serviço público.

Cada serviço público, criado por lei para a satisfação de um determinado direito fundamental, tem pelo menos uma finalidade específica. Poderá ter mais de uma finalidade na medida em que possa se prestar à satisfação de mais de um direito fundamental, como ocorre com o caso dos serviços de energia elétrica, que, a um só tempo, destinam-se a, no mínimo, satisfazer o direito fundamental de moradia digna (art. 6º, *caput*, da Constituição Federal) e o direito fundamental ao desenvolvimento (art. 3º, inciso II, da Constituição Federal). Destarte, cada serviço público que venha a ser analisado deverá ter analisada também a *finalidade a que se destina*.

Em segundo lugar, é necessário identificar a que se destina o serviço público em questão. Todos os direitos fundamentais têm um titular, que poderá ser cada um dos membros da sociedade, ou poderá ser parcela específica da sociedade,[44] bem como têm um destinatário (do comando constitucional), que será o Estado ou, de forma excepcional, um terceiro.[45] Da mesma forma, os direitos fundamentais têm um *suporte fático*, que se consubstancia, entre outros elementos, naquilo a que visa o direito fundamental proteger ou assegurar.[46] Portanto, para que se possa identificar a finalidade de um serviço público, é necessário identificar quem é o titular do direito fundamental desse serviço, quem é o destinatário do direito fundamental (no caso, o Estado, sempre) e, sobretudo, *qual o suporte fático* do direito fundamental. Diante desses

---

[44] Cf. IPSEN. *Staatsrecht II*, p. 21 *et seq.*

[45] Sobre o tema, confira-se: SILVA, Virgílio Afonso da. *A constitucionalização do direito*: os direitos fundamentais nas relações entre particulares. São Paulo: Malheiros, 2008. p. 66 *et seq.*

[46] Sobre o tema, confira-se: SILVA. *Direitos fundamentais*, p. 69 *et seq.*

elementos será possível analisar, com exatidão, o que se pretende com a instituição de um determinado serviço público.

Via de consequência, sempre que um regime concorrencial puder prejudicar que o titular do direito fundamental possa exercê-lo (seja por impedir que o serviço chegue até ele, seja porque o preço da fruição é elevado de forma excessiva), ou possa acarretar a não realização do suporte fático do direito fundamental (efetiva falta do serviço), deverá ser afastado o regime de concorrência.

Aclaremos a teoria com um exemplo singelo. A Constituição garante o direito fundamental de livre locomoção (inciso XV do artigo 5º). Todos os que se localizem no território brasileiro são titulares desse direito (artigo 5º, *caput*). Tal direito impõe ao Estado (seu destinatário) duas ordens de obrigação: em primeiro lugar, não pode o Estado impor óbices à livre locomoção dos cidadãos (direito de defesa) e, em segundo lugar, *deve* o Estado garantir a todos *meios* para a realização da liberdade de locomoção (direito a algo, em razão da parcela de *status positivus*). O suporte fático do direito fundamental é a proteção e a garantia da livre locomoção em todos os seus meios. Assim sendo, os serviços públicos de transporte destinam-se a permitir a todos os cidadãos brasileiros e aos estrangeiros localizados no território brasileiro que se locomovam livres pelo território.

Ao instituir um serviço público de transporte, ao Estado são impostos dois deveres essenciais (entre outros que serão analisados oportunamente neste trabalho): levar os serviços de transporte a maior quantidade de pontos possível dentro do território nacional *e* permitir que toda a população tenha acesso a referidos serviços, o que impõe um dever de compatibilidade entre o valor cobrado pelo serviço e a capacidade da população de pagá-lo, visto que tal serviço servirá para a realização de um direito fundamental criado pela ordem constitucional (artigo 5º, inciso XV).

Nesse diapasão, caso a concorrência entre os prestadores de um determinado serviço público de transporte possa impedir que eles levem os serviços a determinados pontos do território, ou determine que, para que esse serviço assim ocorra, a remuneração a ser obtida pelos agentes prestadores seja tão elevada a ponto de impedir a fruição pela população, deverá a concorrência ser afastada, porque ou será tolhido o direito fundamental de seu titular e/ou não será realizado o suporte fático do direito fundamental.

Demais disso, não basta apenas que sejam identificadas as hipóteses em que a concorrência poderá ser afastada da prestação de um serviço público para garantir a realização de sua finalidade, é necessário identificar *em qual medida poderá ser a concorrência afastada*. É dizer, mencionar que a concorrência poderá prejudicar a realização da finalidade de um determinado serviço público não significa que em qualquer caso ela deva ser *subtraída*. Quer dizer apenas que ela poderá ser *restrita* e sempre *deverá haver uma ponderação à luz do crivo de proporcionalidade*.

Com isso, avançamos com relação ao que restou antes demonstrado. Tal como já preconizado, a livre concorrência só poderá ser afastada no caso de conflito com outro princípio jurídico e sempre de forma *estritamente proporcional*. Isso quer dizer que não basta haver conflito entre a concorrência e outro princípio jurídico (como o princípio da liberdade de locomoção, já exposto), mas ainda há que ser analisada em que medida a concorrência será afastada para que se possa realizar o princípio jurídico colidente. Trata-se de mecanismo muito semelhante ao explicado no capítulo anterior com relação ao princípio da livre iniciativa. Os serviços públicos poderão impor restrições à livre iniciativa, *na exata medida proporcional necessária à realização do direito fundamental que deve ser realizado por um dado serviço público*.

Para que tal análise possa ser realizada, será necessário, em primeiro lugar, identificar qual o *conteúdo essencial* de um determinado direito fundamental para que se possa reconhecer qual a prestação mínima essencial do serviço público criado para a satisfação de referido direito fundamental. Vale dizer, a prestação mínima que terá de ser assegurada do serviço público é aquela necessária para a satisfação do conteúdo essencial do direito fundamental realizado pela prestação desse serviço. Por esta razão, a parcela da prestação do serviço público que não poderá jamais ser afetada em razão da existência de um regime de concorrência é a necessária à realização do conteúdo essencial do direito fundamental em questão.[47]

A partir dessa concepção, tem-se que a concorrência apenas poderá ser restrita no que se refere ao cumprimento do *conteúdo essencial* do direito fundamental realizado pela prestação do serviço público. Qualquer parcela da prestação que exceda ao necessário para

---

[47] Como bem menciona Virgílio Afonso da Silva, "o conteúdo essencial de um direito fundamental deve ser definido com base no significado desse direito para a vida social como um todo. Isso significa que proteger o conteúdo essencial de um direito fundamental implica produzir restrições à eficácia desse direito que o tornem sem significado para todos os indivíduos ou para boa parte deles". Destaca, ainda, o autor que o conteúdo essencial dos direitos fundamentais tem um aspecto dinâmico, variável ao longo do tempo. Cf. *Direitos fundamentais*, p. 185, 188 *et seq.*

o cumprimento do *conteúdo essencial*, portanto, deve estar sujeita a um regime de concorrência.

É o que existe no setor de energia elétrica. No âmbito residencial, *mínimo necessário* para o cumprimento do direito fundamental de moradia digna, há atividade prestada sem a existência de um mercado concorrencial. De outro turno, nos segmentos industrial e empresarial, cada vez impõe-se uma concorrência entre a concessionária de distribuição de energia e agentes sujeitos a outros regimes jurídicos, porquanto o fornecimento aos segmentos industrial e empresarial *excedem* ao mínimo necessário para realização do *conteúdo essencial* do direito fundamental.[48]

Além do mais, é evidente que a concorrência só poderá ser afastada *na exata medida do necessário* para a realização do *conteúdo essencial*. Vale dizer, não é porque o direito fundamental a ser satisfeito pela prestação de um serviço público apresenta um conteúdo essencial que esse conteúdo essencial elidirá, *ipso iure*, o regime de concorrência. Apenas na medida do exato necessário é que poderá ser afastada a concorrência.

Outra vez, ilustra-se o quanto exposto por meio de um exemplo. No setor de telecomunicações, o direito fundamental a ser satisfeito consiste no oferecimento de telefonia básica. Considerando-se que há mecanismos de subsídio externo do oferecimento desse *mínimo* a todos (por exemplo, o Fundo de Universalização dos Serviços de Telecomunicações – FUST, criado pela Lei nº 9.472, de 16 de julho de 1997), independentemente de condição social ou localização, a concorrência não é afastada, eis que não é necessário o afastamento da concorrência em nome da garantia da prestação mínima do serviço.

O demonstrado nada mais é do que uma ponderação de princípios sob o pálio da proporcionalidade. Como advertido no capítulo anterior, a proporcionalidade é formada por três análises: necessidade, adequação e proporcionalidade em sentido estrito. Por conseguinte, para que haja qualquer restrição à livre concorrência, será necessário que (i) haja um princípio jurídico que lhe seja colidente (*i. e.*, a promoção plena da livre concorrência implicaria a não realização de outro princípio jurídico) e que lhe demande uma restrição; (ii) a restrição

---

[48] Sobre o tema, deve-se mencionar as considerações de David Bilchitz acerca dos critérios para identificação do mínimo essencial para o cumprimento de direitos sociais. Cf. *Poverty and Fundamental Rights*: the Justification and Enforcement of Socio-Economic Rights. Oxford: Oxford University Press, 2007. p. 139 *et seq.*

imposta à livre concorrência seja necessária, adequada e proporcional em sentido estrito.

Assim, encontrado o *conteúdo essencial* do direito fundamental a ser satisfeito, será necessário analisar se tal conteúdo poderá ser satisfeito em um ambiente de concorrência. Caso não possa, será necessário encontrar uma medida de restrição da livre concorrência na prestação dos serviços públicos que (i) seja necessária (*i. e.*, sem aquela medida, o direito fundamental não será satisfeito); (ii) seja adequada (não há outra medida mais adequada para satisfazer o direito fundamental sem restrição à livre concorrência); e (iii) seja proporcional (*i. e.*, o grau de restrição à livre concorrência é condizente com a realização do princípio colidente).

Em vista do exposto, pode-se concluir este tópico propugnando que a concorrência será a regra na prestação dos serviços públicos, de modo único, podendo ser elidida nos casos em que possa comprometer o alcance às finalidades do serviço, assim entendidas como a realização do *conteúdo essencial* do direito fundamental a cuja realização se destina a instituição de um determinado serviço público – com foco, sobretudo, nos deveres de universalização e modicidade tarifária – e sempre de maneira *estritamente proporcional* entre a restrição imposta e a realização de outro direito fundamental.

4.2.2.1 O caso da Comunidade Europeia

O quanto apresentado não se refere a simples teoria. Muito ao contrário. Tem aplicações práticas muito relevantes. O maior exemplo que comprova nossa posição aqui esposada provém da Comunidade Europeia. Lá, o direito comunitário contempla o mecanismo exato aqui descrito, prevendo a regra da concorrência, ao mesmo tempo em que disciplina a possibilidade de restrições em nome da realização das finalidades públicas dos *serviços econômicos de interesse geral*.

De início, é importante ressaltar que a construção da noção dos *serviços econômicos de interesse geral* no direito comunitário provém de complexo desafio. Ao disciplinar as atividades econômicas desenvolvidas em cada um dos países-membros, fez-se encontrar uma fórmula que se aplicasse a todas as realidades jurídicas dos países-membros, formadas a partir de institutos jurídicos muito distintos. Por essa razão, houve a criação da noção dos *serviços econômicos de interesse coletivo*, de caráter neutro e supranacional,[49] que não se confunde nem com os serviços públicos à francesa, nem com as *Daseinvorsorge* do direito alemão, nem com as *public utilities* do direito inglês.

Dessa forma, o conceito dos *serviços econômicos de interesse coletivo* contempla um espaço de soberania de cada um dos países-membros para que eles interpretem esse conceito para cada setor publicamente relevante, conforme suas respectivas realidades.[50] Cada um dos países-membros têm algum espaço normativo para determinar quais seriam os setores que contêm *serviços econômicos de interesse coletivo* e qual o regime jurídico das atividades neles desenvolvidas. Em qualquer caso, contudo, sempre a escolha de cada país-membro permanece sujeita ao controle exercido pelos órgãos administrativos e judiciais da Comunidade.

Em Portugal, há o entendimento de que a noção de serviço público não se confunde com a noção dos serviços econômicos de interesse coletivo, em razão de haver lei específica determinando quais os serviços públicos, o que não há para determinar quais são os serviços econômicos de interesse geral. Os primeiros seriam mais amplos do que os segundos, *embora tenham regime jurídico idêntico*. Bem afirma Rodrigo Gouveia:

> o conceito de serviços públicos essenciais não se confunde com o de serviços de interesse geral, uma vez que este tem um âmbito mais vasto, abarcando todos os serviços essenciais à vida, à saúde e à participação social.
>
> Se é verdade que os conceitos não coincidem, não menos o será que a consagração do conceito de serviços públicos essenciais denota a intenção do legislador em estabelecer um regime específico de proteção dos utentes de alguns dos serviços que são essenciais para a vida, a saúde ou à participação ou integração social e que são, portanto, serviços de interesse geral. Assim, a distinção entre os dois conceitos é meramente

---

[49] Cf. EMMERICH. *Kartellrecht*, p. 257-258. Exatamente no mesmo sentido afirmam Luis Cosculluela Montaner e Mariano López Benítez: "é, pois, um termo neutro, que busca incorporar algumas notas da instituição do serviço público, mas não todas e não a essencial de estabelecer a titularidade da Administração Pública destas atividades, que é a idéia fundamental do conceito de serviço público" (*Derecho público económico*, p. 228, tradução nossa).

[50] Cf. EMMERICH. *Kartellrecht*, p. 258.

formal, isto é, os serviços públicos essenciais são os serviços de interesse geral expressamente consagrados na Lei n.º 23/96.[51]

No mesmo sentido, como afirma Sabino Cassese com relação ao direito italiano, a noção europeia de *serviço econômico de interesse coletivo* foi recebida como uma referência ao disposto no artigo 43 da Constituição Italiana, que se aplica à prestação dos serviços públicos essenciais e aos monopólios estatais. Diante disso, também na Itália os serviços públicos e os serviços econômicos de interesse coletivo acabam por se confundir.[52]

Por fim, no direito espanhol vigora entendimento semelhante, mas ao mesmo tempo distinto. Na realidade espanhola, os serviços públicos são alguns dos serviços econômicos de interesse coletivo, sujeitos à *publicatio,* ou seja, à titularidade pública. De outro turno, os serviços econômicos de interesse coletivo são atividades que conservam alguns dos traços dos serviços públicos, mas não apresentam o principal deles, que seria a *publicatio.*[53]

É possível entender, então, que, em qualquer caso, há atividades econômicas no direito europeu que podem estar sujeitas a um regime jurídico especial, em vista de suas peculiaridades, independentemente de sua qualificação nos ordenamentos jurídicos locais como serviços públicos ou como qualquer outro conceito. A regra, prevista no artigo 106, 2, do Tratado de Constituição da Comunidade Europeia, é a de que as atividades consideradas *serviços econômicos de interesse coletivo* estão sujeitas a todas as regras do direito da concorrência previstas no tratado, *exceto na medida em que referidas regras de concorrência possam importar em prejuízos ao alcance das finalidades de referidas atividades.*

Muito bem mencionam Andreas Haratasch, Christian Koenig e Mathias Pechstein, que a norma contida no artigo 106, 2, do tratado refere-se a uma ponderação entre as políticas econômicas e sociais dos países-membros e o interesse da Comunidade Europeia na existência de uma concorrência livre e sem mecanismos artificiais. Ainda segundo eles, a exceção da aplicabilidade da regra da concorrência depende da comprovação de dois elementos: de um lado, a aplicação das disposições

---

[51] GOUVEIA, Rodrigo. *Os serviços de interesse geral em Portugal.* Coimbra: Coimbra Ed., 2001. p. 24.

[52] CASSESE. *La nuova costituzione economica,* p. 88.

[53] COSCULLUELA MONTANER; LÓPEZ BENÍTEZ. *Derecho público econômico,* p. 228-229, 239.

do tratado, de modo efetivo, *prejudicará* o alcance das finalidades da atividade e, de outro, não haverá qualquer relação desproporcional como consequência da não aplicação das normas do tratado. Como resultado da aplicação do dispositivo em comento (artigo 106, 2), completam os autores, as normas relativas ao direito da concorrência e à vedação de subsídios do tratado não serão aplicáveis.[54]

Face a essas considerações, verifica-se que o direito comunitário europeu positivou, com precisão, o quanto mencionamos acerca dos limites da concorrência na prestação dos serviços públicos. Consoante as disposições do direito comunitário, as normas de concorrência são, em regra, aplicáveis também aos serviços econômicos de interesse coletivo. Contudo, no caso de as finalidades de referidos serviços poderem sofrer prejuízos em razão das normas de concorrência, poderá haver a inaplicabilidade das normas concorrenciais, importando tanto na possibilidade efetiva de não aplicação das normas do direito da concorrência, quanto na possibilidade de concessão de subsídios, hipótese muito restrita no direito comunitário.

Nesse direito, tanto quanto no direito brasileiro, não há uma fórmula genérica. A incidência ou não das normas de concorrência dependerá de uma análise do caso concreto, conforme as características específicas da atividade que se tenha em vista. Apenas quando comprovado no caso concreto que as normas do direito da concorrência não poderão ser aplicáveis em razão dos potenciais prejuízos às finalidades da atividade, é que poderá haver o regime de exceção. Da mesma forma propugnamos com relação ao direito dos serviços públicos no Brasil.

Por fim, cabe mencionar que a jurisprudência do Tribunal de Justiça Europeu é clara na interpretação do disposto no artigo 106, 2, do tratado. Segundo referida Corte, em que pese haver alguma margem de liberdade para os estados-membros determinarem as atividades sujeitas a um regime jurídico especial, o conceito dos *serviços econômicos de interesse geral* deve ser interpretados de forma restrita.[55]

Desde a célebre *Decisão Corbeu* de 1993, o Tribunal firmou seu entendimento no sentido de que o disposto no artigo 106, 2, do tratado (referente aos serviços econômicos de interesse coletivo), aplica-se aos *serviços universais*, que contemplam o empreendimento de atividades

---

[54] HARATSCH, Andréas; KOENIG, Christian; PECHSTEIN, Matthias. *Europarecht*. 7. Aufl. Tübingen: Mohr Siebeck, 2010. p. 596-597.

[55] Cf. EMMERICH. *Kartellrecht*, p. 258.

não rentáveis necessárias para o atendimento do interesse coletivo.[56] Após referida decisão, diversas outras foram emitidas para confirmar a inaplicabilidade das normas concorrenciais do tratado a determinadas atividades, tais como: empresas aéreas que sejam obrigadas pelo poder público a explorar rotas não lucrativas para universalização do serviço, empresas distribuidoras de energia elétrica e gás natural que sejam obrigadas a manter determinados patamares tarifários em regiões específicas, empresas de tratamento ambiental de resíduos perigosos, entre outras.[57]

Deve-se notar, a partir da análise da jurisprudência do Tribunal de Justiça Europeu, que não só as normas do direito da concorrência podem não ser aplicáveis à prestação dos serviços públicos quando houver riscos à realização da finalidade da atividade, *como também que a inaplicabilidade de referidas normas deve sempre ser **proporcional** à finalidade que se pretende alcançar.* É exato afirmar que não é toda empresa distribuidora de energia ou companhia aérea que estará excepcionada das regras da concorrência, mas apenas aquelas que apresentem determinadas condições específicas, consubstanciada em ônus determinados que levariam a empresa à sucumbência em um mercado concorrencial.

4.3 Os interesses públicos tutelados: interesses dos usuários ou interesses do Estado?

As discussões postas nos tópicos precedentes demonstram a existência de uma questão subjacente bem relevante, qual seja, a questão relacionada aos interesses públicos tutelados. Vê-se, a partir das considerações feitas, que há sempre uma tensão entre os interesses do Estado na prestação dos serviços públicos e os interesses da coletividade. Enquanto os primeiros pendem para a prestação exclusiva dos serviços públicos, baseada no regime jurídico de direito público e na titularidade estatal da atividade, os segundos almejam uma liberalização

---

[56] A Decisão Corbeau aplicou-se aos serviços postais da Bélgica. Em referido caso, o tribunal foi provocado para se manifestar acerca da ilegalidade do monopólio do governo belga sobre os serviços postais. Na análise do caso, o tribunal manifestou-se pela possibilidade de monopolização de atividades relacionadas ao *serviço universal*, visto que há um ônus no empreendimento de atividades não lucrativas que justificaria a instituição de um regime diferenciado.

[57] Cf. EMMERICH. *Kartellrecht*, p. 258-259.

tão ampla quanto possível da atividade, a fim de obter maiores vantagens econômicas em decorrência da pluralidade de agentes.

Neste tópico, teremos como objetivo analisar as formas de tutela do interesse público na prestação dos serviços públicos para procurar identificar qual seria a forma que melhor se coadunaria com os dispositivos da Constituição Federal, sempre se considerando a vinculação entre serviços públicos e direitos fundamentais defendida no capítulo precedente.

4.3.1 As diversas vertentes de interesses públicos

Talvez não exista ordenamento no qual a noção de interesse público seja tão relevante para o direito administrativo. É bem verdade que a maior parte dos ordenamentos jurídicos, em alguma medida, reconhece a existência do interesse público e o vinculam, de alguma forma, ao direito administrativo. Porém, no direito brasileiro, mais do que vincular o direito administrativo ao interesse público, baseia-se o direito administrativo e todos os seus institutos sobre a noção de interesse público.

Marçal Justen Filho, em seu antológico estudo denominado *O direito administrativo do espetáculo*, muito bem realça que, malgrado tenha havido considerável evolução no constitucionalismo na segunda metade do século XX, o direito administrativo permanece vinculado às mesmas tradições de fins do século XIX e início do século XX. Nesse cenário, o papel do interesse público para o direito administrativo brasileiro avulta, afirmando que esse se trata de um de seus institutos com "elevada consistência imaginária", na medida em que impede "a própria compreensão do processo decisório do governante, especialmente no tocante às finalidades buscadas".[58]

Quer-se dizer com isso que, no direito administrativo brasileiro, de forma comum, as disposições constitucionais que impõem deveres à administração pública e, em contrapartida, criam direitos aos cidadãos são ignoradas em função de fórmulas genéricas, sem conteúdo específico, que justificam qualquer tipo de ação do agente administrativo. E no epicentro dessa realidade encontra-se a noção de interesse público. Ao mesmo tempo em que não tem significado concreto (como

---

[58] JUSTEN FILHO. O direito administrativo do espetáculo. *In*: ARAGÃO; MARQUES NETO (Org.). *Direito administrativo e seus novos paradigmas*, p. 75-76.

CAPÍTULO 4
A APLICAÇÃO DAS NORMAS DE CONCORRÊNCIA AOS SERVIÇOS PÚBLICOS | 173

passaremos a expor), a noção de interesse público no Brasil passou a ter o mais amplo de todos os significados, pois foi erigida a fundamento do próprio direito administrativo e de suas instituições.

Essa compreensão acerca do papel do interesse público na construção do direito administrativo brasileiro deve-se, sobretudo, à obra de Celso Antônio Bandeira de Mello,[59] que expõe entendimento de que o regime jurídico da administração pública (denominado pelo autor como *regime jurídico-administrativo*) seria marcado pelo *Princípio da Supremacia do Interesse Público sobre o Interesse Privado*. Segundo o autor, referido princípio, que constituiria *verdadeiro axioma reconhecido no moderno direito público*, proclama que o interesse público sempre prevalecerá sobre o interesse privado. Na mesma direção, o direito administrativo e, via de consequência, o regime jurídico da administração pública, partem do pressuposto da supremacia do interesse público sobre o privado, donde provêm todos os poderes especiais de que goza a administração.[60]

Seguindo na análise do pensamento do veterano publicista, o interesse público nada mais seria do que "o interesse resultante do conjunto dos interesses que os indivíduos *pessoalmente* têm quando considerados *em sua qualidade de membros da Sociedade e pelo simples fato de o serem*",[61] sendo a sociedade juridicamente personificada pelo Estado.[62] Demais disso, o interesse público apenas pode ser encontrado no direito positivo, responsável por traduzir quais os interesses dos membros da sociedade.[63] Portanto, sempre que esse interesse formado pelo coletivo dos interesses dos membros da sociedade nessa qualidade e positivado

---

[59] Cabe mencionar que os teóricos do direito administrativo anteriores ao citado jurista até mencionam a questão do interesse público, mas não lhe conferem o valor estrutural que se confere na doutrina em comento. Por exemplo, Caio Tácito menciona a tutela do interesse público com viés diametralmente oposto, como um *direito subjetivo* de todos os cidadãos, exercível por meio das ações constitucionais de controle da administração pública (cf. *Direito administrativo*, p. 24-25). José Cretella Júnior, de outro lado, até apresenta noção semelhante de interesse público, afirmando que ele prevalece sobre o particular, porém, o autor afirma ser este um princípio geral do direito público, não se restringindo ao direito administrativo (cf. *Direito administrativo brasileiro*, p. 48). Na mesma toada, Ruy Cirne Lima faz menção a uma finalidade pública com relação ao direito administrativo, mas o faz para caracterizar a atividade da administração pública em comparação com outras figuras de administração do direito privado (cf. *Princípios de direito administrativo brasileiro*, p. 32-33). Finalmente, Themistocles Brandão Cavalcanti, seguindo a tradição francesa, define o direito administrativo a partir do serviço público, sequer mencionando a noção de interesse público no regime jurídico da administração pública (cf. *Tratado de direito administrativo*, v. 1, p. 19).

[60] Cf. MELLO. *Curso de direito administrativo*, p. 58 et seq.

[61] Cf. MELLO. *Curso de direito administrativo*, p. 51, grifos do autor.

[62] Cf. MELLO. *Curso de direito administrativo*, p. 49.

[63] Cf. MELLO. *Curso de direito administrativo*, p. 57.

pelo direito for posto em contraposição com interesses privados (interesses dos membros da coletividade individualmente considerados), os segundos devem ceder em favor do primeiro.

Ainda, seguindo as lições de Ruy Cirne Lima, Celso Antônio Bandeira de Mello atribui à administração pública um *caráter instrumental*, na medida em que, segundo o autor (que, nesse ponto, segue adiante da teoria do clássico administrativista), a administração pública nada mais seria do que um instrumento criado para a realização do interesse público já mencionado.[64]

Por derradeiro, segundo o autor, a supremacia do interesse público sobre o particular constituiria um *princípio jurídico do direito administrativo*. Em que pese não estar previsto no direito positivo de forma expressa, o postulado, em questão, teria o caráter de princípio jurídico por ser um "pressuposto lógico do convívio social" e por estar presente em diversos outros princípios constitucionais, como a defesa do consumidor e a função social da propriedade.[65]

Tem-se que o regime jurídico-administrativo proposto, aceito pela doutrina mais tradicional do direito administrativo brasileiro, consiste na existência de uma administração com caráter instrumental destinada à satisfação de tal interesse público, que sempre será supremo em relação ao interesse privado e que justifica e embasa a existência de poderes especiais conferidos à administração pública e que será aferível a partir do conjunto de interesses dos cidadãos na qualidade de integrantes da sociedade, conforme determinado por lei.[66]

Vê-se que, a partir da formulação dessa teoria, o interesse público é analisado a partir de uma perspectiva, em essência, estatal e sempre colocado como contrário ao interesse privado. Isso ocorre, pois, como dito, o interesse público seria o interesse de cada indivíduo como parte de uma sociedade, que é personificada na entidade Estado. Sendo assim, o interesse público nada mais é do que o interesse dos indivíduos que compõem o Estado, *ditado pelo próprio Estado*, pois o regime

---

[64] Cf. MELLO. *Curso de direito administrativo*, p. 88.

[65] Cf. MELLO. *Curso de direito administrativo*, p. 85.

[66] Por exemplo e entre diversos outros: FIGUEIREDO. *Curso de direito administrativo*, p. 37; GASPARINI, Diogenes. *Curso de direito administrativo*. 8. ed. São Paulo: Saraiva, 2003. p. 18-19; DI PIETRO. *Direito administrativo*, p. 63-64.

jurídico-administrativo parte do pressuposto de que o interesse público há que ser definido em lei.[67]

Conforme os cânones do "princípio" em análise, há uma visão de *unicidade* do interesse público, porque a noção de interesse público que constitui a base do princípio parte do pressuposto de que o conjunto de interesses dos indivíduos enquanto partes de uma sociedade *resultará em um único interesse público*, que poderá ser traduzido na lei. É dizer, ao propugnar que o interesse público é o resultado do conjunto de interesses de cada indivíduo enquanto membros da sociedade, descrito em lei, parte-se do pressuposto de que todos os indivíduos que compõem a sociedade têm apenas *um* interesse coletivo e que esse interesse poderá ser captado pelo direito positivo ou pelo administrador.

Essa perspectiva estatal de um *interesse público único* vem sofrendo diversas crises na doutrina, que defende, cada vez, mais uma revisão desse regime jurídico-administrativo baseado em uma ampla revisão da noção de serviço público. Em primeiro lugar, em consonância com a teoria dos princípios exposta no tópico 4.1.1 e como bem alerta Humberto Ávila, o enunciado em análise da supremacia do interesse público sobre o particular não pode sequer ser considerado um *princípio jurídico*, pois não é um axioma, por não ser autodemonstrável ou óbvio, não é um postulado, por não ter um significado claro a ponto de poder explicar o direito administrativo, e não é uma norma jurídica, por não ter fundamento de validade (previsão no ordenamento), nem tampouco um significado claro que lhe permita ter função normativa e aplicação no ordenamento jurídico.[68]

Ademais e sobretudo, a noção de interesse público hoje não pode ser considerada com unicidade.[69] É dizer: não é possível tomar o interesse público como algo único, definível *a priori* pelo ordenamento

---

[67] Cf. MELLO. *Curso de direito administrativo*, p. 57; e FIGUEIREDO. *Curso de direito administrativo*, p. 37.

[68] Cf. ÁVILA, Humberto. Repensando o "princípio da supremacia do interesse público sobre o particular". *In*: SARMENTO, Daniel (Org.). *Interesses públicos versus interesses privados*: desconstruindo o princípio da supremacia do interesse público. Rio de Janeiro: Lumen Juris, 2005. p. 178 *et seq.*

[69] Sobre o tema, muito bem analisa Odete Medauar: "A uma concepção de homogeneidade do interesse público segue-se uma situação de heterogeneidade; de uma idéia de unicidade passou-se à concreta existência de multiplicidade de interesses públicos. A doutrina menos antiga refere-se à impossibilidade de rigidez na prefixação do interesse público, sobretudo pela relatividade de todo padrão de comparação. Menciona-se indeterminação e dificuldade de definição do interesse público, a sua difícil e incerta avaliação e hierarquização, o que gera crise na sua pretensa objetividade" (*Direito administrativo em evolução*, p. 190-191).

jurídico. Floriano de Azevedo Marques Neto, em já clássica e essencial lição sobre o tema, adverte que a noção de interesse público sofre duas crises distintas: uma endógena e outra exógena. A endógena refere-se à impossibilidade de vinculação da noção de interesse público à legalidade, decorrente do caráter cada vez mais aberto e fluido da legalidade no Estado intervencionista.[70] De outro turno, a exógena refere-se à efetiva impossibilidade de se falar em um único interesse público, mas, sim, de um conjunto de interesses coletivos dotados de legitimidade, que não podem ser alijados de ponderação no norte da atividade estatal, decorrentes da proliferação de grupos de pressão no ambiente público.[71]

É dizer, em um Estado democrático, no qual o poder não é exercido por um grupo limitado de pessoas, mas, sim, por diversos grupos de pessoas provenientes dos mais diversos níveis sociais e com as mais diversas aspirações sociais, cada qual com parcela do poder de pressão na formação da vontade estatal, não há como se conceber que haja apenas um interesse público, mas, sim, que há uma enorme gama de interesses coletivos dotados de legitimidade que devem ser *ponderados e sopesados no processo de tomada da decisão pública*, quando da efetiva tomada da decisão, e não *a priori*.[72]

Nesse contexto, segundo entendemos, não se poderia falar em supremacia do interesse público sobre o particular, eis que *não há um interesse público a ser supremo*.[73] Quando muito, há que se considerar que os diversos interesses públicos existentes devem ser *sopesados e ponderados no caso concreto para que, nesse processo, determine a administração pública, de forma clara e fundamentada, qual(is) o(os) interesse(s)*

---

[70] Massimo Severo Giannini, com a percuciência de sempre, adverte que o advento do Estado pluriclasse (aquele no qual diversas forças políticas têm direito de expressão na formação da vontade estatal) pôs em choque a noção de interesse público, na medida em que o consenso na formação das leis determinadoras de tal interesse passou a ser cada vez mais dificultoso, havendo a emergência de diversos interesses públicos, e não apenas um. Cf. *Istituzioni di diritto amministrativo*. 2ª ed. Milano: Giuffrè, 2000. p. 22-23.

[71] MARQUES NETO. *Regulação estatal e interesses públicos*, p. 144 *et seq.*

[72] Sobre o tema, *vide* nosso: O processo administrativo como instrumento do Estado de direito e da democracia. *In*: MEDAUAR, Odete; SCHIRATO, Vitor Rhein. *Atuais rumos do processo administrativo*. São Paulo: Revista dos Tribunais, 2010. p. 17.

[73] Sobre o tema, muito pertinentes as seguintes colocações de Alexandre Santos de Aragão: "Não há um interesse público abstratamente considerado que deva prevalecer sobre os interesses particulares eventualmente envolvidos. A tarefa regulatória do Estado é bem mais complexa do que a singela formulação de uma 'supremacia do interesse público'" (A "supremacia do interesse público" no advento do Estado de direito e na hermenêutica do direito público contemporâneo. *In*: SARMENTO (Org.). *Interesses públicos versus interesses privados*: desconstruindo o princípio da supremacia do interesse público, p. 4).

público(s) deve(m) prevalecer sobre os demais interesses públicos e em qual medida deverá(ão) prevalecer.[74]

Muito bem menciona Daniel Sarmento que, além da necessidade de ponderação entre os diversos interesses públicos dotados de legitimidade, há que se ponderar também os interesses públicos com os direitos fundamentais. A existência de direitos fundamentais amplos e claros previstos na Constituição Federal torna ainda mais impossível e indesejável a formulação de uma teoria que predique que o interesse privado deve, em qualquer caso, sucumbir ante o interesse público, haja vista que os interesses públicos e privados muitas vezes confundem-se e contaminam-se pelo papel dos direitos fundamentais na ordem constitucional.[75]

Nesse sentido, observa o autor:

> O dogma vigente entre os publicistas brasileiros, da supremacia do interesse público sobre o particular, parece ignorar nosso sistema constitucional, que tem como uma das suas principais características a relevância atribuída aos direitos fundamentais. O discurso da supremacia encerra um grave risco para a tutela de tais direitos, cuja preservação passa a depender de valorações altamente subjetivas feitas pelos aplicadores do direito em cada caso.[76]

Consideramos correto que *o interesse público deve ser analisado a partir de uma vertente pluralista,* na qual não há apenas um interesse público, mas, sim, diversos interesses coletivos legítimos, *bem como* na qual não há, de maneira necessária, uma contraposição imanente entre

---

[74] Sobre o tema, vale novamente transcrever a notória lição de Floriano de Azevedo Marques Neto sobre o tema. Afirma o autor: "o princípio da supremacia do interesse público, parece-nos, deve ser aprofundado de modo a adquirir a feição da prevalência dos interesses públicos e desdobrando-se em três subprincípios balizadores da função administrativa: (i) a interdição do atendimento de interesses particularísticos (v.g., aqueles desprovidos de amplitude coletiva, transindividual); (ii) a obrigatoriedade de ponderação de todos os interesses públicos enredados no caso específico; e (iii) a imprescindibilidade de explicitação das razões de atendimento de um interesse público em detrimento dos demais" (*Regulação estatal e interesses públicos,* p. 165).

[75] Apenas nesse ponto cabe mencionar, na esteira das lições de Humberto Ávila, que, na Constituição Federal, os interesses públicos e os interesses privados não são contrapostos. Os interesses públicos muitas vezes são resultantes de interesses privados. Não há um conflito em princípio. Muitas vezes, a realização do interesse público nada mais é do que a realização dos interesses privados, o que apenas corrobora a impossibilidade de consideração da teoria da supremacia do interesse público tal como colocada. Cf. Repensando o "princípio da supremacia do interesse público sobre o particular", p. 192-193.

[76] SARMENTO. Supremacia do interesse público? As colisões entre direitos fundamentais e interesses da coletividade, p. 125.

interesses públicos e interesses privados, em razão do conteúdo garantístico da Constituição Federal, pautado sobre os direitos fundamentais.

Qualquer decisão pública, então, deve partir de uma ponderação entre os diversos interesses coletivos dotados de legitimidade (que incluem interesses privados respaldados em direitos fundamentais) que se apresentem como tuteláveis no caso concreto e que devam, portanto, ser levados em consideração. Em qualquer caso, tal processo de ponderação deverá ser realizado sob o crivo da *proporcionalidade* em suas três dimensões já mencionadas (necessidade, adequação e proporcionalidade em sentido estrito).

4.3.2 O interesse do estado no serviço público monopólico

As considerações demonstradas levam-nos à conclusão de que a construção clássica do serviço público monopólico, nos dias de hoje, nada mais é do que uma decorrência direta de uma aplicação do *princípio da supremacia do interesse público* em favor do Estado, ou seja, considerando-se apenas seus exclusivos interesses.

Em consonância com as considerações precedentes, entendemos ser fundamental uma releitura do chamado *regime jurídico de direito público* aplicável aos serviços públicos, visto que referido regime, a nosso ver, encontra seu fundamento de validade no "princípio da supremacia do interesse público" como formulado na doutrina clássica (que, frise-se, sequer princípio jurídico é).[77] Isso ocorre, pois afirmar, *a priori*, que os serviços públicos serão prestados em regime de exclusividade e com direito a uma série de privilégios nada mais é do que procurar em fórmulas genéricas e não amparadas pela Constituição Federal a justificativa de uma determinada prerrogativa estatal, que, muita vez, favorece apenas ao próprio Estado.

A locução de que os serviços públicos devem ser prestados em regime de exclusividade pelo Estado ou por quem lhe faça as vezes (delegatários), em qualquer caso, em razão de um regime jurídico de direito público, que predica uma série de benefícios e privilégios ao prestador

---

[77] Na mesma trilha, Celso Antônio Bandeira de Mello coloca o combalido princípio da supremacia do interesse público como um dos princípios aplicáveis à prestação dos serviços públicos, "em razão do que, tanto no concernente à sua organização quanto no relativo ao seu funcionamento, o norte obrigatório de quaisquer decisões atinentes ao serviço serão as conveniências da coletividade" (*Curso de direito administrativo*, p. 641).

da atividade, nada mais significa do que, *a priori*, estabelecer que as finalidades do serviço público só poderiam ser cumpridas, se houvesse uma exclusividade estatal da prestação. Assim, o que havia nada mais era do que uma consideração unívoca do interesse público, que seria consubstanciado no alcance das finalidades do serviço público. É dizer, a prestação dos serviços públicos contemplaria, nessa concepção, um único interesse, qual seja, o interesse de realização de suas finalidades.

É bem verdade que o alcance das finalidades dos serviços públicos é um dos *interesses coletivos legítimos*. Afirmar o contrário significaria negar toda a construção que fizemos no capítulo anterior. Todavia, não se pode afirmar que o alcance das finalidades dos serviços públicos *constitui o único interesse público relacionado aos serviços públicos*. Tal afirmação significa – repetimos – colocar a noção de interesse público unívoca em um pedestal e, a partir dela, justificar todas as ações da administração pública, as quais, inclusive, podem desconsiderar princípios e valores consagrados pela Constituição Federal, como a livre iniciativa e a concorrência. O preço social e a qualidade do alcance das finalidades dos serviços públicos, bem como o grau de restrição que é imposto aos direitos dos cidadãos para que esses serviços sejam prestados *também são interesses públicos mais do que legítimos, que, portanto,* não podem ser desconsiderados.

Nesse cenário, evidencia-se-nos que a construção da exclusividade na prestação dos serviços públicos *a priori* e em qualquer caso nada mais é do que a pretensão de justificar um privilégio da administração pública a partir de uma construção genérica e vazia (a *supremacia do interesse público sobre o particular*). A *publicatio* (ou titularidade estatal), tantas vezes mencionada quando se trata da noção de serviço público, nada mais significa do que a eleição de um regime jurídico especial, baseado em um suposto interesse público que deve ser supremo, tanto quanto ocorre com outros muitos institutos do direito administrativo que tanto merecem uma revisão (entre outros: os tais atributos dos atos administrativos e todas as prerrogativas processuais da administração pública).

Não bastante, na nossa percepção, essa construção da exclusividade na prestação dos serviços públicos acaba por favorecer, de modo exclusivo, o próprio Estado, comprovando o quanto acima afirmamos acerca dos riscos de aplicação da tal supremacia do interesse público. Expliquemo-nos: em uma construção de supremacia do interesse público sobre o particular em que o interesse público é ditado pelo direito positivo e, no silêncio desse, pelo administrador público, tem-se que, em última análise, o próprio Estado seria legitimado para definir o interesse público e, uma vez que tenha feito tal definição, *faria jus a uma série de prerrogativas e privilégios exatamente na defesa desse interesse público.*

Trazendo-se essas considerações à prestação dos serviços públicos, ao se determinar que apenas o alcance das finalidades dos serviços constitui o interesse público e que, portanto, na realização desse interesse, o Estado goza de uma série de prerrogativas, tem-se a constituição de um privilégio em seu favor que apenas o beneficia,[78] na medida em que permite que ele mantenha serviços públicos ineficientes, caros e que não atendem às demandas sociais subjacentes, mas que, ao mesmo tempo, têm relevante importância fiscal, pois propicia-lhe a arrecadação de altas montas provenientes dos pagamentos realizados pelos usuários, que não podem prescindir da fruição dos serviços, e enorme poder político, pois lhe permite ditar com exclusividade como se desenvolverão setores essenciais da economia.

Diante disso, é imperiosa uma criteriosa reconstrução do regime jurídico de direito público dos serviços públicos, uma vez que, aplicado como uma decorrência da supremacia do interesse público, na maior parcela das ocasiões, o único interesse que é, na sua plenitude, atendido é o do Estado, que está muito longe de ser, de fato, um interesse público. A exclusividade, estabelecida *a priori* e sem uma necessária ponderação, pode permitir a existência de um cenário com estagnação de investimentos, ineficiência no oferecimento da atividade e desconsideração dos direitos e interesses dos usuários, no qual apenas os interesses do Estado são considerados, porque lhe aumenta a arrecadação e o poder sobre setores estratégicos da economia. Tal cenário é, em absoluto, oposto à realização das finalidades dos serviços públicos, em que pese ser sob o pálio dessa que é instituído.

---

[78] A ilustrar com precisão o quanto mencionado, basta analisar a prestação dos serviços de telecomunicações no período do monopólio estatal da Telecomunicações Brasileiras S.A. (TELEBRÁS), quando os índices de universalização eram baixos e as tarifas altas, em vista dos serviços prestados. Quando da liberalização do setor e da inserção de concorrência (privilegiando outros interesses públicos), a qualidade dos serviços melhorou e a universalização cresceu enormemente. Da mesma forma, os serviços postais no Brasil hoje também podem ser mencionados como exemplo, haja vista que a Empresa de Correios e Telégrafos, esteada em um inconstitucional monopólio (conforme adiante esclareceremos), oferece serviços ineficientes, com altíssimas taxas de falha na distribuição de correspondências e desconsidera relevantíssimos interesses públicos, como eficiência, modicidade tarifária, efetividade etc.

4.3.3 Os interesses dos usuários

O quanto exposto até esse ponto permite a conclusão de que é necessário profunda reformulação na noção de interesse público com relação à prestação dos serviços públicos. Isso, pois, parece-nos, a definição *a priori* de que os serviços públicos devem ser prestados em regime de exclusividade nada mais é do que uma manifestação do princípio da supremacia do interesse público, na medida em que assegura um privilégio ao Estado sem qualquer forma de amparo constitucional e em desconsideração de outros interesses públicos legítimos que têm que ser considerados e sopesados na definição da forma de atuação do Estado, muitos dos quais, inclusive, calcados em direitos fundamentais.

Nessa direção, julgamos claro que a perspectiva de análise do interesse público (ou, melhor dizendo, dos interesses públicos) subjacente à prestação dos serviços públicos não pode ser de parte do Estado, tendo que ser, com precisão, de parte dos usuários, já que apenas a partir da perspectiva deles é que se poderá, com certeza, colher e analisar os interesses públicos subjacentes à ação estatal.

Sobre esse tema, essenciais são as palavras de Alexandre Santos de Aragão, das quais tomamos licença para nos apropriar no desenvolvimento deste tópico:

> A exclusividade na prestação dos serviços públicos (por constituírem monopólios naturais, seja para possibilitar economicamente a prestação aos menos favorecidos, seja simplesmente em razão de decisões político-estratégicas) era intrinsecamente relacionada com a sua exclusão do regime de proteção aos consumidores, já que eram considerados atividades excluídas do regime de mercado para que o interesse público pudesse ser atendido.
>
> Com a evolução tecnológica e mercadológica de muitas dessas atividades, foi possível a inserção total ou parcial de concorrência em muitas delas (...).
>
> O interesse público não mais justificava a prestação por um único agente (estatal ou concessionário), mas, ao contrário, impunha que, salvo se imprescindível para a manutenção do sistema prestacional como um todo, fosse adotada a maior concorrência – maior pluralidade de prestadores – possível, o que seria bem mais benéfico para aqueles que precisam do serviço do que a sua monopolização.
>
> Essa nova dogmática dos serviços públicos só pôde ser alcançada em razão da mudança de concepção do interesse público, não mais um interesse público mítico, ligado ao Estado ou à sociedade abstratamente considerada, mas, (...), um interesse público traduzido como a maior

satisfação concreta na vida dos indivíduos. Se a concorrência em muitos casos satisfaz melhor as necessidades dos cidadãos, então, pelo menos nessas hipóteses, ela é uma imposição do interesse público.[79]

Tem-se, nesse diapasão, que a presunção de que o interesse público só pode ser realizado por meio da prestação exclusiva dos serviços públicos mostra-se muito equivocada. Casos haverá em que esse interesse será muito melhor atendido por meio da prestação concorrencial, visto que, em diversos deles, a possibilidade de multiplicidade de escolha de agente prestador, posta à disposição dos usuários, levará a uma maior qualidade na prestação dos serviços e a uma redução do valor das tarifas praticadas, sem prejuízos à finalidade dos serviços, que, sobremaneira, valoriza os interesses dos usuários e respeita seus direitos fundamentais.

O elemento essencial para se identificar qual é a melhor forma de realizar o interesse público reside na definição do que venha a ser interesse público. Conforme deixamos assentado, não há mais como se falar em um único interesse público, definível *a priori* e *in abstracto* pelo direito positivo. Dadas a multiplicidade e a heterogeneidade da noção de interesse público, entendemos que só a partir de um amplo processo de identificação e ponderação de todos os interesses coletivos dotados de legitimidade poder-se-á eleger qual o interesse público prevalecente e em qual medida deverá prevalecer.

Assim, o foco da análise transfere-se do Estado para os usuários, pois eles são os destinatários finais da ação estatal. Com isso, quer-se dizer que só com a consideração dos interesses dos usuários e de sua ponderação *vis-à-vis* os demais interesses envolvidos, incluindo os interesses do Estado – enquanto responsável pelo ônus de garantia da atividade e não como interessado pecuniário –, poderá ser definida a forma de prestação dos serviços públicos. Constituindo esses serviços obrigações do Estado destinadas à satisfação de direitos subjetivos públicos dos cidadãos, não há como se definir o interesse público subjacente à prestação dos serviços públicos a partir da óptica, exclusiva ou predominante, estatal. O foco da análise deverá ser o credor da obrigação, ou seja, o conjunto de usuários.

Tem-se que a concorrência deverá ser praticada *sempre que for o meio mais eficaz de se atingir as finalidades dos serviços públicos e fazer*

---

[79] ARAGÃO. *Direito dos serviços públicos*, p. 504-505.

prevalecer os interesses dos usuários dos serviços públicos, conforme resultado de processo de identificação e ponderação dos interesses coletivos subjacentes à prestação de um serviço público. Dito de outra forma, apenas quando puder haver efetivos prejuízos ao alcance das finalidades dos serviços públicos (*i. e.,* descumprimento da obrigação estatal) em decorrência da instauração de concorrência em sua prestação que se poderá impor cenários menos competitivos.

Essa realidade avulta a partir da consideração dos princípios subjacentes à prestação dos serviços públicos. Na precisa linha do que restou antes exposto, a atividade em questão destina-se à satisfação de direitos fundamentais. O elemento mais significativo relacionado à noção de serviço público é seu *caráter instrumental* a essa satisfação, de forma que não seja relevante o número de agentes que atuam nos mercados relevantes de prestação dos serviços públicos. O que se considera de real importância é que os direitos fundamentais dos cidadãos sejam realizados.

A toda evidência, tem-se caso em que um determinado direito fundamental demanda a prestação de um serviço público para sua satisfação. *Prima facie,* tal direito fundamental – tanto quanto o direito da livre iniciativa – apresenta *suporte fático amplo* e não encontra limitações. Na medida em que o direito fundamental em questão puder ser prestado sem conflitos com o direito fundamental da livre iniciativa, haverá um cenário em que diversos agentes poderão empreender a atividade material (independentemente do regime jurídico) relacionada àquele serviço público em regime de concorrência.

Em sentido contrário, caso a satisfação de um determinado direito fundamental por meio da prestação de um serviço público venha a demandar restrições ao direito fundamental da livre iniciativa, pois a inserção de tantos agentes quanto possível no respectivo mercado relevante impediria a realização do primeiro direito fundamental, haverá um cenário em que a satisfação desse direito demandará uma restrição à livre iniciativa e, via de consequência, limitará a concorrência. Todavia, em um tal cenário, a concorrência não deverá ser *a priori* afastada. Deverá ser restrita (na mesma medida da restrição do direito da livre iniciativa, eis que a concorrência é uma decorrência dela) na exata medida do necessário para a satisfação de direitos fundamentais dos usuários (crivo da proporcionalidade), o que só poderá ser obtido por meio de *ponderação* dos direitos e interesses de todos os envolvidos, sobretudo dos usuários que são os destinatários e beneficiários da atividade.

Perfeitas são as lições de Gaspar Ariño Ortiz acerca da intervenção estatal (regulação) na prestação dos serviços públicos:

> Como toda restrição ou limitação à liberdade de atuação ou disposição pelos particulares, será sempre necessária quando a atividade de um indivíduo invade os direitos ou interesses legítimos dos demais que necessitam ser protegidos. Também se justifica quanto há interesses públicos, comuns, superiores, que não podem ser satisfeitos pela atuação do mercado: são bens extra-mercado.[80]

Portanto, ao lume do exposto, é possível afirmar que a ação estatal na prestação dos serviços públicos deverá ser definida após processo de *ponderação* de todos os interesses coletivos legítimos subjacentes à relação jurídica a ser constituída com tal prestação, levando-se sempre em conta os direitos fundamentais. Qualquer restrição à livre iniciativa (e, via de consequência, à concorrência) apenas poderá ocorrer *de forma proporcional* conforme necessário ao alcance das finalidades do serviço público (satisfação de um direito fundamental) e auferido em referido processo de ponderação.

Vale dizer, analisando-se a questão da concorrência na prestação dos serviços públicos é possível concluir que o interesse dos usuários determinará sempre um cenário concorrencial, pois, nele, poderá haver maiores vantagens aos usuários. Apenas no caso de risco às finalidades dos serviços públicos é que se poderá impor restrições à concorrência e sempre na exata medida do proporcional ao atendimento dos interesses dos usuários (*i. e.*, satisfação de um determinado direito fundamental).

A livre iniciativa e a livre concorrência, por serem direitos fundamentais, longe estão de serem interesses privados, mas, sim, são interesses públicos que devem ser considerados e ponderados na definição da forma de atuação estatal na prestação dos serviços públicos.

---

[80] ARIÑO ORTIZ. *Principios de derecho público económico*, p. 607, tradução nossa.

CAPÍTULO 5

SERVIÇOS PÚBLICOS E EXCLUSIVIDADE NA ORDEM ECONÔMICA CONSTITUCIONAL

5.1 A previsão constitucional dos serviços públicos e a ausência da regra de exclusividade

No conceito de serviço público que expusemos no Capítulo 3, deixamos claro nosso entendimento no sentido de que os serviços públicos, no direito brasileiro, por força do disposto no artigo 175 da Constituição Federal, não significam nada além *de uma obrigação jurídica imposta ao Estado destinada à realização de direitos fundamentais com caráter positivo ou misto*. A partir do que expusemos, o regime constitucional dos serviços públicos contemplado no texto da Constituição de 1988 não prevê qualquer forma de exclusividade ou titularidade estatal, nem tampouco qualquer traço do tão propalado regime jurídico de direito público. Apenas determina que ao *poder público* **incumbe** *a prestação dos serviços públicos*.

Diante da locução tão clara do artigo 175 da Constituição Federal, parece-nos evidente que não há, no bojo do texto constitucional, qualquer disposição que determine que os serviços públicos tenham que ser prestados em regime de exclusividade, seja estatal, seja de um delegatário privado. Portanto, o que será necessário à qualificação de uma determinada atividade econômica como serviço público é a *existência de uma obrigação, imposta pelo ordenamento jurídico, ao Estado de exercício dessa atividade, por ser destinada à satisfação de um direito fundamental* e é não qualquer elemento ou regime jurídico específico que qualifica o serviço público.

Nesse sentido, irretocáveis as palavras de Marçal Justen Filho:

a configuração de atividade como serviço público faz-se essencialmente a partir do critério de referibilidade direta e imediata aos direitos fundamentais. Algumas utilidades apresentam intensa pertinência a tanto, motivo pela qual foram referidas constitucionalmente. Isso não significa que a Constituição teria transformado em serviço público toda e qualquer atuação relacionada a tais atividades. Sempre se impõe como indispensável a vinculação com os direitos fundamentais.[1]

Reiteramos nossa discordância com a doutrina no que toca aos elementos essenciais dos serviços públicos referentes à existência de um regime jurídico de direito público e de uma titularidade estatal. Não são, via de consequência, qualquer dos elementos a caracterizar um serviço público, mas sim uma obrigação jurídica (*i. e.*, imposta pelo ordenamento jurídico) do Estado destinada à satisfação de um determinado direito fundamental.

Parece-nos equivocado, repise-se, afirmar que uma atividade, por que constitui um serviço público, *ispo iure*, é reserva *in totum* ao Estado, afastando por completo a livre iniciativa e predicando uma exclusividade na sua prestação. Poderá até haver restrições ao direito fundamental da livre iniciativa que recomendem alguma forma de exclusividade, como vimos no Capítulo 4. Contudo, tal restrição não é automática e sempre dependerá de um exame de proporcionalidade, donde nos parece equivocado afirmar que a exclusividade seria um *traço imanente* dos serviços públicos. Ela só existirá em casos excepcionais, permitidos sob o crivo da proporcionalidade.

Como bem adverte Marçal Justen Filho, "o Estado não é 'proprietário' do serviço público", ainda que lhe caiba organizar e regulamentar sua prestação.[2] Portanto, completamos nós, não há como fazer direta associação entre serviço público e exclusividade estatal. Apenas porque há a imposição ao Estado de um dever jurídico de prestar ou garantir determinada atividade em favor dos cidadãos, não é possível afirmar qualquer forma de exclusividade. Fazê-lo significa analisar os serviços públicos na Constituição Federal de 1988 de acordo com a concepção francesa oitocentista de tais serviços. Porém, como muito bem constata Alberto Bianchi, "há, na atualidade, atividades organizadas sob

---

[1]   JUSTEN FILHO. *Curso de direito administrativo*, p. 487.

[2]   JUSTEN FILHO, Marçal. Serviço público no direito brasileiro. *In*: CARDOZO, José Eduardo Martins; QUEIROZ, João Eduardo Lopes; SANTOS, Márcia Walquiria Batista dos (Org.). *Curso de direito administrativo econômico*. São Paulo: Malheiros, 2006. v. 1, p. 380.

CAPÍTULO 5
SERVIÇOS PÚBLICOS E EXCLUSIVIDADE NA ORDEM ECONÔMICA CONSTITUCIONAL | 187

um sistema totalmente diferente do projetado e que, por determinação legal, deverão ajustar-se obrigatoriamente ao novo regime",[3] fazendo com que os serviços públicos tenham de ser analisados conforme o regime jurídico que lhes impute o ordenamento jurídico.

Logo, nada na Constituição Federal de 1988 determina qualquer forma de exclusividade na prestação dos serviços públicos. Muito ao contrário, uma ponderação entre os diversos princípios jurídicos contidos em nossa carta constitucional e envolvidos na prestação dos serviços públicos demonstra o oposto, conforme deixamos demarcado nos Capítulos 3 e 4. A ordem econômica constitucional afirma ser a regra a pluralidade de agentes, constituindo exceção a exclusividade, aceitável apenas em casos de evidente proporcionalidade de restrição do direito de livre iniciativa.

Tanto é assim, que a Constituição Federal, quando pretendeu conferir aos serviços públicos um regime de exclusividade, *previu tal regime de forma absolutamente expressa, determinando não apenas a existência de um serviço público, **como também o dever de prestação exclusiva***. É o que se depreende do regime existente com relação aos serviços de telecomunicações e gás natural pré-reformas constitucionais, como adiante se exporá.

5.1.1 A disciplina dos serviços públicos de telecomunicações anteriormente à Emenda Constitucional nº 8/95

Os serviços públicos de telecomunicações têm assento constitucional. São previstos de forma expressa no inciso XI do artigo 21 da Constituição Federal, que determina ser de competência da União Federal a prestação de referidos serviços, de modo direto ou mediante autorização, concessão ou permissão.[4] Contudo, a redação de referido dispositivo não continha essa mesma locução originalmente.

---

[3] BIANCHI, Alberto B. El proyecto de ley de régimen general de los servicios públicos: una evaluación general. *In*: Servicios públicos: regulación. *Anais do 1º Congresso Nacional.* Mendonza: Ediciones Dike, 2001. p. 134, tradução nossa.

[4] Cabe aqui uma breve nota acerca dos serviços públicos com assento constitucional. A Constituição Federal, notadamente no artigo 21, menciona uma série de *competências materiais* da União Federal de explorar determinada atividade ou prestar determinado serviço. Segundo entendemos e em exata consonância com o que restou explicitado no Capítulo 3, nem todas as atividades arroladas na Constituição Federal serão *serviços públicos*. Algumas o serão, conforme sejam atividades necessárias para a satisfação de direitos fundamentais, outras não o serão, constituindo simples atividades econômicas sujeitas a intensa regulação

Anterior à promulgação da Emenda Constitucional nº 8, de 15 de agosto de 1995, referido dispositivo determinava competir privativamente à União Federal:

> explorar, diretamente ou mediante concessão a empresas sob controle acionário estatal, os serviços telefônicos, telegráficos, de transmissão de dados e demais serviços públicos de telecomunicações, assegurada a prestação de serviços de informações por entidades de direito privado através de rede pública de telecomunicações explorada pela União.

Da redação de referido dispositivo duas conclusões afloram: a primeira refere-se ao fato de que, na redação original do inciso XI do artigo 21 da Constituição Federal, *havia exclusividade estatal na exploração da atividade*, na medida em que *todos* os serviços públicos de comunicação apenas poderiam ser prestados pela própria União Federal ou por empresas por ela controladas, e a segunda refere-se ao fato de que *todos os serviços de telecomunicações eram serviços públicos*, o que não mais ocorre diante da atual redação do dispositivo,[5] havendo absoluta impossibilidade de inserção de múltiplos agentes no setor em regime de competição.

No que concerne à primeira das conclusões, cabe citar que a "concessão" mencionada pela redação original do dispositivo em comento não se refere *propriamente* a uma concessão, mas apenas a uma delegação operada no âmbito de uma descentralização administrativa.[6] Isso ocorre, pois é inerente à competência para a prestação de um serviço

---

por parte da União Federal. Tanto é assim, que os incisos X e XII de referido artigo 21 expressamente contemplam o instituto da autorização para a exploração das atividades lá arroladas, o qual não é instrumento prestante à delegação de um serviço público por não estar contemplado no artigo 175 da Constituição Federal, mas apenas de uma atividade econômica regulada (que inclusive poderá ser desempenhada no mesmo mercado relevante de um serviço público, em concorrência com este, como veremos adiante). Portanto, a existência ou não de um serviço público com relação às atividades elencadas no artigo 21 da Constituição Federal dependerá de legislação ordinária que confira ou não o regime de serviço público à atividade. Exatamente neste sentido, confira-se: JUSTEN FILHO. *Curso de direito administrativo*, p. 484.

[5] Remonte-se ao Capítulo 3 quando afirmamos que o regime jurídico de serviço público poderá ser afastado quando sua adoção deixar de ser o meio adequado à satisfação de direito fundamental, razão pela qual, *prima facie*, é plenamente aceitável a opção do constituinte de conferir ao legislador ordinário margem de liberdade para retirar do regime de serviço público determinados serviços de telecomunicações.

[6] Segundo a Maria Sylvia Zanella Di Pietro, há três formas distintas de descentralização administrativa: a territorial, a por serviços e a por colaboração, sendo que a criação de pessoas jurídicas para a realização de uma dada atividade de atribuição do ente federativo estaria incluída na categoria de descentralização por serviços, ao passo que a concessão

público o poder de disciplinar sua forma, a qual poderá contemplar tanto uma prestação direta por órgão da administração direta, quanto a delegação por descentralização em benefício de uma empresa estatal, quanto, ainda, a delegação por meio da concessão de serviço público a uma entidade privada (ou pública, mas controlada por outro ente federativo distinto daquele que detém a competência para prestação do serviço).[7]

Na segunda forma de prestação, não há bem uma concessão, mas uma descentralização, realizada no âmbito da organização administrativa. Em suma: há processo no qual o ente federativo competente, para prestar um serviço público, organiza-se criando pessoa jurídica por ele controlada para prestar o serviço. A prestação de tal serviço permanecerá *na esfera administrativa e sob o controle* do ente federativo competente, havendo apenas a transferência para pessoa própria por facilidade de organização.[8] É bem verdade que tal transferência poderá ter caráter contratual – além da necessária lei de criação da pessoa jurídica que será competente para prestar o serviço, com fundamento no inciso XIX do artigo 37 da Constituição Federal –, com fundamento no §8º do artigo 37 da Constituição Federal. Contudo, nunca será considerada uma *concessão de serviço público*.

Novamente, valemo-nos das seguintes lições de Marçal Justen Filho para fundamentar nosso entendimento:

> A descentralização caracteriza-se pela criação de novo sujeito, dotado de personalidade jurídica autônoma e patrimônio próprio. Esse sujeito integrará, porém, a Administração Pública, assujeitado ao titular do serviço. Na hipótese de descentralização, não se efetiva a atribuição do serviço a setores privados ou a terceiros, para desempenho por conta e riscos alheios. O titular da competência mantém os serviços em sua órbita jurídica, mas sob modelo descentralizado. Cria pessoa 'administrativa', com personalidade de direito própria, a quem incumbe o desempenho

---

de serviços públicos estaria incluída na descentralização por colaboração. Sobre o tema, confira-se: *Direito administrativo*, p. 390 *et seq.*

[7] Exatamente neste sentido, mencionamos em estudo anterior que o artigo 175 da Constituição Federal contempla uma *margem de discricionariedade* ao administrador público para decidir, diante das situações que se apresentam no caso concreto, qual a forma mais apropriada para a prestação de um determinado serviço público, se diretamente, na administração direta, ou por descentralização por meio da empresa estatal. Neste sentido, confira-se o nosso: Novas anotações sobre as empresas estatais. *Revista de Direito Administrativo*, Rio de Janeiro, n. 239, p. 214, jan./mar. 2005.

[8] Cf. GRAU. *A ordem econômica na Constituição de 1988*, p. 171; MELLO. *Curso de direito administrativo*, p. 184; entre outros.

do serviço público. As decisões acerca da execução dos serviços, embora tomadas juridicamente no âmbito de um sujeito, subordinam-se ao controle de outro e o titular da competência não se despe do poder de controlar a prestação dos serviços. Também é claro que a gestão dos serviços não se faz por conta e risco de terceiros nem se sujeita ao integral regime jurídico de direito privado. Afinal, quem presta o serviço é a própria Administração, apenas que Administração indireta.[9]

Demais disso, como muito bem ressalta Floriano de Azevedo Marques Neto, o elemento essencial que define o regime de uma concessão de serviço público é a transferência para o concessionário das capacidades de gestão e organização do serviço concedido, assumindo o concessionário os riscos inerentes a essa gestão e a essa organização.[10] Se a entidade à qual é delegada a prestação de um serviço público é vinculada e *controlada* pelo poder público titular do serviço a ser prestado, entendemos ser evidente não haver concessão, mas tão somente uma forma *interna corporis* de organização na prestação do serviço, pois a organização e a gestão do serviço público *descentralizado* serão estabelecidas conforme determinado diretamente pelo titular do serviço, já que este é *controlador* da pessoa jurídica prestadora. O regime de descentralização, assim, não contempla a necessária transferência do serviço para terceiro, típica da concessão de serviços públicos. Contempla simplesmente a criação de uma pessoa jurídica própria para explorar o serviço.

No que concerne à segunda conclusão, havia a exclusividade do regime de serviço público para todas as atividades a ele relacionadas, inexistindo parcelas do serviço que pudessem ser prestadas em outro regime jurídico, *em competição* com o regime público. A consequência imediata dessa unicidade de regime jurídico é o completo impedimento da entrada de outros agentes no setor que pudessem impor algum grau de competição no oferecimento da atividade.

Expliquemo-nos: se todas as atividades da cadeia produtiva constituem serviço público, somente poderia haver concorrência sem

---

[9] JUSTEN FILHO, Marçal. *Teoria geral das concessões de serviço público*. São Paulo: Dialética, 2003. p. 119.

[10] Sobre o tema, afirma o autor: "(...) permito-me concluir que a concessão se caracteriza essencialmente por ser uma modalidade de contrato administrativo pela qual o poder público delega (sem dele abdicar) o poder-dever de oferecer uma atividade considerada serviço público para a fruição direta do usuário, atribuindo-se ao particular prerrogativa para organizar e gerir a forma de sua prestação (desempenhada por sua conta) e assumindo os riscos preconizados no instrumento de delegação" (*In*: MARQUES NETO. Concessão de serviço público sem ônus para o usuário, p. 344-345).

CAPÍTULO 5
SERVIÇOS PÚBLICOS E EXCLUSIVIDADE NA ORDEM ECONÔMICA CONSTITUCIONAL | **191**

assimetria de regimes (ou seja, com todos os agentes submetidos a um mesmo regime jurídico, tal como ocorre no caso dos serviços de transporte ferroviário, em que todos os agentes estão submetidos ao regime de concessão de serviço público). Entretanto, tal forma de competição pressuporia a possibilidade jurídica de outorga de múltiplas concessões a diversos agentes, *o que era de forma expressa vedado pela antiga redação do texto constitucional, na medida em que esta previa que apenas o Estado poderia ser o agente prestador dos serviços de telecomunicações.*

A partir do momento em que a Constituição Federal determinou que todas as atividades do setor de telecomunicações estavam sujeitas ao regime jurídico de serviço público e considerando que a mesma Constituição determinou que qualquer concessão apenas poderia ser outorgada a empresa estatal controlada pela União Federal (impedindo, assim, a outorga de múltiplas concessões que permitiriam a concorrência), *tem-se que a Constituição expressamente impedia a concorrência no setor de telecomunicações, visto que vedou a atuação de agentes competidores.*

Assim, segundo o regime jurídico existente na prestação dos serviços públicos de telecomunicações pré-reforma, *havia uma determinação constitucional expressa de exclusividade do agente prestador,* porque (i) a atividade era reservada à União Federal, com exclusividade, na medida em que a prestação por empresas estatais controladas pelo mesmo ente federativo titular do serviço configura-se como prestação pelo próprio ente federativo; e (ii) a inexistência de assimetria de regimes jurídicos e a impossibilidade de outorga de concessões a diversos agentes impediam por completo a entrada no mercado de outros agentes prestadores, reforçando a exclusividade. *Verifica-se, portanto, que, quando quis determinar a exclusividade, a Constituição Federal fê-lo de forma expressa e inequívoca.*

5.1.2 A disciplina dos serviços públicos de distribuição de gás natural canalizado anteriormente à Emenda Constitucional nº 5/95

Exatamente na mesma senda dos serviços públicos de telecomunicações, os serviços públicos de distribuição de gás natural canalizado têm assento constitucional. Em que pese as atividades de produção e transporte em alta pressão (*upstream*) de gás natural configurarem atividades econômicas monopolizadas pela União Federal que não têm regime jurídico de serviço público (incisos I e IV do artigo 177 da

Constituição Federal), a distribuição de gás natural canalizado constitui *serviço público* de competência dos Estados.[11]

Os serviços públicos de distribuição de gás natural canalizado consistem essencialmente em duas atividades: (i) a gestão e a operação das infraestruturas de transporte de gás natural em baixa pressão, a partir dos pontos de entrega das cidades onde se dará o fornecimento (*city gates*) até os pontos de ligação dos consumidores finais; e (ii) a comercialização de gás natural a esses consumidores.

Atualmente, em conformidade com a redação do §2º do artigo 25 da Constituição Federal, dada pela Emenda Constitucional nº 5, de 15 de agosto de 1995, os serviços públicos de distribuição de gás natural canalizado são atividades de competência dos Estados, podendo ser prestadas diretamente ou por meio de concessão de serviços públicos, na forma da lei, tal como ocorre com relação à maioria das demais atividades análogas.

Todavia, antes da edição da emenda constitucional mencionada, o regime jurídico de referidos serviços públicos era distinto. Dispunha a redação original do §2º do artigo 25 da Constituição Federal (*in verbis*): "Cabe aos Estados explorar diretamente, ou mediante concessão a empresa estatal, com exclusividade de distribuição, os serviços locais de gás natural".

Da redação original do dispositivo em comento, depreende-se, com nitidez, a intenção do legislador constituinte de determinar que os serviços públicos de distribuição de gás natural canalizado seriam prestados com *exclusividade*. Isso ocorre com fundamento em dois elementos da redação original do dispositivo em comento: o primeiro refere-se à exigência de que eventual concessão somente poderia ser outorgada a empresa estatal e o segundo refere-se à obrigatoriedade de *exclusividade* na distribuição.

Com relação ao primeiro elemento, duas possibilidades existem, ambas que conduzem à mesma consequência jurídica de exclusividade na prestação dos serviços. A primeira possibilidade consiste na "concessão" da prestação dos serviços públicos de distribuição de gás natural canalizado outorgada para empresa estatal controlada pelo próprio Estado titular do serviço público em causa. Nesta hipótese, como

---

[11] Sobre a questão, deve-se mencionar a seguinte ponderação de José Afonso da Silva: "não é fácil compreender a lógica do constituinte, que, ao mesmo tempo em que dá monopólio da pesquisa e da lavra de gás natural à União, confere aos Estados aquela exploração direta ou por concessão, como se fosse dele" (*Comentário contextual à Constituição*, p. 288).

SERVIÇOS PÚBLICOS E EXCLUSIVIDADE NA ORDEM ECONÔMICA CONSTITUCIONAL

demonstrado no tópico anterior, não há concessão, pois há simples processo de descentralização administrativa. Assim sendo, na hipótese de prestação do serviço público por meio de empresa estatal, controlada pelo mesmo ente federativo titular da atividade, haverá prestação pelo próprio ente, *sempre com o regime de exclusividade que predicava a redação original do dispositivo em comento.*

A segunda possibilidade que emerge refere-se à possibilidade de concessão a empresa estatal controlada por outro ente federativo distinto daquele titular dos serviços. Tal possibilidade existe porque a redação original do §2º do artigo 25 da Constituição Federal mencionava simplesmente o termo "empresa estatal", sem que fosse especificado o controlador, como ocorria com relação à redação original do inciso XI do artigo 21 do texto constitucional. Sendo assim, além de poder haver "concessão" (corretamente: descentralização) para empresa controlada pelo próprio titular do serviço, poderia haver concessão para empresa controlada por outro ente federativo. Havia apenas a necessidade de a empresa concessionária ser *estatal*, ou seja, empresa *controlada* pelo poder público, nos termos da legislação societária vigente.[12]

Nessa segunda possibilidade ainda haveria uma concessão. Em consonância com o que afirmamos no tópico precedente, a relação jurídica existente entre a empresa estatal controlada por ente federativo distinto do titular do serviço público delegado e este segundo ente reúne todos os elementos de uma concessão de serviço público, independente de ter havido ou não licitação para outorga da concessão, uma vez que não há controle da entidade prestadora pelo ente titular da atividade.[13]

Contudo, tanto no caso de descentralização administrativa (*i. e.*, "concessão" para empresa estatal controlada pelo ente federativo titular do serviço), quanto no caso de concessão outorgada para empresa

---

[12] Sobre o tema, confira-se: TÁCITO, Caio. Contrato de concessão: legalidade. *Revista de Direito Administrativo*, Rio de Janeiro, n. 238, p. 472, out./dez. 2004. Parecer.

[13] Nesse sentido, confira-se o disposto no §1º do artigo 17 da Lei nº 8.987/95, que determina a obrigatoriedade de desclassificação da proposta de *empresa estatal alheia à esfera político-administrativa do poder concedente* que demande vantagens de seu controlador nas licitações públicas destinadas à outorga de concessões de serviços públicos. Ainda, confira-se o disposto no artigo 13 da Lei nº 11.107, de 6 de abril de 2005, que equipara o regime jurídico das concessões de serviços públicos ao regime jurídico dos contratos de programa, os quais contemplam a delegação de serviço público de um ente federativo para entidade controlada por outro ente federativo, no âmbito de um consórcio público. Portanto, ao lume da legislação vigente, é clara a natureza de concessão de serviço público da relação jurídica existente entre uma empresa estatal controlada por ente federativo que não seja o titular do serviço delegado e esse segundo. Em sentido contrário, confira-se: JUSTEN FILHO. *Teoria geral das concessões de serviço público*, p. 121 *et seq.*

estatal controlada por outro ente federativo, *há expressa interdição a um regime competitivo, pois era assegurada constitucionalmente a exclusividade*. O fundamento de nossa afirmação decorre da própria natureza da atividade que se tem em análise. Os serviços públicos de distribuição de gás natural canalizado contemplam, como dito, duas atividades: operação e gestão das redes de transporte de gás em baixa pressão e a comercialização com os consumidores finais. A operação e a gestão das redes são atividades não naturalmente aptas à concorrência, por constituírem *monopólio natural* (que será adiante mais especificamente estudado). Contudo, a comercialização de gás natural aos consumidores finais, desde que assegurado o livre acesso aos dutos de transporte, pode constituir atividade sujeita a um regime de concorrência, admitindo a pluralidade de agentes.[14]

Entretanto, a locução original do artigo 25, §2º, da Constituição Federal expressamente determinava que seria assegurada a *exclusividade na distribuição*. Com isso, interditou o legislador constituinte a existência de qualquer forma de competição na prestação dos serviços públicos de distribuição de gás natural canalizado, porque determinou que somente poderia haver delegação para uma empresa estatal, em processo de descentralização ou concessão, a qual gozaria de *exclusividade* na distribuição, de tal forma que o setor, na vigência do direito constitucional não reformado, somente poderia contemplar um único agente atuante em regime de exclusividade.

5.1.3 Conclusão preliminar

As considerações apresentadas neste tópico têm como finalidade fundamentar nosso entendimento de que a Constituição Federal, em momento algum, predica ou determina a existência de qualquer exclusividade na prestação dos serviços públicos, seja em favor do Estado, seja em favor de seus delegatários (concessionários).

Conforme dissertado, nosso entendimento alicerça-se em dois elementos: o primeiro decorrente da própria redação do *caput* do artigo 175 da Constituição Federal, que em momento algum menciona qualquer forma de exclusividade, contemplando apenas uma *obrigação estatal* consubstanciada na prestação dos serviços públicos; e o segundo

---

[14] Acerca da questão, confira-se: SALERNO, Maria Elena. Il mercado del gas naturale in Italia. *In*: AMMANNATI, Laura (Coord.). *Monopolio e regolazione proconcorrenziale nessa disciplina dell'energia*. Milano: Giuffrè, 2005. p. 108-109.

decorrente da redação original da Constituição Federal, a qual, *quando pretendeu fazer a prestação de um serviço público ser realizada de forma exclusiva, contemplou disposições expressas interditando a concorrência.*

Assim, se a previsão genérica dos serviços públicos na Constituição Federal (artigo 175) predicasse *ipso iure* uma exclusividade em favor do Estado, *não seria necessário que dispositivos específicos que versam sobre determinados serviços públicos mencionassem expressamente a existência de exclusividade.* A nosso ver, a menção, em dispositivos constitucionais (já reformados, é bem verdade), a uma exclusividade na prestação dos serviços públicos *denota claro regime de exceção*, pois a regra é a da possibilidade de concorrência. Se não fosse assim, não faria qualquer sentido prever que apenas os serviços públicos de telecomunicações e de distribuição de gás natural canalizado estariam sujeitos a um regime de exclusividade.

5.2 As hipóteses de exclusão da concorrência em atividades na Constituição Federal e seu critério restritivo

Ainda prosseguindo na construção do entendimento da inexistência de exclusividade na prestação dos serviços públicos na Constituição Federal, passaremos, neste tópico, a analisar os casos em que a própria Constituição Federal assegura o afastamento da concorrência na exploração de determinada atividade econômica para verificar se tais hipóteses podem ser associadas como regra aos serviços públicos.

Tal como afirmamos no capítulo anterior, a livre concorrência é *um princípio jurídico informativo da ordem econômica constitucional*, ou seja, é uma norma jurídica finalística, com aplicação direta sobre as matérias relacionadas à ordem econômica. Demais disso e também como já assentado, na qualidade de princípio jurídico, a livre iniciativa deve sempre ser *ponderada* com outros princípios jurídicos eventualmente incidentes e colidentes no caso concreto, para que o real conteúdo de sua aplicação possa ser identificado.

Reiteramos, assim, a conclusão já exposta no capítulo anterior: a livre concorrência é a regra e, *prima facie*, tem aplicabilidade plena. Contudo, quando cotejada com outros princípios jurídicos, poderá ser restrita (de igual forma como ocorre com o princípio da livre iniciativa). Sendo assim, *a estrutura constitucional da livre iniciativa e da livre concorrência permite que, diante das circunstâncias específicas do caso concreto, possa haver restrições, após uma necessária ponderação de princípios.* Em qualquer caso, no entanto, é sempre possível afirmar que a livre iniciativa e a livre concorrência são as regras da exploração de atividades econômicas na ordem econômica constitucional brasileira.

Não obstante, por razões de política constitucional, que podem envolver questões como preservação de soberania nacional ou de segurança, em cotejo com a liberdade de iniciativa e a livre concorrência, o legislador constituinte realizou *a priori* uma ponderação de valores e optou, *em casos específicos e determinados*, pelo afastamento integral da concorrência na exploração de determinadas atividades econômicas. É dizer, há casos em que uma regra constitucional específica *ponderou os diversos valores envolvidos e determinou que a proteção de outros valores constitucionais, como a soberania nacional e a segurança, devem prevalecer sobre a liberdade de iniciativa e a livre concorrência.*[15]

São especificamente esses os casos de monopólios estatais previstos no artigo 177 da Constituição Federal. Vale dizer, com relação às matérias contempladas em referido artigo 177, que o legislador constituinte realizou uma *prévia ponderação* e chegou à determinação de que naqueles casos particulares, em proteção de outros valores, a livre iniciativa e a livre competência deveriam ser afastadas. Por essa razão, determinou de maneira explícita que as atividades afetas à indústria do petróleo (incisos I a IV do artigo 177) e à indústria nuclear (inciso V do artigo 177) *constituiriam monopólios estatais em favor da União Federal.*

A partir dessa constatação, enxergamos, de forma claríssima, o caráter *muito excepcional* do afastamento *a priori* da liberdade de iniciativa e da livre concorrência. Como ambas são princípios jurídicos (sendo a liberdade de iniciativa, além de princípio jurídico, um dos fundamentos da ordem econômica constitucional, conforme o *caput* do artigo 170 da Constituição Federal), não se pode imaginar que outros casos possam contemplar *restrições implícitas a tais princípios.*

Afirmá-lo contrariaria por completo toda a construção que realizamos no início do capítulo anterior acerca das consequências da

---

[15] Como muito bem observa Alexandre Santos de Aragão: "(...) os argumentos jurídicos mais ligados ao texto da regra a ser aplicada do que os argumentos de caráter não estritamente jurídico, da mesma forma que, em um conflito entre regra e princípio da mesma hierarquia normativa, deva prevalecer aquela, que tem a natureza de prévia ponderação dos valores envolvidos feita pelo poder político a priori legitimado para tanto, o próprio Constituinte ou o Legislador" (A "supremacia do interesse público" no advento do Estado de direito e na hermenêutica do direito público contemporâneo, p. 11).

eleição da livre concorrência como princípio da ordem econômica constitucional, pois, predica que, *prima facie*, não haja restrições à livre concorrência, apenas podendo haver restrições após uma necessária *ponderação*. Portanto, somente nos casos em que a Constituição contemple uma *regra jurídica* portadora de uma ponderação prévia que se pode inferir a existência de um afastamento constitucional da liberdade de iniciativa e da livre concorrência. Com isso, chegamos à conclusão de que os monopólios estatais constituem evidente exceção, não podendo ser livremente estabelecidos, nem muito menos *tacitamente* depreendidos do texto constitucional.

Nesse sentido, com muita propriedade, coloca Diogo de Figueiredo Moreira Neto:

> [A intervenção monopolista] é a forma mais radical de intervenção do Estado na economia, executada com a supressão da iniciativa privada em setor que passa à reserva de atuação do Poder Público, que se dá pela instituição de monopólio.
>
> No Brasil, o sentido econômico de monopólio é o da eliminação da concorrência, uma anomalia de mercado que pode ocorrer provocada por causas espontâneas ou voluntárias, e o sentido juspolítico é o da exceção à liberdade constitucional de competição, que, neste caso, deve ser também constitucionalmente explícita, instituindo um privilégio para o Estado empresário.[16]

Em razão do exposto, concluímos que nem o artigo 175 da Constituição Federal, nem tampouco qualquer outro dispositivo constitucional preveem um afastamento prévio da liberdade de iniciativa e da livre concorrência com relação à prestação dos serviços públicos. Muito ao contrário, a necessária ponderação de princípios e valores propugnada neste trabalho deixa claro que apenas em casos excepcionais e específicos poderá haver a restrição de referidos princípios jurídicos na prestação dos serviços públicos.

Sendo assim, segundo entendemos, a Constituição Federal, quando pretendeu afastar a liberdade de iniciativa e a livre concorrência de certas atividades, contemplou previsões expressas e excepcionais nesse sentido, o que se encontra positivado e consubstanciado no disposto no artigo 177 da Constituição Federal, que cria os únicos

---

[16] MOREIRA NETO, Diogo de Figueiredo. *Curso de direito administrativo*. 14. ed. Rio de Janeiro: Forense, 2006. p. 479.

monopólios estatais lícitos do direito brasileiro, os quais recaem sobre as atividades da indústria do petróleo e sobre as atividades da indústria nuclear.

5.2.1 A Constituição Federal de 1988 e a Constituição Federal de 1967

A partir das considerações expostas, seria possível entender que defendemos a possibilidade de a lei ordinária estabelecer uma regra criadora de um monopólio estatal, a partir de uma ponderação entre princípios constitucionalmente consagrados. Ou seja, poder-se-ia depreender do já exposto que defendemos uma lista exemplificativa de monopólios constitucionais. Tal constatação, todavia, não é correta, porque não encontra qualquer fundamento na Constituição Federal de 1988, sobretudo quando considerado seu conteúdo em comparação com o da Constituição Federal de 1967, reformada pela Emenda Constitucional nº 1, de 17 de outubro de 1969.

Preliminarmente, há que se ressaltar que uma Constituição que consagra a livre iniciativa como *fundamento* da ordem econômica (além de ser um direito fundamental) e a livre concorrência como um de seus princípios jurídicos não pode ser considerada tolerante a monopólios. Trata-se de conclusão mais do que evidente, pois a instituição de monopólios trata-se de mais incisiva forma de intervenção no domínio econômico pelo Estado, que extingue a liberdade de iniciativa, devendo, em qualquer caso, ser admitida em hipóteses *muito excepcionais*. Resta, entretanto, fornecer os fundamentos jurídicos dessa conclusão.

Em primeiro lugar, há que se considerar que mencionamos no tópico precedente que a restrição à livre iniciativa e à livre concorrência encerrada no monopólio estatal de atividades *provém de uma regra constitucional* que procedeu a uma prévia ponderação entre princípios e valores. Com isso, estamos longe de afirmar que qualquer regra jurídica poderá proceder a uma tal ponderação e permitir a monopolização de uma determinada atividade econômica. Segundo nos parece, apenas se poderia cogitar de possibilitar que qualquer regra jurídica (notadamente as infraconstitucionais) pudesse monopolizar uma atividade *caso a regra constitucional assim permitisse*.

É dizer, como o legislador constituinte tomou para si a missão de realizar uma prévia ponderação de valores e de elencar quais as atividades que constituem monopólios públicos no Brasil, *sem abrir espaço para outras normas disporem sobre a mesma matéria*, parece-nos evidente que outra regra jurídica de hierarquia não constitucional não poderá contemplar novos monopólios públicos. Tal entendimento fica ainda mais evidente a partir da análise do próprio conteúdo do artigo 177 da Constituição Federal, que prevê, de forma clara, uma *relação taxativa* de monopólios públicos, pois sua redação não deixa margens à interpretação de um rol exemplificativo.[17]

A corroborar o entendimento ora esposado, uma análise comparativa entre o texto da Constituição Federal de 1988 e o texto da Constituição Federal de 1967 (conforme reformada pela Emenda Constitucional nº 1/69) presta-se muito bem a aclarar o tema. Isso ocorre, pois, em consonância com o que dispunha o artigo 163 da Constituição Federal de 1967, qualquer atividade econômica poderia vir a ser monopolizada pela União Federal por meio de lei ordinária que determinasse essa possibilidade. Determinava o dispositivo em comento (*in verbis*):

> São facultados a intervenção no domínio econômico e o monopólio de determinada indústria ou atividade, mediante lei federal, quando indispensável por motivo de segurança nacional ou para organizar setor que não possa ser desenvolvido com eficácia no regime de competição e de liberdade de iniciativa, assegurados os direitos e garantias individuais.

É dizer, segundo a lógica da Constituição Federal de 1967, a relação dos monopólios públicos *não era taxativa*, mas, ao contrário, aberta em absoluto, conquanto, por meio de simples lei federal, poderia ser instituído novo monopólio de atividade econômica em favor da União Federal.

Ora, analisando-se o disposto na ordem econômica constitucional antes vigente e o disposto na atual ordem econômica, parece-nos fora de discussão que, nos dias atuais, não há espaços para a criação de novos monopólios, fazendo com que, apenas nos casos expressos e previstos na Constituição Federal, possa haver um completo afastamento da livre iniciativa e da livre concorrência. O artigo 177 da Constituição Federal de 1988 é bem claro no que concerne a seu caráter taxativo, o que avulta quando se procede à comparação de seu texto com o do artigo 163 da Constituição Federal de 1967.

---

[17] Sobre a natureza do rol do artigo 177, confira-se: MOREIRA NETO. *Curso de direito administrativo*, p. 479.

Sobre a questão, afirma, com extrema proficiência, Caio Tácito que:

> À indeterminação anterior quanto à espécie de monopólio, o constituinte de 1988 preferiu a enumeração taxativa, de tal forma que novos tipos de monopólio estatal somente são possíveis por emenda constitucional.[18]

Ainda no mesmo sentido, irretocáveis as palavras de José Afonso da Silva:

> A Constituição não é favorável aos monopólios. (...). O monopólio público também ficou bastante limitado, pois já não se declara, como antes, a possibilidade de monopolizar determinada indústria ou atividade. Declara-se a possibilidade de exploração direta de atividade econômica quando necessária aos imperativos de segurança nacional ou relevante interesse coletivo (art. 173). Parece-nos que aí não entra o monopólio, que é reservado só para as hipóteses estritamente indicadas no art. 177 (...).[19]

Assim, afora os casos expressa e taxativamente previstos no artigo 177 da Constituição Federal, não há outros casos em que a livre iniciativa e a livre concorrência estejam *a priori* afastadas da exploração de uma determinada atividade econômica. Poderá, todavia, haver restrições a tais princípios, nos casos em que uma *ponderação de valores* assim determine e sempre de forma proporcional à realização de outros direitos fundamentais.

Sendo assim, no caso dos serviços públicos, afigura-se-nos evidente que a ordem econômica constitucional não predica qualquer forma de exclusividade estatal que afaste *a priori* a livre iniciativa e a livre concorrência de sua prestação. Quaisquer restrições a estes princípios somente poderão advir no caso concreto, conforme processo de ponderação e sempre observada a proporcionalidade e nunca implicarão supressão total, ainda que as circunstâncias fáticas impossibilitem, por completo, a entrada de outros agentes na atividade.[20] Contudo, a esse tema retornaremos.

---

[18] TÁCITO, Caio. Gás natural: participação privada: concessão de obra pública: participação privada: concessão de obra pública. *Revista de Direito Administrativo*, Rio de Janeiro, n. 242, p. 313, out./dez. 2005.

[19] SILVA. *Curso de direito constitucional positivo*, p. 761.

[20] Tal como mencionado no Capítulo 3, os direitos fundamentais têm um conteúdo essencial, que imporia restrições ao poder estatal de restringir os direitos fundamentais. O conteúdo existencial dos direitos fundamentais possui mínimo imanente, que limitaria a capacidade do Estado de lhes impor restrições. Tal conteúdo essencial seria aferível a partir da aplicação

5.3 A distinção entre serviços públicos e monopólios de acordo com a ordem econômica constitucional

Ainda na análise da posição dos serviços públicos na ordem econômica constitucional, parece-nos adequado perquirir a relação entre os serviços públicos e os monopólios estatais, com a finalidade de ratificar nosso entendimento acerca da inexistência de imposições constitucionais de restrições imanentes ao direito fundamental de livre iniciativa (e, via de consequência, ao princípio da livre concorrência) na prestação dos serviços públicos. A investigação é necessária, em razão da comum confusão feita pela doutrina entre serviço público e monopólio estatal, decorrente dos mencionados regime jurídico de direito público e titularidade estatal, aplicáveis aos serviços públicos. Isso ocorre, pois, não raro, são encontradas na doutrina referências ao serviço público como monopólio estatal.

Nesse sentido, afirma Fernando Herren Aguillar:

> O regime de privilégio, típico dos serviços públicos, supõe o exercício de atividade econômica pelo Estado com exclusividade em relação aos particulares e em relação aos demais entes da federação não titulares. Opera verdadeiro monopólio de uma dada atividade econômica. Daí que o mesmo regime imposto ao Estado para o fim de monopolizar uma determinada atividade econômica é também aplicável para as hipóteses de criação de um novo serviço público.[21]

Em linha semelhante, Agustín Gordillo, expondo seu entendimento de que o monopólio é um elemento fundamental dos serviços públicos, afirma que

> é o monopólio ou a ausência de livre concorrência o que determina o regime jurídico especial e por isso assentamos a noção jurídica de serviço público em torno dessa idéia.[22]

---

do comando da proporcionalidade, em consonância com os preceitos de aplicação da proporcionalidade já mencionados. Nesse caminho, conquanto uma eventual restrição ao direito fundamental da livre iniciativa seja proporcional (adequada, necessária e proporcional em sentido estrito), seu conteúdo essencial será respeitado. Sobre o tema: IPSEN. *Staatsrecht II*, p. 50-51; PIEROTH; SCHLINK. *Grundrechte – Staatsrecht II*, p. 68-69, entre outros autores. Dessa forma, no caso da prestação dos serviços públicos, qualquer restrição ao direito fundamental da livre iniciativa deverá ser proporcional, com a finalidade de não violar o conteúdo essencial de referido direito.

[21] AGUILLAR. *Direito econômico*, p. 307.

[22] GORDILLO. *Tratado de derecho administrativo*, t. II, p. VI-10, tradução nossa.

Ora, analisando-se o conteúdo da vigente ordem econômica constitucional brasileira, parece-nos, com certeza, fora de propósito equiparar ou mesmo comparar serviços públicos a monopólios estatais.[23] São institutos por completo distintos, e o texto constitucional não deixa margem de dúvida quanto a isso, pois trata de ambos em dispositivos distintos e confere-lhes regimes jurídicos e consequências jurídicas absolutamente distintos.

Como defendido até este ponto do trabalho, os serviços públicos não contêm uma *restrição imanente* à livre iniciativa e à concorrência. Muito ao contrário, considerando-se o conteúdo da ordem econômica constitucional, parece-nos evidente que a regra, também na prestação dos serviços públicos, será a da concorrência, com alguma liberdade dos agentes econômicos de terem acesso à atividade. Restrições serão excepcionais e sempre terão de observar os limites impostos pela proporcionalidade.

Daí se depreende, com clareza, que os serviços públicos não contêm, em suas características intrínsecas, *uma exclusividade que suprima a concorrência*, ao contrário do que se verifica com relação aos monopólios estatais. Como deixamos assentado, os monopólios estatais têm como característica essencial um afastamento *a priori* e imanente da livre concorrência e da livre iniciativa.[24] Com a instituição de um monopólio estatal, a supressão do direito dos particulares de explorar a atividade é automática, em qualquer regime que seja, *exceto nos casos expressamente permitidos por lei.*[25]

Há uma completa inversão da lógica entre os serviços públicos e os monopólios estatais, na medida em que, nos serviços públicos,

---

[23] Como muito bem afirma Juan Carlos Cassagne, a tentativa de equiparar serviços públicos e monopólios procura definir o serviço público a partir de questão alheia à sua natureza e ao seu regime jurídico, na medida em que há diversos serviços públicos que podem ser prestados de forma concorrencial. Cf. *La intervención administrativa*, p. 35.

[24] Na conceituação de Eros Roberto Grau, os monopólios públicos referem-se a uma participação do Estado *no* domínio econômico em que há "absorção" da atividade pelo Estado, pois este "assume integralmente o controle dos meios de produção e/ou troca em determinado setor da atividade econômica em sentido estrito" (*A ordem econômica na Constituição de 1988*, p. 175).

[25] Gaspar Ariño Ortiz, com muita propriedade, menciona que a instituição de um monopólio público predica, necessariamente, a existência de uma *publicatio*, ou seja, a estatização e a publicização da atividade, que passa a ser interditada à iniciativa privada. Nas precisas palavras do autor, "significa sempre a incorporação às atividades do Estado, em regime de exclusividade, de uma determinada atividade ou campo de atuação", podendo ser explorada diretamente pelo Estado ou indiretamente por meio de concessões outorgadas a particulares. Cf. *Principios de derecho público económico*, p. 419, tradução nossa.

a regra é a da concorrência, ao passo que, nos monopólios estatais, a regra é a da exclusividade. Enquanto nos serviços públicos a imposição de restrições ao acesso à atividade pelo Estado é excepcional e dependente de uma aceitação sob o crivo da proporcionalidade, nos monopólios estatais a regra é a da exclusividade, somente se permitindo aos agentes econômicos privados algum grau de acesso à atividade em casos excepcionais (como ocorre nas atividades relacionadas à indústria do petróleo após a flexibilização do monopólio estatal contemplada na Emenda Constitucional nº 9, de 9 de novembro de 1995 e na Lei nº 9.478, de 6 de agosto de 1997).[26]

Demais disso, como já assentado no Capítulo 3, os serviços públicos podem ser criados ou extintos a qualquer tempo em conformidade com o que dispuser o direito positivo. Isso ocorre, pois a finalidade dessas atividades é a realização de um determinado direito fundamental e, ao lume do crivo da proporcionalidade, poderá ser necessária a criação de um dado serviço público ou desnecessária sua manutenção, conforme as circunstâncias do caso concreto. De forma oposta, exatamente como observado no tópico anterior, os monopólios são previstos em rol taxativo na Constituição Federal, não podendo ser criados ou suprimidos sem uma emenda constitucional, o que corrobora as distinções entre serviços públicos e monopólios decorrentes do texto constitucional.

Caso eles fossem a mesma coisa, ou caso estivessem sujeitos a um mesmo regime jurídico, não teria o legislador constituinte se valido de dispositivos constitucionais distintos para regular tais institutos. É dizer, tanto serviço público e monopólio são institutos distintos inconfundíveis, que são disciplinados por dispositivos distintos da Constituição Federal, que têm consequências jurídicas distintas.[27]

---

[26] Nesse ponto, discordamos de Alexandre Santos de Aragão, quando o autor afirma que "em primeiro lugar, temos os serviços públicos do art. 175 reservados ao Estado e conseqüentemente vedados à iniciativa privada salvo delegação, e as atividades econômicas monopolizadas, que também são reservadas ao Estado, podendo igualmente ter apenas o seu exercício delegado à iniciativa privada (arts. 176 e 177)" (*Direito dos serviços públicos*, p. 178).

[27] Devemos mencionar que Eros Roberto Grau, com relação a esse ponto, procura apresentar uma distinção entre serviços públicos e monopólio calcada na distinção entre atividade econômica em sentido estrito e atividade econômica em sentido amplo, afirmando que o serviço público refere-se à segunda, enquanto o monopólio estatal, à primeira. Assim, segundo o autor, o que há no caso do serviço público é um *privilégio* que se converte em uma exclusividade, mas que esta em nada se confunde com a dos monopólios estatais por este segundo recair apenas sobre atividades econômicas em sentido estrito. Tendo nos manifestado acerca da discordância da teoria de divisão da atividade econômica como um

Nessa senda, de acordo com as considerações precedentes, reiteramos nosso entendimento de que a Constituição Federal não predica, de forma automática e imanente, qualquer hipótese de exclusividade com relação à prestação dos serviços públicos, já que quando pretendeu o legislador constituinte excluir liminarmente determinada atividade do acesso pela iniciativa privada optou tal legislador pela inclusão de dispositivo expresso na Constituição nesse sentido.

A partir dos conteúdos dos artigos 175 e 177 da Constituição Federal, vemos que o primeiro contempla uma *obrigação estatal* (novamente: a locução do dispositivo é clara ao adotar o termo "incumbe" com relação à prestação dos serviços públicos) e o segundo uma reserva de mercado em favor do Estado. Daí inferimos que, com relação aos serviços públicos, o traço fundamental é o dever do Estado de garantir a prestação da atividade, ao passo que, com relação aos monopólios, o traço fundamental é o afastamento dos agentes privados da exploração de determinada atividade. *Assim, repisamos que a hermenêutica constitucional desautoriza qualquer conclusão no sentido de uma relação automática entre serviços públicos e exclusividade, haja vista que a única relação automática entre uma atividade econômica e a exclusividade refere-se aos monopólios estatais, que é expressa e clara no texto constitucional.*

5.4 Os monopólios naturais e os serviços públicos

Assentada a distinção entre os serviços públicos e os monopólios estatais previstos na Constituição Federal, cumpre-nos neste momento perquirir as influências que os *monopólios naturais* tiveram sobre os serviços públicos, bem como qual a relação existente entre os serviços públicos e referidos monopólios naturais. A razão da necessidade de tal investigação refere-se ao fato de que, como se evidenciará e em consonância com o exposto no início deste trabalho, em muitos casos, a noção de serviço público comercial ou industrial tem intrínseca relação com os monopólios naturais. É dizer, devido à existência de um monopólio natural que, muitas vezes, determinada atividade econômica passou a ser considerada serviço público e estar sujeita ao regime desse serviço.

---

todo, evidentemente que não concordamos com essa construção. Cf. *A ordem econômica na Constituição de 1988*, p. 167.

Demais disso, os monopólios naturais, por serem empecilhos por essência à competição nos setores de determinados serviços públicos, podem ser considerados como responsáveis por parcela significativa das concepções jurídicas de que os serviços públicos são atividades que, por essência, inadmitem um regime concorrencial, o que reforça a necessidade de investigação acerca das características, da natureza jurídica e das consequências jurídicas dos monopólios naturais.

5.4.1 Conceito de monopólio natural

O conceito de monopólio natural é essencialmente econômico. Dependendo da perspectiva de análise, porém, é um conceito com significativos elementos jurídicos, na medida em que, além desses critérios, outros critérios jurídicos também se agregam à noção de monopólio natural para reforçar seus traços elementares. É isso o que ocorre com relação aos critérios ambientais e urbanísticos[28] e com as regras de uso de bens públicos que estão envolvidos na construção do conceito de monopólio natural.

Como bem afirma Georg Hermes:

> O conceito do monopólio natural demonstra uma situação na qual uma única empresa se encontra na situação de suprir um determinado mercado a custos menores do que se o mercado fosse suprido por duas ou mais empresas. No caso dos monopólios naturais também seria contraproducente pretender forçar a inserção da concorrência, porque, face às estruturas de custo do suprimento do mercado com segurança, poderia ser antecipadamente negado às demais empresas uma participação.[29]

Das considerações do autor emerge o traço essencial dos monopólios naturais: *são infraestruturas cuja duplicação pode não ser viável*, seja por razões de caráter econômico, seja por razões de caráter técnico (nas quais inserimos as razões ambientais, urbanísticas e relacionadas ao uso de bens públicos, como exporemos). Ou seja, nos casos em que a exploração de uma determinada atividade demandar um monopólio

---

[28] Cf. ARAGÃO, Alexandre Santos de. Serviços públicos e concorrência. *Revista de Direito Administrativo*, Rio de Janeiro, n. 233, p. 337, jul./set. 2003.

[29] HERMES. *Versorgungssicherheit und Infrastrukturverantwortung des Staates*, p. 28, tradução nossa.

natural, haverá, com relação à propriedade e à operação de tal monopólio, uma exclusividade necessária do agente econômico.

A partir de uma perspectiva econômica, os monopólios naturais podem ser compreendidos como:

> um feito da natureza, em economia de escala, economia de âmbito ou um determinado estado de desenvolvimento tecnológico, que faz com que a melhor forma de exploração de um mercado relevante, do ponto de vista produtivo, seja a forma de monopólio.[30]

Isso ocorre, pois, como bem salienta Alexandre Wagner Nester:

> os custos despendidos para o desenvolvimento dessa atividade são menores se uma só empresa a estiver exercendo. Essa situação coincide com as chamadas economias de escala, nas quais o custo unitário médio de produção diminui conforme a produção aumenta.[31]

Pode-se acrescentar, ainda sob a perspectiva econômica, que os monopólios naturais são infraestruturas que demandam tamanhas montas de investimento para sua construção, que sua duplicação tornaria inviável o retorno do investimento realizado, haja vista que uma infraestrutura prejudicaria o retorno do investimento feito na outra, tornando ambas inviáveis.

Do ponto de vista técnico, os monopólios naturais impedem sua duplicação, pois não podem ser executados por mais de um operador, eis que se trata de uma única infraestrutura. Ainda, as características de construção dos monopólios naturais impedem sua duplicação em razão de questões ambientais, urbanísticas ou em decorrência da necessidade de utilização de bens públicos cuja utilização por um agente é excludente da utilização por outro.

Expliquemo-nos: do ponto de vista ambiental, não raro a construção de uma determinada infraestrutura causa severos impactos ao meio ambiente, em razão da supressão de vegetação nativa, da intervenção em áreas protegidas etc., sendo sua realização permitida apenas com a observação de complexas condicionantes impostas pela autoridade ambiental e de acordo com as normas que regem a preservação

---

[30] VALDÉS PRIETO. *Libre competencia y monopolio*, p. 397, tradução nossa.

[31] NESTER, Alexandre Wagner. *Regulação e concorrência (compartilhamento de infra-estruturas e redes)*. São Paulo: Dialética, 2006. p. 38.

do meio ambiente. Assim, cogitar da duplicação de tais infraestruturas significaria, simplesmente, duplicar os impactos ambientais verificados, o que não poderia ser admitido sob a égide das normas de preservação do meio ambiente, porque os possíveis benefícios trazidos pela duplicação não compensariam os danos ao meio ambiente.[32]

Ademais, do ponto de vista urbanístico, tal como ocorre com relação ao ambiental, a instalação de determinadas infraestruturas causa significativos impactos, seja na composição do tecido urbano, seja no visual urbanístico. Portanto, como verificado com relação aos aspectos ambientais, a duplicação de tais infraestruturas causaria impactos no plano urbanístico que não seriam compensados por eventual benefício trazido pela intervenção, devendo ser rejeitado.[33] É o caso, por exemplo, da duplicação das redes de distribuição de energia elétrica, que têm enorme impacto urbanístico.

Enfim, entendemos que a necessidade de utilização de determinados bens públicos (notadamente os bens públicos municipais) para a construção de determinadas infraestruturas reforça seu caráter de *monopólios naturais*. A razão disso decorre do fato de que, não raro, a construção de uma determinada infraestrutura demanda a utilização de determinados bens públicos, que se exaurem após a primeira utilização, não admitindo outra para a mesma finalidade.[34] Portanto,

---

[32] Como pondera Jacqueline Morand-Deviller, o direito ambiental é uma procura pelo equilíbrio, que "será buscado estabelecendo-se prioridades, definidas a partir da urgência e dos efeitos mais ou menos admissíveis dos riscos, as ameaças sobre a saúde ocupam doravante o primeiro lugar. O equilíbrio supõe fixar uma justa relação de proporcionalidade, balanço entre as vantagens das tecnologias avançadas e os riscos ecológicos, entre o patamar de risco aceitável e que não é mais admissível, método que influenciará o direito da responsabilidade, tanto do fato gerador quanto do prejuízo" (O justo e o útil em direito ambiental. *In*: MARQUES, Cláudia Lima; MEDAUAR, Odete; SILVA, Solange Telles da (Org.). *O novo direito administrativo, ambiental e urbanístico*: estudos em homenagem à Jacqueline Morand-Deviller. Tradução de Solange Telles da Silva. São Paulo: Revista dos Tribunais, 2010. p. 78).

[33] Como bem menciona José Afonso da Silva, o regime urbanístico permite a restrição a construções que não estejam de acordo com os padrões estéticos urbanísticos, o que, a nosso ver, se aplica perfeitamente ao caso de construções que, na maior parte dos casos, têm significativos impactos sobre o visual urbano. Sobre o tema, confira-se: *Direito urbanístico brasileiro*. 5. ed. São Paulo: Malheiros, 2008. p. 312-314.

[34] Para Floriano de Azevedo Marques Neto, "os bens públicos, porém, não são ilimitados, nem são dotados de uma capacidade infinita de uso. As potenciais utilidades disponíveis nos bens do patrimônio público são insuficientes diante das crescentes necessidades ditadas pelas amplas e complexas finalidades de interesse público que compete ao Estado perseguir" (*Bens públicos*: função social e exploração econômica: o regime jurídico das utilidades públicas, p. 418. Confira-se também, ademais: MARQUES NETO, Floriano de Azevedo. O uso de bens públicos estaduais por concessionárias de energia elétrica. *Revista de Direito Administrativo*, n. 236, p. 1-31, abr./jun. 2004).

uma vez utilizado o conjunto de bens públicos necessários, não haverá possibilidade fática para uma reprodução. É o caso, por exemplo, da construção de linhas de transporte metroviário, em que, uma vez utilizados os bens públicos necessários, não haverá como aproveitá-los novamente.

No campo dos serviços públicos, os monopólios naturais são verificados em razão da dependência, de diversos de tais serviços, de *redes de suporte*[35] para sua prestação. Isso ocorre na medida em que a prestação de diversas atividades consideradas serviços públicos depende, em algum ponto de sua cadeia produtiva, de redes de suporte que não podem ser duplicadas, fazendo com que, *naturalmente*, a prestação de determinado serviço público tenda a ser monopólica.

Não obstante, a existência da dependência de redes de suporte na prestação dos serviços públicos que constituem monopólios naturais acaba por poder acarretar concentrações indevidas de poder econômico nas mãos do operador das redes de suporte, o que seria inconveniente, em última análise, para todos os demais agentes do setor. A existência de um monopólio natural importa em considerável vantagem competitiva do operador da rede,[36] pois, conforme entendimento de Jens-Peter Schneider:

> a área de operação das redes oferece, portanto, enormes vantagens econômicas ao seu titular que poderá utilizar de sua condição monopólica de operação das redes para a melhoria de suas condições de concorrência na exploração das demais atividades [do serviço].[37]

Nesse diapasão, ao se ter a prestação de um serviço público com dependência de uma rede que se configura como um monopólio natural, há enormes riscos de alteração das condições de mercado em razão da

---

[35] Sobre o tema, afirma Adriano Candido Stringhini: "as redes podem ser entendidas como estruturas de mercado nas quais as economias de escala são vistas como um fator determinante para a viabilidade do negócio", além de constituírem monopólios naturais (Reestruturação de redes de infra-estrutura: a servidão administrativa como instrumento hábil para a promoção da concorrência. *In*: ARAGÃO, Alexandre Santos de; STRINGHINI, Adriano Candido; SAMPAIO, Patrícia Regina Pinheiro. *Servidão administrativa e compartilhamento de infra-estruturas*: regulação e concorrência. Rio de Janeiro: Forense, 2005. p. 59).

[36] Cf. SALOMÃO FILHO, Calixto. Regulação e desenvolvimento. *In*: SALOMÃO FILHO, Calixto (Coord.). *Regulação e desenvolvimento*. São Paulo: Malheiros, 2002. p. 43.

[37] SCHNEIDER, Jens-Peter. Kooperative Netzzugangsregulierung und Europäische Verbundverwaltung im Elektrizitätsbinnenmarkt. *Zeitschrift für Wettbewerbsrecht*, Colônia, n. 4, p. 382 *et seq.*, abr. 2003, tradução nossa.

CAPÍTULO 5
SERVIÇOS PÚBLICOS E EXCLUSIVIDADE NA ORDEM ECONÔMICA CONSTITUCIONAL | 209

vantagem econômica posta à disposição do operador de referida rede, o que poderá ser muito lesivo aos demais agentes do setor, sobretudo aos usuários, eis que o valor do produto final adquirido (resultado do processamento da cadeia produtiva de um determinado serviço público) poderá ter seu preço construído, de modo artificial em razão de abuso do poder econômico detido pelo operador da respectiva rede.[38]

Ademais, há que ser mencionado que, no caso de constituição de monopólios estatais sobre a operação das redes, há ainda o risco de ela esconder ineficiências que também podem ser consideradas nocivas a todos os que estão envolvidos com a prestação dos serviços, pois tais ineficiências podem levar a aumentos artificiais dos preços praticados.[39]

5.4.2 Monopólios naturais e monopólios jurídicos

Tendo exposto que a exploração de atividades econômicas comporta a existência de duas formas distintas de monopólios – monopólios naturais e monopólios jurídicos –, cabe-nos neste momento fazer uma diferenciação entre elas para que não restem controvérsias acerca da completa inaplicabilidade das normas constitucionais relativas a monopólios jurídicos aos serviços públicos. É o que faremos a seguir.

Em decorrência do que restou nos tópicos anteriores, vê-se que a distinção primordial entre os monopólios jurídicos e os monopólios naturais consiste no fato de que *os primeiros são decorrentes de determinação expressa do ordenamento jurídico e os segundos são decorrência de uma situação de fato*, na qual confluem elementos de índole econômica,

---

[38] Segundo Dinorá Musetti Grotti, a prestação dos serviços públicos não poderia ser regida pelas regras atinentes à exploração de atividades econômicas, o que justificaria a inaplicabilidade, no caso dos serviços públicos, do princípio da livre concorrência e do dever de repressão do abuso do poder econômico. Sobre o tema, como já demonstrado, afirma a autora: "Os serviços públicos, de forma diferente, a par de sua dimensão econômica – visto serem também relativos a bens escassos – obedecem a parâmetros diferentes a respeito de oportunidade e conveniência de serem prestados em determinadas condições, sob prerrogativas e sujeições especiais. Referem-se ao espaço público e não ao espaço privado, e sua qualificação como público supõe excluir uma atividade das regras de mercado" (*O serviço público na Constituição brasileira de 1988*, p. 138). Evidentemente, em linha com o que expusemos, discordamos do posicionamento da autora, em razão de esse pensamento estar baseado em uma exclusão *a priori* da livre iniciativa e da livre concorrência da prestação dos serviços públicos, o que, a nosso ver, não é cabível. Segundo nos parece, apenas poderá haver tal exclusão em casos específicos aferíveis no caso concreto, de tal forma que as normas preconizadas na ordem econômica constitucional devem encontrar plena aplicabilidade na prestação dos serviços públicos, salvo em casos excepcionais.

[39] Cf. SPIEZA, Filippo; MONEA, Pasquale; IORIO, Ernesta. *I servizi publici locale*: aspetti generali, amministrativi e penalistici alla luce della legge n. 326 del 24 novembre 2003. Milano: Giuffrè, 2004. p. 9.

ambiental e urbanística que impedem a exploração da atividade por múltiplos agentes econômicos.

Nesse sentido, as sempre balizadas palavras de Caio Tácito:

> É mister caracterizar um monopólio de fato em contorno com um monopólio jurídico. Na primeira modalidade, o monopolizador adquire a qualidade por ato próprio, fundada em condições peculiares de poder econômico ou de tecnologia privilegiada, tendentes a excluir a concorrência de terceiros. Contrariamente, no monopólio de direito, é a lei que torna privativa do Estado a atividade econômica, emitindo ato de vedação da concorrência, declarada ilícita.[40]

Portanto, não há como se confundir as situações de monopólio natural com as de monopólio jurídico. Enquanto as primeiras referem-se *a uma situação de fato*, as segundas referem-se *a uma situação de direito*. Pouco importa, para a constituição de um monopólio jurídico, se a natureza da atividade leva a uma situação de desfavorecimento da competição. Importa, apenas, que o direito (no caso brasileiro, a Constituição Federal) venha a declarar que determinada atividade fica interditada à concorrência, podendo ser explorada por um único e determinado agente econômico (no caso, o Estado). De modo diverso, no caso dos monopólios naturais, a constituição do mercado e sua dependência de estruturas de rede levam à criação do monopólio, não sendo necessária qualquer declaração do direito positivo nesse sentido.[41]

Ademais, os monopólios jurídicos, como mencionado, são provenientes de uma *ponderação prévia* de valores pelo legislador constituinte que leva à conveniência de se declarar determinada atividade como monopólio de direito, enquanto que os monopólios naturais são provenientes apenas de uma determinada condição de mercado, sem a necessidade de qualquer ponderação de valores.

Finalmente, os monopólios de direito somente poderão ser constituídos em favor do Estado nos casos *expressa e taxativamente* previstos na Constituição Federal (ainda que particulares possam acessar as

---

[40] TÁCITO. Gás natural: participação privada: concessão de obra pública: participação privada: concessão de obra pública. *Revista de Direito Administrativo*, p. 312.

[41] É o caso, por exemplo, das atividades de transporte dutoviário de gás natural, petróleo e seus derivados, as quais, além de serem monopólios jurídicos por força do disposto no inciso IV do artigo 177 da Constituição Federal, são também monopólios naturais, já que dependentes de uma rede de dutos que realize o transporte. Sobre o tema, confira-se nosso: El nuevo régimen jurídico de la industria del gas natural em Brasil. *Revista de Derecho Administrativo*, Buenos Aires, 72, p. 359-393, abr./jun. 2010.

atividades monopolizadas por meio de contratações públicas, nos termos do §1º do artigo 177), enquanto os monopólios naturais poderão existir com relação a qualquer atividade econômica, que constitua ou não um serviço público,[42] que, inclusive, muitas vezes, são exploradas por particulares sem qualquer título constitutivo outorgado pelo Estado (como ocorre, por exemplo, no caso do transporte dutoviário de minérios).

Nada obstante à flagrante distinção verificada entre as formas de monopólio, há que se ressaltar uma característica em comum: ambas são sujeitas às normas de repressão de abuso do poder econômico. Com isso, tem-se uma situação em que o monopólio pode até ser admitido (ou, no caso dos monopólios jurídicos, determinado) pelo direito, mas esse monopólio não poderá dar azo a abusos por parte de seus exploradores. É o que se depreende de forma clara do disposto no §4º do artigo 173 da Constituição Federal e, principalmente, no artigo 31 da Lei nº 12.529/2011.

Sendo assim, a posição dominante, no seu cerne atribuída ao detentor de um monopólio (natural ou jurídico), não pode, em caso algum, implicar abuso. Caso ele aconteça, o Estado deverá reprimi-lo na forma da lei, conquanto seja o agente econômico público ou privado, explorador de monopólio jurídico ou prestador de serviço público, *ex vi* artigo 31 da Lei nº 12.529/2011.[43]

Ora, se a regra da repressão ao abuso do poder econômico aplica-se até mesmo aos monopólios jurídicos, que constituem, como dito, a forma mais incisiva de restrição aos princípios da livre iniciativa e da livre concorrência, *parece-nos ser óbvia também a sua aplicação à prestação dos serviços públicos*, reforçando nossa rejeição às teses de que as normas concorrenciais e as leis de mercado não se aplicariam à prestação desses serviços.

---

[42] Além do já mencionado caso de transporte dutoviário de gás natural que, por força expressa de lei (§2º do artigo 1º da Lei nº 14.134, de 8 de abril de 2021), não se configura um serviço público, há outras atividades que podem conter um monopólio natural em sua cadeia produtiva e que não são consideradas serviços públicos. Por exemplo, pode-se citar o transporte por dutos de etanol ou de minérios, as instalações de estocagem a granel de combustíveis líquidos, entre outras.

[43] A corroborar o quanto aqui exposto, basta que se analise o regime jurídico da atividade de transporte de gás natural, que, em que pese ser um monopólio público, é sujeita a intensa regulação estatal destinada a evitar abusos de posição dominante por parte dos operadores dos gasodutos. Sobre o tema, confira-se: ARAGÃO, Alexandre Santos de; SCHIRATO, Vitor Rhein. Algumas considerações sobre a regulação no setor de gás natural. *Revista de Direito Público da Economia – RDPE*, Belo Horizonte, n. 14, p. 37 *et seq.*, 2006; bem como nosso citado: El nuevo régimen jurídico de la industria del gas natural en Brasil, p. 359-393.

5.4.3 O papel dos monopólios naturais na construção dos serviços públicos como atividade inadmite a concorrência

Tal como mencionado no tópico 5.4.1, os monopólios naturais e os serviços públicos guardam uma íntima relação, uma vez que diversos serviços públicos dependem, em alguma das atividades de sua cadeia produtiva, de um monopólio natural, muitas vezes representado por uma rede de suporte. Essa relação, como demonstraremos, é um dos principais vetores na constituição dos serviços públicos como atividades *naturalmente infensas* à concorrência.

Tanto no direito europeu, quanto no direito brasileiro, é comum a menção do papel dos monopólios naturais na formação da noção de serviço público como atividade estatal blindada a um regime de concorrência. Semelhante construção é apoiada por duas razões: a primeira decorrente dos custos de realização das redes de suporte dos serviços públicos, que levaram o Estado a assumir seu ônus, e a segunda, da impossibilidade fática de concorrência construída após a realização dos investimentos na realização das redes de suporte, que fizeram com que o Estado atuasse com absoluta exclusividade.

Com relação à construção dos serviços públicos no direito espanhol, Gaspar Ariño Ortiz dá conta de que:

> Sem embargos, é um fato que tal princípio (de ausência de exclusividade [na prestação dos serviços públicos]) foi negado na prática em muitos casos. Porque parecia que os condicionamentos técnicos e a economicidade de muitos dos grandes serviços públicos levavam 'como naturalmente' ao monopólio. Resulta patente que não era desejável a concorrência em alguns serviços públicos, porque isso levaria consigo, em uma multiplicidade de ocasiões, a duplicidade dos custos, além de uma difícil coordenação e, ainda, a um pior serviço. Por outro lado, entendia-se que os poderes de intervenção e controle de que a Administração gozava sobre o serviço, bem como os direitos reconhecidos dos usuários pela regulamentação, impediam qualquer perigo para que os serviços públicos pudessem se tornar monopólios de fato. Daí para frente, em diversas declarações legais, o monopólio tornou-se a regra geral de muitos dos grandes serviços públicos e que tradicionalmente e tornaram-se inaplicáveis à atividade as proibições contidas na legislação

antitruste (...). Isto era assim no mundo inteiro, chegando-se à conclusão, depois de muitos anos de discussão, que talvez fosse a única solução.[44]

Remontando a origem do serviço público na Itália, Domenico Sorace faz clara referência à relação com os monopólios naturais, na medida em que narra que os primeiros serviços públicos surgidos no direito italiano eram todos formados por atividades que continham monopólios naturais em sua cadeia produtiva (a saber: serviços de transporte ferroviário, de telecomunicações, postais, de fornecimento de água e coleta de esgoto e de energia elétrica).[45] Ainda acerca do direito italiano, Filippo Spiezia, Pasqualle Monea e Ernesta Iorio mencionam que a formação do conceito de serviço público decorreu de duas razões: uma econômica, proveniente da existência de monopólios naturais, e uma política, relativa à necessidade de equidade social, de tal forma que a existência de monopólios naturais na cadeia produtiva dos serviços públicos é um dos principais elementos na demarcação da atividade na Itália.[46]

Em Portugal, a situação não é diferente. Em que pese haver fortíssima influência francesa na construção da noção de serviço público, as atividades que são constituídas por lei como *serviços públicos essenciais* são atividades cuja exploração depende de monopólios. Isto ocorre, pois o direito português reconhece como serviços públicos essenciais o fornecimento de água, energia elétrica, gás e os serviços telefônicos, todos organizados com pelo menos um monopólio natural em sua cadeia produtiva.[47] Assim, avulta a relação entre monopólio natural e serviço público.

Na França, a situação é pouco distinta. A noção de serviço público precede a formação e a demarcação dos monopólios naturais, em razão do momento do advento da noção de serviço público no direito francês. Como elucida Jacqueline Morand-Deviller, os serviços públicos de natureza industrial ou comercial somente vieram a ser considerados serviços públicos em dezembro de 1921, com o *Arrêt Société Générale d'Armement*.[48] Na mesma linha, o que se verificou com relação ao

---

[44] ARIÑO ORTIZ. *Principios de derecho público económico*, p. 584, tradução nossa.

[45] SORACE. *Estado y servicios públicos*, p. 27-31.

[46] SPIEZA; MONEA; IORIO. *I servizi publici locale*: aspetti generali, amministrativi e penalistici alla luce della legge n. 326 del 24 novembre 2003, p. 1-10.

[47] GOUVEIA. *Os serviços de interesse geral em Portugal*, p. 23.

[48] MORAND-DEVILLER. *Cours droit administratif*, p. 568-569.

direito francês foi a existência prévia de atividades consideradas serviço público, que vieram a englobar as atividades de interesse coletivo que dependiam de monopólios naturais para serem desempenhadas. De toda forma, não é estranha ao direito francês a constituição das atividades que contemplam monopólios naturais como serviços públicos.

E, com relação ao direito alemão, menciona Georg Hermes a existência de monopólios naturais nas chamadas economias de rede existentes nos setores de interesse coletivo como *uma das fontes de responsabilidade estatal pelo fornecimento da atividade com exclusividade*. É dizer, embora o direito alemão não tenha formalmente adotado o conceito francês de serviço público, a existência dos monopólios naturais faz emergir construção que predica a existência de uma *obrigação estatal* de prestação ou garantia de determinada atividade.[49]

Dessa forma, verifica-se que a existência de monopólios naturais em atividades de interesse coletivo vem a se adaptar perfeitamente à noção de serviço público do direito francês, fazendo com que em diversos países (como Itália, Espanha e Alemanha) a adoção do serviço público (ou, pelo menos, a assunção de uma atividade pelo Estado em regime de exclusividade) seja uma decorrência de tais monopólios naturais, donde se mostra clara a relação entre os dois conceitos.

Entre nós, a realidade não é nada diferente. Conforme mencionado no Capítulo 2, antes mesmo de se falar no conceito de serviço público, em sua acepção influenciada pelo direito francês, no Brasil, reconhecia-se a existência de determinadas atividades cujas características afastavam a concorrência e, pois, constituíam um monopólio estatal. Nesse sentido, são emblemáticas as palavras de Bilac Pinto comentando a realidade dos serviços de utilidade pública brasileiros da primeira metade do século XX, em que o autor menciona os serviços de utilidade como os serviços economicamente impassíveis de concorrência (*i. e.*, monopólios naturais):

> Os institutos econômicos da regulamentação são os de assegurar tarifas razoáveis e serviço adequado, sem perder de vista que a remuneração do capital deve ser justa e que as exigências de expansão e melhoramento dos serviços, devem ser convenientemente atendidas. Se a economia e a técnica dos serviços de utilidade pública, permitissem a sua exploração em mercado de competição, a regulamentação seria dispensável, porque a concorrência cindiria o poder econômico das empresas em luta, e

---

[49] HERMES. *Versorgungssicherheit und Infrastrukturverantwortung des Staates*, p. 28-29.

conduziria tanto ao baixo nível das tarifas como aos altos padrões do serviço. Acontece porém, que tais serviços somente podem ser economicamente prestados no regime de monopólio e daí a necessidade de encontrar um meio que supra o fator de equilíbrio dos preços e da qualidade dos serviços, representado pela concorrência.[50]

A posteriori, com a adoção do conceito do "serviço público à francesa" no Brasil, conferiu-se o regime jurídico dos serviços públicos para atividades já prestadas em regime de exclusividade e que, em muitos casos, foram sujeitas a processos de nacionalização e estatização, passando, por isso, a ser prestadas diretamente pelo Estado ou por entidades a ele vinculadas.[51]

Nesse compasso, verifica-se que a existência de monopólios naturais que, ipso facto, impediam a concorrência na exploração de determinada atividade econômica teve papel fundamental na construção da noção do serviço público como atividade infensa à concorrência. Além das concepções de influência francesa da publicatio, o fato de haver atividades de altíssimo interesse público que eram naturalmente propensas à exclusividade teve papel determinante na concepção do serviço público ser uma atividade, a priori, blindada a um regime de pluralidade de agentes em concorrência.

Todavia, com desenvolvimentos tecnológicos mais recentes, passou a ser possível que diversos agentes atuem em regime de concorrência mesmo nos setores em que o desempenho das atividades encontra um monopólio natural em qualquer de suas etapas da cadeia produtiva. Novas técnicas de prestação dos serviços e de gestão e operação das redes de suporte dos serviços públicos, tais como a desverticalização[52] de atividades e o compartilhamento de instalações essenciais,[53] fazem com que o monopólio natural deixe de ser um entrave

---

[50] PINTO. Regulamentação efetiva dos serviços de utilidade pública, p. 200-201.

[51] Nesse sentido, repise-se a autorização contida no artigo 144 da Constituição de 1937 para a nacionalização da indústria dos serviços de energia elétrica.

[52] A desverticalização de atividades nada mais é do que a segregação compulsória de empresas verticalmente constituídas, segregando-se atividades naturalmente monopólicas de atividades que permitem a competição, com a finalidade de evitar a existência de mecanismos nocivos à formação de preços como subsídios cruzados dentro de uma mesma cadeia produtiva e de assegurar regras claras e transparentes de acesso às infraestruturas essenciais à competição que não podem ser duplicadas. Sobre o tema, confira-se, entre outros: STAEBE, Erik. Zur Novelle des Energiewirtschaftsgesetzes (EnWG). Deutsches Verwaltungsblatt, p. 853-862, 2004.

[53] O compartilhamento de instalações essenciais refere-se a medidas regulatórias compulsórias que impõem ao detentor e operador das redes de suporte dos serviços monopólicos o

à competição, em muitos casos, tais como os serviços de energia elétrica e telecomunicações.

Sendo assim, a partir de uma nova postura estatal (regulação[54]), que se destina parcialmente a mitigar os efeitos das falhas de mercado representadas pelos monopólios naturais, pode-se assegurar a concorrência na prestação de determinados serviços públicos. Com isso, muitas das atividades que antes eram consideradas exclusivas por características intrínsecas, agora, podem ser prestadas em regime de competição, fazendo com que nada mais senão o apego a uma noção jurídica de serviço público que nele enxerga a exclusividade como elemento intrínseco possa ser considerada um óbice à concorrência.[55]

Logo, embora os monopólios naturais tenham tido forte relação com a formação do conceito do serviço público monopólico, hoje, essa relação deixou de existir em diversos casos, passando os monopólios naturais a uma mera característica da formação de determinado mercado, que demanda uma ação estatal diferenciada da costumeira ação *ex-post* de repressão ao abuso do poder econômico.

5.5 Os serviços postais

Na dissertação das diferenciações entre serviços públicos e monopólios, indispensável uma análise, ainda que bastante breve, do regime jurídico dos serviços postais brasileiros, haja vista que referidos

---

dever de assegurar o livre acesso de quaisquer interessados a suas instalações para que seja possível o acesso aos mercados competitivos. No direito brasileiro, é uma regra contida, por exemplo, no parágrafo único do artigo 11 da Lei nº 9.074, de 7 de julho de 1995, bem como no artigo 146 da Lei nº 9.472/97, entre outros. Sobre o tema, confira-se, entre outros: KOENIG, Christian; RASBACH, Winfried. Trilogie Komplementärer Regulierungsinstrumente: Netzzugang, Unbundling, Sofortvollzug. *Die Öffentliche Verwaltung*, 17, p. 733-739, 2004; SCHNEIDER, Jens-Peter; PRATER, Janine. Das Europäische Energierecht im Wandel. *Recht der Energiewirtschaft*, 3, p. 57-64, 2004; e ARAGÃO. *Serviços públicos e concorrência*, p. 328 *et seq.*

[54] Como bem pondera Diogo de Figueiredo Moreira Neto, o fundamento econômico da regulação seria a inserção do Estado, como monopolizador do uso da força, para atuar como um terceiro alheio ao mercado e assegurar a efetiva concorrência, garantindo, entre outros elementos, que falhas de mercado permanentes possam ser superadas. Cf. *Direito regulatório*. Rio de Janeiro: Renovar, 2003. p. 77-78. Da mesma forma, Floriano de Azevedo Marques Neto bem coloca a função reguladora como uma função necessária para o estabelecimento do *equilíbrio* em um determinado setor, o que, no caso da concorrência nos setores dos serviços públicos, poderia ser entendido como a mitigação dos efeitos da existência de monopólios naturais, na medida em que é uma forma de equilibrar os poderes provenientes dos agentes operadores das redes de suporte e dos demais agentes. Cf. *Agências reguladoras independentes*: fundamentos e seu regime jurídico, p. 49.

[55] MARQUES NETO. A nova regulamentação dos serviços públicos, p. 9.

serviços públicos são associados, com assiduidade, a *monopólios jurídicos* da União federal, inclusive pelo Supremo Tribunal Federal.

Assim, dedicar-nos-emos um pouco à análise do regime jurídico dos serviços postais no Brasil e com a apresentação de algumas considerações da posição do Supremo Tribunal Federal a respeito do tema.

5.5.1 O regime jurídico dos serviços postais no Brasil

Os serviços postais têm expresso assento constitucional, como ocorre com outros serviços públicos mencionados ao longo deste trabalho. Sua disciplina constitucional provém do inciso X do artigo 21 da Constituição Federal, que determina ser de competência privativa da União Federal "manter o serviço postal e o correio aéreo nacional", sem que seja mencionada a possibilidade de outorga de concessão ou permissão e sem que haja a referência aos serviços postais em qualquer outro dispositivo constitucional.

Ocorre, no entanto, que a disciplina infraconstitucional dos serviços postais, anterior à Constituição de 1988, conferiu a referidos serviços públicos o caráter de *monopólio da União federal*. É o que se verifica a partir da análise do conteúdo dos artigos 9º, 27, 42 e 47 da Lei nº 6.538, de 22 de junho de 1978, que determinam que as atividades compreendidas nos *serviços* postais serão submetidas a monopólio da União federal.

Como bem ressalta Alexandre Santos de Aragão, o emprego da locução monopólio pela Lei nº 6.538/78 levou alguns a considerar que os serviços postais não seriam serviços públicos, mas mera atividade econômica.[56] Desta posição discordamos, em razão do disposto de forma expressa nos artigos 1º e 2º da Lei nº 6.538/78, pois referidos dispositivos, segundo nosso entendimento, disciplinam a prestação de um serviço público diretamente pela União Federal sem a possibilidade de delegação, em conformidade com o disposto no inciso X do artigo 21 da Constituição Federal.

Ademais, há também o entendimento segundo o qual o inciso X do artigo 21 da Constituição Federal, por não prever a possibilidade de outorgas de concessão ou permissão, conteria efetivamente um *monopólio estatal* em favor da União federal, o que faria com que a Lei

---

[56] ARAGÃO. *Direito dos serviços públicos*, p. 286.

n° 6.538/78 tinha sido integralmente recepcionada pela Constituição Federal de 1988.[57]

Segundo podemos depreender do dispositivo constitucional em comento, os serviços postais *nada mais são do que uma competência material privativa da União Federal, que, em razão de sua intrínseca relação com os direitos fundamentais, foi constituída como serviço público*. Demais disso, dada a locução constitucional, os serviços postais não poderiam ser prestados, no regime de serviço público, por meio de concessão ou permissão, visto que o mencionado inciso X do artigo 21 da Constituição Federal expressamente determina que é uma obrigação da União Federal, sem que haja qualquer permissão para a outorga de concessões e permissões, ao contrário do que ocorre com outros serviços, tais como os serviços e instalações de transporte e energia elétrica (alíneas "b" e "d" do inciso XII do mesmo artigo 21) e os serviços de telecomunicações (inciso XI do mesmo artigo).

Daí depreendemos que o constituinte simplesmente pretendeu que os serviços postais, por sua alta relevância, tivessem o regime jurídico de serviço público e fossem prestados pela União federal, sem a possibilidade de delegação, o que é, a nosso ver, claramente albergado pela Lei n° 6.538/78. Nesse sentido, acentua Floriano de Azevedo Marques Neto que o dispositivo constitucional em questão obriga que a União Federal mantenha os serviços postais de forma contínua e universal, arcando com os ônus necessários para tanto.[58]

Via de consequência e em consonância com o quanto já expusemos, *os serviços postais não podem ser considerados monopólios da União Federal segundo a Constituição Federal de 1988*, pois (i) são serviços públicos e, como tais, sob a égide do texto constitucional, são institutos completamente distintos dos monopólios estatais; e (ii) a Constituição de 1988 contempla uma lista *taxativa* dos monopólios públicos, a qual não inclui os serviços postais, fazendo com que não seja possível, segundo nosso entendimento, defender que haja um monopólio estatal sobre tais serviços.

Destarte, o "monopólio" previsto na Lei n° 6.538/78 *não foi recepcionado pela Constituição Federal*, devendo referida lei ser aplicada conforme a Constituição por meio da incidência sobre os serviços postais do

---

[57] Cf. ARAGÃO. *Direito dos serviços públicos*, p. 479.

[58] MARQUES NETO, Floriano de Azevedo. Reestruturação do setor postal brasileiro. *Revista Trimestral de Direito Público*, São Paulo, n. 19, p. 149, 1997.

regime de serviço público disciplinado em referida lei no que se refere à sua prestação pela União Federal.

A consequência direta dessa afirmação reside no fato de que a ausência de monopólio constitucional sobre a atividade *faz com que a atividade seja plenamente acessível por qualquer particular interessado em outro regime que não seja o regime de serviço público.* Sendo assim, os serviços postais deverão ser prestados pela União Federal no regime de serviço público, sem a possibilidade de concessões ou permissões, e poderão ser explorados por qualquer particular em outro regime que não o regime de serviço público, *porque não existe qualquer reserva de mercado, exatamente como dissertado neste trabalho.*

5.6 A superação da noção dos serviços públicos impassíveis de concorrência

O quanto expusemos até este ponto permite-nos chegar à conclusão da completa superação da noção de serviço público como atividade infensa à concorrência. Segundo consideramos, não há mais como se falar – embora seja comum a referência doutrinária neste sentido – de uma conexão automática entre serviços públicos e exclusividade (seja estatal, seja do delegatário do Estado). E nossa compreensão é ancorada em duas vertentes de argumentos: uma primeira, de natureza fática, que predica que, em razão de fatos expostos, os serviços públicos não constituem qualquer forma de exclusividade, e uma segunda, de natureza jurídica, que consiste em diversos dispositivos expressos do direito positivo que interditam, por completo, a concepção de que os serviços públicos são atividades exclusivas na sua essência.

5.6.1 As razões fáticas da superação

Analisando-se a prestação dos serviços públicos a partir de uma perspectiva fática, rapidamente verifica-se que não há como permanecer sustentando que os serviços públicos são atividades blindadas a um regime concorrencial. Isso ocorre, pois, desde há muito, a prestação dos serviços públicos é realizada em um ambiente de concorrência, com relação a diversos serviços (notadamente aqueles que não têm dependência de um monopólio natural). E, mais ainda, porque os recentes desenvolvimentos tecnológicos permitiram que houvesse competição também com relação àqueles serviços dependentes de monopólios naturais. Com isso, do ponto de vista fático, tanto, há muito, existe concorrência em uma enorme plêiade de serviços públicos não dependentes de monopólios naturais, quanto, recentemente, até mesmo estes últimos serviços públicos passaram a admitir um regime de concorrência. Como bem menciona Floriano de Azevedo Marques Neto, há tempos, por exemplo, os serviços públicos de transporte são prestados com algum grau de concorrência entre os diversos modais e entre os diversos agentes insertos na exploração de cada modal, fazendo com que, embora haja a instituição de um serviço público, haja liberdade de escolha dos usuários e concorrência entre os agentes. Pela clareza das colocações, transcrevemos as palavras do autor:

> Bem é verdade que, malgrado toda a concepção doutrinária acima aludida, que afastava a idéia de competição na exploração de serviço público, de há muito existem áreas de serviço público que convivem com a competição. Por exemplo é o que ocorre no setor de transportes. Embora várias atividades de transportes de pessoas sejam serviços públicos (na modalidade de transporte aéreo, rodoviário ou ferroviário de passageiros) há vários níveis de competição no setor. Numa viagem entre São Paulo e Rio de Janeiro concorrem na oferta de serviços as permissionárias de transporte interestadual de passageiros (serviço público federal), a concessionária de linha férrea (serviço público federal), eventualmente um permissionário de serviço de táxi (serviço público municipal) ou ainda as concessionárias de linhas aéreas (serviço público federal). Além da competição entre as modalidades distintas, no caso destas últimas há a competição entre distintas prestadoras de um mesmo serviço em regime público.[59]

Além disso, diversos outros serviços podem ser mencionados como ostentadores de algum grau de competição, embora sujeitos na totalidade ou parcialidade ao regime de serviço público. É o caso dos serviços públicos de irrigação, que podem coexistir nos regimes público e privado em uma mesma região, aproveitando o mesmo bem público (água) para sua prestação, tal como se depreende do artigo 25 da Lei nº 12.787/2013. Da mesma forma, é o caso dos próprios serviços postais, que, desde sempre, foram prestados juntos pelo Estado e por

---

[59] MARQUES NETO. A nova regulamentação dos serviços públicos. *Revista Eletrônica de Direito Administrativo*, p. 10-11.

empresas privadas de *courier*,[60] bem como dos serviços de coleta de lixo que ocorrem concomitantemente nos regimes público e privado, tal como prevê, de forma expressa e clara a Lei Municipal nº 13.478, de 30 de dezembro de 2002, do Município de São Paulo, que dispõe sobre os serviços de coleta de resíduos sólidos.

Mais ainda. Até mesmo serviços públicos considerados como monopólicos por conta das características de sua indústria, como os serviços públicos de saneamento básico,[61] estão atualmente sujeitos a algum grau de competição. Basta analisar a faculdade de que dispõem determinados consumidores (como hotéis) de adquirir, direto, água de supridores a granel transportada em caminhões para suprimento de suas instalações e a possibilidade de unidades industriais de adquirir água de reúso de empresas especializadas em sua produção, que não dependem das empresas prestadoras dos serviços públicos de saneamento básico. Em todos esses casos, a prestação do serviço público conta com um grau de competição, sem que haja qualquer prejuízo da natureza desse serviço por parte da atividade prestada direta ou indiretamente pelo Estado em um regime especial (que será adiante descrito).

O mesmo se evidencia, mais recentemente, no caso dos serviços públicos dependentes de monopólios naturais. Até pouco tempo

---

[60] Aliás, exemplo mais claro que esse não existe, na medida em que os portadores expressos de correspondências (popularmente conhecidos como *motoboys*) nada mais realizam do que a prestação de um serviço público, em competição como a entidade estatal, em regime privado, sem que qualquer ilegalidade exista nisso, uma vez que, repisemos, a Constituição Federal de 1988 não recepcionou o "monopólio" contemplado na Lei nº 6.538/78.

[61] Os serviços públicos de saneamento básico são formados pelas atividades descritas no artigo 3º, inciso I, da Lei nº 11.445, de 5 de janeiro de 2007, conforme a redação conferida pela Lei nº 14.026, de 5 de julho de 2020, que dispõe (*in verbis*): "Art. 3º Para fins do disposto nesta Lei, considera-se: I – saneamento básico: conjunto de serviços, infraestruturas e instalações operacionais de: a) abastecimento de água potável: constituído pelas atividades e pela disponibilização e manutenção de infraestruturas e instalações operacionais necessárias ao abastecimento público de água potável, desde a captação até as ligações prediais e seus instrumentos de medição; b) esgotamento sanitário: constituído pelas atividades e pela disponibilização e manutenção de infraestruturas e instalações operacionais necessárias à coleta, ao transporte, ao tratamento e à disposição final adequados dos esgotos sanitários, desde as ligações prediais até a sua destinação final para produção de água de reuso ou seu lançamento de forma adequada no meio ambiente; c) limpeza urbana e manejo de resíduos sólidos: constituídos pelas atividades e pela disponibilização e manutenção de infraestruturas e instalações operacionais de coleta, varrição, manual e mecanizada, asseio e conservação urbana, transporte, transbordo, tratamento e destinação final ambientalmente adequada dos resíduos sólidos domiciliares e dos resíduos de limpeza urbana; d) drenagem e manejo das águas pluviais urbanas: constituídos pelas atividades, pelas infraestruturas e pelas instalações operacionais de drenagem de águas pluviais, transporte, detenção ou retenção para o amortecimento de vazões de cheias, tratamento e disposição final das águas pluviais drenadas, contempladas a limpeza e a fiscalização preventiva das redes".

atrás, tais serviços eram necessariamente prestados com exclusividade, fazendo, inclusive, com que a vista dos juristas do direito administrativo fosse obliterada quanto à escancarada competição na prestação de outros serviços públicos (conforme exemplos mencionados). Contudo, com os avanços tecnológicos já mencionados neste trabalho, a exclusividade ficou reservada à operação e à gestão das infraestruturas que não podem ser reproduzidas, sendo as demais atividades prestadas em regime de competição sem qualquer óbice.

Deve-se mencionar que até se verifica o reconhecimento, por parte da doutrina, da existência de competição na prestação dos serviços públicos. Porém, quando há este reconhecimento, procura-se a existência de um "regime especial de concorrência", o que, a nosso ver, nada mais reflete do que um reconhecimento da inaplicabilidade das teorias de exclusividade necessária na prestação dos serviços públicos, visto que, embora se possa falar em uma concorrência imperfeita[62] na prestação de *determinados* serviços públicos dependentes de monopólios naturais, *não há como se falar em um regime especial de concorrência*.[63]

Na esteira exata do que já enunciamos no Capítulo 4, não pode passar sem menção a constatação de que, do ponto de vista fático, poderá

---

[62] Nessa hipótese, a concorrência imperfeita é representada pela necessária limitação de agentes que há na exploração de determinada atividade. Embora seja possível, nas atividades que contam com a existência de um monopólio natural, implementar um regime de concorrência, tal regime nunca será o de uma concorrência perfeita, na medida em que, em razão das limitações de capacidade das infraestruturas, jamais haverá espaço para tantos agentes quantos queiram participar do setor.

[63] Nesse sentido, afirma Eros Roberto Grau: "Note-se que ainda quando estes [serviços públicos] sejam prestados, sob concessão ou permissão, por mais de um concessionário ou permissionário – o que nos conduziria a supor a instalação de um regime de competição entre concessionários ou permissionários (é o caso da navegação aérea – art. 21, XII, "c" da Constituição – e dos serviços de transporte rodoviário – arts. 21, XII, "e"; 30, V e 25, §1º da Constituição), ainda então o prestador do serviço o empreende em clima diverso daquele que caracteriza a competição, tal como praticada no campo da atividade econômica em sentido estrito. O que importa salientar é a não intercambialidade das situações nas quais de um lado o serviço público é prestado, titulares ainda os concessionários ou permissionários de certo privilégio, por mais de um deles e o regime de competição que caracteriza o exercício da atividade econômica em sentido estrito em clima de livre concorrência" (*A ordem econômica na Constituição de 1988*, p. 167). Registre-se que não há como concordarmos com a posição do autor, haja vista que a concorrência que é mencionada é efetivamente um regime de concorrência, absolutamente incompatível com qualquer noção de privilégio. Mencione-se ainda que o jurista anota que não se trata de efetiva concorrência, mas não apenas não fundamenta sua posição, como também não diz o que vem a caracterizar a pluralidade de agentes que não seja uma concorrência. Sendo assim, segundo entendemos, parece-nos que há o reconhecimento de uma situação de fato inegável, mas são procurados argumentos baseados em concepções puramente dogmáticas para rejeitar a existência dessa situação de fato. Parece-nos evidente, repise-se que há casos em que os serviços públicos são prestados em regime de concorrência e que isso não descaracteriza a noção de serviço público.

haver o caso em que a prestação de um serviço público em regime de concorrência é muito mais propensa para o alcance das finalidades essenciais dos serviços públicos, de tal forma que a concorrência funciona como instrumento para a *efetividade dos serviços públicos*. Esse é o caso quando a concorrência propicia a universalização dos serviços, a modicidade tarifária ou a melhoria da qualidade da prestação dos serviços. Não apenas há compatibilidade com um regime de concorrência, como esse também é desejável para se garantir a melhor prestação do serviço.

Isso ocorre, pois, muitas vezes, o jogo de mercado típico da concorrência demanda dos agentes uma busca constante pela melhoria e pela eficiência em suas atuações, que gera melhores condições na prestação dos serviços e, via de consequências, benefícios aos usuários.[64] Nessas hipóteses, torna-se evidente que, do ponto de vista fático, a concorrência é um elemento desejável na prestação dos serviços públicos, haja vista que não seria minimamente razoável defender a prestação monopolizada dos serviços em prejuízo dos usuários. Isso seria, sem dúvida, enorme subversão da noção de interesse público.

Na mesma linha, em vista do exposto, tem-se um cenário em que, há muito, a prestação dos serviços públicos dá-se em regime de competição, com pluralidade de agentes. Em que pese haver a repetição – quase como um *mantra*[65] – de que os serviços públicos são caracterizados por uma exclusividade em sua prestação e de que a concorrência desnatura referidos serviços, existe a prestação concorrencial há tempos e, quanto mais os mercados se desenvolverem, mais haverá alternativas de concorrência aos serviços públicos. Mas este cenário em nada altera ou desnatura tais serviços, pois a *obrigação* de prestar ou garantir essa atividade sempre subsistirá, enquanto a instituição de um serviço

---

[64] Sobre essa questão, afirma Juan Carlos Cassagne: "Se se depara com o fato de que o objetivo de obter a eficiência das prestações resulta compatível com a abertura de cada setor privatizado a uma maior concorrência, com a preservação do serviço universal e/ou dos objetivos que o legislador venha a delimitar, de forma razoável, que constituem monopólios legais ou naturais, a chave de adaptação consiste na articulação de uma série de técnicas de equilíbrio que estabeleçam regras comparativamente razoáveis que rejam as atividades das empresas que contam com privilégios de exclusividade por zona, introduzindo a competição enquanto seja possível um benefício aos usuários" (El futuro de los servicios públicos. *Jurisprudência Argentina*, Buenos Aires, n. 9, p. 28, 2006, tradução nossa).

[65] A expressão é de Floriano de Azevedo Marques Neto, referindo-se a outro *mantra* do direito administrativo brasileiro relacionado ao caráter *intuitu personae* dos contratos administrativos. Cf. A admissão de atestados de subcontratada nomeada nas licitações para concessão de serviços públicos. *Revista de Direito Administrativo*, Rio de Janeiro, n. 238, p. 126, out./dez. 2004.

público for o meio mais adequado e proporcional de satisfação de determinado direito fundamental.

5.6.2 As razões jurídicas da superação

Além das razões fáticas descritas no tópico precedente, cabe-nos, ainda, demonstrar que há *razões de natureza jurídica que impendem a superação da concepção de exclusividade dos serviços públicos*. Isso ocorre, pois, além de, na prática, esses serviços serem prestados em regime de concorrência há décadas, o *direito positivo* impõe um regime de concorrência à prestação de referidos serviços, seja porque determina que deverá haver uma concorrência, seja porque deixa claro que a exclusividade não é aplicável. É o que veremos.

Apenas repisando o que já deixamos sedimentado nos Capítulos 3 e 4, a ordem econômica constitucional não é condizente com um regime de exclusividade na prestação dos serviços públicos. Em primeiro lugar, o disposto no artigo 175 da Constituição Federal em nada fala de qualquer grau de exclusividade, apenas *impõe ao Estado um dever*. Em segundo lugar, *a regra* da exploração de atividades econômicas no Brasil (dentre as quais os serviços públicos) é a da livre iniciativa com livre concorrência, o que nos leva a imputar essa regra também à prestação dos serviços públicos, em simples exercício de interpretação sistemática da ordem econômica constitucional. E, por fim, quando a Constituição Federal pretendeu impor à prestação de um determinado serviço público um regime de exclusividade, ela o disse de forma expressa, tal como operou nos regimes já superados dos serviços de telecomunicações e de distribuição de gás natural canalizado.

Além do mais, sendo os serviços públicos instrumentos destinados à realização de direitos fundamentais, outro direito fundamental (o da livre iniciativa) somente pode encontrar restrições que sejam *proporcionais* e diante do caso concreto, não sendo compatível a previsão de que *a priori* o direito fundamental de liberdade de iniciativa tenha que ser suprimido.

Não bastasse a incompatibilidade entre o direito positivo e o pretenso regime de exclusividade na prestação dos serviços públicos, há ainda dispositivos mais do que expressos no direito positivo que predicam o afastamento da exclusividade na prestação dos serviços públicos, esteando um regime de concorrência. Na Lei Geral de Concessão de Serviços Públicos (Lei nº 8.987/95), três dispositivos são emblemáticos neste sentido: o *caput* e o inciso III do artigo 7º e o artigo 16. Passemos a analisá-los.

O *caput* do artigo 7º determina a aplicação do Código de Defesa do Consumidor às relações entre concessionária de serviços públicos e usuários, o que, conforme muito bem observado por Alexandre Santos de Aragão, constitui uma forma de transferência da regulamentação dos serviços públicos para normas de mercado, típico de um cenário concorrencial.[66]

Da mesma forma, o inciso III do artigo 7º da Lei nº 8.987/95 determina ser um direito dos usuários "obter e utilizar o serviço, com liberdade de escolha entre vários prestadores de serviços (...)". Ora, disposição mais evidente de que os serviços públicos não são prestados com exclusividade não pode existir. Expressa e claramente determina a Lei nº 8.987/95 que os usuários têm *o direito de escolher entre vários prestadores*, que deixa incontestável que a regra aplicável à prestação dos serviços públicos é a da pluralidade de agentes, em evidente regime concorrencial, sendo a exclusividade flagrante exceção, configuradora de uma *situação anômala*, como bem anota Marçal Justen Filho.[67]

Ainda, o artigo 16 da Lei nº 8.987/95 dispõe que as concessões de serviços públicos não são outorgadas em caráter de exclusividade, "salvo no caso de inviabilidade técnica ou econômica" devidamente justificada. Ou seja, com enorme clareza determinou a norma que, salvo quando efetivamente impossível dos pontos de vista técnico ou econômico, as concessões não serão outorgadas com exclusividade, devendo haver outros agentes na prestação dos serviços concedidos, o que, é evidente, denota a concorrência na prestação dos serviços públicos.[68]

---

[66] Sobre a questão afirma o autor: "Inserida a concorrência na prestação dos serviços públicos, estes passaram a ser atividades total ou parcialmente regidas pelo mercado, sendo necessária, conseqüentemente, a aplicação, pelo menos em parte, do Direito do Consumidor, que constitui um dos pilares da disciplina jurídica do mercado, mais especificamente da relação entre o pólo consumidor e o pólo produtor" (ARAGÃO. *Direito dos serviços públicos*, p. 505).

[67] JUSTEN FILHO, Marçal. *Concessões de serviços públicos*: comentários nº. 8.987 e 9.074, de 1995. São Paulo: Dialética, 1996. p. 135.

[68] Importante mencionar aqui que desde muito antes da edição da Lei nº 8.987/95 já destacava a doutrina mais antiga (anteriormente muito mais desapegada da exigência de exclusividade na prestação dos serviços públicos) a possibilidade de falta de exclusividade na outorga das concessões de serviços públicos. Segundo Oswaldo Aranha Bandeira de Mello, as concessões poderiam ser outorgadas com ou sem exclusividade. Segundo o autor, a concorrência poderia prejudicar a prestação do serviço e, portanto, deveria ser evitada em determinados casos ou quando a própria natureza do serviço a impedisse. Contudo, em momento algum o autor menciona a concorrência como elemento desnaturador dos serviços públicos ou algo imanentemente contrário à sua prestação. Cf. Aspecto jurídico-administrativo da concessão

Demais disso, outros diversos dispositivos podem ser encontrados no direito positivo, que, de modo cristalino, denotam a existência de concorrência na prestação dos serviços públicos. É o caso do disposto na já citada Lei Municipal nº 13.478/2002 do Município de São Paulo, que admite a coexistência dos serviços de coleta de lixo nos regimes público e privado, em regime de certa concorrência. É também o caso – este talvez o mais emblemático – do disposto nos artigos 84 e 127 da Lei Geral de Telecomunicações (Lei nº 9.472/97), que determinam a ausência de exclusividade nas concessões dos serviços de telecomunicações, bem como a competição entre as atividades exploradas no regime público e no regime privado.

Sendo assim, parece-nos evidente que o direito positivo fornece substanciais fundamentos para afirmarmos a superação da concepção dos serviços públicos como atividades necessariamente exclusivas. Mais ainda, diante das normas do direito brasileiro agora vigentes, somos compelidos a concluir que a prestação dos serviços públicos *não há de ser exclusiva, bem ao contrário,* há de ser concorrencial, *salvo expressa disposição em contrário proveniente da impossibilidade de um regime de concorrência e devidamente fundamentada.* A exclusividade, portanto, há de ser sempre a exceção e jamais a regra.

---

de serviço público. *Revista de Direito Administrativo – Seleção Histórica,* Rio de Janeiro, p. 214-216, 1995.

PARTE III

OS DESAFIOS DO NOVO SERVIÇO PÚBLICO

CAPÍTULO 6

O NÚCLEO DOS SERVIÇOS PÚBLICOS

6.1 A permanência do serviço público e sua configuração

Conforme tivemos a oportunidade de demarcar na parte final do Capítulo 3, a noção de serviço público não desapareceu. Muito ao contrário, ganhou morada constitucional, a qual, enquanto vigente, determinará sua permanência no direito brasileiro. Todavia, ainda consoante o que expusemos, o serviço público, contido no *caput* do artigo 175 da Constituição Federal, não é aquele em fins do século XIX, em um contexto típico do direito francês. É um *novo serviço público*, proveniente de profundas revisão e mutação ao longo dos tempos.

Não é para menos. Nestes mais de 100 anos que decorreram entre a formulação do conceito de serviço público no direito francês e a vigência e a eficácia da Constituição de 1988, muita coisa mudou. Falamos, ademais, não de qualquer século da história da humanidade, mas, sim, do século que, talvez, tenha contido a maior quantidade de acontecimentos e alterações no comportamento da sociedade. Duas guerras mundiais ocorreram. Inúmeras ditaduras surgiram, atingiram seu ápice e declinaram ao redor do mundo. O indivíduo, de mero coadjuvante, passou a centro das ordens jurídicas. Enfim, incontáveis mudanças foram verificadas, o que demanda, *necessariamente*, uma revisão de todos os institutos jurídicos, considerando-se que o direito nada mais é do que um fenômeno social, sujeito, portanto, a constantes alterações.[1]

---

[1] Sobre o tema, valemo-nos com frequência das seguintes palavras de Dalmo de Abreu Dallari: "com a compreensão de que o Estado se acha constantemente submetido a um processo dialético, reflexo de tensões dinâmicas que compõem a realidade social, será possível mantê-lo permanentemente adequado, eliminando-se a aparente antinomia

Nesse contexto, poucos ramos do direito passaram por tantas alterações quanto o direito público, abrigo dos serviços públicos. De sua afirmação essencialmente calcada na autoridade e na verticalidade das relações, encontra, hoje, forma democrática, serviente do cidadão, baseada cada vez mais em relações consensuais.[2] O Estado deixa de ser ordenador e passa a ser servidor exatamente na mesma medida em que o indivíduo deixa de ser ordenado e passa a ser o centro da ordem jurídica, titular de uma enorme plêiade de direitos fundamentais que vinculam, limitam, obrigam e coatam a atividade estatal. Assim, o direito público, antes voltado ao Estado, hoje, volta-se aos direitos dos cidadãos e ao papel do Estado em sua realização. O Estado nada mais é do que um instrumento na realização dos direitos dos cidadãos.

Propomos, portanto, uma profunda releitura da noção de serviço público, com base nas premissas que deixamos assentadas nos capítulos precedentes e com vistas a adequá-lo a uma realidade em que os cidadãos são o centro da ordem jurídica e o Estado mero instrumento de realização de seus direitos.[3] Afirmar que o regime jurídico de direito público, a titularidade estatal e a exclusividade prestacional detida pelo Estado ou por quem venha a ser delegatário desse na prestação dos serviços públicos não são traços típicos dessa atividade, bem como afirmar que o traço essencial do serviço público é a existência de uma *obrigação imposta ao Estado* constitui apenas parcela de nossa missão. Tendo-a realizado, é necessário apresentar quais seriam

---

entre ordem e mutação. (...) O modelo jurídico, portanto, não deve ser reflexo de um ideal abstrato ou produto de mera construção lógica, mas deve resultar de um trabalho de aferição de dados da experiência para a determinação de um tipo de comportamento não só possível, mas considerado necessário à convivência humana. Ainda que se rejeite a expressão modelo, por outras conotações que possa implicar, fica ressaltada a idéia de que o direito, e conseqüentemente, qualquer ordem jurídica, deve ter fundamento na experiência, refletindo a realidade social, o que não elimina a existência de normas eficazes, ao mesmo tempo em que deixa aberto o caminho a uma permanente transformação" (*Elementos de teoria geral do Estado.* 25. ed. São Paulo: Saraiva, 2005. p. 140, 141).

[2] Cf. IPSEN. *Allgemeines Verwaltungsrecht*, p. 233-234.

[3] Odete Medauar, em passagem verdadeiramente lapidar, comenta esse cenário com o advento da Constituição Federal de 1988 da seguinte forma: "No curso de 20 anos, a Constituição revelou-se catalisadora da evolução do Direito Administrativo e de práticas administrativas em prol dos direitos das pessoas físicas e jurídicas. Mas ainda não é suficiente, em especial no tocante à prática administrativa, com cidadãos ainda tratados como súditos, em contraste à Constituição. Esta deve se tornar cada vez mais viva e mais plenamente respeitada, reduzindo-se a distância entre sua letra e sua aplicação, o que é tarefa de todos e, de modo mais acentuado, dos profissionais do Direito" (Constituição de 1988: catalisadora da evolução do direito administrativo?. *Revista do Advogado*, São Paulo, ano XXVIII, n. 99, p. 107, set. 2008).

os traços desse novo serviço público. O que seria o elemento definidor dele que possibilitaria ao operador do direito demarcar seus lindes. É o que pretendemos realizar na sequência.

Em primeiro lugar, entendemos ser necessária a identificação dos elementos que configuram o serviço público e seus efetivos conteúdos. Conforme leciona Jacqueline Morand-Deviller, os serviços públicos supõem a existência de três elementos: um elemento finalístico ou objetivo (uma atividade de interesse geral), um elemento orgânico ou subjetivo (prestado por uma pessoa de direito público ou por uma pessoa de direito privado em representação de uma pessoa de direito público) e um elemento material (prestação em regime jurídico de direito público, que poderá ser mais ou menos intenso).[4]

Do que demonstramos até este momento, parece fora de questão que o critério finalístico ou objetivo permanece aplicável e é o elemento mais claro na definição da existência de um serviço público. Contudo, deve ser depurado, especificado. Tal como expusemos no Capítulo 3, o critério finalístico ou objetivo dos serviços públicos recai, necessariamente, sobre um determinado direito fundamental, já que os serviços públicos *são instrumentos da realização dos direitos fundamentais*. Sendo assim, realmente são atividades destinadas a satisfazer necessidades de interesse coletivo (ou necessidades coletivas). Porém, referidas necessidades decorrem de direitos fundamentais consagrados pela ordem constitucional.

Segundo entendemos, em um sistema constitucional que vincula plenamente o Estado à realização de vastos direitos fundamentais dos cidadãos, não há como se cogitar de criação de necessidades coletivas que não estejam amparadas em referidos direitos. Afirmar o contrário seria conferir ao Estado um poder de designar quais são as necessidades coletivas que devem ser supridas e qual o meio adequado para tanto, o que nada mais é do que uma aplicação da combalida noção de supremacia do interesse público, como já demonstramos no Capítulo 4. As necessidades coletivas a serem supridas pelos serviços públicos devem estar ancoradas em direitos fundamentais, que configuram direitos subjetivos públicos dos cidadãos e obrigações do Estado, porque, assim, não caberá ao Estado determinar quais são tais necessidades que demandam a criação de determinados serviços públicos, mas caberá

---

[4] Cf. MORAND-DEVILLER. *Cours droit administratif*, p. 548.

a ele apenas cumprir uma obrigação que já lhe é previamente imposta pelo ordenamento jurídico.

No que se refere ao segundo elemento, consistente em um dado subjetivo (prestação do serviço por pessoa de direito público ou por pessoa de direito privado, em representação de pessoa de direito público), afigura-se, também, haver a sua aplicação, porém em sentido bastante distinto daquele que comumente a doutrina descreve e com importância bastante reduzida. Tal como mencionamos inúmeras vezes ao longo deste trabalho, o elemento subjetivo dos serviços públicos é constantemente ligado à titularidade estatal e ao caráter de exclusividade na prestação dos serviços públicos. Vale dizer, segundo a doutrina, se há a prestação da atividade direta pelo Estado ou por pessoa a ele vinculada para a satisfação de necessidades coletivas, essa prestação é exclusiva e interdita o ingresso de outros agentes na atividade.

Ora, evidentemente tal construção não nos parece correta. Em primeiro lugar, porque desconectada do direito positivo e, em segundo lugar, porque desconectada da realidade subjacente. Evidencia-se que o elemento subjetivo dos serviços públicos nem de longe predica qualquer forma de exclusividade. Nada no direito positivo leva-nos a entender o contrário.[5] Segundo nossa concepção, a *publicatio* ligada ao elemento subjetivo dos serviços públicos em hipótese alguma predica qualquer forma de exclusividade ou propriedade da atividade pelo Estado,[6] mas apenas a existência de uma relação especial entre o Estado e a atividade consubstanciada em uma *obrigação*.

Conforme nossa visão, o elemento subjetivo dos serviços públicos *refere-se ao Estado como devedor de uma obrigação jurídica e estará sempre presente*. Se afirmamos que o Estado é sujeito passivo de uma obrigação prevista na ordem jurídica, é mais do que evidente que a relação jurídica obrigacional dos serviços públicos terá, necessariamente, o Estado em uma de suas posições, de tal forma que o elemento subjetivo dos serviços públicos caracterizado pela presença do Estado nunca poderá

---

[5] Novamente, a questão no direito francês é de extremo relevo para demarcar a competência do Conselho de Estado. No Brasil, é apenas um critério criado pela doutrina com poucos reflexos no direito positivo.

[6] Segundo Juan Carlos Cassagne, "a declaração formal de *publicatio* não possui conteúdo patrimonial algum que permitirá ao Estado exercer o domínio sobre os serviços públicos concedidos ou sobre os bens a ele afetados" (*El contrato administrativo*. 2. ed. Buenos Aires: Lexis Nexis, 2005. p. 184, tradução nossa).

CAPÍTULO 6
O NÚCLEO DOS SERVIÇOS PÚBLICOS | 233

ser elidido.[7] Portanto, o elemento subjetivo dos serviços públicos configura-se pela presença do Estado na relação jurídica, seja como devedor da obrigação, seja como garantidor do devedor da obrigação, nas hipóteses em que tenha havido uma delegação.[8]

Ilustrando, perfeitamente, a combinação dos elementos objetivo e subjetivo dos serviços públicos, cabe mencionar a seguinte colocação de Juan Carlos Cassagne:

> Sua principal missão [do serviço público] consiste em que através da satisfação das necessidades primordiais se contribui para melhorar a dignidade e a qualidade de vida dos habitantes. O Estado atua, neste aspecto, como garantidor e responsável do bom funcionamento dos serviços públicos, assegurando sua continuidade e sua regularidade.[9]

Finalmente, quanto ao terceiro elemento, consistente no regime jurídico de direito público da prestação dos serviços públicos, entendemos que há sua aplicabilidade, porém, igualmente de forma profundamente revista. Isso ocorre, pois o regime jurídico de direito público aventado pela doutrina consiste, por um lado, em prerrogativas especiais postas à disposição do Estado ou de seu delegatário, tais como a exclusividade, o manejo de poderes especiais, a sujeição a um regime jurídico específico de execução de obrigações (flagrante na jurisprudência do Supremo Tribunal Federal sobre os serviços postais), entre outras, e, por outro lado, em obrigações, em ambos os casos em decorrência de diversos princípios jurídicos previstos pela doutrina.[10]

---

[7] Daí por que concordamos com Maria Sylvia Zanella Di Pietro quando a autora afirma que os contratos de concessão de serviço público têm efeitos trilaterais, pois a relação jurídica obrigacional dos serviços públicos, ainda que contemple um representante do Estado, nunca o excluirá, na medida em que é o Estado o sujeito passivo e o cidadão (usuário), o sujeito ativo da obrigação. Sobre o tema, confira-se: *Parcerias na administração pública*. 4. ed. São Paulo: Atlas, 2002. p. 93 *et seq.*

[8] Veja-se que o artigo 175 da Constituição Federal é expresso ao determinar que *incumbe ao Estado a prestação dos serviços públicos, diretamente ou indiretamente mediante concessão ou permissão*, donde se pode extrair que, em qualquer caso, o Estado será o devedor da relação jurídica obrigacional. Contudo, em determinados casos (concessão ou permissão), o Estado será o devedor solidário, garantidor do devedor primário que será o delegatário do Estado.

[9] CASSAGNE. El futuro de los servicios públicos. *Jurisprudência Argentina*, p. 24, tradução nossa.

[10] Celso Antônio Bandeira de Mello, por exemplo, ilustra o regime jurídico de direito público dos serviços públicos por meio de 10 princípios, que contemplam, ao mesmo tempo, prerrogativas e obrigações relacionadas aos serviços públicos. Afora o fato de que parcela dos comandos aventados pelo autor não se configuram princípios segundo a noção de princípio que aqui adotamos, cabe citar que o autor considera consistir referido jurídico nos seguintes comandos: (i) dever inescusável de prestação pelo Estado; (ii) supremacia

Segundo as concepções mais tradicionais do regime jurídico descrito, um único regime jurídico seria aplicável para todos os serviços públicos, de sorte que uma atividade, pela simples consideração como serviço público, estará sujeita a um regime uniforme. Consideramos absolutamente equivocada essa construção, tendo em vista a disparidade das atividades que constituem serviços públicos. Adotar um único regime jurídico para todos os serviços públicos parece-nos o mesmo que tentar vestir um grupo vasto e diversificado de pessoas com roupas do mesmo tamanho. Com evidência, dadas as diferenças de tamanho entre as pessoas, as roupas não se prestarão para vestir a todos. Qualquer que seja o padrão comum do tamanho de roupa utilizado, sempre haverá aqueles que não estarão vestidos, exatamente como ocorre com o pretenso regime jurídico único dos serviços públicos. Sempre haverá um serviço público que não será condizente com tal regime jurídico, donde descabe falar em unicidade de regimes jurídicos.

Volvendo a análise para o direito positivo, encontramos os "princípios" enumerados pela doutrina no §1º do artigo 6º da Lei nº 8.987/95. Contudo, segundo entendemos, os conceitos de regularidade, continuidade, eficiência, segurança, atualidade, generalidade, cortesia e modicidade tarifária não se referem a *princípios jurídicos*, nem tampouco se prestariam para denotar um regime jurídico próprio, mas apenas referem-se a conceitos jurídicos trazidos pela lei para definir o conceito jurídico indeterminado de *serviço adequado* constante do *caput* do mesmo artigo 6º.[11] É dizer, para balizar os parâmetros de prestação dos serviços públicos concedidos, a lei valeu-se de um *conceito jurídico indeterminado*[12] e, para procurar dar maior concreção a esse conceito, a mesma lei, no §1º do artigo 6º, apresentou determinados critérios.

---

do interesse público; (iii) adaptabilidade; (iv) universalidade; (v) impessoalidade; (vi) continuidade; (vii) transparência; (viii) motivação; (ix) modicidade das tarifas e (x) controle. Cf. *Curso de direito administrativo*, p. 640-642. Note-se, ainda, que no direito francês o regime jurídico de direito público característico dos serviços públicos é demarcado pela existência de um "poder exorbitante" por parte do Estado prestador da atividade, que lhe confere o direito de manejar poderes exorbitantes àqueles existentes no âmbito do direito privado. Tal construção é evidente na medida em que foi, por muitos anos, o critério de apartação da competência do Conselho de Estado. Assim, falar em um regime jurídico de direito público no direito francês predica, comumente, apenas um direito exorbitante do direito privado, e não qualquer construção adicional. Cf. BRACONNIER. *Droit des services publics*, p. 185-189.

[11] Em sentido contrário, JUSTEN FILHO. *Concessões de serviços públicos*: comentários n°. 8.987 e 9.074, de 1995, p. 122-123.

[12] Conceitos jurídicos indeterminados podem ser entendidos como aqueles conceitos que "em sua aplicação concreta não comportam limites exíguos de conteúdos de significado". Cf.

CAPÍTULO 6
O NÚCLEO DOS SERVIÇOS PÚBLICOS | 235

Como expusemos no Capítulo 4, *princípios jurídicos* são normas jurídicas de conteúdo finalístico, cuja aplicação depende de um processo de ponderação. Analisando-se o conteúdo normativo do artigo 6º da Lei nº 8.987/95, apresenta-se com nitidez que não se está diante de princípios jurídicos, mas, sim, de uma *regra jurídica* clara e de aplicação imediata, na medida em que o conteúdo do dispositivo em comento aplica-se diretamente sem a necessidade de qualquer ponderação. Descumprido um dos *critérios* fixados pelo legislador para a determinação do conceito de *serviço adequado*, haverá o descumprimento de um pressuposto das concessões de serviços públicos, podendo haver a incidência de penalidades sobre o concessionário.

Sendo assim, a nosso ver, o elemento material dos serviços públicos é representado por um regime jurídico verdadeiramente próprio, mas de forma alguma coincidente com aquele que a doutrina aventa, porquanto este não tem qualquer base no direito positivo (repise-se: o disposto no §1º do artigo 6º da Lei nº 8.987/95 não contempla qualquer forma de regime jurídico, mas apenas um detalhamento do que venha a ser *serviço adequado* para os fins de uma concessão de serviços públicos), além do fato de considerarmos impossível que somente um único regime jurídico seja aplicável para todos os serviços públicos. Adiante detalharemos o conteúdo do regime jurídico dos serviços públicos que consideramos existente.

Concluímos, então, que o direito vigente faz emergir *um novo serviço público*, com traços próprios e distintos daqueles apontados para determinar a existência de um serviço público. As concepções dos elementos finalístico, orgânico e material devem ser revistas, com base nos critérios já demonstrados, para que se possa encontrar um serviço público efetivamente condizente com o atual estágio do direito público e, sobretudo, um serviço público que seja coerente com os papéis da administração pública e dos cidadãos na ordem jurídica.

Destarte, partindo das considerações expostas, os serviços públicos *devem ser caracterizados e regidos de acordo com suas finalidades*, de tal forma que o elemento finalístico mencionado ganha considerável relevo e se sobressai com relação aos elementos orgânico e formal. Esses últimos passam, na atualidade, consoante nossa orientação, a *simples decorrências* do elemento finalístico e não como elementos definidores

---

WOLFF, Heinrich Amadeus; DECKER, Andreas. *Studienkommentar VwGO VwVfG*. München: C. H. Beck, 2005. p. 423, tradução nossa.

da existência de um serviço público. Sendo assim, a construção que nos parece adequada deve ser formulada da seguinte forma: *os serviços públicos, por serem instrumentos de realização de determinados direitos fundamentais (elemento finalístico), deverão ser prestados ou garantidos pelo Estado (elemento orgânico), com um regime jurídico que poderá contemplar especificidades (elemento material) em relação às demais atividades econômicas desempenhadas pelos agentes.*

Com isso, reafirmamos a permanência da noção de serviço público no direito, ao mesmo tempo em que deixamos claro nosso posicionamento no sentido de que o elemento efetivamente relevante é *o alcance das finalidades impostas*. Como e quem alcançará a finalidade (ou, melhor formulando, cumprirá a obrigação imposta pelo ordenamento jurídico ao Estado) serão sempre questões secundárias e, sobretudo, variáveis conforme o serviço público que se venha a analisar. O que é relevante com relação aos serviços públicos é que eles sejam, de modo concreto, prestados ou garantidos pelo Estado e que os diretos dos cidadãos sejam satisfeitos.

É exatamente por essa razão que entendemos ser a concorrência absolutamente compatível com a noção de serviço público, *bem como que combatemos a ideia de titularidade estatal da atividade entendida como uma prerrogativa de exclusividade.* Se o foco primordial do serviço público for a efetiva prestação do serviço, deixa de ser importante se ela será realizada por um único agente ou por vários agentes em regime de concorrência, bem como se a instituição do serviço público impede ou não o oferecimento da mesma atividade em outro regime jurídico. *A consequência mais relevante da constituição de dada atividade como serviço público* é a necessidade de garantia de sua efetiva prestação.[13]

Nesse sentido, afirma Sabino Cassese:

Os serviços que satisfazem *exigências fundamentais* da coletividade, tais como as redes de transporte, as telecomunicações, as radiodifusões, a coleta e a entrega de correspondências postais, o fornecimento de energia elétrica e de gás natural, são tradicionalmente considerados como serviços públicos. No passado eram prestados em regime de monopólio de empresas estatais ou de concessionárias encarregadas pela administração, tendo se tornado, recentemente, na maior parte dos casos, objeto da iniciativa econômica dos particulares. Isso é o resultado da intervenção do direito comunitário, que não tolera limitações à

---

[13] Cf. MUÑOZ MACHADO. *Servicio público y mercado*, p. 223.

concorrência e à livre circulação. O poder público, todavia, mantém a responsabilidade de assegurar a *fruição difusa* ('universal', para utilizar a terminologia comunitária) de tais serviços, assegurando o funcionamento do mercado e intervindo, ocasionalmente, na correção dos resultados.[14]

Tem-se, assim, uma transição do serviço público considerado pelo elemento orgânico (serviço público em sentido subjetivo) para o serviço público considerado pelo sentido objetivo ou finalístico, que, segundo bem anota Santiago Muñoz Machado "supõe uma transformação radical de muitos dos princípios de organização e do regime jurídico" dos serviços públicos tradicionais.[15]

Sobre o tema, com enorme precisão, afirma João Nuno Calvão da Silva:

> No âmbito do Estado Providência, os serviços públicos eram sinónimo de titularidade pública, embora a sua gestão pudesse ser deferida a entidades privadas, designadamente através de contratos de concessão. Mais do que um modo de organização, o Serviço Público traduzia a essência do Estado e espelhava a filosofia das relações entre a acção pública e o corpus societário: a civilização do Bem-Estar assentava na propriedade pública dos serviços destinados à satisfação de interesses colectivos.
>
> Com os défices orçamentais e a ineficiência da gestão da res publica, a concepção clássica de Serviço Público é posta em causa: a dimensão subjectiva perde o protagonismo para a vertente material daquela noção. Nesse sentido, o essencial é a satisfação de necessidades fundamentais da colectividade, independentemente de tal escopo ser prosseguido através dos serviços públicos tradicionais, a cargo do Estado ou concessionários, ou por entidades privadas sujeitas a 'obrigações de interesse geral' ('obrigações de serviço público').
>
> Na verdade, com o movimento de privatizações e liberalizações, a influência comunitária e a emergência do Estado Regulador, assiste-se ao desmantelamento de muitos serviços públicos clássicos e à assunção pelo mercado de tarefas anteriormente monopolizadas pelo poder público.[16]

No exato mesmo sentido, Fabio Giglioni fala na inutilidade da categoria tradicional de serviço público, afirmando ser relevante o

---

[14] CASSESE. *Istituzioni di diritto amministrativo*, p. 48, tradução nossa e grifos do original.

[15] MUÑOZ MACHADO. *Servicio público y mercado*, p. 41, tradução nossa.

[16] SILVA, João Nuno Calvão da. *Mercado e Estado*: serviços de interesse económico geral. Coimbra: Almedina, 2008. p. 215-216.

encontro de uma nova categoria de atividade que prescinda da forma de gestão, mas que seja determinada em função de suas finalidades e dos interesses coletivos a que visa satisfazer, corroborando integralmente a ênfase que defendemos no elemento finalístico dos serviços públicos.[17]

Ocorre, contudo, que, no direito europeu, a necessidade de revisão da noção de serviço público a partir da superação do elemento orgânico levou a um apego excessivo à noção de *serviço econômico de interesse coletivo*, sendo comuns as considerações acerca da substituição do serviço público tradicional pelo serviço econômico de interesse coletivo. Acerca dessa questão não nos manifestaremos, por ser ponto afeto exclusivamente ao direito da Comunidade Europeia, sem reflexos no direito brasileiro, haja vista que a noção de serviço econômico de interesse coletivo não é tratada de forma substancial no direito pátrio.

Entre nós, a discussão é a mesma existente no direito europeu, embora do ponto de vista de nomenclatura haja divergências. Tal como já demarcamos, descabe falar no direito brasileiro de uma superação da noção de serviço público, visto que o artigo 175 da Constituição Federal é expresso em receber tal serviço no direito constitucional brasileiro.[18] Demais disso, não há como se falar em serviços econômicos de interesse coletivo, pois estes não são muito comuns ao nosso direito, o que torna impossível falarmos na substituição dos serviços públicos por referidos serviços econômicos de interesse coletivo.

Todavia, as conclusões a que chegamos, procedentes de uma análise do atual estágio do direito brasileiro, e a que muitos autores chegam desde o direito europeu, são materialmente as mesmas: a superação da noção de serviço público a partir de uma vertente subjetiva e a necessidade de se considerá-lo originado de uma finalidade, consistente na satisfação de necessidades coletivas (que, no direito brasileiro, a nosso ver, estão atreladas a direitos fundamentais), em privilégio do elemento finalístico, donde *emerge evidente a compatibilidade entre a prestação dos serviços públicos e um cenário de concorrência.*[19]

---

[17] Cf. GIGLIONI. *L'Accesso al mercato nei servizi di interesse generale*, p. 362-364.

[18] Dinorá Musetti Grotti bem pontua que: "Apesar de toda a discussão de ter ou não a noção de serviço público significado no direito administrativo atual, para o ordenamento pátrio a noção não é despicienda, sobretudo pelo tratamento constitucional conferido pelo tema" (*O serviço público e a Constituição Brasileira de 1988*, p. 88-89).

[19] A única e relevante distinção entre as formulações europeias e a que aqui propomos consiste na vinculação direta entre serviços públicos e direitos fundamentais. Segundo entendemos, os serviços públicos, no Brasil, estão diretamente vinculados aos direitos fundamentais por expressa determinação constitucional. Contudo, tal formulação não existe e nem poderia

6.2 Serviço público titularidade e serviço público regime jurídico

O serviço público, no Brasil, é comumente visto por seu elemento subjetivo, consubstanciado em uma titularidade estatal da qual decorre uma exclusividade de iniciativa em determinadas atividades econômicas. Segundo essa visão, os mercados nos quais existem serviços públicos seriam fechados à livre iniciativa privada, apenas sendo permitido o ingresso de agentes particulares caso outorgado um título habilitante pelo Estado. As atividades econômicas consideradas serviços públicos, por serem de titularidade estatal, afastariam a livre iniciativa privada, segundo o entendimento mais tradicional no Brasil.

No tópico anterior, já tivemos a oportunidade de frisar nossa discordância quanto ao conteúdo do elemento subjetivo dos serviços públicos. Esse elemento, segundo nossa visão, deve ser entendido como a condição do Estado de *devedor de uma obrigação jurídica*, na qualidade de principal devedor ou de garantidor do cumprimento da obrigação. Em decorrência disso, a titularidade estatal que afasta a livre iniciativa, além de inexistente, não pode se configurar como elemento típico e marcante dos serviços públicos, eis que o relevante, nesses serviços, é seu elemento finalístico,

Nesse diapasão, segundo nos parece correto, os serviços públicos devem ser compreendidos como atividades sujeitas a um *regime jurídico específico* – o qual, reafirme-se, não é único, nem uniforme –, que devem ser exploradas ou, no mínimo, garantidas pelo Estado, sendo certo que o regime jurídico decorre das finalidades dos serviços públicos e a obrigação estatal decorre da vinculação desses serviços aos direitos fundamentais, conforme expusemos no Capítulo 3 deste trabalho.

A partir do momento em que se conclui ser a finalidade o elemento marcante dos serviços públicos, verifica-se uma considerável mudança de paradigma em relação aos entendimentos mais tradicionais. Isso acontece, pois, considerando-se os serviços públicos por sua

---

existir no direito comunitário europeu, visto que, embora haja direitos fundamentais comunitários, o tema ainda possui seu principal assento nas ordens constitucionais soberanas dos países-membros. Assim, ainda que alguns países (como Alemanha, por exemplo) expressamente vinculem os serviços públicos aos direitos fundamentais, essa vinculação fica restrita à competência de cada país-membro. Sobre a questão da possibilidade de complementação do regime dos serviços públicos pelos ordenamentos nacionais, confira-se: JUSTEN, Monica Spezia. *A noção de serviço público no direito europeu*. São Paulo: Dialética, 2003. p. 223.

finalidade, vê-se que esses serviços, para além de serem atividades de obrigação estatal, *nada mais representam do que um regime jurídico imposto sobre determinados agentes exploradores de uma atividade econômica, para a realização de determinado objetivo.*[20]

Via de consequência, os mercados nos quais existem atividades *sujeitas ao regime jurídico de serviço público* não são mercados interditados à livre iniciativa privada – como entende a doutrina afincada à noção de titularidade estatal como exclusividade de iniciativa –, mas, sim, são mercados nos quais há agentes sujeitos a diferentes regimes jurídicos, uns absolutamente desprendidos das obrigações e dos direitos decorrentes do regime jurídico de serviço público e outros vinculados a tais direitos e obrigações, que incorporam algum tipo de ônus.[21]

Esta afirmação, longe de ser mera divagação teórica, encontra pleníssimo respaldo no direito positivo brasileiro, o que fica evidenciado a partir do momento em que se verifica serem as atividades sujeitas ao regime de serviço público insertas em determinado mercado, ao qual agentes sujeitos a outros regimes, em regra, têm livre acesso.

A título meramente exemplificativo, o regime jurídico das atividades do setor de energia elétrica, contemplado nas Leis nºs 9.074/95 e 10.848, de 15 de março 2004, expressamente determina que os agentes que comercializam energia elétrica encontram-se sujeitos ao regime de serviço público quando a comercialização se dá a determinada classe de consumidores (os chamados consumidores cativos) e sujeitos a outro regime jurídico quando a comercialização se dá para outros consumidores (os chamados consumidores livres).

No mesmo sentido, a Lei nº 9.472/97 expressamente determina que os serviços de telecomunicações serão explorados por agentes sujeitos ao regime de serviço público, *concomitantemente* com agentes não sujeitos a este regime, de forma competitiva (artigos 89 e seguintes e 126 e seguintes).

Ainda, os serviços públicos de irrigação podem, por expressa determinação legal (artigo 25 da Lei nº 12.787/2013), coexistir nos regimes de serviço público e fora dele, sendo livre a iniciativa de particulares no regime que não seja o de serviço público. O mesmo ocorre com os

---

[20] Exatamente neste sentido, confira-se: NALLAR. *Regulación y control de los servicios públicos*: repercusiones prácticas del fundamento de su impunidad, p. 163 *et seq.*

[21] Como será aclarado adiante, o regime jurídico de serviço público será variável em função da atividade que vier a ser desenvolvida e de acordo com as características intrínsecas do respectivo mercado.

serviços públicos de coleta de lixo no Município de São Paulo, conforme a já citada Lei Municipal nº 13.478/2002, e com diversos outros serviços públicos constituídos de acordo com o direito positivo brasileiro.

Até mesmo os serviços públicos tradicionalmente considerados como exclusivos do Estado possuem alguma atividade em sua cadeia produtiva na qual há liberdade de iniciativa para agentes privados, como ocorre com o fornecimento de água a granel e a distribuição de encomendas, que podem ser exploradas por particulares em outro regime jurídico que não o de serviço público.

Sendo assim, verifica-se que a marca essencial dos serviços públicos será a obrigação estatal de garantir a atividade à coletividade (ou parte dela), *sob um regime jurídico (que, novamente,* não é único nem uniforme) especial amoldado para viabilizar o alcance das finalidades da atividade.

Afirmar que os serviços públicos são atividades econômicas às quais não se aplicam a livre iniciativa e as regras de mercado é, a nosso ver, um equívoco, pois, exceto nos casos em que, *sob o crivo da proporcionalidade,* seja admissível afastar a livre iniciativa, poderão diversos agentes econômicos adentrar em mercados nos quais há serviços públicos e explorar atividades em direto regime de concorrência.

Não há qualquer reserva de iniciativa em favor do Estado nos serviços públicos, mas, sim, há um regime jurídico especial que poderá ser imposto aos agentes exploradores de uma determinada atividade econômica (que poderá, inclusive, ser o próprio Estado, no caso de prestação direta, sem delegação) para possibilitar o alcance de determinada finalidade pública prevista no ordenamento jurídico. Isso, por mais do que evidente, não coloca a atividade econômica em si, no todo ou em parte, fora da aplicação do direito fundamental da livre iniciativa.

Diante dessas considerações, devemos, neste momento, passar a analisar como se configura esse regime jurídico dos serviços públicos, a que nos referidos. É o que será desenvolvido nas linhas que seguem.

6.3   O regime jurídico dos serviços públicos

Demarcamos que os serviços públicos, no direto brasileiro hodierno, são caracterizados, principalmente, pelo elemento finalístico e que, via de consequência, os demais elementos orgânico e material, embora secundários, não podem ser desconsiderados, haja vista que o Estado sempre fará parte da relação jurídica dos serviços públicos, assim como que os serviços públicos poderão ter um regime jurídico que os diferencie das demais atividades existentes (o que nada mais é do que um elemento de promoção do elemento finalístico).

Ademais, ainda na esteira de nossas considerações precedentes, entendemos ser imprescindível a atribuição de um regime jurídico especial aos serviços públicos, eis que é necessário diferenciá-los das demais atividades econômicas existentes. Isso ocorre, pois, ao se ter a nomeação de uma determinada matéria como serviço público, seu vínculo à satisfação de um direito fundamental demanda, necessariamente, um traço característico, sem o qual o serviço público seria uma atividade econômica como outra qualquer. Em que pese serem os serviços públicos atividades que admitem a concorrência e atividades que não predicam, *a priori*, qualquer forma de exclusividade, quando sua existência for verificada, um regime jurídico especial há de ser identificado.

Sobre esta questão, com propriedade expõe Daniel Nallar:

> o serviço público deixa de ser atividade mesma e aparece como uma técnica jurídica pela qual o Estado atua sobre determinadas atividades econômicas, por meio do estabelecimento de regimes especiais. Neste caso, quando se presta uma atividade qualificada e sujeita a um regime de serviço público se está procurando perante a comunidade a satisfação de necessidades essenciais, das quais a comunidade não pode tomar ou prescindir segundo as circunstâncias.[22]

Entretanto, não expusemos no que consistiria esse regime jurídico dos serviços públicos. Expusemos, apenas, nossa discordância quanto ao conceito formulado pela doutrina do regime jurídico de direito público, não só em razão de seu desprendimento do direito positivo, com também em razão de sua inaplicabilidade à totalidade das atividades que constituem serviços públicos. Cabe-nos, então, apresentar quais os elementos que entendemos fazer parte do regime jurídico de serviço público e que, portanto, são capazes de apartar esses serviços das demais atividades econômicas existentes em nosso sistema.

Segundo nossa concepção, o regime jurídico dos serviços públicos deve ser buscado no direito positivo, eis que reputamos não ser cabível a adoção de regime jurídico que apenas existe na doutrina (embora a jurisprudência muitas vezes procure na doutrina o regime jurídico das

---

[22] NALLAR. *Regulación y control de los servicios públicos*: repercusiones prácticas del fundamento de su impunidad, p. 165-166, tradução nossa.

CAPÍTULO 6
O NÚCLEO DOS SERVIÇOS PÚBLICOS | 243

atividades, tal como se verificou no caso da Ação de Descumprimento de Preceito Fundamental nº 46/DF, como pudemos anotar). Por essa razão, para a descrição do regime jurídico dos serviços públicos que nos parece cabível, partiremos, sempre, das disposições do direito positivo, notadamente no que se refere ao conteúdo jurídico dos direitos fundamentais.

De modo preliminar, devemos deixar anotado que sempre faremos referência a um *regime jurídico de serviço público*, ao invés de utilizar a designação mais comum de *regime jurídico de direito público*. A razão de nossa escolha é decorrente do conteúdo, segundo entendemos, fluido, da expressão regime jurídico de direito público, que, no Brasil, é utilizada em uma enorme gama de casos envolvendo a administração pública (desde o regime jurídico dos servidores públicos até o regime jurídico dos atos administrativos), cada vez com um conteúdo distinto, sem qualquer uniformidade, o que dificulta sua perfeita compreensão.[23] Portanto, parece-nos mais adequado falar em um *regime jurídico de serviço público*, pois tal expressão denotaria mais claramente qual o seu campo de aplicação.

6.3.1 O regime jurídico de serviço público previsto no direito positivo

Tal como mencionamos, o regime jurídico dos serviços públicos não deve ser buscado em outra fonte que não seja o próprio direito. Assim sendo, em que pese tenha a tradição francesa dado conta da existência de diversos elementos que caracterizam o regime jurídico dos serviços públicos (os quais, lá, inclusive, são provenientes da jurisprudência do Conselho de Estado e, portanto, têm assento jurídico[24]), nossa investigação terá como fundamento o direito positivo brasileiro aplicável aos temas dos direitos fundamentais e dos serviços públicos propriamente ditos.

Por isso, nossa análise será pautada pelas consequências jurídicas da existência dos *direitos fundamentais*, além das diversas normas

---

[23] A nosso ver, com a proliferação dos campos de atuação do Estado e das pessoas de direito público, é impossível imputar ao termo *regime jurídico de direito público* um único significado. O conteúdo efetivo do regime jurídico de direito público variará sempre em função da parcela do Estado (e, via de consequência, do direito público) que se analisa, razão pela qual preferimos utilizar outra terminologia.

[24] Cf. BRACONNIER. *Droit des services publics*, p. 299 *et seq.*

regentes dos mais distintos serviços públicos. Evidentemente, dada a pluralidade de atividades que constituem serviços públicos, não nos deteremos na legislação regente de cada uma de referidas atividades. Simplesmente utilizaremos alguns exemplos que consideramos, para os fins que aqui pretendemos alcançar, mais interessantes.

Com isso, emerge do direito positivo um regime jurídico dos serviços públicos que seria composto por três deveres jurídicos, quais sejam, universalização, continuidade e modicidade tarifária.[25] Fazemos referência a deveres jurídicos, na medida em que referidos elementos do regime jurídico dos serviços públicos não se constituem *princípios jurídicos* na acepção que atribuímos a tais princípios neste trabalho, ao mesmo tempo em que deles derivam obrigações diretas ao Estado prestador (ou garantidor da prestação) dos serviços públicos.[26] Demais disso, dado o vínculo dos serviços públicos com os direitos fundamentais (que já são de per se princípios), os deveres ora mencionados são elementos necessários à concreção dos princípios jurídicos encartados nos respectivos direitos fundamentais, descabendo falar em "princípios de princípios".

Portanto, passaremos, neste momento, a analisar com detença cada um de referidos deveres, bem como as consequências jurídicas mais relevantes de sua identificação e de sua aplicação.

6.3.1.1 Universalização

Como propriamente define Diego Zegarra Valdivia, a universalização é do dever de fazer com que "os serviços possam chegar à maior quantidade de pessoas no espaço geográfico de um país e em condições econômicas adequadas".[27] Portanto, quando afirmamos que um dever que caracteriza o regime jurídico dos serviços públicos é o da *universalização*, afirmamos que a qualificação de uma determinada atividade como serviço público faz incidir, de per se, a *obrigação* de seu prestador

---

[25] Em razão da existência de deveres decorrentes da existência de um serviço público, que Daniel Nallar muito propriamente classifica os serviços públicos como uma "técnica regulatória", já que a presença dos serviços públicos predica o manejo de instrumentos específicos pelo Estado para a realização das finalidades da atividade (elemento finalístico). Sobre o tema, confira-se: NALLAR. *Regulación y control de los servicios públicos*: repercusiones prácticas del fundamento de su impunidad, p. 163-166 (esta última em especial).

[26] Mencione-se aqui que exatamente neste sentido dispõe a Lei nº 9.472/97, cujo artigo 79 expressamente menciona a existência de *obrigações* de universalização e continuidade.

[27] VALDIVIA, Diego Zegarra. *Servicio público y regulación*: marco institucional de las telecomunicaciones en el Perú. Lima: Palestra, 2005. p. 329, tradução nossa.

CAPÍTULO 6
O NÚCLEO DOS SERVIÇOS PÚBLICOS | 245

(seja o Estado diretamente, seja o particular que age em sua delegação) de levar o serviço prestado para a maior quantidade de pessoas possível dentro de um determinado território[28] em plenas condições de fruição. Ainda em linha com o mesmo autor, a criação de uma política pública de universalização dos serviços públicos depende de quatro fatores: (i) um geográfico, que determine qual deverá ser o território atendido pela meta de universalização; (ii) um pessoal, que defina quais os grupos sociais que se beneficiarão da universalização; (iii) um de acessibilidade, que defina qual o preço de acesso ao serviço que possa ser oferecido; e (iv) um de serviço, que especificará qual o tipo e o nível do serviço que deverá ser objeto da universalização.[29]

Assim sendo, verifica-se que é inerente ao cumprimento do dever de universalização um debate entorno do *mínimo* que deva ser oferecido, bem como do preço pelo qual esse mínimo será oferecido. A razão disso é simples: os serviços públicos comportam, muitas vezes, níveis de prestação distintos e a custos distintos, podendo ser contemplado em processo de universalização nível de serviço que não corresponde aos níveis mais completos disponíveis em outros centros. Daí extraímos que a universalização sempre deverá ser realizada de forma proporcional às necessidades coletivas que deverão ser supridas com a extensão do oferecimento da utilidade coletiva. Essencial é que haja a disponibilidade do serviço. Porém, o nível de serviço disponibilizado poderá variar. Por exemplo, não parece proporcional exigir que os serviços postais oferecidos nos rincões do Amazonas incluam serviços expressos, mas não se pode tolher da população, localizada lá, o direito de receber os serviços postais.

Note-se, ademais, que a universalização é o traço mais saliente dos serviços públicos. Mesmo com todos os questionamentos, verificados na Europa, acerca da permanência da noção de serviço público, o dever de universalização nunca foi excluído ou mitigado. Tanto é assim que houve a criação, no direito comunitário, do conceito de *serviço universal*, moldado a partir do caso *Corbeau*,[30] em que se reconheceu que

---

[28] Lembremos que a competência para a prestação dos serviços públicos no Brasil foi repartida entre os diversos entes federativos pela Constituição Federal. Por essa razão, os parâmetros geográficos da universalização sempre estarão limitados aos territórios do ente federativo competente para prestar o serviço público que se venha a analisar.

[29] Cf. VALDIVIA. *Servicio público y regulación*: marco institucional de las telecomunicaciones en el Perú, p. 330.

[30] Como mencionado no Capítulo 4, o caso *Corbeau* refere-se a uma discussão ocorrida no âmbito do Tribunal de Justiça Europeu acerca da existência de exclusividade estatal nos

determinadas prerrogativas poderiam ser asseguradas aos serviços postais belgas, para que fosse possível a manutenção de uma *universalização* dos serviços.

Analisando-se o direito brasileiro, tem-se que o dever de universalização provém, em primeiro lugar, da vinculação dos serviços públicos aos direitos fundamentais. Como já dito, os direitos fundamentais têm um titular (cidadão) e um destinatário (Estado), de tal forma que a satisfação de um determinado direito fundamental deve alcançar a todos os seus titulares, visto que esses todos são *credores* da relação jurídica *obrigacional* contida na criação de um direito fundamental. Ao vincular os serviços públicos aos direitos fundamentais, damos conta de que a prestação de referidos serviços deve alcançar tantos cidadãos (titulares do direito fundamental) quanto sejam possível, conforme as peculiaridades do serviço. Isso é inerente à existência de um direito fundamental a ser satisfeito.

Nesse diapasão, emerge do direito positivo (dispositivos constitucionais criadores de direitos fundamentais, tais como os artigos 1º, 3º e 5º) o *dever* do Estado de prestar ou garantir a prestação dos serviços públicos para tantos quanto possível, independentemente de sua localização geográfica, na medida em que a satisfação dos direitos fundamentais não pode se restringir a uma mera parcela da população, devendo ser levada a todos os titulares de tais direitos, sem considerar a condição socioeconômica e a localização geográfica. A localização geográfica, em determinados aspectos, é, de per se, um fator de exclusão de determinada parcela da população e, nessa perspectiva, a universalização de parcela considerável dos serviços públicos acaba por funcionar como um instrumento de mitigação dos efeitos do isolamento,[31] permitindo aumentar a efetividade dos direitos fundamentais.

Somado a isso, ainda se verifica a existência expressa do dever de universalização no marco legislativo da maioria dos serviços públicos, donde se depreende também das normas infraconstitucionais a previsão do dever de universalização. É o caso, por exemplo, do disposto no §1º do artigo 79 da Lei Geral de Telecomunicações (Lei nº 9.472/97),[32]

---

serviços postais, em que houve a decisão de referida Corte no sentido de que a restrição da concorrência poderia ser admissível conquanto fosse um instrumento necessário à universalização dos serviços.

[31] Cf. GOUVEIA. *Os serviços de interesse geral em Portugal*, p. 28.

[32] Dispõe referido preceito (*in verbis*): "§1º Obrigações de universalização são as que objetivam possibilitar o acesso de qualquer pessoa ou instituição de interesse público a serviço de

que define o conteúdo das obrigações de universalização, cujas metas serão reguladas pela Agência Nacional de Telecomunicações (artigo 79, *caput*), bem como do inciso XII do artigo 3º da Lei nº 9.427, de 26 de dezembro de 1996, que determina que a Agência Nacional de Energia Elétrica estabelecerá as metas de universalização dos serviços de energia elétrica periodicamente, como também do inciso I do artigo 2º da Lei nº 11.445/2007, que prevê a universalização como um dos preceitos fundamentais[33] da prestação dos serviços públicos de saneamento básico, entre diversos outros dispositivos legais.

O cumprimento do dever de universalização não é uma tarefa simples de ser empreendida, na medida em que os custos incorridos são de altíssimas montas. Muitas vezes, o oferecimento de determinado serviço público a regiões distantes e com reduzido poder econômico – sobretudo em um país emergente e com grandes dimensões como o Brasil – implica a realização de gastos que, possivelmente, nunca sejam amortizados. E é exatamente esse um dos principais traços distintivos do serviço público e das demais atividades econômicas, na medida em que a prestação dos serviços públicos, em regra, demanda a assunção de grandes ônus com o cumprimento do dever de universalização pelo seu prestador, ao contrário das demais atividades econômicas.

Com isso, a realização de uma política pública de universalização não pode prescindir da indicação exata das fontes de recursos para a universalização, nem muito menos de uma política tarifária muito precisa, sendo certo que o financiamento da universalização será distinto para cada setor que se vier a analisar.[34] Isso ocorre, pois o financiamento do cumprimento do dever de universalização encontra, essencialmente, quatro soluções: (i) ou o próprio sistema como um todo provê os recursos necessários à universalização, sendo acrescentado no valor devido individualmente pelos usuários o valor necessário à universalização (subsídios internos ao serviço);[35] (ii) ou o poder público

---

telecomunicações, independentemente de sua localização e condição sócio-econômica, bem como as destinadas a permitir a utilização das telecomunicações em serviços essenciais de interesse público".

[33] Novamente discordamos da consideração da universalização como princípio pelas razões expostas. Contudo, essa é a terminologia empregada pela lei.

[34] Cf. GOUVEIA. *Os serviços de interesse geral em Portugal*, p. 35.

[35] É o caso, por exemplo, da universalização dos serviços públicos de transmissão de energia elétrica no Brasil, em que os custos incorridos com a construção de novas infraestruturas são repartidos entre *todos* os usuários do sistema, conforme a sistemática prevista na Lei nº 9.648, de 27 de maio de 1998, e no Decreto nº 2.655, de 2 de julho de 1998.

arca com referidos custos, por meio de subsídios tarifários (subsídios externos ao serviço);[36] (iii) ou apenas determinados usuários arcam com os custos, em mecanismos de subsídios cruzados;[37] (iv) ou, por fim, os usuários arcam com os custos por meio da contribuição a fundos setoriais destinados à universalização (outra forma de subsídios externos).[38]

Nessa perspectiva, verifica-se que o cumprimento do dever de universalização na prestação dos serviços públicos poderá demandar a utilização de instrumentos específicos pelo Estado, que, talvez, culminem com restrições ao direito fundamental da livre iniciativa e que serão mais ou menos intensas, desde a supressão total da pluralidade de agentes no setor até simples limitações tarifárias. Contudo, tais restrições deverão ser sempre *proporcionais* aos fins que se pretende alcançar. Sendo assim, a existência do dever de universalização poderá ter impactos sobre a concorrência na prestação dos serviços públicos, como passaremos a analisar.

6.3.1.1.1 Universalização e concorrência

Tal como pudemos mencionar no Capítulo 4, o dever de universalização poderá impor restrições à concorrência na prestação dos serviços públicos. Isso ocorre, pois haverá possíveis casos em que uma pluralidade de agentes tornará inviável a extensão do oferecimento da utilidade pública para o maior número possível de usuários. É exatamente o que afirma Diogo Rosenthal Coutinho:

> O estímulo à concorrência entre concessionárias de serviço público, ainda que bem-sucedida a transposição dos obstáculos impostos pela existência de monopólios naturais, não é suficiente para garantir a universalização. É mais fácil imaginar que um regime concorrencial leve à rivalidade de firmas na utilização da infra-estrutura já construída do que a uma rivalidade na expansão da rede (exceto se a expansão se justificar em razão do interesse comercial concreto na área a ser alcançada). Noutras palavras, a concorrência, que é altamente benéfica para o consumidor já incluído no mercado, não é capaz de, por si só, incluir cidadãos alijados do acesso às redes. (...)

---

[36] Seria o caso, por exemplo, da universalização dos serviços públicos de saneamento básico por meio de uma concessão patrocinada prevista na Lei nº 11.079/2004.

[37] *Vide* tópico 5.2.2.

[38] É o caso do Fundo de Universalização dos Serviços de Telecomunicações (FUST), destinado ao financiamento dos serviços de telecomunicações, assim como do fundo Luz para Todos, destinado ao financiamento dos serviços de distribuição de energia elétrica.

Também delicado é o seguinte fato: não é difícil imaginar que uma empresa privada, se submetida a um regime de concorrência eficaz, fique impossibilitada de realizar investimentos em universalização, uma vez que isto representará uma desvantagem concorrencial incontornável.[39]

Nesse contexto, verifica-se que a inserção de uma concorrência plena na prestação dos serviços públicos poderia levar a dois cenários distintos: em um primeiro, as prestadoras do serviço público simplesmente desconsiderariam parcela dos usuários situada em localidades afastadas e sem acesso ao serviço e se concentrariam apenas nos grandes centros nos quais as infraestruturas necessárias, visto que os gastos incorridos com o oferecimento da utilidade aos usuários de localidades distantes não compensariam os ganhos auferidos. Nesse cenário, o prejuízo direto é de alguns dos usuários.

Em um segundo cenário, há a realização dos investimentos necessários à universalização, mas tais investimentos importam em uma desvantagem competitiva muito grande, fazendo com que a empresa prestadora sucumba às condições de mercado. Nesse, o prejuízo direto é da prestadora e o indireto é de todos os usuários. Em qualquer dos casos, contudo, as finalidades do serviço público não seriam cumpridas, pois a satisfação dos direitos fundamentais envolvidos não seria completa.

Portanto, a prestação concorrencial dos serviços públicos sempre deverá ser analisada com algum grau de cautela. É inegável – e disso já nos ocupamos – que a concorrência, além de ser um vetor obrigatório imposto pela Constituição Federal (inciso IV do artigo 170), pode trazer substanciais benefícios aos usuários dos serviços públicos (aumento na qualidade dos serviços, redução nas tarifas, entre outras vantagens nas operações econômicas). Entretanto, a adoção de modelos competitivos não pode levar a prejuízos em deveres inerentes aos serviços públicos, como é o caso da universalização. Caso haja conflitos entre a universalização e a concorrência, esta última deve ceder.

Exatamente nesse sentido caminha o entendimento de Floriano de Azevedo Marques Neto:

> Já deixei consignado que o fato de uma dada atividade ser considerada essencial para a coletividade e, portanto, ser prestada em regime público

---

[39] COUTINHO. A universalização do serviço público para o desenvolvimento como uma tarefa da regulação. *In*: SALOMÃO FILHO (Coord.). *Regulação e desenvolvimento*, p. 76.

(ou seja, sua eleição como serviço público) não pode mais significar que tal atividade deva ser explorada em regime de monopólio ou privilégio. Daí concordar que se estabeleça a competição mesmo nestes setores. Tal não pode, contudo, ser feito de inopino, com açodamento. A admissão da competição nestas atividades (até mesmo pelo convívio de agentes explorando a dada utilidade concomitantemente em regime público e privado) não pode pôr em risco nem a prestação em regime público, nem o atingimento de metas de universalização.[40]

Ocorre, todavia, que não se pode afirmar que em todos os casos a concorrência importará em prejuízos para a universalização. Tal situação somente ocorrerá em casos específicos, configurados diante das características específicas de um determinado setor da economia. É dizer, embora seja verdade que em determinados casos a concorrência poderá impor prejuízos à universalização, isso não pode ser considerado de forma absoluta.

Isso ocorre, pois poderá haver (i) graus distintos de concorrência que beneficiarão os usuários dos serviços (ou parcela deles) e não prejudicarão a universalização; (ii) casos em que o sistema de financiamento da universalização talvez comporte a convivência da concorrência com os deveres de universalização; (iii) a compatibilidade entre a concorrência e o tipo de serviço que constituirá o objeto da universalização; *assim como* (iv) casos em que a própria concorrência seja instrumento para a universalização. Expliquemo-nos. Em primeiro lugar, quando se liberaliza um determinado setor da economia para a concorrência, há graus distintos de abertura. Pode-se cogitar de uma abertura integral, que abranja todos os segmentos e todos os usuários, bem como de uma abertura parcial, que abranja apenas parcela dos segmentos e usuários. Desse modo, é possível, diante de potenciais prejuízos à universalização decorrentes da concorrência, optar por níveis modulados de concorrência, de tal forma a se encontrar um equilíbrio entre a concorrência e a preservação dos deveres de serviço público.[41]

É o que se verifica na Europa e no Brasil no caso dos serviços de energia elétrica. Enquanto o modelo europeu contemplou uma abertura completa do setor elétrico, com a inserção de concorrência em todos

---

[40] MARQUES NETO. Universalização de serviços públicos e competição: o caso da distribuição de gás natural. *Revista Trimestral de Direito Público*, p. 40.

[41] Sobre a questão, novamente confira-se: MARQUES NETO. Universalização de serviços públicos e competição: o caso da distribuição de gás natural. *Revista Trimestral de Direito Público*, p. 40-41.

os segmentos e abrangendo todos os usuários,[42] incluindo os residenciais, o modelo brasileiro contemplou uma abertura parcial, permitindo que houvesse concorrência somente no nível dos grandes consumidores (denominados *autoprodutores*[43] ou *consumidores livres*[44]). Os demais segmentos de consumidores ficam sujeitos à exclusividade da concessionária de distribuição, na medida em que uma abertura maior poderia prejudicar a universalização.

Demais disso, o grau de abertura de um determinado setor poderá contemplar períodos de exclusividade em favor do agente prestador, para que ele possa atingir determinadas metas de exclusividade previamente impostas. São esses os casos dos serviços públicos de telecomunicações e de distribuição de gás natural canalizado no Estado de São Paulo, nos quais aos agentes prestadores foi conferido período de exclusividade para garantir a universalização dos serviços públicos prestados. Após o cumprimento das metas impostas, a concorrência passou, em algum grau, a ser inserida.

Em segundo lugar, o sistema de financiamento da universalização de um determinado serviço público poderá fazer com que essa seja compatível com um cenário de concorrência. É o caso, por exemplo, em que o agente incumbido da universalização dos serviços seja ressarcido pelo Estado ou por terceiro pelos custos irrecuperáveis decorrentes do oferecimento universal dos serviços, ficando em igualdade de condições para competir com os demais agentes atuantes no setor. Nesse caso, tem-se o Estado ou fundo onerados, com mecanismo que permite a concorrência mesmo com as obrigações de universalização.[45]

---

[42] Cabe ressaltar aqui que o histórico europeu é bem distinto do brasileiro e permite uma tal opção, uma vez que, na abertura do setor elétrico no direito europeu (implementada por meio da Diretiva 54/2003/CE, de 26 de junho de 2003), praticamente toda a infraestrutura encontrava-se construída, com a inclusão de praticamente todos os usuários. Nesse caso, o foco dos processos de privatização e liberalização recai muito mais sobre a concorrência do que sobre outras questões. Sobre o tema, confira-se: COUTINHO. A universalização do serviço público para o desenvolvimento como uma tarefa da regulação, p. 75.

[43] Nos termos do inciso V do §2º do artigo 1º do Decreto nº 5.163, de 30 de julho de 2004, agente autoprodutor é aquele "titular de concessão, permissão ou autorização para produzir energia elétrica destinada ao seu uso exclusivo".

[44] Nos termos do inciso VIII do §2º do artigo 1º do Decreto nº 5.163/2004, conforme a redação dada pelo Decreto nº 9.143, de 22 de agosto de 2017, consumidor livre é aquele que, atendido em qualquer tensão, tenha exercido a opção de compra de energia elétrica, conforme as conduções estabelecidas no art. 15 e no art. 16 d Lei nº 9.074 de 7 de julho de 1995.

[45] Exatamente nesse sentido caminha o entendimento de Floriano de Azevedo Marques Neto, conforme o já citado: As políticas de universalização, legalidade e isonomia: o caso "telefone social". *Revista de Direito Público da Economia – RDPE*, p. 98-99.

Nessa hipótese, a universalização não implica uma desvantagem competitiva, podendo ser um ônus imposto a um determinado prestador (ou grupo de prestadores) do serviço, sem que lhe sejam causados prejuízos diante dos demais agentes do setor, sobretudo com relação àqueles que atuam fora do regime de serviço público e que, portanto, não estão incumbidos de qualquer dever de universalização.

Em terceiro lugar, poderá haver compatibilidade entre um regime de concorrência e o *tipo do serviço* a ser universalizado. Como anunciamos, a decisão de implementação de uma política pública de universalização na prestação de um determinado serviço público perpassa a definição do tipo de serviço que será objeto de universalização. Isto ocorre, pois, em diversos casos, a prestação dos serviços públicos poderá contemplar diversos níveis de serviços (alguns, inclusive, apesar de prestados pelo mesmo agente incumbido da prestação dessas atividades, até mesmo excluídos do regime de serviço público[46]), podendo os deveres de universalização de um determinado nível de serviço ser compatíveis com a estrutura de custos do agente prestador dos serviços públicos.

Nessa terceira possibilidade, tem-se cenário em que os custos de universalização de um determinado nível de serviço (limitado pelo mínimo essencial para satisfação dos direitos fundamentais envolvidos) não implicam desvantagens competitivas ao agente prestador. É claro, essa possibilidade é um tanto remota e dependerá, de maneira indispensável, das condições bastante específicas de cada setor que se venha a analisar.

Por fim, em quarto lugar, a concorrência poderá ser um *instrumento* para a universalização dos serviços públicos. Esse é o caso em que se utiliza uma pluralidade de agentes, em regime de competição, para o alcance das metas de universalização, que são diluídas entre os diversos agentes. No direito brasileiro, a Lei nº 10.438, de 26 de abril de 2002, contém exemplo bastante profícuo do quanto expomos.

Em seu artigo 15, a lei prevê a faculdade da Agência Nacional de Energia Elétrica de promover licitações para a outorga de permissões de serviços públicos de distribuição de energia elétrica em áreas já contempladas em contratos de concessão dos mesmos serviços que

---

[46] É o caso, por exemplo, do já citado serviço de entrega expressa de correspondências e também do fornecimento de internet pela prestadora dos serviços públicos de telefonia fixa comutativa.

não contenham cláusula de exclusividade, *com o objetivo de garantir a universalização dos serviços.*[47]

Nessa hipótese, o sistema jurídico faculta que o poder concedente admita o ingresso de novos agentes no setor para a divisão das metas de universalização, de tal forma que haja um equilíbrio entre os direitos e obrigações de todos os agentes com relação à prestação do serviço. Assim, a universalização significa uma vantagem e uma desvantagem competitiva em exata e igual medida para todos os agentes, possibilitando sua coexistência com um regime concorrencial.

Com base no exposto, é possível concluir que não procede a afirmação de que o dever de universalização dos serviços públicos é, de per se, conflitante com a concorrência e de que, portanto, havendo concorrência, as metas de universalização serão automaticamente prejudicadas. Haverá casos em que a necessidade de universalização predicará de fato uma absoluta exclusividade de agentes (ainda que temporária). Porém, haverá casos em que as configurações do serviço público que vier a ser analisado permitirão tanto modulações no grau de concorrência e do nível dos serviços a serem universalizados, quanto uma convivência harmônica entre o dever de universalização e a concorrência.[48]

Sendo assim, reafirmamos o entendimento acerca da concorrência como regra na prestação dos serviços públicos. Porém, em linha com o que expusemos no Capítulo 4, consideramos também que poderá haver restrições à livre concorrência, quando esta puder ser um óbice ao cumprimento do dever de universalização. Tais restrições, em qualquer caso, deverão sempre ser proporcionais e consideradas conforme as especificidades de cada serviço público, não havendo uma fórmula genérica que se aplique a qualquer caso.

---

[47] Dispõe referido dispositivo (*in verbis*): "Art. 15. Visando a universalização do serviço público de energia elétrica, a Aneel poderá promover licitações para outorga de permissões de serviço público de energia elétrica, em áreas já concedidas cujos contratos não contenham cláusula de exclusividade".

[48] Nesse sentido, o próprio caso *Corbeau* é paradigmático, pois nele concluiu-se pela impossibilidade de se restringir a atividade empreendida pelo comerciante Paul Corbeau, por não trazer tal atividade qualquer prejuízo aos ônus assumidos pela empresa postal belga. Sobre o tema, confira-se: JUSTEN. *A noção de serviço público no direito europeu*, p. 200-203.

6.3.1.2 Continuidade

Conforme discorremos, o segundo dever que caracteriza o regime jurídico de serviço público é o *dever de continuidade*, consistente na obrigatoriedade de manutenção pontual e regular da prestação de um serviço público previamente instituído.[49] Vale dizer, segundo o dever de continuidade aplicável aos serviços públicos, eles não podem ser interrompidos, salvo por razões especiais ou na ocorrência de eventos de caso fortuito e força maior. O dever de continuidade na prestação dos serviços públicos tem fundamento na essencialidade da atividade, em virtude da qual não se pode tolher dos usuários o direito à sua fruição.

No direito francês, a continuidade é mencionada como uma marca dos serviços públicos desde os tempos de Duguit,[50] e sua relevância é tamanha, que a Corte Constitucional daquele país expressamente consagrou a existência de um princípio constitucional da continuidade.[51] Entre nós, reiteramos o entendimento de que a continuidade não se configura como um princípio jurídico, mas como uma *regra* que impinge um dever aos prestadores de serviços públicos.

Consoante parcela da doutrina, haveria uma distinção entre continuidade e regularidade dos serviços públicos, já que a primeira significaria o dever de prestação ininterrupta dos serviços públicos e a segunda significaria a prestação dos serviços de acordo com determinados parâmetros e regras.[52] Não concordamos com essa distinção. Segundo nossa visão, a regularidade é um dos aspectos que caracteriza a continuidade. É dizer, de acordo com nossa concepção, a prestação contínua é também caracterizada pela sua regularidade.

Do dever de continuidade não se pode inferir, contudo, que a prestação dos serviços públicos não poderá jamais ser interrompida. Por alguma razão fática, é evidente que em algum momento, será necessária uma interrupção de referida prestação. Nessa direção, a prestação dos serviços públicos poderá ser considerada contínua, caso esteja de acordo com parâmetros de continuidade previstos de forma expressa em algum estatuto jurídico aplicável à disciplina da prestação de cada

---

[49] Cf. GUGLIELMI; KOUBI. *Droit du service public*, p. 573.
[50] Afirmava o autor que "os governantes têm uma missão singularmente complexa e de dever infinitamente numerosa. Eles devem assegurar sem interrupção o funcionamento de todos esses [públicos] serviços, que são indispensáveis à vida de sua própria nação" (DUGUIT, Léon. *Leçons de droit public general*. Paris: De Boccard, 1926. p. 151, tradução nossa).
[51] Cf. GUGLIELMI; KOUBI. *Droit du service public*, p. 572.
[52] GROTTI. *O serviço público na Constituição de 1988*, p. 261.

serviço.[53] Apenas é essencial à efetividade jurídica do dever de continuidade que as interrupções que eventualmente haja na prestação de um serviço público não impliquem a falta contínua e absoluta da fruição do serviço pelos usuários.

Tal como verificado com relação ao dever de universalização, o dever de continuidade tem fundamento revelado no direito positivo. Em primeiro lugar, emerge das características da relação jurídica decorrente da existência de um direito fundamental, pois tais relações jurídicas pressupõem continuidade. É dizer, a relação jurídica de proteção existente entre Estado (destinatário dos direitos fundamentais) e cidadãos (titulares dos mesmos direitos) é *uma relação contínua*, que não se exaure somente com uma satisfação por parte do Estado, mas, sim, que perdura em qualquer caso de aplicação ou interpretação do direito.[54] Dessa forma, ao ter sido constituído um determinado direito fundamental a ser satisfeito por meio da prestação de um serviço público, não há como se cogitar de uma prestação que não seja contínua, eis que isso importaria em insatisfação ou satisfação parcial e pontual de um direito fundamental, o que é inadmissível.

Sendo assim, tem-se que a continuidade dos serviços públicos provém, em primeiro lugar, da natureza jurídica dos próprios serviços públicos, porque, na qualidade de *instrumentos destinados à satisfação de direitos fundamentais*, a continuidade é uma consequência lógica, na medida em que não se pode pretender sustentar que a realização dos direitos fundamentais possa ser interrompida.

Demais disso, como verificado com relação à universalização, a continuidade é prevista nos marcos institucionais e legislativos de diversos serviços públicos. O já citado artigo 79 da Lei nº 9.472/97, em seu §2º, é categórico ao contemplar o dever de continuidade como um dos aplicáveis aos serviços públicos de telecomunicações, determinando que tal dever consiste em obrigações "que objetivam possibilitar aos usuários dos serviços sua fruição de forma ininterrupta, sem paralisações injustificadas", com os serviços à disposição dos usuários em condições de uso.

---

[53] *Vide*, neste sentido, por exemplo, o conteúdo da Resolução Normativa nº 395, de 15 de dezembro de 2009, da Agência Nacional de Energia Elétrica, que fixa os parâmetros de determinação dos critérios de aferição da continuidade da prestação dos serviços públicos de distribuição de energia elétrica.

[54] PIEROTH; SCHLINK. *Grundrechte – Staatsrecht II*, p. 28.

Nesse trilhar, o dever de continuidade é previsto de forma expressa nos artigos 6º e 7º da Lei nº 8.987/95, que tratam do serviço adequado, bem como nos arts. 6º, inciso X, e 22, do Código de Defesa do Consumidor.[55] No caso específico desses últimos, há uma consequência jurídica bastante relevante consistente na legitimação do Ministério Público para a propositura de ações coletivas,[56] destinadas a garantir a adequação e a eficácia da prestação dos serviços públicos, o que corrobora ser a continuidade um dever essencial à noção de serviço público.

Adicionalmente, a relação entre o dever de continuidade e a concorrência na prestação dos serviços públicos não pode passar sem menção. Ao contrário do que ocorre com relação à universalização, que poderá ter na concorrência um adversário, a continuidade tende a ser preservada e estimulada pela concorrência.[57] Tal como anotamos no Capítulo 5, a concorrência demanda dos agentes econômicos a busca pela eficiência e pela melhoria no oferecimento de um determinado produto ou serviço, com vistas a prevalecer sobre os produtos e serviços oferecidos pelos concorrentes. Assim, um cenário concorrencial tende a demandar dos agentes prestadores um esforço maior com a qualidade dos serviços e com a continuidade de sua prestação, para que não haja a migração do mercado consumidor para os demais agentes concorrentes.

Portanto, a inserção de concorrência na prestação dos serviços públicos tende a propiciar aos usuários melhores condições na fruição do serviço no que se refere à continuidade (e, via de consequência, à regularidade e à qualidade), visto que, quebrado o dever de continuidade, a consequência verificada será a perda de mercado, que é muito mais severa e grave do que as penalidades algumas vezes impostas pelo Estado regulador e fiscalizador da atividade.[58]

---

[55] O Código de Defesa do Consumidor menciona apenas que os "serviços públicos essenciais" devem ser contínuos. Ora, tal como já mencionado exaustivamente neste trabalho, todos os serviços públicos são essenciais, pois a essencialidade é um dos traços marcantes de tais serviços. Portanto, todos os serviços devem ser contínuos. Nesse sentido: GRINOVER *et al. Código Brasileiro de Defesa do Consumidor*: comentado pelos autores do anteprojeto, p. 191.

[56] Cf. GRINOVER, Ada Pellegrini *et al. Código Brasileiro de Defesa do Consumidor*: comentado pelos autores do anteprojeto. 6. ed. Rio de Janeiro: Forense Universitária, 2000. p. 131.

[57] Frise-se aqui que essa não é uma afirmação absoluta, pois poderá haver casos extremos em que a concorrência leve à falência o prestador de um serviço público, o que poderá comprometer a continuidade dos serviços. Nada obstante, em regra, a concorrência tende a fomentar a continuidade.

[58] Veja-se, nesse sentido, o caso dos serviços públicos de transportes aéreos de passageiros e os de telecomunicações. Com a pluralidade de agentes, o esforço dos prestadores contra a descontinuidade é muito superior aos casos em que há exclusividade na prestação.

No entanto, cuidados são necessários. Em um cenário concorrencial, um usuário pode optar por não contratar os serviços prestados pelo agente sujeito ao regime jurídico de serviço público (sujeito ao dever de continuidade, portanto) e contratar com outro agente que ofereça o mesmo serviço sem a sujeição ao regime de serviço público. Nessa hipótese, há o risco de o usuário em questão ter violado seu direito de recebimento de prestação contínua do serviço público em questão, sem que qualquer medida regulamentar lhe assista, porquanto o agente contratado não se submete ao dever de continuidade, sendo a proteção do usuário decorrente apenas da legislação de proteção ao consumidor, que não contempla todo o regime de proteção inerente aos serviços públicos.[59]

Na nossa compreensão, casos deste jaez somente podem ocorrer com relação a serviços que não têm fruição obrigatória e apenas com relação a consumidores que tenham a capacidade de dimensionar os riscos que correm ao fazer a escolha por outro agente prestador não sujeito ao dever de continuidade. Além disso, a proteção proveniente do direito do consumidor há de ser especialmente incisiva em casos dessa natureza, com a finalidade de reduzir as assimetrias entre consumidor e fornecedor.

Finalmente, duas questões afiguram-se-nos relevantes com relação ao dever da continuidade: a possibilidade de greve na prestação dos serviços públicos e a possibilidade de sua suspensão em razão de inadimplemento por parte do usuário, porque são duas questões que poderão pôr em jogo o dever de prestação contínua dos serviços públicos que ora se aventa.

No que concerne à primeira questão, entendemos que a greve poderá *a priori* ocorrer. É dizer, a prestação dos serviços públicos poderá estar sujeita a movimentos de greve. Contudo, tais movimentos não poderão suprimir o oferecimento da utilidade à prestação. Afirmar o contrário violaria completamente o dever de proporcionalidade na restrição dos direitos fundamentais. Como descrito, a prestação dos serviços públicos destina-se a satisfazer direitos fundamentais previstos na Constituição Federal, assim como o direito de greve é um direito fundamental dos trabalhadores (artigo 9º da Constituição Federal). Sendo

---

[59] É o caso, por exemplo, dos serviços públicos de telecomunicações, que podem ser prestados por agentes não sujeitos ao regime jurídico de serviço público e que, portanto, não estão sujeitos ao dever de continuidade.

assim, no caso da greve na prestação dos serviços públicos haverá um direito fundamental (direito de greve) sendo restrito para a realização de outro direito fundamental (aquele a ser realizado por meio do serviço público), *o que somente poderá ser realizado sob o crivo da proporcionalidade*, consoante deixamos demarcado no Capítulo 3.[60]

Portanto, para que possa haver greve na prestação dos serviços públicos, deverá haver um exame de proporcionalidade para aferir o quanto de cada um dos direitos fundamentais colidentes poderá ser restrito, donde se extrai que não há uma regra a ser estabelecida *a priori* e aplicável a todos os casos. *Prima facie*, ambos os direitos fundamentais colidentes têm que ser realizados plenamente. Todavia, diante das circunstâncias específicas de cada caso concreto, poderá haver restrições a um ou a outro ou até mesmo a ambos, em certa medida, o que poderá levar tanto à completa impossibilidade de greve, quanto à possibilidade de uma greve parcial com a manutenção de parcela dos serviços, *conforme venha a ser considerado proporcional*.

De outro bordo, no que concerne à segunda questão, entendemos que, salvo casos bastante excepcionais (que possam implicar em riscos à saúde e/ou à vida), *poderá haver a suspensão da prestação dos serviços públicos em razão de inadimplemento por parte do usuário*. O fundamento de nossa construção reside no fato de que a continuidade, como já colocamos, não é um dever absoluto e nem tampouco vincula-se à relação jurídica desempenhada entre cada usuário e o prestador do serviço. É um dever sujeito a exceções pertinentes, de acordo com as condições específicas do caso concreto, bem como é um dever imposto ao prestador em face da coletividade de usuários e não a cada um individualmente considerado. O dever de continuidade não pressupõe a ausência de condições subjetivas de recebimento dos serviços públicos, de tal forma que a falta de atendimento de alguma das condições autoriza a suspensão do fornecimento.

Sobre o tema, muito pertinentes as considerações de Jacintho Arruda Câmara:

> O dever de continuidade, portanto, sempre foi entendido como um vínculo de caráter genérico, que exigia do Estado a manutenção de determinado serviço público em funcionamento. É um dever estabelecido

---

[60] Cabe mencionar que exatamente esse foi entendimento do Superior Tribunal de Justiça no Agravo Regimental nº 7.961/DF, tendo afirmado a Corte que o direito de greve de ser sopesado e cotejado aos demais princípios contemplados no ordenamento jurídico nacional.

em favor da sociedade como um todo e assumido pelo Estado ou por quem lhe faça as vezes (concessionário ou permissionário de serviço público). Constata-se, portanto, que em sua concepção original o princípio da continuidade do serviço público serve apenas para assegurar que o serviço (considerado de maneira geral, como empreendimento) tenha sua oferta garantida continuamente. Neste sentido, não diz respeito à específica relação que envolve prestador de serviço público e cada um de seus usuários.

Esta última (a relação entre prestadoras de serviços públicos e usuários) sujeita-se a condicionamentos (exigências) relacionados à obtenção dos serviços, entre os quais pode figurar, de acordo com o sistema constitucional brasileiro, a obrigação de remunerar o prestador do serviço público. Interromper a prestação de serviço público a um usuário que não atenda aos requisitos exigidos para sua obtenção, assim, não configura rompimento do dever de continuidade. A continuidade do serviço público é preservada sempre que o Poder público (ou a empresa concessionária ou permissionária) o oferece nas condições estabelecidas na regulamentação. Não há que se falar em violação do dever de continuidade se entre essas condições figurar o pagamento de tarifa e o fornecimento for interrompido em função do inadimplemento do usuário. O dever de prestar o serviço – vale registrar mais uma vez – somente se torna exigível se as condições para sua fruição estiverem presentes.[61]

Essa é a disciplina contida no inciso II do §3º do artigo 6º da Lei nº 8.987/95, que admite a suspensão da prestação dos serviços públicos em virtude de inadimplemento do usuário, considerando-se o interesse da coletividade.[62] Em consonância com referido dispositivo, portanto, a suspensão é admissível, desde que compatível com o interesse da coletividade, isto é, desde que a suspensão dos serviços prestados a um usuário inadimplente não prejudique os interesses de toda a coletividade em obter a prestação contínua e adequada do serviço público.[63]

---

[61] CÂMARA. *Tarifa nas concessões*, p. 106-107.

[62] Ainda como bem anota Jacintho Arruda Câmara, o dispositivo em comento fez com que a suspensão não fosse uma consequência automática e direta do inadimplemento, visto que o legislador expressamente condiciona a suspensão a um sopesamento diante dos interesses da coletividade. Cf. *Tarifa nas concessões*, p. 120.

[63] Deve-se mencionar que essa matéria encontrou tratamento pacífico na jurisprudência brasileira apenas recentemente. Até pouco tempo atrás, ainda eram numerosas as decisões que se posicionavam contra a suspensão da prestação dos serviços públicos. Contudo, após o REsp nº 678356/MG, julgado em 7 de março de 2006, parece ter o Superior Tribunal de Justiça pacificado seu entendimento acerca da possibilidade de suspensão.

6.3.1.3 Modicidade tarifária

O último dos deveres decorrentes da instituição de um serviço público diz respeito ao dever de modicidade tarifária. Segundo tal dever, as tarifas cobradas pelos usuários de serviços públicos deverão ser *tão módicas quanto possível*, isto é, deve-se cobrar pela prestação dos serviços públicos o menor valor possível, que permita, a um só tempo, a garantia da viabilidade do serviço, o cumprimento de todos os deveres a ele inerentes e a remuneração do agente prestador.

O dever de modicidade tarifária é uma decorrência lógica do dever de universalização. Todavia, com ele não se confunde, pois a universalização é mais abrangente do que a modicidade tarifária, na medida em não encampa apenas o dever de oferta dos serviços públicos a preços módicos de forma a não excluir da fruição da atividade usuários de camadas socioeconômicas menos abastadas (universalização socioeconômica). Encampa, também, o dever de oferta dos serviços públicos na maior parcela do território possível (universalização geográfica).

Assim sendo, se o serviço público, em cumprimento ao dever de universalização, deve ser levado ao maior número possível de usuários (titulares do direito fundamental a ser satisfeito por meio da prestação do serviço público), é evidente que ele deve chegar a cada usuário pelo menor preço possível, a fim de que não se exclua da sua fruição qualquer usuário em razão do valor das tarifas. É dizer, sendo os serviços públicos atividades imprescindíveis para a realização de direitos fundamentais, é evidente que o valor cobrado por sua prestação não poderá ser elevado a ponto de impedir sua fruição pelos usuários. Daí emerge evidente o dever de manutenção da modicidade tarifária.

Acrescentado ao vínculo com os direitos fundamentais, existente tal qual no caso da universalização, a modicidade tarifária é mencionada, com frequência, no direito positivo. A própria Constituição Federal, no inciso III do artigo 175, faz referência à necessidade de estabelecimento de uma *política tarifária*, o que, evidentemente, indica a instituição de uma política de tarifas módicas e acessíveis. Além desse dispositivo, a Lei nº 8.987/95, no §1º do artigo 6º e no artigo 11, menciona o dever de manutenção da modicidade das tarifas. O mesmo se verifica em outras legislações específicas de determinados serviços públicos.

Ocorre, contudo, que a definição do termo *tarifa módica* não é tarefa das mais simples de ser empreendida. Consoante o entendimento de Joana Paula Batista, "o limite módico está no ponto que as pessoas passam a deixar de usufruir o serviço público por impossibilidade de arcar com seu custo, via pagamento de tarifas".[64] Segundo esse critério, a definição da noção de *tarifa módica* deve dar-se a partir da análise da capacidade de pagamento dos usuários. Não discordamos da afirmação. Todavia, entendemos ser a questão mais complexa do que se apresenta na formulação da autora.

Em primeiro lugar, deve-se registrar que, como decorrência do dever de universalização, a prestação dos serviços públicos deve abranger usuários de todos os níveis socioeconômicos, o que faz com que a análise da capacidade de pagamento dos usuários não seja um elemento eficaz na definição do conceito de tarifa módica. Sobretudo em um país com diferenças socioeconômicas acentuadas entre a população (como o caso do Brasil), a prestação dos serviços públicos em uma dada área geográfica abrangerá usuários com capacidades de pagamento muito distintas, fazendo com que uma tarifa considerada módica para uma determinada classe de usuários não seja nada módica para outra classe, que se veria excluída da fruição dos serviços.

Poder-se-ia, então, partir para uma definição de *tarifa módica* a partir da capacidade de pagamento dos usuários menos abastados, de tal forma que estes não fossem alijados da fruição dos serviços. Nesse caso, a tarifa módica seria aquela que os usuários com a menor capacidade de pagamento poderiam pagar. Contudo, outros elementos essenciais à formação das tarifas poderiam ser desconsiderados, tais como os custos de prestação, os custos de universalização, custos de capital, remuneração do prestador etc., fazendo com que o serviço, embora remunerado com "tarifa módica", fosse inviável.[65]

Nesse caso, embora o elemento da capacidade de pagamento dos usuários seja essencial para definição do conceito de *tarifa módica*, parece-nos que não pode ele ser o único a nortear a definição de tal conceito. Dizemos que é elemento essencial exatamente porque é inerente à noção de modicidade tarifária a impossibilidade de exclusão de usuários da fruição dos serviços em razão dos valores praticados. Mas há diversos outros elementos, que devem ser considerados na

---

[64] BATISTA, Joana Paula. *Remuneração dos serviços públicos*. São Paulo: Malheiros, 2005. p. 106.

[65] Segundo a mesma autora, em hipóteses desse jaez caberá ao Estado assumir a prestação dos serviços ou subsidiá-la. Embora a formulação não seja falsa, entendemos que não é tão simples quanto os termos por ela propostos. Cf. BATISTA. *Remuneração dos serviços públicos*, p. 106.

formulação de uma *tarifa módica*, que vão além da capacidade de pagamento dos usuários. Conforme lição de Estela B. Sacristán, a definição das tarifas aplicáveis à prestação dos serviços públicos (e, consequentemente, à definição de *tarifa módica*) dependerá, sempre, de um *exame de proporcionalidade*, segundo o valor das tarifas deve apresentar uma equivalência com os serviços efetivamente prestados, sua quantidade, sua amplitude e sua qualidade de tais serviços *vis-à-vis* seus custos.[66] Sendo assim, tem-se que o valor das tarifas a serem cobradas dos usuários deve ser *proporcional* aos custos incorridos na prestação dos serviços.

Entretanto, como muito salienta Jacintho Arruda Câmara com propriedade, a formação do valor das tarifas cobradas pela prestação dos serviços públicos depende da instituição de uma *política pública*[67] para a prestação do serviço em questão, não sendo baseada apenas em dados estritamente objetivos. É dizer, a definição dos valores tarifários (e, via de consequência, da *tarifa módica*) não depende só de uma análise de dados objetivos (obtida a partir do crivo de proporcionalidade), mas também de uma política pública que contemple diversos elementos relacionados à prestação de um determinado serviço público.[68] Ainda conforme entendimento de César A. Guimarães Pereira, tais políticas públicas devem considerar uma ponderação entre diversos interesses conflitantes que se apresentam na fixação do valor tarifário, não apenas de usuários e prestadores, mas também de diversos outros agentes envolvidos na relação jurídica de prestação de um serviço público (incluindo o próprio Estado).[69]

É certo que a remuneração do prestador dos serviços públicos deve ser suficiente para, a um só tempo, cobrir (i) os custos decorrentes da prestação do serviço; (ii) os investimentos realizados na prestação do serviço (entre outros, os investimentos realizados com atualização, melhorias, universalização, custos de capital etc.); e (iii) o retorno dos

---

[66] SACRISTÁN, Estela B. *Régimen de las tarifas de os servicios públicos*: aspectos regulatorios, constitucionales y procesales. Buenos Aires: Ábaco de Rodolfo Depalma, 2007. p. 184-185.

[67] Como bem afirma Maria Paula Dallari Bucci, "as políticas públicas são instrumentos de ação dos governos – o *government by policies* que desenvolve e aprimora o *government by law*" (*Direito administrativo e políticas públicas*. 1. ed. 2. tiragem. São Paulo: Saraiva, 2006. p. 252).

[68] Cf. CÂMARA. *Tarifa nas concessões*, p. 68.

[69] Cf. PEREIRA. A posição dos usuários e a estipulação da remuneração por serviços públicos. *In*: TÔRRES. *Serviços públicos e direito tributário*, p. 319.

CAPÍTULO 6
O NÚCLEO DOS SERVIÇOS PÚBLICOS | 263

recursos empregados pelo prestador dos serviços (seja ele público[70] ou privado). Não obstante, a definição de quais as fontes de remuneração do prestador dos serviços públicos que serão empregadas para que tais custos sejam cobertos é uma questão pertencente à definição de uma política pública relacionada à prestação dos serviços.[71]

Isso ocorre, pois a prestação dos serviços públicos pode combinar diversas formas de remuneração para o prestador. Há as tarifas cobradas diretamente dos usuários, receitas complementares e acessórias, bem como a possibilidade de subsídios tarifários e outras formas de remuneração pagas pelo poder público. A composição de um valor de tarifa não leva em consideração apenas a cobertura dos custos mencionados acima, mas também diversas outras questões, donde concluímos ser simplista a afirmação de que a definição de *tarifa módica* depende simplesmente da capacidade de pagamento dos usuários.

Nesse cenário, a definição do conceito de *tarifa módica* provirá da obtenção do *menor valor de tarifa que guarde proporcionalidade entre a prestação dos serviços públicos e seus custos (aí incluídos os custos efetivos de prestação, os investimentos e o retorno do capital)*. Caso, por qualquer razão, o valor proporcional obtido seja capaz de excluir da fruição dos serviços determinadas classes de usuários, deverá haver mecanismos de complementação da remuneração do prestador do serviço, por meio da instituição de uma política pública setorial aplicável a determinado serviço público.

Destarte, o dever de modicidade tarifária componente do regime de serviço público predica o dever de se cobrar pela prestação dos serviços o menor valor possível, que, a um só tempo, não exclua da fruição

---

[70] A ideia de que a prestação dos serviços por entidade estatal predica, necessariamente, uma renúncia ao lucro e ao retorno dos investimentos é completamente irreal e reflete concepções absolutamente ideológicas desprendidas da realidade. Tanto é assim que a constituição de uma *sociedade de economia mista* para a prestação de um determinado serviço público nada mais é do que a instituição de um modelo de parceria institucional para viabilizar tal prestação, no qual concorrem capitais públicos e privados. Se fosse verdadeira a proposição de que a prestação dos serviços públicos por uma sociedade de economia mista predicaria, necessariamente, uma renúncia ao lucro, jamais haveria um particular disposto a investir um centavo sequer na formação do capital da sociedade de economia mista em questão. Apenas há investimentos particulares em uma sociedade de economia mista prestadora de serviços públicos (como tantas que existem) para que o capital investido retorne. Por essa razão, afirmamos que, em regra, a necessidade de cobertura, pelas tarifas, do retorno dos investimentos realizados aplica-se tanto a prestadores públicos quanto privados. Ademais, sobre o tema, confira-se a lição sempre pertinente de ARIÑO ORTIZ. *Empresa pública, empresa privada, empresa de interés general*. Navarra: Thompson Aranzadi, 2007. p. 145.

[71] Sobre a formação da remuneração da prestação dos serviços públicos, confira-se o magistral: MARQUES NETO. Concessão de serviço público sem ônus para o usuário, p. 338 *et seq.*

dos serviços qualquer usuário e seja suficiente para cobrir todos os custos incorridos com a prestação dos serviços. Sendo impossível encontrar um valor tarifário proporcional aos custos incorridos com a prestação do serviço que não exclua nenhuma classe de usuários, uma política pública específica terá de ser desenvolvida, a qual não será restrita ao subsídio público ou à estatização da atividade, já que poderá contemplar mecanismos de subsídios cruzados setoriais, criação de receitas acessórias, redefinição da área de prestação, subsídios externos, entre diversos outros.

Em suma: o dever de modicidade tarifária impõe ao Estado o dever de manejar todos os instrumentos regulatórios postos à sua disposição para assegurar que nenhum usuário será alijado da fruição dos serviços públicos, *bem como* que todos os custos incorridos com a prestação de referidos serviços serão cobertos.[72]

6.3.1.3.1 Modicidade tarifária em um cenário concorrencial

Exatamente em linha com o que expusemos no Capítulo 5, a inserção de concorrência na prestação dos serviços públicos tende a servir de forma muito eficaz à busca pela modicidade tarifária. Isso ocorre, pois, tal como mencionamos, em um cenário concorrencial, os agentes competidores tendem não só a reduzir o valor exigido por suas prestações, mas também a aumentar a qualidade dos bens e serviços oferecidos, o que, em qualquer caso, favorece a modicidade, seja por reduzir os valores devidos pelos usuários, seja por lhes oferecer mais utilidades (ou mais qualidade) sem aumento de custos.

Evidentemente, um panorama que contemple a concorrência entre diversos prestadores de serviços pressupõe liberdade tarifária, para que cada um possa cobrar pela prestação dos serviços o valor que considerar adequado. Não havendo liberdade tarifária, com tarifas previamente fixadas pelo Estado para todos os agentes, estar-se-ia diante de verdadeiro cartel instituído oficialmente pelo Estado, como bem adverte Marçal Justen Filho.[73]

---

[72] Lembre-se aqui, como bem frisado por César A. Guimarães Pereira, que a fixação das tarifas de serviço público é um dever estatal, sendo consubstanciada com um *ato administrativo*. Cf. A posição dos usuários e a estipulação da remuneração por serviços públicos, p. 318.

[73] JUSTEN FILHO. *Teoria geral das concessões de serviço público*, p. 351.

A modicidade tarifária, entendida como a procura pela menor contraprestação possível pela prestação de um serviço público, encontra, em um cenário concorrencial, o mais fértil terreno para sua efetivação, na medida em que cada um dos agentes insertos no setor e oferecedores da atividade terá de se esforçar para aumentar as vantagens oferecidas aos usuários e buscar aumentar seus respectivos mercados consumidores. Em uma situação de concorrência entre diversos agentes, a busca pela eficiência e a oferta de melhores condições de fruição do serviço tende a não ser apenas uma questão de política pública, mas a ser uma condição essencial de sobrevivência dos agentes.

É diametralmente oposto ao que se verifica na prestação monopólica de um serviço público, visto que nesta não há qualquer incentivo para que o prestador reduza o valor de sua remuneração, ou busque maior eficiência, pois não há a possibilidade de perda de mercado consumidor, em razão da unicidade de agente e da essencialidade da atividade. Daí depreende-se que a exclusividade não apenas não é propícia à modicidade tarifária, como também é sua inimiga, porque apresenta grande possibilidade de levar os agentes à ineficiência financeira e gestacional dos serviços, prejudicando os usuários, em última análise.[74]

Além do mais, é importante mencionar que do Estado é necessária postura distinta com relação à matéria tarifária em um cenário concorrencial. Enquanto na prestação exclusiva cabe ao Estado fixar o valor das tarifas, com vistas a propiciar a modicidade tarifária (mínima cobrança proporcional aos encargos), em um cenário liberalizado com concorrência de agentes, a postura estatal deve ser a de vigilante para reprimir abusos de qualquer espécie. Como bem adverte Marçal Justen Filho, a postura do Estado em matéria de regulação tarifária em um cenário concorrencial deve ser a de proteger os usuários e a de reprimir ações que sejam contrárias ao direito da concorrência, não cabendo qualquer outra forma de intervenção, uma vez que a definição do valor das tarifas praticadas será determinada pelos mecanismos de mercado e não pela ação estatal.[75]

Nesse sentido, o mais comum é que o Estado, em um cenário de concorrência na prestação dos serviços públicos, defina as tarifas a

---

[74] Sobre a questão, confira-se: ARIÑO ORTIZ. *Empresa pública, empresa privada, empresa de interés general*, p. 137.

[75] JUSTEN FILHO. *Teoria geral das concessões de serviço público*, p. 351.

partir de mecanismo de *price cap*,[76] ou seja, de valores máximos por essa prestação. Tal mecanismo é caracterizado pela fixação, pelo Estado, de um montante máximo a ser cobrado pela prestação dos serviços com base em uma lista de custos do prestador, o qual poderá reduzir referido montante para poder competir com os demais agentes da forma que melhor convier. Não há qualquer vinculação entre o valor tarifário fixado e a taxa de retorno do empreendimento, o que demanda dos agentes prestadores a maior eficiência cabível para que seja possível operar reduções aos máximos fixados e ao mesmo tempo garantir o retorno de seu investimento.[77] No direito brasileiro, o sistema de *price cap* é utilizada nos sistemas tarifários dos serviços de telecomunicações,[78] energia elétrica, portos, transporte ferroviário de cargas e transporte aéreo de passageiros.

Diante disso, a postura do Estado na regulação tarifária em um cenário concorrencial é apenas a de garantir o direito dos usuários, sempre expresso no controle de obediência, pelos prestadores, aos valores tarifários máximos (*price cap*), e a de assegurar que os agentes não praticarão condutas anticoncorrenciais que possam prejudicar ou falsear a livre concorrência (atividade antitruste). A fixação das tarifas dá-se, como dito, pelos mecanismos de mercado, que se afiguram instrumentos muito eficientes no cumprimento do dever de modicidade tarifária.

6.3.1.3.2 Concorrência e subsídios tarifários

Além do que restou exposto nesse tópico, cabe tecer alguns comentários acerca da possibilidade de oferecimento de subsídios tarifários em um cenário de concorrência. Tal como afirmamos, um cenário de concorrência na prestação dos serviços públicos pressupõe um regime de liberdade tarifária, em que os agentes têm ampla margem para fixar as tarifas que melhor convierem para a remuneração dos serviços

---

[76] O mecanismo de *price cap* é aquele em que é fixado um valor máximo para a tarifa que poderá ser cobrada pelo prestador do serviço, franqueando-se-lhe o direito de cobrar tarifas mais baixas, caso lhe seja viável. Sobre o tema, confira-se: SCHWIND, Rafael Wallbach. *Remuneração do concessionário*. Belo Horizonte: Fórum, 2010. p. 151.

[77] Sobre o tema, confira-se: BIANCHI, Alberto B. *La regulación económica*. Buenos Aires: Ábaco de Rodolfo Depalma, 2001. t. I, p. 350 *et seq.*

[78] Nos termos do artigo 104 da Lei nº 9.472/97, o grau de competição no setor de telecomunicações poderá importar regime de completa liberdade tarifária das prestadoras de serviços públicos, que passariam somente a ser obrigadas a informar à ANATEL o valor de suas tarifas (§1º do mesmo artigo), havendo apenas limitação relacionada às práticas anticoncorrenciais (§2º do mesmo artigo).

prestados (respeitados preços máximos fixados pela autoridade competente). Nesse contexto, a possibilidade jurídica da conferência de subsídios tarifários coloca-se com relevo, na medida em que poderia gerar uma situação de favorecimento para determinados agentes, quebrando-se a necessária isonomia na concorrência.

A necessidade de subsídios tarifários não é distante. Muito ao contrário, é bastante corriqueira, sobretudo em um país com alto déficit de infraestrutura como o Brasil. Muitas vezes, a prestação de um determinado serviço público não é viável por si só em sua integralidade ou com relação a parcela dos usuários, sendo necessária a criação de mecanismos de subsídios públicos para possibilitar ou a própria prestação dos serviços, ou a sua fruição por parcela da população.[79] Sendo assim, admitir que subsídios tarifários podem ser necessários em um grande conjunto de serviços públicos pode pôr em jogo a consideração de que a regra da prestação de tais serviços é a concorrência, pois os subsídios podem ser mecanismos inibidores da concorrência.

Segundo entendemos, não é verdadeiro afirmar que a conferência de subsídios tarifários implicará, em qualquer caso, prejuízos à concorrência. Há casos em que os subsídios poderão impedir a existência de concorrência efetiva e há casos em que os subsídios e a concorrência poderão coexistir, sem qualquer forma de conflito. A chave para a distinção entre subsídios que inibirão a concorrência e os que serão compatíveis com ela reside na forma em que os subsídios serão conferidos. Expliquemo-nos: haverá casos em que a forma de conferência dos subsídios será adversa à concorrência e haverá casos em que a forma de conferência deles não apenas será compatível com a concorrência, como será elemento essencial para sua subsistência na prestação de determinados serviços públicos.

Os subsídios serão contrários e impedirão a existência de uma concorrência efetiva quando *forem conferidos a apenas um dos agentes prestadores para o suporte de obrigações comuns a todos os agentes prestadores insertos na atividade*. É dizer, quando houver um cenário de concorrência em que todos os agentes suportam os mesmos ônus e o poder público conferir a apenas um dos prestadores um subsídio tarifário para o cumprimento de suas obrigações, tal subsídio tarifário será fator impeditivo da concorrência, porque configurará uma vantagem indevida e discriminatória a um dos agentes prestadores da atividade. Tal prática é, em

---

[79] Cf. JUSTEN FILHO. *Teoria geral das concessões de serviço público*, p. 339-340.

regra, vedada pelo ordenamento jurídico, como se pode depreender, entre outros dispositivos, do disposto no artigo 17 da Lei nº 8.987/95.

De outro turno, os subsídios serão compatíveis com um regime de concorrência em três hipóteses: *quando conferidos com vistas ao cumprimento de obrigações não impostas a todos os agentes e que não apresentam retorno financeiro, quando conferidos aos segmentos monopólicos da cadeia produtiva de um serviço público ou, por fim, quando conferidos a todos os agentes prestadores, indistintamente.*

No primeiro caso, os subsídios tarifários não apenas são compatíveis com a prestação concorrencial dos serviços públicos, *como, mais ainda, serão necessários para assegurar sua existência e sua efetividade*, na medida em que o dever imposto a apenas algum (ou alguns) agente(s) de suportar determinado ônus poderá se configurar uma desvantagem competitiva que o (os) levará à sucumbência.

Em consonância com o que já afirmamos, precisamente este é o caso do cumprimento do dever de universalização dos serviços públicos. Tal dever, em regra, não é imposto a todos os agentes prestadores, mas apenas àqueles que estão sujeitos ao regime jurídico de serviço público. Demais disso, tal dever é muito oneroso e possui baixíssimo (ou nenhum) retorno financeiro. Sendo assim, o cumprimento do dever de universalização em um cenário concorrencial sem que sejam oferecidas compensações aos agentes onerados poderá levá-los à sucumbência, o que não seria admissível. Por essa razão, é perfeitamente lícito e compatível com um regime de concorrência na prestação dos serviços públicos que os agentes sujeitos a deveres especiais decorrentes do regime de serviço público tenham direito a subsídios públicos para compensar os custos incorridos com o cumprimento de suas obrigações.[80]

De outro bordo, no segundo caso, os subsídios são admissíveis em serviços públicos prestados em regime de concorrência quando conferidos às etapas da cadeia produtiva que predicam uma exclusividade de agente (monopólios naturais). Como mencionado no Capítulo 5, há muitas atividades nas cadeias produtivas dos serviços públicos que se constituem monopólios naturais. Tais atividades, por sua natureza, estão excluídas de um regime concorrencial, o qual só poderá ser aplicado às demais atividades da cadeia produtiva. Sendo assim, na realização de uma política pública de garantia de modicidade tarifária,

---

[80] Novamente, recorra-se, sobre o tema, a MARQUES NETO. As políticas de universalização, legalidade e isonomia: o caso "telefone social", p. 94 *et seq.*

poderá ser encetado pelo poder público um regime de subsídios para as atividades que constituem monopólios naturais, predicando reduções nas tarifas pagas pelos consumidores finais. Trata-se de mecanismo de subsídio indireto das tarifas pagas pelos usuários.

Isso ocorre, pois as atividades que podem ser desempenhadas em um regime de concorrência são atividades que podem depender, para sua existência, de um monopólio natural, cujas tarifas de utilização são altamente reguladas pelo poder público e compõem uma parcela das tarifas finais pagas pelos usuários. Destarte, a conferência de subsídios públicos para a construção, a operação e a manutenção dessas atividades que se constituem como monopólios naturais tem como efeito a redução das tarifas finais pagas pelos usuários pela fruição do serviço, na medida em que um dos elementos que compõem referidas tarifas será subsidiado (e, via de consequência, reduzido).[81]

Destarte, considerando-se que a fixação das tarifas devidas pela prestação dos serviços públicos é uma questão pertinente *ao estabelecimento de uma política pública*, nada obsta que ela preveja a concessão de subsídios tarifários para as atividades pertinentes à cadeia produtiva dos serviços públicos que constituem *monopólios naturais*, eis que referidos subsídios contribuirão para a modicidade tarifária dos usuários finais sem acarretar qualquer prejuízo à concorrência. Muito ao contrário, podendo até mesmo configurar um estímulo à entrada de novos agentes e, portanto, um fomento à concorrência.

Por derradeiro, os subsídios tarifários serão admissíveis e compatíveis com um regime de concorrência *quando oferecidos indistintamente a todos os agentes prestadores do serviço*. Nessa hipótese, não há que se cogitar de quebra da isonomia necessária a um ambiente competitivo, porque todos os agentes prestadores do serviço serão beneficiados pelo exato subsídio, nos mesmos montantes e pagos de forma idêntica, mantendo-se inalteradas as condições de igualdade na competição. Apenas há a criação de mecanismos adicionais de melhorias para os usuários.

Tal expediente trata-se de simples mecanismo de compatibilização entre concorrência e modicidade tarifária, em que o poder público confere incentivo tarifário destinado a reduzir ainda mais o valor das tarifas cobradas dos usuários. Tal mecanismo ocorre, muitas vezes, por

---

[81] Diego Zegarra Valdivia menciona a possibilidade de subsídios na utilização das redes de telecomunicações como instrumento de financiamento da universalização dos serviços públicos sem violações à concorrência. Nesse sentido, confira-se: *Servicio público y regulación*: marco institucional de las telecomunicaciones en el Perú, p. 331.

exemplo, no serviço de transporte urbano de passageiros, em que o poder público confere a todos os agentes prestadores (os quais, muitas vezes, exploram trechos coincidentes de linhas de transporte) um subsídio tarifário para possibilitar a cobrança de tarifas módicas da população. Basicamente, falamos que os subsídios externos (aqueles que provêm de fontes externas à remuneração dos serviços) são compatíveis (e às vezes até necessários) com um regime de concorrência, ao passo que os subsídios internos (aqueles que provêm do próprio sistema de prestação dos serviços, como os subsídios cruzados) serão incompatíveis com um cenário de concorrência.

6.3.1.4 A necessária modulação do regime dos serviços públicos

Tal como tivemos a oportunidade de deixar assentado, o regime jurídico de serviço público que identificamos não tem aplicação idêntica a todas as atividades erigidas à condição de serviço público. Vale dizer, embora seja possível encontrar um núcleo comum a todos os serviços públicos, que os distingue das demais atividades econômicas, tal núcleo comum não tem formato e extensão idênticos em cada uma das atividades que constituem serviços públicos. É assim, portanto, que as obrigações de universalização não são idênticas, que o dever de continuidade não deve observar os mesmos parâmetros, bem como que os critérios para eleição de tarifas módicas não são idênticos.

Nem poderia ser distinto. As atividades que constituem serviços públicos *são extremamente distintas entre si*, o que torna impossível que todas essas atividades estejam sujeitas a um único e idêntico regime jurídico. Por exemplo, não há como se cogitar da igualdade de requisitos de universalização dos serviços públicos de distribuição de energia elétrica e dos serviços públicos de transporte aéreo de passageiros. Assim como não há como se cogitar da equiparação do dever de continuidade nos serviços de saneamento básico e nos serviços de transporte ferroviário de passageiros. E, da mesma forma, não há como se conceber que sejam equiparados os deveres de modicidade tarifária nas telecomunicações e transporte ferroviário de cargas. Pretender fazer tais equiparações é ignorar simples e solenemente as enormes distinções materiais na natureza de cada atividade que constitui um serviço público, o que não poderia ocorrer.

Com isso, afirmamos que o regime jurídico dos serviços públicos *não implica a existência de um regime jurídico único dos serviços públicos, mas apenas indicam elementos que configuram um critério de apartação dos serviços públicos das demais atividades econômicas.* Sendo assim, parece-nos evidente que tais elementos devem, necessariamente, ser aplicados de *forma estritamente modulada e específica para cada serviço, conforme as particularidades de cada atividade.*

Nesse sentido, afirma Daniel Nallar:

> Neste novo conceito, este transcendental instituto do nosso direito [o serviço público] não aparece já como uma atividade ou um setor, senão como um regime jurídico especial que recai sobre determinados aspectos de uma atividade ou setor. Esse, em atenção a sua estrita vinculação com a satisfação de necessidades essenciais da população e com uma intensidade e duração que variam segundo as necessidades que em cada caso se demonstrem.[82]

Tem-se que o regime jurídico dos serviços públicos que ora identificamos, formado pelo conjunto de obrigações composto pela universalização, continuidade e modicidade tarifária, deve ser aplicado a cada atividade que constitui um serviço público de forma modulada e específica para garantir o alcance das finalidades do serviço público em referida atividade. A intensidade de cada uma de referidas obrigações, a duração de sua existência e sua abrangência devem sempre ser compatíveis com cada atividade e com as finalidades que devem ser alcançadas com sua prestação (*i. e.*, com o direito fundamental a ser satisfeito).

Não há como descurar do dever de proporcionalidade na definição do conteúdo efetivo do regime de serviço público aplicável a cada atividade que constitui um serviço público. Fazê-lo implicaria uma imposição completamente desproporcional de ônus ao agente prestador (por exemplo, exigir a universalização dos serviços públicos de transporte aéreo de passageiros para cada município brasileiro, como ocorre com o saneamento básico) ou o simples descumprimento de alguma das obrigações que compõem o regime de serviço público (por exemplo, possibilitar que os serviços de saneamento básico tenham a mesma universalização dos serviços de transporte aéreo de passageiros).

---

[82] NALLAR. *Regulación y control de los servicios públicos*: repercusiones prácticas del fundamento de su impunidad, p. 193, tradução nossa.

Na definição do conteúdo do regime jurídico de serviço público aplicável a cada serviço são imprescindíveis o dever de proporcionalidade, tal como descrito, fundado nos critérios de adequação, necessidade e proporcionalidade em sentido estrito, *bem como* o dever de razoabilidade, sobretudo em sua vertente que exige a compatibilidade entre a aplicação da norma e as condições individuais do caso concreto e sem prejuízo de suas demais vertentes.[83]

Sendo assim, as obrigações de universalização, continuidade e modicidade tarifária sempre serão aplicáveis a todas as atividades constituídas como serviços públicos. Porém, a intensidade e a extensão de tais obrigações variarão em cada serviço público *de forma proporcional e razoável*[84] às condições específicas de cada atividade e às suas finalidades (satisfação de um direito fundamental), devendo, portanto, ser necessariamente moduladas para cada serviço público que se venha a analisar.

6.3.1.5 Modicidade tarifária *versus* universalização

O regime de serviço público que identificamos pode parecer conter obrigações contraditórias, que se anulariam e impediriam sua plena concretização. Seria o caso das obrigações de universalização e de cobrança de tarifas módicas. Isto ocorre, pois, como já mencionado, a universalização demanda montas significativas de investimentos, as quais devem, em regra, ser remuneradas por meio das tarifas cobradas

---

[83] Como bem distingue Humberto Ávila, a razoabilidade possui três vertentes, quais sejam: "primeiro, a razoabilidade é utilizada como diretriz que exige a relação das normas gerais com as individualidades do caso concreto, quer mostrando sob qual perspectiva a norma deve ser aplicada, quer indicando em quais hipóteses o caso individual, em virtude de suas especificidades, deixa de se enquadrar na norma geral. Segundo, a razoabilidade é empregada como diretriz que exige uma vinculação das normas jurídicas com o mundo ao qual elas fazem referência, seja reclamando a existência de um suporte empírico e adequado a qualquer ato jurídico, seja demandando uma relação congruente entre a medida adotada e o fim que ela pretende atingir. Terceiro, a razoabilidade é utilizada como diretriz que exige a relação de equivalência entre duas grandezas" (*Teoria dos princípios*, p. 95).

[84] A referência à aplicação aos deveres de proporcionalidade e razoabilidade pode levar ao entendimento de que concedemos o *status* de *princípios jurídicos* às obrigações inerentes ao regime jurídico de serviço público. Contudo, tal entendimento não é correto, pois aqui falamos na razoabilidade e na proporcionalidade como instrumentos da modulação do conteúdo de referidas obrigações quando consideradas genericamente. A partir do momento em que se analisa um setor específico, se define, diante das características específicas desse setor, o conteúdo dos deveres de universalização, continuidade e modicidade tarifária, não se configurando esses princípios jurídicos, mas, sim, regras jurídicas, porque o conteúdo de tais obrigações será concreto, com aplicação direta e determinada e independentemente de qualquer processo de ponderação.

pela prestação dos serviços, ao passo que a modicidade tarifária predica que o valor das tarifas deve ser tão módico quanto possível. Com isso, haveria uma contradição entre o dever de cobrar tarifas módicas e o dever de realizar investimentos em universalização, uma vez que a realização de um impediria a realização do outro.

É necessário aqui retomar a discussão acerca do *interesse público* com relação à prestação dos serviços públicos. O aparente conflito entre universalização e modicidade tarifária demonstra nitidamente a impossibilidade de adoção da formulação da *supremacia do interesse público*, já que tanto a universalização quanto a modicidade tarifária são interesses públicos claros e evidentes, donde decorre que não há como eleger um que seja supremo em relação ao outro. Tal como formulada a teoria da supremacia do interesse público, apenas um deles deveria sobreviver,[85] prevalecendo e sendo supremo em relação ao outro. Contudo, se assim fosse, uma das obrigações inerentes ao serviço público seria sacrificada pelo cumprimento da outra. É dizer, a se adotar a noção de supremacia do interesse público tal como formulada, ou se teria um serviço público remunerado com tarifas módicas, ou se teria a universalização.

Com isso, reiteramos que não há como se defender a aplicabilidade da noção de supremacia do interesse público, eis que não há apenas um interesse público no caso em comento, mas diversos. Parece-nos evidente que há de ser realizada uma conciliação entre universalização e modicidade tarifária no caso concreto para que se defina em qual medida deve ser a tarifa módica para se permitir a universalização e em qual medida deve (ou pode) o serviço ser universalizado apenas com recursos tarifários.

Qualquer conflito entre modicidade tarifária e universalização é apenas aparente, não podendo permanecer no caso concreto, eis que uma não prevalecerá sobre a outra; serão conjugadas. Isso ocorre, pois

---

[85] Cabe mencionar que Maria Sylvia Zanella Di Pietro reconhece que o termo "interesse público" não possui um significado claro, sendo um conceito jurídico indeterminado. Portanto, segundo a autora, no caso concreto, deverá ser dada concreção ao conceito, conforme os parâmetros criados pela ordem jurídica. Contudo, conforme entendemos, a formulação não nos parece correta, na medida em que recai no equívoco de pressupor uma unicidade do interesse público. Trazendo-se as considerações da autora para o caso específico dos serviços públicos, caberia à autoridade competente, diante do caso concreto, determinar se interesse público seria a universalização ou a modicidade tarifária, fazendo um supremo em relação ao outro, o que, a nosso ver, seria inviável. Sobre o tema, confira-se: O princípio da supremacia do interesse público: sobrevivência diante dos ideais do neoliberalismo. *In*: DI PIETRO, Maria Sylvia Zanella *et al.* (Coord.). *Supremacia do interesse público e outros temas relevantes do direito administrativo*. São Paulo: Atlas, 2010. p. 98-99.

diante de cada circunstância fática específica deverá ser encontrado um equilíbrio entre os deveres de universalização e de modicidade tarifária, com vistas a se definir o valor tarifário e as metas de universalização. Vale dizer, em cada serviço público a ser considerado, o valor das tarifas (para que sejam módicas) e as metas de universalização (para que sejam compatíveis com a remuneração do prestador) deverão ser definidos diante das circunstâncias específicas do caso concreto.

Note-se que não se trata de conferir aos deveres de modicidade tarifária e de universalização o caráter de princípio jurídico, visto que em cada serviço público que venha a ser considerado, ambos serão *regras jurídicas*, na medida em que o valor da tarifa será claro e determinado e as metas de universalização serão específicas e, por ser assim, exigíveis, não sendo necessário qualquer exercício de ponderação. Universalização e modicidade tarifária são obrigações a serem cumpridas na prestação de cada serviço público de forma específica e definida. Entretanto, não é possível definir-se *a priori* qual o conteúdo exato de cada uma de referidas obrigações, pois cada serviço público demandará um equilíbrio específico entre o valor das tarifas e as metas de universalização.[86] Isso é uma decorrência clara da impossibilidade de uniformização do regime jurídico dos serviços públicos, tal como propugnamos.

Pode-se acrescentar, ainda, que as tarifas não são o único meio de financiamento da universalização dos serviços públicos, de maneira que a conciliação entre modicidade tarifária e universalização não se resume a uma simples análise do valor das tarifas e das metas de universalização. Há outros instrumentos a serem manejados pelo poder público para garantir, a um só tempo, universalização e modicidade tarifária. Como mencionado anteriormente, tais mecanismos podem ser intrasserviço (subsídios cruzados, por exemplo) ou extrasserviço, tais como financiamento por meio de fundos de universalização ou subsídios públicos.[87]

---

[86] Observe-se que o mesmo serviço público poderá contemplar graus distintos de cumprimento de ambos os deveres, eis que as realidades regionais poderão ser distintas, tornando impossível o estabelecimento de um critério único para definição *a priori* de modicidade tarifária e metas de universalização. Veja-se o caso da distribuição de energia elétrica. As metas de universalização de uma região do país são completamente distintas das metas de outras localidades, pois os graus de universalização existentes são muito díspares. Com isso, verifica-se claramente que não é possível estabelecer um regime único de universalização e modicidade tarifária nem sequer para o mesmo serviço público.

[87] Necessário mencionar que cada serviço público poderá contar com um mecanismo distinto, em conformidade com suas peculiaridades. Veja-se, por exemplo, os casos dos serviços de telecomunicações e de saneamento básico. Enquanto nos serviços de telecomunicações

CAPÍTULO 6
O NÚCLEO DOS SERVIÇOS PÚBLICOS | 275

Verifica-se, assim, que não há conflito efetivo entre os deveres de universalização e modicidade tarifária. Há, quando muito, o dever de se proceder a uma conciliação entre tais obrigações, que contemple a definição do menor valor tarifário possível para o alcance de determinadas metas de universalização. Caso o valor tarifário não seja suficiente para cobrir os investimentos em universalização – ou, como descrito, caso a realização dos investimentos em universalização possa significar desvantagem competitiva para uma prestadora de serviços sujeita a um regime de competição –, outros instrumentos poderão ser manejados pelo poder público para garantir o cumprimento das obrigações de modicidade tarifária e de universalização.

Dessas considerações emerge o dever de *processualização* da definição dos valores tarifários e das metas de universalização. A definição do valor tarifário não se trata de simples conta matemática, mas, sim, de política pública baseada em complexa análise de fatores e composição de distintos interesses, o que só pode ser realizado por meio de um *processo administrativo*[88] amplo, aberto, do qual todos os interessados (usuários, prestadores dos serviços e demais pessoas afetas pela decisão) possam participar, manifestando suas posições e interesses.

Não cabe à administração pública, de forma unilateral, fixar o *quantum* das obrigações de universalização e modicidade tarifária. Esse mecanismo unilateral reflete a inaplicável noção de supremacia do interesse público. O aparente conflito existente entre modicidade tarifária e universalização há de ser dirimido por meio de uma decisão processualizada e concertada que concilie o valor das tarifas, as metas de universalização e, de maneira eventual, outros mecanismos que possam ser manejados para determinar a forma de financiamento das metas de universalização. Qualquer tentativa de fixação *a priori* de valores tarifários e de metas de universalização fracassará. Apenas conforme as

---

a universalização somente pode ser financiada por meio de instrumentos tarifários ou extrasserviço (fundo de universalização), com absoluta vedação aos subsídios cruzados (§2º do artigo 103 da Lei nº 9.472/97), nos serviços de saneamento básico a universalização é financiada tanto por meio de subsídios cruzados quanto por meio de subsídios orçamentários nos termos do artigo 31 da Lei nº 11.445/2007.

[88] Conforme ensina Massimo Severo Gianinni, "estando o processo administrativo em função de ponderação de interesses e sendo os interesses que se apresentam nas situações reais interesses públicos, coletivos e privados, concomitantemente, o processo administrativo tende a compor o interesse público primário cuja autoridade é atribuída com cada um dos outros interesses que sejam colhidos no processo e que sejam considerados tuteláveis através dos atos que concorrem na instrução procedimental" (*Istituzioni di diritto amministrativo*, p. 273, tradução nossa).

condições específicas de cada caso concreto é que os conteúdos específicos de cada obrigação poderão ser determinados.

6.4 A tensão entre liberdade e ônus dos prestadores

Como afirma Carlos Ari Sundfeld:

> o direito público tem a complexa missão de regular *de modo equilibrado* as relações entre o Estado – que exerce a autoridade pública e o conseqüente poder de mando – e os indivíduos – que devem se sujeitar a ele, sem perder sua condição de donos do poder e titulares de direitos próprios.[89]

Ao lume dessa colocação, pode-se depreender das considerações apresentadas a identificação de uma tensão no que concerne à prestação dos serviços públicos entre a liberdade dos agentes prestadores e os ônus a eles impostos. A razão de tal tensão é muito simples: ao mesmo tempo em que afirmamos que os serviços públicos não predicam qualquer forma de privilégio (público ou privado) e que devem ser prestados em um contexto liberalizado com ampla concorrência, afirmamos também que os serviços públicos têm uma essência obrigacional que recai sobre o Estado ou seu delegatário e que não pode ser afastada e que predica o cumprimento de obrigações que constituem o núcleo da atividade.

Se assim é, temos, então, que propor critérios para a solução da constante tensão entre liberdade e ônus dos prestadores de serviços públicos (sejam eles públicos ou privados). A prevalecer a liberdade completa dos agentes prestadores, as obrigações que compõem o regime do serviço público poderão nunca ser cumpridas na totalidade. De outro lado, a prevalecerem sempre os ônus impostos aos prestadores, uma concorrência na prestação dos serviços públicos (em respeito à ordem econômica constitucional e em benefícios dos usuários) jamais ocorrerá, seja em razão da instituição de regimes de exclusividade, seja em razão da sucumbência dos agentes que prestam os serviços em regime de serviço público. Portanto, é preciso buscar um equilíbrio entre a necessária liberdade para o desempenho da atividade em um contexto concorrencial e as obrigações inerentes ao regime de serviço público que recai sobre a atividade.

---

[89] SUNDFELD, Carlos Ari. *Fundamentos de direito público*. 3. ed. 3. tiragem. São Paulo: Malheiros, 1998. p. 100, grifos do autor.

Na tentativa de apresentar um critério que traga equilíbrio a essa tensão, poderíamos, novamente, recorrer à fórmula geral da supremacia do interesse público sobre o particular e afirmar, de forma peremptória, que não há tensão alguma. Sempre, em razão de referida supremacia, as obrigações de serviço público prevaleceriam sobre a liberdade dos agentes prestadores. Tal solução – ainda predominante no direito administrativo brasileiro – conduziria à sustentação da exclusividade na prestação dos serviços públicos e, via de consequência, daria suporte jurídico à existência de serviços públicos exclusivos e ineficientes, que desrespeitam os direitos fundamentais dos agentes econômicos e, sobretudo, dos usuários e que não encontram guarida no texto constitucional.

Logo, deve-se partir para uma solução efetiva, baseada nos direitos fundamentais e não na combalida teoria da supremacia do interesse público sobre o particular. A razão de nosso entendimento é simples: não se está diante de um interesse público, mas sim de diversos, que, muitas vezes, são colidentes e contraditórios. Não há como afirmar que as obrigações do regime de serviço público só podem ser realizadas por meio da supressão da liberdade. Demonstramos a oposição com relação à modicidade tarifária e à continuidade. Da mesma forma, não se pode considerar que a realização do direito fundamental da livre iniciativa consubstanciada na liberdade dos agentes prestadores seja um interesse privado. Não o é, porque é instrumento para realização dos direitos fundamentais subjacentes à prestação dos serviços públicos e porque não é interesse de nenhum indivíduo uma supressão absoluta e desproporcional de um direito fundamental.

Assim, na esteira das considerações expostas no Capítulo 3, buscaremos a solução nos direitos fundamentais. A instituição de um serviço público poderá impor restrições ao direito fundamental da livre iniciativa, na medida em que poderá, em alguma dimensão, interditar o acesso de particulares à atividade, o que, em hipótese alguma, se configura a regra dos serviços públicos, eis que, como já dissemos e repetimos, os serviços públicos não implicam qualquer forma de privilégio ou exclusividade.[90]

---

[90] Como afirma com extrema precisão Alejandro Vergara Blanco, "os particulares podem *ab initio* desempenhar estas atividades de serviço público; e se bem que o legislador pode tipificar algumas atividades como serviço público, ao mesmo tempo, não pode impedir o exercício da livre iniciativa econômica e deve estabelecer os marcos regulatórios atinentes e concordantes com esta forma especial de exercer tal garantia; pois a liberdade econômica não desaparece nos casos dos serviços públicos" (El nuevo servicio público abierto a la competencia. *Revista de Derecho Administrativo Económico*, Santiago, n. 12, p. 41, jan./jul. 2004, tradução nossa).

Ademais, para além de poder impor restrições ao direito fundamental da livre iniciativa com relação ao acesso dos agentes à atividade, o regime de serviço público, em razão de sua estrita vinculação à realização dos direitos fundamentais, poderá impor também restrições ao mesmo direito fundamental no que concerne à liberdade empresarial de exercício de uma atividade econômica. Expliquemo-nos, é inerente ao direito fundamental da livre iniciativa o direito de livre exercício de uma atividade econômica (*i. e.*, não apenas quanto ao acesso à atividade, mas também quanto à forma de sua exploração), em todos os aspectos, como local, forma e meios.[91] Portanto, ao se impor restrições à forma como se desempenhará a atividade, necessariamente se estará a restringir o direito fundamental da livre iniciativa.

Tem-se uma restrição ao direito fundamental da livre iniciativa quando, por exemplo, há a imposição de rol de obrigações a serem desempenhadas, de remuneração máxima a ser auferida, da impossibilidade de empreendimento de outras atividades, entre outras obrigações muitas vezes impostas aos prestadores de serviços públicos. Vale dizer, é inerente ao desempenho de uma atividade no regime de serviço público que haja restrições ao direito fundamental da livre iniciativa, eis que a *forma de exploração da atividade* sofrerá restrições decorrentes de tal regime.

Dessa forma, retomando o quanto já tivemos a oportunidade de consignar no Capítulo 3, a restrição de um direito fundamental só pode ocorrer nas hipóteses em que se verificar um conflito com outros direitos fundamentais *e sempre em respeito ao dever de proporcionalidade, entendida como um conjunto formado por necessidade, adequação e proporcionalidade em sentido estrito*. É evidente que, no que concerne ao direito fundamental da livre iniciativa, não é diferente, tal como bem afirma Rolf Stober:

> Restrições à escolha de profissão e ao exercício de atividades econômicas somente são admissíveis por imposições dos direitos fundamentais ou do direito do Estado quando observado o princípio da proporcionalidade, ao qual também pertence um componente temporal.[92]

---

[91] Cf. JARASS; PIEROTH. *Grundgesetz für die Bundesrepublik Deutschland*, p. 317.

[92] STOBER, Rolf, *Allgemeines Wirtschaftsverwaltungsrecht*, p. 201, tradução nossa. No mesmo sentido, BADURA. *Wirtschaftsverfassung und Wirtschaftsverwaltung*, p. 25.

Por conseguinte, a tensão entre liberdade e ônus dos agentes prestadores dos serviços públicos nada mais é do que uma questão de proporcionalidade, segundo a qual a imposição de um ônus com a consequente restrição à liberdade dependerá sempre de uma análise de proporcionalidade (em todos os seus sentidos) com relação à finalidade que se pretende alcançar. Serão admissíveis todos os ônus que forem necessários, adequados e proporcionais em sentido estrito com relação à finalidade de serviço público que se pretende alcançar.

Demais disso, na esteira das lições de Christian Koenig e Winfried Rasbach, deverá ser observado o dever de *complementaridade do uso dos instrumentos regulatórios*, que nada mais é do que uma decorrência do dever de proporcionalidade, que predica que quanto mais se restringe a liberdade de exercício de uma atividade econômica em um de seus aspectos, menos se poderá restringir em outro aspecto, usando-se a possibilidade de imposição de ônus aos prestadores de serviços públicos de *forma complementar*. Segundo afirmam os autores:

> Então a acumulação dos instrumentos conseqüente da complementariedade dos instrumentos regulatórios significa para o dever de efetividade dos direitos fundamentais que cada instrumento regulatório deve ser previamente mensurado: quanto mais intensamente um instrumento regulatório restringir os direitos fundamentais dos operadores de rede, mais estará a aplicabilidade dos demais instrumentos regulatórios sujeita à comprovação de compatibilidade com os direitos fundamentais.[93]

Sendo assim, tem-se que a tensão entre liberdade e ônus dos prestadores de serviços públicos deve ser resolvida a partir de duas perspectivas. A primeira decorrente do dever de proporcionalidade: qualquer ônus imposto aos prestadores de serviços públicos que restringe sua liberdade empresarial (e, por conseguinte, restringe seu direito fundamental de livre iniciativa) somente será admissível se for *proporcional* à finalidade a ser alcançada. E a segunda, que nada mais é do que um reflexo da primeira, a imposição de obrigações aos prestadores de serviços públicos que restrinja seus direitos fundamentais deve ser *complementar*, de tal forma a preservar o *conteúdo essencial* de referidos direitos fundamentais.

---

[93]   KOENIG; RASBACH. Trilogie Komplementärer Regulierungs-instrumente: Netzzugang, Unbundling, Sofortvollzug. *Die Öffentliche Verwaltung*, p. 739, tradução nossa.

Com isso, repete-se a verificação de que não há uma regra geral aplicável a todos os serviços públicos. Cada serviço público que vier a ser criado por lei poderá contemplar graus distintos de restrição ao direito fundamental da livre iniciativa e intensidades distintas de imposição de ônus sobre os agentes prestadores, sendo a medida considerada juridicamente aceitável dependente, em qualquer caso, das circunstâncias específicas de cada caso concreto. A consequência direta dessa afirmação é o reforço claro e evidente de nosso entendimento de que é descabido falar em um regime jurídico único para os serviços públicos. Cada atividade apresentará peculiaridades próprias, que desaguarão em estruturas distintas de equilíbrio entre ônus e liberdade, sendo impossível *a priori* pretender afirmar que prevalecerá sempre a liberdade ou sempre o ônus.

As considerações apresentadas nesse capítulo dão suporte ao quanto exposto. Há casos de serviços públicos em que os agentes gozam de considerável liberdade, sendo os ônus restritos a casos muito específicos, porquanto essa se afigura uma forma eficiente de atendimento às finalidades do serviço público em questão. Exemplo emblemático é o serviço público de transporte aéreo de passageiros. Os agentes prestadores gozam de enorme liberdade com obrigações singelas de universalização, continuidade e modicidade tarifária. De outro turno, há serviços em que os agentes gozam de pouca liberdade, com uma alta carga de ônus. É o caso dos serviços de saneamento básico. Com isso, comprova-se que o equilíbrio entre liberdade e ônus variará conforme cada serviço público.

Portanto, o que se verifica é que os serviços públicos, como obrigações estatais, devem ser vistos com ênfase em seu elemento finalístico, do qual decorre seu regime jurídico formado por um conjunto de obrigações composto por universalização, continuidade e modicidade tarifária. Tal regime jurídico, contudo, em nada afasta um regime de concorrência. Ao contrário, pode ter na concorrência um instrumento de fomento, donde decorre que restrições ao direito de livre iniciativa dos agentes prestadores dos serviços públicos só serão cabíveis se proporcionais às finalidades que se pretende alcançar, na medida em que estritamente necessário para o cumprimento das obrigações de serviço público e, via de consequência, realização dos direitos fundamentais subjacentes.

CAPÍTULO 7

A PRESTAÇÃO CONCORRENCIAL DOS SERVIÇOS PÚBLICOS

7.1 Breve introdução: o novo serviço público e a concorrência

Em consonância com nossas considerações precedentes, verifica-se que os serviços públicos, na ordem constitucional instaurada em 1988, são caracterizados pelo seu caráter obrigacional, que os configura como *obrigações estatais destinadas à satisfação de direitos fundamentais*. Em decorrência desse caráter e de sua relevância para a realização de direitos fundamentais, esses serviços são demarcados por um regime jurídico específico, consubstanciado nas obrigações de *universalização, continuidade e modicidade tarifária*.

Dessas considerações, não se depreende, em hipótese alguma, qualquer forma de titularidade estatal que interdite o empreendimento das atividades erigidas a serviço público por qualquer particular interessado. É dizer, à luz dos elementos que constituem o núcleo dos serviços públicos, nada predica que apenas o Estado possa prestá-los e nem muito menos que o agente incumbido dos serviços públicos tenha qualquer exclusividade ou privilégio que impeça que com ele concorram outros agentes. Os serviços públicos são configurados por uma finalidade a ser atingida, e não por qualquer forma de titularidade ou exclusividade estatal, donde deflui a plena possibilidade de terceiros, nas condições a seguir descritas, de empreender atividades consideradas materialmente serviços públicos.

Assim, não se verifica qualquer conflito entre a prestação dos serviços públicos e um regime de competição. Tais serviços evoluem e convivem com a concorrência. Vale dizer, a noção de serviço público permanece mesmo em um regime de concorrência. Porém, deve ser analisada com ênfase em seu elemento finalístico, e não em seus demais elementos (que devem ser, de modo necessário, revisitados), visto que esta é a análise que fará a noção de serviço público compatível com o texto constitucional de 1988.

Qualquer restrição ao direito fundamental da livre iniciativa que se verifique com relação à exploração de uma atividade considerada serviço público não é automática e inerente à noção do instituto. Muito ao contrário: é excepcional e depende de circunstâncias especiais que fazem ser admissível em cada caso concreto, sob o pálio do crivo da proporcionalidade, uma restrição a referido direito fundamental. Afirmar o contrário implicaria desconsiderar os papéis da livre iniciativa e da livre concorrência na ordem econômica constitucional, bem como extrair do texto constitucional uma característica do serviço público que lá não está presente.[1]

Reafirmadas essas conclusões, cabe-nos dar um passo além. É preciso neste momento delinear como se dá a prestação dos serviços públicos em regime de competição. Isso ocorre, pois afirmar que os serviços públicos não desaparecem em um contexto concorrencial não exaure a missão a que nos propomos. É necessário perquirir a forma como se dá a prestação desses serviços públicos por uma pluralidade de agentes, pois daí decorrem questões de extremo relevo para o direito administrativo, como os títulos habilitantes ao exercício de determinadas atividades e o regime jurídico das concessões de serviços públicos.

Antes, porém, de adentrarmos ao regime de concorrência na prestação dos serviços públicos, cabe mencionar que tal regime de concorrência pode se dar entre Estado e particulares, ou apenas entre particulares. A inserção dessa dá-se em um contexto de liberalização de referidas atividades. Contudo, não necessariamente de um amplo processo de privatização. A simples possibilidade legal de exploração da atividade

---

[1] Como muito bem menciona Diogo de Figueiredo Moreira Neto, é possível, com relação aos contornos atuais dos serviços públicos, "extrair como claras afirmações de tendências: a primeira é a diminuição de importância da titularidade do serviço, ou seja, o esmaecimento daquela tradicional característica subjetiva que era sempre apontada para os serviços públicos – a presença do Estado como seu titular –, e a segunda, que vem a ser detectável propensão à abertura de espaços de competência aos entes da sociedade, para que o maior número de prestadores possível possa concorrer, em benefício dos usuários, ainda que, em alguns casos, em razão de alguma necessidade de limitação de fato de operadores, se tenha que selecionar, por qualquer tipo de licitação ou procedimento concursal, os mais capazes de satisfazer plenamente as demandas sociais" (*Mutações do direito público*. Rio de Janeiro: Renovar, 2006. p. 369).

por uma pluralidade de agentes já demarca a existência de concorrência, não sendo necessário que o Estado se desvencilhe de seus instrumentos de prestação dos serviços públicos.[2] Não há, nesse contexto, que se confundir liberalização das atividades consideradas serviços públicos com privatização em sentido estrito[3] (que, muitas vezes, sequer afetam atividades consideradas serviços públicos), já que são fenômenos distintos que poderão coexistir sem qualquer questionamento.

Sendo assim, passaremos a analisar como se dá a prestação concorrencial dos serviços públicos.

7.2 Prestação concorrencial sem assimetria de regimes jurídicos

A primeira forma de prestação de serviços públicos em regime de concorrência é aquela em que há agentes em regime de competição sem assimetria de regimes jurídicos, ou seja, todos ou alguns dos agentes do setor estão sujeitos a um mesmo regime jurídico, com a outorga de diversas concessões ou permissões a agentes distintos, que atuarão em regime de concorrência. Esse cenário ocorrerá quando a prestação de determinado serviço público não comportar a livre entrada de agentes no setor, seja por razões fáticas, seja por razões jurídicas, que predicam a existência de apenas um regime jurídico, ou quando diversos agentes submetidos a um único regime jurídico atuam em concorrência com outros agentes sujeitos a outros regimes jurídicos.

Com relação à primeira hipótese, há casos em que a constituição dos mercados de determinados serviços públicos impede que os agentes possam, de forma livre, acessar a atividade e atuar em assimetria de regime. Todos os agentes que pretendam participar daquele mercado

---

[2] Jacques Chevallier, comentando a possibilidade de concorrência entre setor público e iniciativa privada, afirma: "A esfera pública não é mais subtraída à lógica concorrencial. Esta lógica vem se instalar no interior do Estado e ganha o campo dos serviços públicos cada vez mais numerosos. Assim, o princípio da demarcação tradicional tende a fazer um lugar a um princípio novo de igual concorrência entre público e privado" (Estado e ordem concorrencial. Tradução de Thales Morais da Costa. *Revista de Direito Público da Economia – RDPE*, Belo Horizonte, ano 5, n. 20, p. 151, out./dez. 2007).

[3] Conforme bem esclarece Odete Medauar: "A desestatização significa a existência de maior autonomia para a sociedade decidir seu próprio destino, com menos presença do Estado. A desregulamentação consiste na eliminação total ou parcial de normas incidentes sobre o mercado e as atividades econômicas, levando à simplificação e desburocratização. Por sua vez, a privatização aparece, num sentido mais amplo, para expressar o controle e participação mais efetivos da sociedade no processo produtivo, e, em sentido restrito, como transferência do controle acionário de empresas estatais ao setor privado" (*Direito administrativo moderno*, p. 94).

deverão estar sujeitos ao regime jurídico de serviço público para que possa haver concorrência. Essas são as hipóteses em que a prestação do serviço dependa do acesso a bens públicos que não podem ser compartilhados, ou em que a prestação dos serviços esteja inserida em um contexto que demande a identidade de regime entre os agentes prestadores. A título exemplificativo, é possível mencionar os serviços portuários e os de transporte urbano de passageiros por ônibus. Todos eles são prestados, há tempos, em regime de concorrência. Porém, os agentes que concorrem na sua prestação encontram-se, sem exceção, sujeitos ao mesmo regime jurídico, devido às circunstâncias fáticas e/ ou jurídicas do setor que impedem a assimetria de regimes, das quais decorrerão questões de extremo relevo para a configuração jurídica dos instrumentos de delegação da prestação dos serviços públicos.

No caso dos serviços portuários, tanto quando há concorrência entre portos organizados, quanto quando há concorrência dentro de um mesmo porto organizado (diversos terminais portuários localizados no mesmo porto organizado prestam os serviços), os agentes concorrentes exploradores da atividade estão sujeitos a um mesmo regime, qual seja, o regime de serviço público.

Isso acontece, pois os operadores de portos organizados estão sujeitos, por força de dispositivo expresso de lei (§1º do artigo 1º da Lei nº 12.815, de 5 de junho de 2013), apenas ao regime de serviço público,[4] uma vez que os portos organizados somente poderão ser construídos e operados diretamente pela União Federal (ou entidades a ela vinculadas, em processo de descentralização administrativa), por entidades controladas pelos Estados ou Municípios nos termos de convênio celebrado com a União Federal, ou por concessionárias de serviço público da União Federal no regime de serviço público, sendo interditada a construção e operação de portos organizados em outro regime que não seja o público.[5] Dessa maneira, sempre que houver competição entre portos organizados, haverá a sujeição ao regime de serviço público.[6]

---

[4] Cf. GROTTI. *O serviço público e a Constituição Brasileira de 1988*, p. 192.

[5] Aqui é importante mencionar que as concessões de serviços públicos portuários são bastante *sui generis*, pois, além de contemplar a delegação da prestação de um serviço (atividade material fruível), contempla, também, a delegação de poderes extraordinários ao concessionário, que terá um poder regulador e fiscalizador das atividades que serão desenvolvidas no porto organizado. Sobre o tema, confira-se: GROTTI. *O serviço público e a Constituição Brasileira de 1988*, p. 193, bem como o nosso: A experiência e as perspectivas da regulação do setor portuário no Brasil. *Revista de Direito Público da Economia – RDPE*, p. 178.

[6] Como já tivemos a oportunidade de afirmar em outra oportunidade, a competição entre portos organizados no Brasil é relativa, na medida em que depende de uma situação logística

Sempre que for possível, em razão de condições geográficas ou logísticas, haver a concorrência entre portos organizados, os agentes concorrentes estarão sujeitos ao regime de serviço público, haja vista que não existe, na legislação, a possibilidade de exploração de portos organizados em outro regime que não seja o regime de serviço público. Essa concorrência se dá, frise-se, desde que haja portos próximos e com condições logísticas semelhantes, em razão do que fica evidente que a situação fática não condiz com as convicções doutrinárias segundo as quais a existência de serviço público interdita de imediato a concorrência.

Adicionada à possibilidade de concorrência entre portos organizados, há uma também entre terminais portuários localizados dentro de um mesmo porto organizado, sendo essa possibilidade muito mais comum no setor portuário. Nessa hipótese, todos os agentes concorrentes também encontram-se sujeitos *ao mesmo regime jurídico*, qual seja, o regime público. A razão para tanto decorre do disposto no artigo 5º-B da Lei nº 12.815/2013, nos termos do qual os terminais portuários localizados dentro de um único porto organizado estarão sujeitos ao regime público decorrente dos *contratos de arrendamento portuário*, cujos contornos jurídicos serão detalhados adiante neste capítulo.

Note-se, nesse caso, que a restrição da concorrência a um único regime jurídico foi uma opção do legislador, o qual interditou a sujeição de terminais destinados ao atendimento dos usuários a outro regime que não o de serviço público. Em que pese haver a previsão constitucional expressa da assimetria de regimes no setor portuário (artigo 21, inciso XII, alínea "f"), houve a opção, pelo legislador infraconstitucional, de restringir os terminais portuários não sujeitos ao regime de serviço público ao uso privativo de seu proprietário, tal como se depreende do artigo 8º, inciso I, da Lei nº 12.815/2013, bem como do Decreto nº 8.033, de 27 de junho de 2013.

Nesse prisma, para além da inviabilidade de compartilhamento de instalações (circunstância fática), a concorrência com assimetria de regimes no setor portuário é interditada por circunstâncias jurídicas, em razão das obrigações impostas aos agentes sujeitos ao regime de serviço público, que poderiam deixar de ser cumpridas em caso de concorrência sem assimetria de regimes, segundo o entendimento do legislador.

(integração com outros modais) que sendo desigual entre as instalações portuárias, muitas vezes, torna os portos organizados infungíveis entre si, obstando a concorrência. Cf. nosso: *A experiência e as perspectivas da regulação do setor portuário no Brasil. Revista de Direito Público da Economia – RDPE*, p. 188-189.

Ademais, no que concerne ao segundo exemplo que trouxemos à baila – os serviços de transporte público urbano de passageiros –, tem-se situação em que as condições fáticas de prestação dos serviços interditam a existência de outros regimes jurídicos. Isso ocorre, pois os serviços em questão são prestados dentro de um contexto *de planejamento urbanístico*, o qual pode ser prejudicado pelo livre acesso de particulares à atividade. E, para que se possa manter a prestação dos serviços de acordo com o planejamento urbanístico no qual se insere a atividade, é necessário manter-se a unidade de regimes jurídicos.[7]

Por derradeiro, como já mencionado, a concorrência sem assimetria de regimes poderá comportar situação na qual haja agentes em unidade de regime jurídico (diversos agentes em regime de serviço público), *juntamente e em concorrência* com agentes sujeitos a regime jurídico distinto. Nessa hipótese, para além de haver concorrência entre os agentes sujeitos ao regime jurídico de serviço público, haverá, também, concorrência entre esses e outros agentes. Tal cenário predica uma mais ampla possibilidade de acesso de agentes à atividade (*i. e.*, menos barreiras à entrada). É o que se verifica nos casos dos serviços públicos de telecomunicações[8] e nos serviços públicos de transportes aéreos de passageiros.[9]

A possibilidade jurídica de multiplicidade de agentes sujeitos ao regime jurídico de serviço público traz algumas dificuldades que não podem ser desmerecidas. Em primeiro lugar, é necessário citar a enorme mudança de paradigma constante da Lei nº 8.987/95, com relação à concorrência entre agentes sujeitos ao regime de serviço público. Referida lei, em seu artigo 16, determinou que a exclusividade na outorga de concessões não é a regra, mas, sim, a exceção, só admissível em casos de comprovada inviabilidade técnica ou econômica. Com isso, segundo a sistemática inaugurada por referido diploma, em regra, os agentes

---

[7] Sobre o tema, afirma José Afonso da Silva: "não tem cabimento um planejamento urbanístico que não eleve em consideração o problema do sistema viário e, com este, o sistema de transportes. Não se pode planejar o uso do solo urbano sem a devida ordenação dos transportes, que há de ser parte importante na ordenação do solo em geral. E, aqui, o tema sobressai na sua dimensão jurídico-urbanística, enquanto essa ordenação configure normatização jurídica do sistema" (*Direito urbanístico brasileiro*, p. 236).

[8] Nos serviços de telecomunicações, há concorrência entre *concessionárias de serviços públicos* e entre elas e as autorizatárias de serviços de telecomunicações, com ampla liberdade conferida aos agentes.

[9] No caso dos serviços de transportes aéreos de passageiros (Lei nº 7.565, de 19 de dezembro de 1986), há expressa previsão de concorrência entre agentes sujeitos ao regime de serviço público e agentes sujeitos ao regime privado, detentores de autorizações.

sujeitos ao regime jurídico de serviço público *não gozarão de qualquer forma de exclusividade,* devendo ser submetidos a um regime de competição com outros agentes.

É bem verdade que, há muito, existe na doutrina menções à outorga de concessões de serviços públicos sem exclusividade.[10] Contudo, a maioria sempre defendeu a impossibilidade de concorrência entre concessionários do mesmo serviço público, entendimento que, por muito tempo, prevaleceu no Brasil.[11] O fundamento desse entender decorre de dois elementos: o primeiro, a já debatida questão da exclusividade como elemento marcante do serviço público (sendo o serviço público, ele seria exclusivo do Estado ou de seu delegatário); e o segundo, o traço de *privilégio* subjacente à noção de concessão no direito brasileiro, segundo o qual a concessão cria um privilégio que não pode ser delegado a outra pessoa.

De igual maneira, a outorga de múltiplas concessões, permissões ou outros instrumentos (como o arrendamento portuário) para a prestação do mesmo serviço público em regime de concorrência demanda um nova leitura da delegação dos serviços públicos, originária da própria necessidade de revisão da noção de serviço público que aqui propomos. É dizer, não é possível analisar o cenário de concorrência sem assimetria de regimes tendo-se em conta os conceitos tradicionais de concessão, permissão e figuras afins.

Com propriedade adverte Alejandro Vergara Blanco que a complexidade das relações desenvolvidas sob concessões de serviços públicos, decorrente da liberalização da atividade, demanda profunda reflexão, eis que as concepções tradicionais da doutrina do direito administrativo não conseguem responder às perguntas que emergem. A dicotomia atividade privada *versus* serviços públicos, essencial para a caracterização das concessões (e demais arranjos de delegação de serviços públicos),

---

[10] Novamente, confira-se, nesse sentido, o clássico: MELLO. Aspecto jurídico-administrativo da concessão de serviço público. *Revista de Direito Administrativo – Seleção Histórica,* p. 214-215, em que o autor não só afirma que a exclusividade não se presume com relação às concessões de serviço público, como também, de forma expressa, admite a concorrência com assimetria de regimes.

[11] Como exemplo, veja-se Ruy Cirne Lima, que defendia que o prestador de serviços públicos deveria ser garantido contra "interesses privados". Cf. *Princípios de direito administrativo brasileiro,* p. 70. No mesmo sentido, entre outros, confira-se: CRETELLA JR., José. *Dos contratos administrativos.* Rio de Janeiro: Forense, 1998. p. 148.

não é mais tão claramente vincada, donde provém a necessidade de novas visões sobre o tema.[12]

Tem-se, assim, que as concessões (ou demais arranjos para a delegação de serviços públicos) não se tratam nem da outorga de um privilégio, nem tampouco da delegação de uma atividade típica e privativa do poder público (atividade pública), *mas, sim, de um arranjo contratual*[13] *por meio do qual o Estado transfere ao particular uma obrigação que lhe é imposta pelo ordenamento jurídico, deixando de ser o Estado o responsável primário pelo cumprimento de tal obrigação e passando a ser o garantidor de seu efetivo cumprimento.*

É dizer, a outorga de concessões (ou outros instrumentos de delegação de serviços públicos) predica a existência de *um arranjo contratual de transferência de uma obrigação do Estado para um particular.* Portanto, nada obsta que haja diversas concessões para a prestação do mesmo serviço. Tal hipótese apenas reflete que a obrigação estatal, consubstanciada no serviço público, *será desempenhada por uma pluralidade de agentes em regime de concorrência,* o que não encontra qualquer vedação no direito positivo. Muito ao contrário, reflete suas disposições expressas e inequívocas.

A *publicatio* existente com relação aos serviços públicos não predica a conferência de qualquer privilégio ou benefício ao concessionário. Em consonância com o que expusemos no capítulo anterior, a *publicatio* demarca apenas a existência de uma *obrigação* do poder público (artigo 175 da Constituição Federal), e não qualquer tipo de reserva ou exclusividade. Por essa razão, a prestação dos serviços públicos em concorrência sem assimetria de regimes decorre do fato de que, previamente, o ordenamento jurídico fixou para o Estado uma determinada obrigação, cujas condições fáticas impedem ou desaconselham que a concorrência seja desenvolvida apenas com assimetria de regimes.[14]

Com isso queremos afirmar que, em diversos casos, poderá o ordenamento jurídico prever a possibilidade de outorga de diversas concessões do mesmo serviço público para assegurar o cumprimento de

---

[12] Cf. VERGARA BLANCO. El nuevo servicio público abierto a la competencia. *Revista de Derecho Administrativo Económico,* p. 47.

[13] Cabe mencionar que Vera Monteiro, com muita propriedade, acentua no *caráter contratual* e na liberdade de ajuste o elemento fundamental da concessão, refletindo, com nitidez, nosso entendimento acerca da matéria. Cf. *Concessão.* São Paulo: Malheiros, 2010. p. 175-176.

[14] Cf. VERGARA BLANCO. El nuevo servicio público abierto a la competencia. *Revista de Derecho Administrativo Económico,* p. 48.

forma mais eficiente da *obrigação* imposta ao Estado, o que nem excluirá *a priori* que outros agentes desempenhem a mesma atividade em outro regime que não seja o de serviço público, nem desconfigurará a noção desse serviço. A existência de uma pluralidade de agentes submetidos ao mesmo regime jurídico na prestação de um determinado serviço público nada mais é, nessa perspectiva, do que uma técnica prestacional destinada à garantia de um cumprimento adequado e eficaz da obrigação imposta ao poder público com a instituição do serviço público. Tal técnica, de acordo com o que determina a Constituição Federal (artigo 170, *caput*, e inciso IV), deve ser a regra, apenas podendo ser afastada em casos especiais.

7.2.1 A questão do equilíbrio econômico-financeiro

Em complemento ao quanto discorrido, um segundo questionamento essencial aflora e deve, por conseguinte, ser analisado, qual seja, o equilíbrio econômico-financeiro na prestação dos serviços públicos. A razão da relevância do questionamento emerge de sua possível afetação em um contexto de liberdade tarifária (parcial ou total) e imposição de condições de mercado como elemento norteador da ação do concessionário.

Segundo as concepções mais tradicionais, as concessões (e demais formas de delegação) de serviços públicos têm que manter, durante todo seu prazo de vigência, um equilíbrio econômico-financeiro, "que se traduz no equilíbrio entre as obrigações e a remuneração do concessionário", como bem pontua Lúcia Valle Figueiredo.[15] Dessa forma, a remuneração do delegatário deve, a todo tempo de vigência da respectiva concessão, apresentar um equilíbrio com relação às obrigações que lhe são impostas.

Em um contexto de unicidade de prestador, com tarifas *ex ante* fixadas pelo poder concedente (seja com base na proposta do prestador apresentada na licitação, seja de outra forma), a questão do equilíbrio econômico-financeiro tem solução mais simples: ocorrido qualquer fato alheio à vontade e ao controle do prestador que cause um desequilíbrio entre suas obrigações e sua remuneração, esta deverá ser revista, de forma a manter as condições de equilíbrio originalmente previstas.[16]

---

[15] FIGUEIREDO. *Curso de direito administrativo*, p. 92.

[16] Nesse sentido, por todos, confira-se: DI PIETRO. *Parcerias na administração pública*, p. 106.

Ocorre, entretanto, que, em um cenário de concorrência, com pluralidade de agentes que desenvolvem a mesma atividade em regime de liberdade tarifária, essa lógica não é facilmente aplicável. Não há uma única tarifa para rever e manter a relação original de direitos e obrigações. Há diversos prestadores, sujeitos ao mesmo regime jurídico – e titulares, portanto, das mesmas prerrogativas –, cobrando tarifas distintas com a finalidade de aumentar suas participações no mercado. Nesse contexto, a preservação do equilíbrio econômico-financeiro, que tem assento constitucional (artigo 37, inciso XXI[17]), ganha novos contornos.

A nós, parece evidente que a fórmula tradicional de revisão dos contratos de concessão não se aplica. Na maior parte dos casos, quanto maior a liberdade tarifária e quanto mais ampla for a concorrência na prestação dos serviços, menor será o rol de matérias com relação às quais o poder concedente poderá garantir a preservação do equilíbrio econômico-financeiro dos contratos de delegação (concessão e outros instrumentos), sob pena de criar falsos mecanismos de mercado e colocar em risco o bom funcionamento do setor. Há de se estabelecer um mecanismo efetivo de *alocação de riscos*, que circunscreva a situações específicas os casos em que o concessionário fará jus a uma revisão de sua remuneração.

Ao contrário do que propugna a doutrina mais tradicional,[18] a concessão de serviços públicos não é estruturada com a alocação completa dos riscos inerentes à atividade ao concessionário, tal como se costuma afirmar com base na locução da prestação dos serviços *por conta e risco* dele. Se assim fosse, não haveria que se cogitar da revisão do equilíbrio econômico-financeiro da avença, eis que a ocorrência de qualquer risco deveria ser absorvida pelo concessionário. Desde sempre houve um mecanismo de alocação de riscos, o qual, em um cenário de concorrência, torna-se muito mais relevante.

Quando se introduz uma pluralidade de agentes em regime de concorrência na prestação dos serviços públicos, os únicos elementos que podem ensejar uma revisão dos patamares de remuneração dos serviços são os riscos expressa e claramente assumidos pelo concessionário, que deverão ser iguais para todos os agentes sujeitos ao

---

[17] Ao deixarmos assentado que as concessões de serviço público são *contratos administrativos*, verificamos, por consequência, que a ela se aplicam as regras inerentes ao instituto, dentre as quais se encontra a manutenção das *condições efetivas da proposta*, prevista de forma expressa na parte final do inciso XXI do artigo 37 da Constituição Federal.

[18] Por todos, confira-se: MELLO. *Curso de direito administrativo*, p. 664 *et seq.*

mesmo regime jurídico,[19] e os atos do poder concedente que tenham impacto direto sobre a remuneração dos agentes prestadores.[20] Todos os demais eventos, que sejam decorrência natural da exploração de uma atividade em regime de concorrência (como demanda, condições de financiamento, grau de concorrência etc.), não devem ensejar qualquer forma de revisão de remuneração, na medida em que a inserção de concorrência na prestação dos serviços públicos implica a assunção de alguns riscos que não seriam assumidos pelo delegatário se atuasse com exclusividade (como ocorre com o risco de demanda).

Sendo assim, tem-se cenário no qual a relação jurídica mencionada pela doutrina no que se refere à preservação do equilíbrio econômico-financeiro das delegações de serviços públicos deve ser revista a partir do momento em que se instala um regime de concorrência na prestação de referidos serviços. Em que pese o instituto da preservação do equilíbrio econômico-financeiro estar previsto na Constituição Federal (inciso XXI *in fine* do artigo 37), não há como se cogitar da aplicação costumeira de revisão do equilíbrio encargos/benefícios[21] quando se implementa a concorrência. Há riscos inerentes à atividade desempenhada em regime de concorrência que não podem gerar qualquer direito do delegatário (ou dos delegatários) a uma revisão contratual, de tal forma que um processo de revisão apenas é cabível em hipóteses extraordinárias, excepcionais, previstas nos respectivos instrumentos de delegação e postas de forma equânime a todos os agentes sujeitos ao mesmo regime jurídico.

Conforme mencionamos, quanto mais ampla e acirrada a concorrência, menor deverá ser a ação do poder concedente, donde se depreende sempre a necessidade de observância do dever de proporcionalidade, como tivemos a chance de observar no tópico 6.3 do Capítulo 6. Em qualquer caso, contudo, toda e qualquer ação do poder concedente relacionada à remuneração dos delegatários só poderá ocorrer

---

[19] Segundo Marcos Augusto Perez: "não há concessão sem riscos para o concessionário, da mesma forma que não há concessão que possa aliviar o concedente de todos os riscos, mediante transferência destes ao concessionário. Assunção de todos os riscos ou de nenhum risco pelo concessionário são situações meramente imaginárias, as quais não condizem com o que o sistema jurídico estabelece" (*O risco no contrato de concessão de serviço público*, p. 130).

[20] É o caso, por exemplo, da imposição de novas metas de universalização, que sempre demandarão a indicação das respectivas fontes de financiamento.

[21] Como muito bem observa Egon Bockmann Moreira, "o estudo de remuneração tarifária é tarefa muito mais complexa que a singela equação receita/encargos do projeto – compreensão própria da Lei 8.666/1993, mas de pouca utilidade em sede de concessões de serviço público" (*Direito das concessões de serviço público*. São Paulo: Malheiros, 2010. p. 335).

para assegurar a prestação universal, contínua e módica dos serviços públicos.

7.3 Prestação concorrencial com assimetria de regimes

Aditado à possibilidade de concorrência na prestação dos serviços públicos sem assimetria de regimes, há a possibilidade de concorrência com assimetria de regimes, ou seja, com a existência de agentes exploradores da atividade em regime de concorrência e sujeitos a regimes jurídicos distintos. Consoante o entendimento de Floriano Marques Neto, a assimetria de regimes pode ser definida como a existência de "agentes econômicos sujeitos a uma incidência regulatória díspar, mas que competem na exploração de uma mesma atividade pública".[22] Vale dizer, seria o fenômeno segundo o qual dentro de uma mesma atividade considerada serviço público haja agentes sujeitos a regimes jurídicos distintos.

Em primeiro lugar, é necessário consignar que a percepção da existência de assimetria de regimes na prestação dos serviços públicos deve, de modo necessário, partir do pressuposto de que *a constituição de uma determinada atividade econômica como serviço público* **não** *interdita que a mesma atividade seja explorada em regime jurídico distinto por outros agentes, além do Estado ou de seu delegatário.* É dizer, ao contrário do que afirma a teoria dos serviços públicos como *atividades econômicas em sentido amplo*, excluídas da livre iniciativa, bem como ao contrário do que decorre das concepções mais tradicionais de titularidade estatal, a existência de um serviço público só interditará a exploração da atividade em outro regime jurídico em casos muito excepcionais, em que, de fato, haja uma impossibilidade fática da existência de uma pluralidade de agentes, o que se restringe a um número ínfimo de serviços públicos.[23]

---

[22] MARQUES NETO. A nova regulamentação dos serviços públicos. *Revista Eletrônica de Direito Administrativo*, p. 15. Ademais, menciona Alexandre Santos de Aragão que a assimetria regulatória é demonstrada a partir da conferência de regimes jurídicos distintos a atividades distintas integrantes da cadeia produtiva de um determinado serviço público (cf. *Serviços públicos e concorrência*, p. 332-333). Embora seja irretocável o entendimento do autor, no caso em análise nesse ponto de nosso trabalho, interessa-nos mais a assimetria regulatória dentro do mesmo serviço público, caracterizada pela sujeição dos agentes exploradores da atividade a regimes jurídicos distintos.

[23] É o que ocorre, por exemplo, com o serviço público de transmissão de energia elétrica. Tendo sido a atividade constituída como um serviço público autônomo (*i.e.*, destacado da geração, da distribuição e da comercialização de energia elétrica), sua constituição como monopólio natural impede que outros agentes tenham acesso à atividade em assimetria

Em todos os demais casos, a existência do regime de serviço público sobre uma determinada atividade apenas predicará uma *obrigação estatal* de prestar a atividade ou garantir seu oferecimento aos cidadãos de forma universal, módica e contínua, o que não exclui, em hipótese alguma, a possibilidade de particulares, na realização de seus interesses econômicos, oferecerem *atividades materialmente fungíveis que concorrem com os serviços públicos*.[24] Como já tivemos a oportunidade de afirmar, de uma ordem econômica constitucional fundada na livre iniciativa, que constitui em favor dos cidadãos o livre direito de empreender atividades econômicas como um *direito fundamental* e que tem a livre concorrência como um de seus *princípios jurídicos* não se pode inferir qualquer forma de exclusividade relacionada aos serviços públicos, *salvo nos casos em que expressamente seja determinado o contrário*, o que não ocorre no caso brasileiro.

Portanto, sempre que for, do ponto de vista fático, possível a exploração de uma atividade econômica *materialmente fungível* com um serviço público em regime privado, poderão os agentes econômicos, com liberdade, empreendê-la, sem qualquer óbice, excetuados os títulos habilitantes que, vez ou outra, venham a ser exigidos, de forma *proporcional*, dos agentes econômicos.[25] É por essa razão que, por exemplo, a instituição do serviço público de saneamento básico não impede o fornecimento privado de água potável a granel, bem como que a existência dos serviços públicos postais não impede a exploração da atividade de entrega de correspondências em regime privado, entre inúmeros outros exemplos.

Negar tal possibilidade significa negar uma realidade clara e evidente que ocorre diante dos olhos de todos os cidadãos, todos os dias de nossas vidas. Significa, em última análise, criar para o Estado um

---

de regimes, porque não é possível construir duas infraestruturas no mesmo local para concorrência.

[24] Do ponto de vista do direito concorrencial, duas atividades são concorrentes quando elas forem materialmente fungíveis entre si, de tal forma que seu consumidor (ou usuário) tenha a faculdade, sem prejuízos, de escolher entre um e outro. Trata-se da possibilidade de substituição funcional de dois ou mais produtos ou serviços. Sobre o tema, confira-se: KLING, Michael; THOMAS, Stefan. *Grundkurs Wettbewerbs-und Kartellrecht*. München: C.H. Beck, 2001. p. 298.

[25] Repise-se que Oswaldo Aranha Bandeira de Mello há muito tempo já considera essa possibilidade, afirmando que a prestação de uma atividade em regime de serviço público não exclui a possibilidade de a mesma atividade vir a ser explorada em outro regime jurídico, na satisfação dos interesses dos agentes econômicos. Cf. Aspecto jurídico-administrativo da concessão de serviço público. *Revista de Direito Administrativo – Seleção Histórica*, p. 214.

privilégio que não decorre da Constituição, a qual, muito ao contrário, prevê como regra a liberdade de iniciativa e como exceção a exclusividade estatal. Pretender impedir que particulares ofereçam prestações materialmente concorrentes com as atividades erigidas a serviço público em todo e qualquer caso significa, pois, criar um monopólio estatal não admitido na ordem constitucional.[26]

De conseguinte, tem-se que as atividades constituídas pelo ordenamento jurídico como serviço público poderão, em regra, ser também exploradas pelos particulares em regime privado, fazendo clara concorrência aos serviços públicos. Tal cenário não traz qualquer prejuízo ou de qualquer forma põe em risco a noção de serviço público, porque a obrigação estatal de prestar ou garantir a prestação da atividade subsistirá. Apenas é admitido que os usuários dos serviços públicos tenham a opção de receber a atividade do Estado (ou de seu delegatário atuante em regime público), ou de um outro particular que ofereça a mesma atividade em outro regime jurídico que não seja o de serviço público.[27]

Segundo entendemos, a exceção a essa regra, cuja consequência será a interdição de particulares de oferecer as utilidades que constituem serviço público em regime de concorrência com assimetria de regimes, só poderá ser verificada em dois casos: ou quando houver um monopólio natural que não permita a exploração da mesma atividade em qualquer outro regime, como ocorre no já citado caso de transmissão de energia elétrica, ou quando a prestação do serviço público puder ser ameaçada pelo livre acesso de particulares em razão de sua estrutura.

É o que sucede, por exemplo, no caso dos transportes urbanos de passageiros, cuja dependência de uma política de planejamento urbanístico impede seu livre acesso pelos particulares, sob pena de desrespeito

---

[26] Reforçando o que já restou consignado no Capítulo 5, apenas seria possível cogitar-se da hipótese de interdição dos particulares à exploração de atividades materialmente concorrentes com os serviços públicos caso houvesse um regime de monopólio constitucionalmente instituído, visto que apenas esse confere ao Estado o direito de explorar uma atividade com absoluta exclusão de todos os demais agentes (cf. HÄFELIN, Ulrich; MÜLLER, Georg; UHLMANN, Felix. *Allgemeines Verwaltungsrecht*. 5. Aufl. Zürich: Schulthess, 2006. p. 549), o que, em definitivo, não ocorre no caso dos serviços públicos, como demonstrado.

[27] Retome-se o exemplo do fornecimento de água potável a granel. Muitas vezes, para determinados usuários, é mais módico comprar a água potável utilizada em seus estabelecimentos de outros fornecedores que não sejam a prestadora dos serviços públicos de saneamento básico. É evidente que se trata de caso de concorrência, pois mais de um agente oferecerá prestação *materialmente fungível*. Contudo, nem o particular fornecedor de água a granel será transformado em prestador de serviço público, nem o serviço público de saneamento básico desaparecerá. Ambos simplesmente coexistirão, cada qual em seu regime jurídico.

ao planejamento realizado. Da mesma forma é o que ocorre com os serviços portuários, cujos ônus impostos aos prestadores da atividade em regime de serviço público não suportaria a concorrência com agentes não sujeitos a tais ônus,[28] embora a possibilidade jurídica de grandes usuários construírem suas próprias instalações portuárias não deixe de ser uma forma de concorrência.[29]

Ademais, é necessário deixar consignado que o regime jurídico que será imposto ao particular que oferece as atividades materialmente concorrentes com os serviços públicos variará, de modo expressivo, conforme a atividade por ele desempenhada. Referido particular poderá estar sujeito a uma intensa regulação estatal, nas hipóteses em que sua atuação se dê em setor que enfrenta barreiras de entrada significativas ou outras peculiaridades que justifiquem uma ação estatal mais intensa (como o setor de telecomunicações, por exemplo), ou poderá estar sujeito a um simples poder ordenador genérico, nas hipóteses em que a atividade por ele desempenhada não demande uma regulação especial.

Dessa forma, tem-se um cenário no qual a prestação dos serviços públicos pode apresentar concorrência: (i) entre diversos agentes sujeitos ao regime jurídico de serviço público, hipótese em que o Estado distribuirá entre diversos agentes as obrigações inerentes a tal regime jurídico (continuidade, universalização e modicidade tarifária), como é o caso dos serviços públicos portuários; (ii) entre agentes sujeitos ao regime jurídico de serviço público e entre eles e agentes sujeitos a outro regime jurídico, como ocorre no caso dos serviços de telecomunicações; e (iii) entre um agente sujeito ao regime jurídico de serviço público e

---

[28] Demarca-se, nesse ponto, que decorre de opção do legislador restringir a concorrência no setor portuário às instalações portuárias públicas. Embora fosse possível pensar em uma abertura maior, com concorrência entre os portos públicos e os privados, a plêiade de obrigações impostas aos terminais públicos fez com que somente com relação a estes pudesse haver concorrência. Em qualquer caso, contudo, há que se mencionar que esse regime decorre de uma opção legislativa, e não de uma impossibilidade fática ou de um imperativo constitucional, como se verifica nos casos dos transportes urbanos de passageiros e no caso da transmissão de energia elétrica. Nesse sentido, confira-se: SUNDFELD; CÂMARA. Terminais portuários de uso misto. *Revista de Direito Público da Economia – RDPE*, p. 64.

[29] A possibilidade jurídica de grandes usuários construírem instalações portuárias de uso privativo demonstra inexistência de qualquer exclusividade na exploração dos serviços públicos portuários. Logo, não obstante não se configurar propriamente como um mecanismo de concorrência, pois não importa no oferecimento de utilidade materialmente fungível, é fato que comprova o quanto aqui procuramos demonstrar, na medida em que fundamenta a inexistência de qualquer forma de exclusividade com relação à prestação dos serviços públicos.

diversos outros agentes sujeitos a outro regime jurídico, como ocorre no setor de saneamento básico, por exemplo.

O regime jurídico que será imposto aos particulares ofertantes de comodidades que concorrem com os serviços públicos variará significativamente conforme as atividades que vierem a explorar. Há casos em que a eles será imposta forte regulação estatal, em razão das características peculiares de suas atividades e do mercado no qual se inserem. Há casos, de outro turno, que o regime a eles imposto será o mesmo comum a qualquer outra atividade econômica não concorrente com os serviços públicos. Se esse regime não é uniforme, devendo sempre ser modulado dependendo das particularidades de cada serviço, é evidente que o regime jurídico daqueles que oferecem atividades que concorrem com os serviços públicos também há de variar. A esse ponto retornaremos adiante.

7.4 Acessibilidade às atividades dos serviços públicos

Uma vez assentadas as noções de que os serviços públicos podem ser prestados com ou sem assimetria de regimes jurídicos e, via de consequência, de que as atividades materiais constituídas como serviços públicos podem ser exploradas em regime privado em concorrência com o regime de serviço público, resta-nos analisar quais são os instrumentos jurídicos que habilitam particulares a ter acesso às atividades que constituem os serviços públicos, tanto em regime de serviço público, quanto em regime privado (nesse caso, atividades materiais que concorrem com esses serviços). A razão de tal necessidade deflui do fato de que apenas com condições favoráveis de acesso ao mercado é que poderá a concorrência potencial ser transformada em concorrência efetiva, isto é, um cenário que juridicamente admite a concorrência transformado em efetiva concorrência.[30]

Para tanto, segundo entendemos, uma análise sistemática da matéria faz-se necessária, eis que a descrição das formas de prestação dos serviços públicos e atividades concorrentes no Brasil carece de sistematização. Em consonância com nosso entendimento, a Constituição Federal e a legislação infraconstitucional trazem disciplina clara da matéria. Contudo, tal disciplina, muitas vezes, utiliza termos com

---

[30] Cf. GIGLIONI. *L'Accesso al mercato nei servizi di interesse generale*, p. 198.

sentidos distintos daqueles que a doutrina costuma reconhecer, o que causa certa perplexidade e uma descrição doutrinária descasada do direito positivo.

Nessa trilha, verificamos, com fundamento no direito positivo brasileiro, que as atividades erigidas a serviços públicos podem ser exploradas no regime de serviço público das seguintes formas: diretamente pelo Estado, de modo indireto, por meio de delegações nas formas de concessão de serviços públicos, permissão de serviços públicos, subconcessão de serviços públicos e arrendamento de terminais portuários. Ademais, as mesmas atividades podem ser exploradas fora do regime de serviço público por meio de autorizações, de diversos títulos habilitantes incluídos no âmbito da ordenação estatal[31] e até mesmo sem a necessidade de qualquer título específico.

Com certeza, a aplicabilidade de cada uma das figuras anteriormente apontadas dependerá da compatibilidade com a estrutura e as características de cada serviço em específico, já que os serviços públicos comportam graus muito distintos de abertura e acessibilidade.[32] A relação de formas de delegação citada é aplicável à generalidade das atividades erigidas a serviço público, mas não com especificidade a cada uma delas.

7.4.1 O acesso às atividades em regime de serviço público

Quando se fala em atividades desempenhadas no *regime de serviço público*, tem-se tanto a possibilidade de exploração direta pelo Estado quanto da exploração por particulares, em cada uma das formas a seguir analisadas.

---

[31] Como muito propriamente elucidam Eduardo Garcia de Enterría e Tomás-Ramón Fernández, "um simples repasse das normas positivas em matéria de limitações administrativas de direitos põe em manifestação de imediato a existência de uma série de figuras que, com um ou outros matiz e sob uma terminologia muito variada, expressam idéias muito próximas entre si. Em todos esses casos (autorizações, permissões, licenças, vistos, habilitações, despensas, inscrições, inclusões etc.) uma atividade privada é consentida pela Administração após prévia avaliação da mesma à luz do interesse público que a norma aplicável a cada caso pretende tutelar. A intervenção da Administração por via do consentimento do exercício da atividade configura-se sempre como um requisito necessário de referido exercício, que, de outro modo, ou não se poderia desenvolver licitamente, ou se veria privado de efeitos jurídicos" (GARCÍA DE ENTERRÍA, Eduardo; FERNÁNDEZ, Tomás-Ramón. *Curso de derecho administrativo*. 11. ed. Madrid: Thompson Civitas, 2008. v. 2, p. 133, tradução nossa).

[32] Cf. GARCÍA DE ENTERRÍA; FERNÁNDEZ. *Curso de derecho administrativo*, v. 2, p. 70.

7.4.1.1 Prestação direta pelo Estado

Na prestação direta, o Estado, por meio de seus próprios instrumentos, realiza as atividades que constituem serviços públicos. Como deixamos consignado no Capítulo 3, os serviços públicos *são obrigações impostas pela ordem jurídica ao Estado*. Portanto, é mais do que certo que o Estado poderá prestar os serviços públicos, por seus próprios meios.

Os fundamentos jurídicos da prestação direta dos serviços públicos pelo Estado residem nos artigos 173 e 175 da Constituição Federal. Com relação ao primeiro, há a expressa permissão de ingresso do Estado no domínio econômico *nos casos admitidos na Constituição*, ao passo que, com relação ao segundo, há uma das hipóteses em que a Constituição admite que o Estado explore atividades econômicas,[33] na medida em que o texto constitucional *impõe ao Estado o dever positivo de prestar os serviços públicos*.

O fato de haver a prestação direta de um determinado serviço público pelo Estado não pressupõe a impossibilidade de concorrência. O fato de o Estado ser um agente prestador de um serviço público não o coloca em qualquer condição de exclusividade, consoante deixamos registrado. O Estado será, nessa conjuntura, apenas um agente que presta o serviço, podendo haver diversos outros. Nessa perspectiva, quando há a prestação direta de um serviço público pelo Estado, a concorrência subsistirá (exceto se verificada uma das exceções apresentadas) e poderá ser desenvolvida com ou sem assimetria de regimes, ou seja, com outros agentes além do Estado atuando no regime de serviço público, ou com outros agentes atuando junto com o Estado em outro regime jurídico. E mais ainda: poderá, inclusive, existir concorrência entre agentes públicos, dependendo das configurações específicas de cada serviço.[34]

---

[33] Divergimos de José Afonso da Silva neste ponto, na medida em que, para o autor, os serviços públicos não são uma das hipóteses em que a Constituição autoriza o Estado a explorar atividades econômicas. Todavia, dada a posição dos serviços públicos na ordem econômica constitucional, entendemos ser clara a configuração dos serviços públicos como uma das possibilidades de intervenção do Estado no domínio econômico. Sobre o tema, confira-se: *Comentário contextual à Constituição*, p. 717. De outro turno, Eros Roberto Grau entende que os serviços públicos são atividades econômicas exploradas pelo Estado. Para o autor, porém, a existência de um serviço público elide a possibilidade de participação privada na atividade, razão pela qual também não concordamos integralmente com as considerações apresentadas. Sobre o tema, confira-se: *Elementos de direito econômico*, p. 89.

[34] Um exemplo poderá esclarecer nossa colocação. Trata-se da concorrência entre dois portos organizados, administrados por empresas estatais federais. Havendo condições logísticas,

Nada obstante, a prestação direta dos serviços públicos pelo Estado restringe a possibilidade de participação de agentes privados na atividade no regime de serviço público, eis que tal participação somente ocorrerá no caso de o Estado optar por outorgar concessões que lhe façam concorrência. Na suposição de existência desse tipo de prestação de serviços públicos, a participação dos particulares será predominantemente fora do regime de serviço público, por meio do empreendimento de atividades materialmente concorrentes, mas não sujeitas a referido regime jurídico.

Na prestação direta, o Estado poderá adotar qualquer uma das seguintes formas: (i) prestação centralizada; (ii) prestação descentralizada, que poderá se desdobrar em (a) descentralização dentro do mesmo ente federativo ou (b) descentralização a outro ente federativo. Em qualquer caso, contudo, o Estado será um agente econômico que explorará uma atividade econômica erigida a serviço público.

No caso da prestação centralizada, o Estado se vale de um órgão da chamada *administração direta* para prestar determinado serviço público, de tal forma que a atividade seja prestada diretamente pela pessoa jurídica do ente federativo competente, com sujeição ao vínculo da hierarquia, portanto.[35] Essa possibilidade, embora não encontre qualquer óbice constitucional direto, não é comum por conta do regime jurídico aplicável ao agente prestador que é contrário a uma dinâmica econômica – e sobretudo concorrencial –, razão pela qual não será analisada com grande detença.

A segunda forma de prestação direta dos serviços públicos pelo Estado é a forma descentralizada, que poderá ocorrer dentro do mesmo ente federativo competente para a prestação dos serviços ou poderá ser descentralizada para outro ente federativo, por meio dos instrumentos de convênio ou consórcio público.

A descentralização administrativa dentro do mesmo ente federativo competente para a prestação dos serviços foi objeto de análise no Capítulo 5, quando analisamos a situação jurídica dos serviços públicos de telecomunicações e distribuição de gás natural canalizado anteriormente à edição das Emendas Constitucionais nºs 8 e 5, ambas de 1995, respectivamente. Como lá tivemos a oportunidade de

---

haverá concorrência entre tais portos organizados, fazendo com que haja concorrência entre empresas estatais em caso de prestação direta de serviços públicos pelo poder público.

[35] Cf. MELLO. *Prestação de serviços públicos e administração indireta*, p. 3.

demarcar, a descentralização administrativa, dentro do mesmo ente federativo competente para a prestação dos serviços, envolve a criação de pessoa jurídica própria com a competência específica de prestar os serviços descentralizados. No geral, a pessoa jurídica criada assume a forma de uma empresa estatal,[36] mas poderá haver o caso de criação de uma autarquia, uma vez que não há, de *lege lata*, qualquer vedação, embora, pelas mesmas razões que se verificam com relação à exploração centralizada (regime jurídico aplicável às entidades públicas), não seja a forma mais adequada.

De outro turno, a descentralização administrativa poderá ser realizada para outro ente federativo, distinto daquele competente para prestação do serviço descentralizado. No federalismo brasileiro, cada ente federativo deterá a competência para a prestação de determinados serviços públicos. Há casos em que a própria Constituição já distribuiu entre os entes determinados serviços e há casos em que cada ente poderá, conforme sua esfera de competência e interesse, criar novos serviços públicos. Segundo a Constituição Federal de 1988, as competências foram distribuídas entre os entes federativos consoante o critério do interesse predominante. Portanto, os interesses locais representam competências dos Municípios, os regionais representam competências dos Estados e os nacionais representam competências da União.[37] Sendo assim, cada ente será competente para prestar os serviços públicos condizentes com os interesses que refletem suas competências.

No caso de descentralização para outro ente federativo, a obrigação que incumbe a um ente federativo é transferida por meio de convênio ou consórcio para outro ente federativo. Até a edição da Lei nº 11.107/2005, não havia forma específica para a formação dos enlaces interfederativos que descentralizavam a prestação dos serviços públicos para outros entes federativos. Mas, após a edição de referida lei, tal descentralização deve ser realizada por meio de *consórcio público*, do qual decorrerá um *contrato de programa*, conceituado por José dos Santos Carvalho Filho como

---

[36] De acordo com José Afonso da Silva, os instrumentos de participação do Estado na economia "são a empresa pública, a sociedade de economia mista e outras entidades estatais ou paraestatais, como são as subsidiárias daquelas" (*Comentário contextual à Constituição*, p. 718).

[37] Cf. SILVA. *Curso de direito constitucional positivo*, p. 476.

o ajuste mediante o qual são constituídas e reguladas as obrigações dos contratantes decorrentes do processo de gestão associada, quando dirigida à prestação de serviços públicos ou à transferência de encargos, serviços e pessoal, ou de bens necessários são prosseguimento regular dos serviços transferidos.[38]

Em razão do disposto no inciso I do §1º da Lei nº 11.107/2005, os contratos de programa têm regime jurídico muito aproximado ao das concessões de serviços públicos, aplicando-se-lhes subsidiariamente a legislação regente das concessões de serviços públicos.[39] A única distinção material entre os contratos de programa e as concessões de serviços públicos reside na dispensa de licitação aplicável à celebração dos segundos, que não é aplicável à celebração dos primeiros em razão do disposto no artigo 175 da Constituição Federal.

7.4.1.2 Concessões de serviços públicos

Analisada a possibilidade de prestação direta dos serviços públicos pelo Estado, passamos a analisar os casos em que esse serviço é desempenhado por particulares. O mais relevante dos institutos de transferência da prestação dos serviços públicos é a *concessão de serviços públicos*, previsto no *caput* do artigo 175 da Constituição Federal como um dos instrumentos de delegação das atividades que *incumbem* ao Estado, *no regime de serviço público*.

Na concessão de serviços públicos, o Estado concede a um ou mais particulares a *obrigação* de prestar um determinado serviço público, por meio da delegação dos poderes de *gestão e organização* dos serviços concedidos e por meio do estabelecimento de *finalidades* a serem alcançadas pelo concessionário (ou pelos concessionários). Tal como já tivemos a oportunidade de demarcar, o elemento central de caracterização de uma concessão de serviço público não reside na miríade de riscos atribuída ao particular e nem tampouco na forma de sua remuneração. O elemento essencial da concessão de serviços públicos é a transferência a um ou mais particulares (no caso de múltiplas concessões) da *obrigação* de prestar determinado serviço público em nome

---

[38] CARVALHO FILHO, José dos Santos. *Consórcios públicos*. Rio de Janeiro: Lumen Juris, 2010. p. 129.

[39] Cf. MEDAUAR, Odete; OLIVEIRA, Gustavo Justino de. *Consórcios públicos*: comentários à Lei n. 11.107/2005. São Paulo: Revista dos Tribunais, 2006. p. 106.

e no lugar do Estado (ou até mesmo em *concorrência* com ele[40]), com a transferência das capacidades de *gestão e organização* dos serviços a serem prestados[41] de acordo com as particularidades do mercado em que ele se desenvolver.

De forma análoga, nos casos em que haja a delegação para particulares da *obrigação* de prestação de um serviço público *no regime jurídico de serviço público*, caberá a adoção do instituto da concessão. Todavia, em consonância com o exposto no tópico 7.2, a outorga de uma concessão de serviço público não predica qualquer forma de exclusividade ou privilégio para o concessionário. Muito ao contrário, segundo a lógica estabelecida pela Lei nº 8.987/95, predica – exceto casos muito específicos – um cenário de concorrência, com a participação de diversos concessionários prestadores do mesmo serviço público concedido.

A existência de uma concessão de serviço público dependerá de uma *opção político-econômica* do poder concedente, pois, independentemente de haver ou não concorrência com o Estado incumbido de prestar o serviço público delegado, haverá uma transferência de obrigação que tem no Estado seu devedor primordial. Portanto, do ponto de vista econômico, a concessão tem grandes reflexos na carga de investimentos que passa a ser demandada do Estado para prestar ou garantir o serviço, bem como na postura que ele adota na prestação do serviço concedido (regulador da atividade e/ou prestador). Da mesma forma, do ponto de vista jurídico, há enormes reflexos na definição do polo passivo da obrigação de prestar os serviços públicos, na medida em que tal polo passará a ser ocupado pelo concessionário particular junto com o Estado.

---

[40] Embora ainda não seja situação usual no direito brasileiro, dado o conteúdo do artigo 16 da Lei nº 8.987/95, bem como todas as considerações apresentadas ao longo deste trabalho, parece-nos não haver qualquer óbice para que o Estado outorgue uma ou mais concessões para a prestação de um serviço que já é explorado diretamente pelo Estado para que haja concorrência. É visível, um cenário deste jaez demanda uma significativa ruptura de paradigma com relação à dicotomia público/privado, pois, atualmente, a concessão de serviço público é vista como a delegação (com abdicação) da obrigação de prestar o serviço, e não como um compartilhamento da obrigação em regime de concorrência. Esse é o cenário no direito europeu, com a existência de uma série de empresas possuidoras de títulos habilitantes conferidos pelo Estado concorrendo com as empresas estatais que não foram sujeitas a processos de privatização em sentido estrito.

[41] Cf. MARQUES NETO. Concessão de serviço público sem ônus para o usuário, p. 344-345; no mesmo sentido: GARRIDO FALLA, Fernando; PALOMAR OLMEDA, Alberto; LOSADA GONZÁLEZ, Herminio. *Tratado de derecho administrativo*. 12. ed. Madrid: Tecnos, 2006. v. 2, p. 445.

Nas concessões de serviço público, a obrigação estatal é delegada sem abdicação da competência para a prestação dos serviços, de maneira que o Estado permanece responsável pela *garantia* da efetiva prestação dos serviços de forma satisfatória.[42] É dizer, nas concessões de serviço público (com ou sem pluralidade de agentes), *há uma obrigação solidária em que o polo passivo da relação jurídica é composto, simultaneamente, pelo concessionário e pelo Estado*.[43] Nessa conjectura, o devedor originário permanece obrigado em todos os aspectos em face do credor, de tal forma que o Estado, com a concessão, permanece responsável perante os cidadãos pela prestação dos serviços públicos.

Além disso, em consonância com elemento essencial da concessão de serviço público que já definimos (transferência da *gestão* e da *organização* do serviço), a concessão de serviço público consiste em uma delegação de obrigação *de finalidade,* e não de obrigação de *meio*, pois o mais relevante é a prestação do serviço concedido de acordo com os parâmetros e determinações exarados pelo poder concedente, de forma a plenamente realizar os direitos fundamentais aplicáveis.

Em relação a esse assunto, tem-se que a concessão de serviços públicos é uma das modalidades por meio da qual os particulares podem ter acesso à exploração de uma atividade considerada por lei *serviço público* sob o respectivo regime. A modalidade de concessão não será aplicável para a delegação de todos os serviços públicos que o direito positivo venha a determinar. Com isso, nem a concessão é cabível para a delegação de todos os serviços públicos,[44] nem tampouco é restrita aos serviços que podem ser remunerados apenas por tarifas. Em qualquer

---

[42] Valendo-nos de instituto do direito civil, pode-se dizer que a concessão de serviços públicos tem a natureza de uma *transmissão contratual de obrigação*, por meio da qual o devedor originário (Estado) transmite a terceiro suas obrigações e seus direitos relacionados à relação jurídica do serviço público, com todos os elementos jurídicos que lhe são inerentes (direito à remuneração, obrigação de prestar com a observância dos parâmetros de universalidade, modicidade tarifária e continuidade, direitos de ação e execução etc.), mantendo-se o Estado como devedor solidário, ou seja, coobrigado pelo cumprimento das finalidades que lhe são impostas. Como bem observa Miguel Maria de Serpa Lopes, trata-se de uma *transformação passiva na relação jurídica*, com apenas o detalhe de que permanece o devedor originário coobrigado. Sobre o tema, confira-se: LOPES, Miguel Maria de Serpa. *Curso de direito civil.* 7. ed. Rio de Janeiro: Freitas Bastos, 2000. p. 422-423. (Obrigações em Geral, v. 2), bem como GUHL, Theo. *Das Schweizerische Obligationenrecht.* 9. Aufl. Zürich: Schulthess, 2000. p. 290.

[43] Sobre o tema das obrigações solidárias e os critérios que utilizamos, confira-se: MONTEIRO, Washington de Barros. *Curso de direito civil.* 30. ed. São Paulo: Saraiva, 1999. p. 146-148.

[44] Por exemplo, os serviços portuários, como adiante descritos, podem ser prestados tanto por concessão (quando se referirem à exploração de portos organizados), quanto por arrendamento (quando se referirem à exploração de um terminal específico localizado dentro do porto organizado).

caso, a concessão de serviços públicos é o instrumento mais utilizado para a delegação dos serviços públicos no regime de serviço público.

Ocorre, entretanto, que as concessões de serviços públicos em um cenário de concorrência devem ser vistas de uma forma atualizada, pois as premissas adotadas pela doutrina para caracterizar as concessões de serviço público não se coadunam com referido cenário. Assim, passaremos, neste ponto, a analisar, de forma breve, para não nos desviarmos do foco primordial deste trabalho, qual a nova feição das concessões de serviços públicos, para procurar impingir-lhes um caráter condizente com a prestação concorrencial dos serviços públicos, adicionado ao que já afirmamos com relação à questão do equilíbrio econômico-financeiro dos contratos. Se a noção de serviço público permanece existindo, mas deve ser revista, para um cenário de concorrência, parece-nos evidente que o mesmo deve ocorrer com relação às concessões de serviço público.

7.4.1.2.1 Elementos clássicos da concessão e sua revisão

As constatações expostas, como já demarcado, trazem conflitos relacionados a alguns dos elementos das concessões de serviços públicos considerados essenciais, tais como a remuneração do concessionário, seus poderes, sua relação com o poder concedente e o regime jurídico do plexo de bens de propriedade do concessionário durante a concessão. Portanto, é necessária uma brevíssima análise de tais questões para que se possa, em definitivo, aclarar a prestação dos serviços públicos em regime de concorrência sem assimetria de regimes e a configuração atual das formas de delegação desses serviços.

Afirma a doutrina, por tradição, que um dos elementos da concessão de serviços públicos reside na prerrogativa do poder concedente de fixar as tarifas a serem auferidas pelo concessionário, sendo vedados mecanismos de mercado para sua definição, em razão de sua natureza de preço público.[45] Nessa perspectiva, essas concessões seriam demarcadas pelo estabelecimento, pelo poder concedente, dos valores exatos a serem cobrados pelo concessionário pela prestação dos serviços.

Mas ocorre que, em um cenário concorrencial, tal elemento é inviável. Como já tivemos a oportunidade de afirmar, a concorrência na prestação dos serviços públicos predica uma liberdade tarifária, que

---

[45] Nesse sentido, entre outros, CRETELLA JR. *Dos contratos administrativos*, p. 149-150.

poderá ser total ou parcial.[46] Total, quando não houver qualquer parâmetro de fixação dos valores tarifários (como ocorre com relação aos serviços públicos de transporte aéreo de passageiros), ou parcial, quando houver a fixação de um limite máximo a ser cobrado pelos prestadores de serviços públicos (o chamado sistema *price cap*). Em qualquer caso, não há como se cogitar da existência de fixação dos valores das tarifas pelo poder público nos serviços públicos prestados em regime de concorrência, porque tal fixação elidiria a própria concorrência.

Em decorrência desse fato, a concepção mais hodierna das concessões de serviços públicos não pode ter como pressuposto que a única forma de atuação do poder concedente em matéria tarifária será a fixação efetiva dos valores cobrados pelos prestadores. Essa é uma das formas, aplicável apenas a casos específicos. Todavia, outras formas hão de ser consideradas e moduladas conforme o caso concreto.[47] Sempre que houver competição entre prestadores de serviços públicos delegados, deverá haver uma relativização das prerrogativas asseguradas ao poder concedente em matéria tarifária.

Com muita propriedade a esse respeito, afirma Dinorá Musetti Grotti:

> A regulação estatal dos preços dos serviços estatais explorados por particulares é conferida pela lei e seus regulamentos (CF, art. 175, parágrafo único, inciso III) e pode revestir diferentes modalidades, desde o simples acompanhamento da evolução de preços (controle mínimo) até a própria fixação de seu valor (controle máximo), passando por distintos mecanismos de verificação da regularidade dos reajustes ou repressão de abusos.[48]

---

[46] Imperativo aqui mencionar que em decorrência da própria Constituição (inciso III do parágrafo único do artigo 175) e da Lei nº 8.987/95 (artigos 9º a 11 e 29, inciso V), não há como se pressupor o afastamento completo do poder concedente em matéria tarifária na prestação dos serviços públicos. Por mais que haja liberalização, alguma forma de controle há de existir, sobretudo em decorrência da obrigação de *modicidade tarifária* mencionada no capítulo anterior. Nas precisas considerações de Egon Bockmann Moreira, "o valor a ser estabelecido como tarifa será o retrato de diretriz estatal de longo prazo (...)" (*Direito das concessões de serviço público*, p. 323).

[47] Segundo Sabino Cassese, o controle das tarifas dos serviços públicos poderá ser *ex ante* fixado pelo poder concedente ou simplesmente controlado *ex post*, para se evitar condutas abusivas, dependendo das características especiais do serviço em questão. Portanto, em matéria tarifária, nos casos em que haja concorrência, o controle tarifário deverá ser tanto quanto possível *ex post*, garantindo-se aos agentes liberdade empresarial necessária para desempenho de suas atividades em um mercado concorrencial. Cf. *La nuova costituzione economica*, p. 91.

[48] GROTTI. *O serviço público e a Constituição Brasileira de 1988*, p. 252.

Ademais, também é reconhecido como um dos traços clássicos da delegação de serviços públicos a transferência de certas prerrogativas ao particular concessionário, na medida em que ele é um representante do Estado.[49] É bem verdade que determinados poderes especiais, como os de desapropriação, instituição de servidões e ocupação do domínio público, permanecem existindo, no entanto, com configuração bem distinta. Essas prerrogativas deixam de ser exclusivas do concessionário e passam ser afetas à atividade, engolfando todos aqueles que vierem a licitamente explorar referida atividade, independentemente do regime jurídico a que se submetem.

Por conta disso, parece-nos que a existência de prerrogativas especiais é uma decorrência da necessidade de oferecimento universal, módico e contínuo dos serviços públicos e não um elemento definidor da relação jurídica de delegação de um serviço público. Caso haja múltiplas concessões (ou outros instrumentos de delegação), todos os exploradores da atividade terão as mesmas prerrogativas, haja vista que não é lícito atribuir tratamentos distintos para pessoas que se encontram na mesma situação jurídica, as quais, inclusive, poderão se espraiar para os agentes que sequer exploram a atividade em regime público. Em um contexto de multiplicidade de agentes, parece-nos equivocado apontar que as prerrogativas necessárias à prestação de um serviço público sejam um traço exclusivo de apenas um dos agentes prestadores.

Além do mais, em um contexto de liberalização da atividade – já dissemos, tem como uma de suas consequências o aumento da aplicabilidade do direito do consumidor[50] – com regime de ampla concorrência, o plexo de poderes de polícia transferidos ao particular deve ser revisto. Não há como se admitir que em um mercado concorrencial e aberto possa-se se atribuir a um agente poderes exorbitantes. Todos os poderes conferidos aos prestadores de serviços públicos devem ter fundamento expresso na regulamentação dos serviços e deve ser

---

[49] José Cretella Júnior menciona a desapropriação de bens particulares, a ocupação do domínio público, o exercício do poder de polícia e o estabelecimento de servidões como alguns dos poderes transferidos ao concessionário (cf. *Dos contratos administrativos*, p. 146).

[50] Odete Medauar muito propriamente ressalta a nova posição dos usuários, com expressas declarações de proteção de direitos, como um dos novos traços da concessão de serviços públicos (cf. *Direito administrativo em evolução*, p. 218). Daí, segundo entendemos, somente pode resultar um necessário abrandamento dos poderes dos prestadores, visto que tais agentes devem, antes de tudo, ser pautados por suas obrigações (refletidas nos direitos dos usuários), e não por prerrogativas.

condizente com a posição atual de que desfruta os usuários na atual configuração das concessões de serviços públicos.

No que se refere à relação entre os prestadores dos serviços públicos e o Estado, também deve haver considerável mudança de paradigma, haja vista que a sujeição dos agentes prestadores ao poder estatal em um contexto de liberalização da atividade deve ser muito menos intensa. Como demarcado, o elemento essencial da delegação de serviços públicos é a transferência da *gestão* e da *organização* de um determinado serviço público a um particular, com a imposição de finalidades pelo poder concedente.

Ao invés de se considerar a delegação de serviço público a partir de plenos poderes conferidos ao poder concedente, é necessário entendê-la como uma forma de cumprimento da obrigação estatal pautada por diretrizes e finalidades, sobretudo em um contexto de ampla concorrência, que poderá, sem dúvidas, ser frustrada diante da intensidade e da extensão dos poderes estatais, conforme se demonstrou no capítulo anterior.

Por fim, no que se refere ao regime jurídico dos bens afetos à prestação dos serviços públicos delgados, as maiores distinções ocorrem quando verificada a atual configuração das delegações de serviços públicos. A razão para tanto decorre do quanto já comentado acerca da necessidade de compartilhamento de instalações para possibilitar a concorrência na prestação dos serviços públicos.

Enquanto tradicionalmente entendia-se que o único ônus imposto pela existência de uma delegação de serviços públicos aos bens do concessionário referia-se à sua vinculação à prestação dos serviços, hoje, tem-se cenário distinto. Além de parcela significativa dos bens do delegatário de serviços públicos estar onerada por sua afetação aos serviços, há um segundo ônus decorrente da obrigação de compartilhamento de instalações, nos casos em que haja monopólios naturais, como desenvolvido no Capítulo 5.[51]

Sendo assim, entendemos que a noção de concessão de serviço público e dos elementos que a qualificam deve ser profundamente revista para sua adaptação a um contexto de concorrência. Não basta que a Lei nº 8.987/95 preveja a concorrência como regra na prestação dos serviços públicos. É necessário que o instituto seja modelado de

---

[51] Sobre o tema, confira-se: MARQUES NETO. *Bens públicos*: função social e exploração econômica: o regime jurídico das utilidades públicas, p. 395.

acordo com as necessidades de um mercado aberto e liberalizado. Partir da combalida dicotomia regime público e regime privado, para procurar o delineamento dos contornos da delegação de serviços públicos, é missão fadada ao fracasso.

A concessão permanece existindo entre nós (negá-lo seria negar letra expressa da Constituição Federal). Não obstante, deve ser ajustada para o atual contexto dos serviços públicos, com um severo abrandamento de seus traços considerados peculiares e uma ênfase no alcance de suas finalidades, as quais, sim, representam seu elemento essencial.[52]

7.4.1.3 Permissão de serviços públicos

A permissão de serviços públicos, tanto quanto a concessão, tem previsão expressa na Constituição Federal, eis que o artigo 175 do texto constitucional estatui que os serviços públicos poderão ser prestados *indiretamente* por meio de concessão ou *permissão*. Assim, verifica-se que a permissão de serviços públicos é, também, uma forma de delegação para prestação indireta de uma atividade erigida por lei à categoria de serviço público.

Anteriormente à edição da Lei nº 8.987/95, a permissão de serviços públicos era diferenciada da concessão em razão de seu *caráter unilateral, precário e discricionário*, que predicaria que o poder público tivesse a prerrogativa de, a qualquer tempo e sem qualquer ato faltoso ou culposo do permissionário, dar por encerrada a permissão e, via de consequência, retomar o serviço permitido. Na mesma senda, segundo a visão mais tradicional, a concessão seria demarcada por seu caráter contratual, pela sua perenidade e pela sua estabilidade, ao passo que a permissão seria demarcada pela unilateralidade e pela precariedade.

É nesse sentido que Hely Lopes Meirelles definia a permissão de serviços públicos:

> Permissão é o ato unilateral, discricionário e precário, pelo qual se faculta ao particular a execução de serviços de interesse coletivo, ou o uso especial de bens públicos, a título gratuito ou remunerado, nas condições impostas pela Administração. É ato unilateral porque resulta da vontade única do permitente, de delegar o serviço ou de permitir o uso especial

---

[52] Sobre o tema, confira-se a lição precisa de Alejandro Vergara Blanco contida em seu: El nuevo servicio público abierto a la competencia. *Revista de Derecho Administrativo Económico*, p. 46-49.

de algum bem ao permissionário que se proponha realizá-lo ou utilizá-lo nas condições estabelecidas pelo permitente. É ato discricionário porque o permitente pode praticá-lo quando e da maneira que lhe aprouver; é ato precário porque pode ser revogado unilateralmente pelo permitente quando se tornar inconveniente ou inoportuna a sua continuidade.[53]

É bem verdade, todavia, que este caráter precário, unilateral e discricionário da permissão de serviços públicos nunca foi absoluto, pois, na prática, era incompatível com diversas das atividades consideradas serviços públicos, em razão das altas montas de investimentos necessárias para sua consecução. Nessa linha, Caio Tácito, entre outros, muito antes da Constituição Federal de 1988 e, por óbvio, da Lei nº 8.987/95, já lançava luzes sobre a necessidade de estabilidade e perenidade também das permissões, aproximando-a às concessões de serviços públicos.[54] O próprio Hely Lopes Meirelles, em manifestações posteriores, chegou a admitir a existência de exceções nas permissões de serviços públicos para torná-las perenes, com vistas a se assegurar o retorno dos investimentos realizados.[55]

Mas todas as discussões acerca da precariedade e da estabilidade da permissão de serviços públicos perderam, em grande parte, seu sentido após a promulgação da Constituição de 1988, porque referido diploma, no inciso I do parágrafo único de seu artigo 175, *expressamente determinou caráter contratual (não unilateral e precário, portanto) e a necessidade de prévia licitação à outorga (afastando a discricionariedade) da permissão*, o que foi integralmente refletido no artigo 40 da Lei nº 8.987/95, o qual equiparou as permissões às concessões. Sendo assim, atualmente, não há distinções relevantes entre os institutos da concessão e da permissão de serviços públicos.[56]

Partindo-se do pressuposto de que as concessões e as permissões de serviços públicos foram *materialmente* equiparadas pela legislação vigente, não vemos necessidade de tecer comentários adicionais relacionados às permissões de serviços públicos, para além do que já deixamos assentado com relação às concessões no tópico anterior.

---

[53] MEIRELLES, Hely Lopes. Transporte coletivo urbano. *In: Estudos e pareceres de direito público.* São Paulo: Revista dos Tribunais, 1977. v. 2, p. 502.

[54] Cf. TÁCITO, Caio. Permissão de transporte coletivo: serviço de ônibus. Licitação. *In: Temas de direito público*: estudos e pareceres. Rio de Janeiro: Renovar, 1997. v. 2, p. 1654-1655.

[55] Cf. MEIRELLES. *Direito administrativo brasileiro*, p. 379.

[56] Cf. MEDAUAR. *Direito administrativo moderno*, p. 326-327. Em sentido contrário: JUSTEN FILHO. *Teoria geral das concessões de serviços públicos*, p. 113.

Nessa esteira, as permissões de serviços públicos (i) são instrumentos de delegação de serviços públicos *no regime de serviço público*; (ii) não comportam qualquer forma de exclusividade, tendo como regra a ausência de exclusividade – a qual somente seria aplicável em caso de impossibilidade técnica ou econômica;[57] (iii) têm como elemento característico a transferência da *gestão* e da *organização* de um determinado serviço público; e (iv) devem ser revisitadas tanto quanto as concessões para apresentarem configuração adequada com um cenário de prestação concorrencial dos serviços públicos, sendo, na íntegra, aplicáveis todos os comentários que tecemos.

Por fim, em consonância com o quanto já afirmado no Capítulo 6, as permissões de serviços públicos podem ser utilizadas nos mesmos mercados em que se utilize a concessão de serviços públicos,[58] implicando a concorrência entre concessionários e permissionários, o que, em princípio, não dará azo a qualquer assimetria de regimes em razão da equiparação material entre os institutos da concessão e da permissão.

7.4.1.4 Subconcessão de serviços públicos

A subconcessão de serviços públicos é uma figura incorporada no direito brasileiro pela Lei nº 8.987/95, cujo artigo 26 previu a possibilidade de o concessionário de serviço público outorgar, com prévia licitação pública, uma subconcessão que abranja parcela dos serviços concedidos, contanto que haja previsão no contrato de concessão e autorização expressa do poder concedente.

Trata-se de figura análoga à subcontratação nos contratos administrativos, prevista no artigo 72 da Lei nº 8.666, de 21 de junho de 1993, replicada pelo artigo 122 da Lei nº 14.133, de 1º de abril de 2021, em que o contratado principal contrata terceiro para o desempenho de parcela do objeto contratual que lhe vincula. A distinção, porém, reside no fato de que a subcontratação da Lei nº 8.666/93 e da Lei nº 14.133/2021 é realizada por instrumento regido, com predominância, por normas contratuais de direito privado, ao passo que a subconcessão é regida, em essência, por normas de contratação pública.

---

[57] Em consonância com o entendimento de Odete Medauar (*Direito administrativo moderno*, p. 327), a Lei nº 8.987/95 determinou que as regras aplicáveis às concessões de serviços públicos seriam aplicáveis *sem ressalvas* às permissões, donde inferimos que a regra da concorrência também será aplicável.

[58] Nesse sentido, confira-se o disposto no artigo 15 da Lei nº 10.438/2002.

Como elucida Maria Sylvia Zanella Di Pietro, na subconcessão transfere-se uma parcela do próprio objeto da concessão, segundo os exatos mesmos termos e condições do contrato de concessão principal, de tal forma que o subconcessionário detém os exatos mesmos poderes, direitos e obrigações do concessionário com relação à parcela do objeto subconcedida.[59]

Em vista disso, a subconcessão, tanto quanto a concessão, é uma forma de acesso a particulares à prestação de um serviço público *no regime de serviço público*. Dessa forma, opera-se na subconcessão a exata mesma operação jurídica que é operada na concessão de serviços públicos, qual seja, a transferência de uma obrigação do Estado a um particular. A distinção que existe no caso da subconcessão consta do fato de que o polo passivo da relação jurídica obrigacional é ocupado pelo concessionário, pelo subconcessionário e pelo Estado, que permanece ainda responsável por garantir a prestação efetiva do serviço público concedido aos cidadãos.

Ademais, cabe diferençar a subconcessão de serviços públicos da contratação de terceiros para realização de parcelas inerentes ao objeto da concessão de serviços públicos prevista no artigo 25 da Lei nº 8.987/95. Uma não se confunde com a outra, já que na segunda a responsabilidade do concessionário perante os usuários e perante o poder concedente permanece inalterada, enquanto, na primeira, tal responsabilidade é repartida entre concessionário e subconcessionário com relação à parcela do objeto subconcedida.

A subconcessão de serviços públicos não é uma forma prevista na Constituição Federal para a delegação de serviços públicos, eis que não está arrolada junto à concessão e à permissão no *caput* do artigo 175 do texto constitucional. Contudo, como descrito, a natureza jurídica da subconcessão de serviços públicos é a mesma da concessão de serviços públicos, razão pela qual entendemos ser plenamente admissível a existência da subconcessão como instrumento de delegação da prestação dos serviços públicos no regime de serviço público.

Cabe investigar se a subconcessão de serviços públicos pode ser um instrumento para a prestação concorrencial dos serviços públicos sem assimetria de regimes, a partir de uma concorrência entre o concessionário e o subconcessionário. Em nosso entendimento, tal situação não é possível, uma vez que a relação existente entre concessionário e

---

[59] Cf. DI PIETRO. *Parcerias na administração pública*, p. 109.

subconcessionário implica significativos conflitos de interesse para um mercado concorrencial, eis que é uma relação semelhante à que existe entre concessionário e poder concedente.[60]

Sendo assim, do ponto de vista da concorrência na prestação dos serviços públicos, a subconcessão não é um instrumento relevante, porque não se prestaria a fomentar a concorrência. A subconcessão será aplicável aos serviços que sejam prestados em regime de monopólio natural, visto que é instrumento muito útil à pulverização (e consequente mitigação) dos riscos envolvidos com a construção, a operação e a manutenção das redes de suporte dos serviços públicos. Não obstante, os serviços prestados em regime de concessão e subconcessão poderão estar sujeitos à concorrência com agentes que explorem atividades materialmente concorrentes sujeitos a outro regime que não seja o regime de serviço público.[61]

7.4.1.5 Arrendamento portuário

A última das formas de acesso de particulares à prestação de serviços públicos no regime de serviço público é o *arrendamento portuário*, figura prevista na Lei nº 12.815/2013. Esse arrendamento é um instrumento de delegação prestante só aos serviços públicos portuários e consiste em uma modalidade de contrato administrativo, cujo conteúdo contempla a outorga, a um só tempo, de direitos privativos de uso de um bem público que não pode ser compartilhado (terminal portuário localizado em um porto organizado) e do direito (e consequente obrigação) de explorar uma atividade erigida a serviço público (serviços portuários em parcela de um porto organizado).[62]

---

[60] Demarque-se aqui que a concorrência entre Estado e concessionário na prestação de um mesmo serviço público predica a existência de um agente estatal isento para regular a atividade, ou seja, um agente homeostático, segundo a nomenclatura com muita propriedade adotada por Diogo de Figueiredo Moreira Neto (*Direito regulatório*, p. 77).

[61] Tome-se como exemplo o caso da prestação dos serviços de saneamento básico com subconcessão de determinada área para pulverização dos riscos. Nessa hipótese, tanto concessionário quanto subconcessionário estão sujeitos à concorrência de agentes que, atuando fora do regime de serviço público, fornecem água a granel para grandes consumidores, o que demonstra a sujeição da subconcessão ao regime da concorrência na prestação dos serviços públicos, embora não seja tal instrumento, em si, uma ferramenta para fomento de competição *no* mercado – apesar de ser uma ferramenta de competição *pelo* mercado.

[62] Cf. MARQUES NETO, Floriano de Azevedo; LEITE, Fábio Barbalho. Peculiaridades do contrato de arrendamento portuário. *Revista Trimestral de Direito Público*, São Paulo, v. 42, p. 151, 2003.

CAPÍTULO 7
A PRESTAÇÃO CONCORRENCIAL DOS SERVIÇOS PÚBLICOS | 313

Na sua essência, o arrendamento portuário é o instrumento apto para a delegação da exploração, da operação e da manutenção de um terminal portuário situado dentro de um porto organizado. Trata-se de uma delegação em segundo grau, como ocorre com relação à subconcessão. Em verdade, o arrendamento portuário tem a exata mesma natureza jurídica da subconcessão, com apenas algumas adaptações necessárias às atividades do setor portuário.

Como mencionamos, com relação à subconcessão de serviços públicos, o arrendamento portuário, embora não tenha uma previsão constitucional expressa como têm a concessão e a permissão, é uma das formas de delegação de serviços públicos no regime de serviço público. Isso ocorre, pois a natureza jurídica do arrendamento portuário é idêntica à da concessão de serviços públicos, o que o torna amparado pelo disposto no artigo 175 da Constituição Federal.

O arrendamento é, por excelência, o instrumento de delegação da prestação de serviços públicos destinada à implementação de uma concorrência sem assimetria de regimes, como já expusemos. Isso acontece, pois a legislação do setor portuário, em razão dos ônus suportados pelos prestadores em regime público, restringiu a concorrência à inexistência de assimetria de regimes. Destarte, todos os terminais portuários, destinados à movimentação do mesmo tipo de carga, situados dentro do mesmo porto organizado (ou situados em portos organizados distintos que possam concorrer), estão em regime de concorrência, sem assimetria de regimes.

Com o advento da Lei nº 12.815/2013, a concorrência com assimetria de regimes apenas se dá entre terminais localizados dentro e fora dos portos organizados (*i.e.*, incluídos dentro ou fora das poligonais do porto organizado, conforme definidas de acordo com o artigo 15 da Lei nº 12.815/2013). É dizer, existe a concorrência com assimetria de regimes, mas apenas entre portos organizados e terminais privados,[63] na medida em que tal concorrência possa ser possível à luz das condições logísticas existentes.[64] Terminais dentro de um mesmo porto

---

[63] Segundo a Lei nº 12.815/2013, terminais privados são aqueles construídos por iniciativa de particulares, por meio de autorização, *fora dos limites das poligonais de um porto organizado*, que podem movimentar qualquer tipo de carga, tanto próprias do titular do terminal privado, quanto de terceiros.

[64] Deve ser mencionado que, por constituírem atividades realizadas dentro do mesmo mercado relevante, é possível a concorrência entre terminais públicos e privados. Contudo, é necessário que, para além de estarem dentro do mesmo mercado relevante geográfico, os terminais

organizado concorrem com sujeição a um mesmo e único regime jurídico, o regime de serviço público.

Por força do disposto no artigo 5º-B da Lei nº 12.815/2013, bem como no Decreto nº 8.033/2013, um arrendamento portuário depende, como regra geral, de prévia licitação pública – que poderá, inclusive, ser conduzida por entidade não integrante da administração pública, no caso de o porto organizado arrendante ser concedido a uma empresa privada – e estará sujeito a dupla regulação, uma nacional (exercida pela Agência Nacional de Transportes Aquaviários – ANTAQ) e uma local, exercida pela autoridade portuária (administradora do porto organizado). A regulação local, inclusive, será a competente por fixar a política tarifária destinada a viabilizar a competição entre os terminais arrendados, nos termos do inciso IV do artigo 17 da Lei nº 12.815/2013.

7.4.2 O acesso às atividades fora do regime de serviço público

Ao afirmarmos que a existência de um serviço público sobre uma determinada atividade econômica não predica, *ipso iure*, restrições ao direito fundamental da livre iniciativa, afirmamos, por consequência, que tais atividades podem ser exploradas fora do regime de serviço público sempre que não existirem entraves de natureza fática ou jurídica – no caso desses últimos sempre sujeitos ao dever de *proporcionalidade*.

Necessário se faz, portanto, neste ponto, analisar como podem os particulares explorar as atividades materialmente concorrentes com os serviços públicos, eis que o tratamento jurídico dessas atividades, no direito positivo, encontra-se sujeito a requisitos muito distintos, variáveis em função do mercado de desenvolvimento da atividade e do regime jurídico que se impõe a cada um dos serviços públicos que sofrerão a concorrência dessas atividades privadas.

A partir de uma análise genérica (*i. e.*, não voltada a um setor ou a um serviço público em específico) da matéria, percebe-se que o direito positivo impõe graus de restrição muito variados ao empreendimento, por particulares, das atividades materialmente concorrentes com os serviços públicos. Tais graus variam desde uma impossibilidade absoluta de empreendimento, até uma liberdade absoluta, sem

---

tenham condições de logística (*i.e.*, existência de rodovias e ferrovias) semelhantes, de sorte a possibilitarem a escolha de um ou outro pelos usuários da atividade.

qualquer controle estatal, perpassando pela necessidade de autorizações bastante específicas e pela necessidade de cumprimento de requisitos genéricos inseridos no contexto da administração ordenadora (os chamados *títulos habilitantes*).

Em vista dessas considerações, analisaremos a questão do acesso à exploração de atividades concorrentes com os serviços públicos a partir de três vertentes distintas, já mencionadas anteriormente, quais sejam: (i) as autorizações reguladas; (ii) os títulos habilitantes da administração ordenadora; e (iii) a liberdade completa da ação, em que não se verifica nenhum controle *a priori* do Estado no desempenho da atividade. De modo preliminar, contudo, será necessário tecer breves comentários acerca do *direito fundamental da livre iniciativa*, apenas para repisar alguns conceitos já apresentados neste trabalho e que serão úteis ao deslinde do tema a ser tratado.

7.4.2.1 O princípio da livre iniciativa

Em linha com o que observamos no Capítulo 3, os direitos fundamentais – tal como é a livre iniciativa, nos termos do inciso XIII do artigo 5º da Constituição Federal – têm *suporte fático amplo*. Via de consequência, *prima facie*, não encontram limitações, pois essas apenas podem decorrer de conflitos com outros direitos fundamentais como decorrência de um processo de ponderação à luz do dever de proporcionalidade (em seus três desdobramentos: necessidade, adequação e proporcionalidade em sentido estrito).

Nesse diapasão, o direito fundamental da livre iniciativa predica que, *prima facie*, o direito dos cidadãos de explorar determinada atividade econômica é irrestrito, apenas podendo encontrar limitações em caso de conflitos com outros direitos fundamentais após prévia ponderação e de forma essencialmente proporcional. É dizer, a regra absoluta é a da liberdade de empreendimento de qualquer atividade econômica, podendo, apenas, haver restrições em caso de conflitos com outros direitos fundamentais.

Daí decorre que qualquer restrição que venha a ser imposta pelo Estado ao direito dos particulares de, com liberdade, empreender atividades econômicas não se refere a qualquer forma de manifestação do "princípio" da supremacia do interesse público, mas, sim, de um corriqueiro caso de conflito entre direitos fundamentais. Entre outros fundamentos, porque a manutenção da liberdade de iniciativa é, sem qualquer dúvida, um interesse público em uma sociedade capitalista como a brasileira, *ex vi* artigo 170 da Constituição Federal.

É uma decorrência também do exposto que as restrições que poderão ser impostas ao direito fundamental da livre iniciativa não são uniformes e passíveis de definição *a priori*. Em qualquer caso, o direito fundamental de livre iniciativa só poderá ser restrito conforme as particularidades de cada caso concreto, de acordo com o conflito entre direitos fundamentais específico que se manifeste no caso específico,[65] sendo em vão a tentativa de se traçar qualquer forma de regra que se aplique a todos os casos (como ocorre com a aplicação do "princípio" da supremacia do interesse público).

Em consideração às ponderações feitas, parece-nos evidente que não há como se pretender encontrar uma fórmula geral que determine qual o grau de restrição ao direito fundamental de livre iniciativa que será cabível quando se estiver diante de uma atividade econômica materialmente concorrente de um serviço público. Em qualquer caso, será necessária uma análise ponderativa específica para cada setor e para cada serviço público, para que se possa aferir qual o conflito existente e qual o grau de restrição da livre iniciativa que é proporcional.

7.4.2.2 A necessidade de autorizações regulatórias

Afora a possibilidade de restrição quase absoluta do direito de livre iniciativa nos casos em que se mostre materialmente impossível a exploração de atividade econômica materialmente concorrente com os serviços públicos (em particular, nos casos em que há monopólio natural), a forma mais incisiva e mais restritiva do direito de livre iniciativa é a imposição da necessidade de *autorização* para o desempenho de uma atividade econômica que possa concorrer com um serviço público. A razão de nossa afirmação é simples: trata-se da hipótese fora do regime de serviço público *na qual o ingresso do agente no mercado*

---

[65] Como bem nota Marina Fontão Zago, a jurisprudência do Supremo Tribunal Federal em matéria do direito fundamental da livre iniciativa não é nada uniforme nem com relação a seus conteúdos, nem com relação a suas fundamentações, o que, a nosso ver, evidencia a necessidade de uma discussão mais profunda e detalhada sobre as limitações que podem ser impostas a referido direito fundamental. Cf. Consistência das decisões do STF e de seus ministros em casos relacionados com a definição dos limites da livre iniciativa. *In*: ROSENTHAL; VOJVODIC (Org.). *Jurisprudência constitucional*: como decide o STF?, p. 545 *et seq.*

depende de uma prévia aprovação estatal, sem a qual o exercício da atividade econômica não é lícito.

O instituto da autorização sempre foi bastante controvertido no direito administrativo brasileiro. Após a promulgação da Constituição Federal de 1988, as controvérsias em torno do conteúdo jurídico da autorização apenas se elevaram, eis que o texto constitucional trouxe sua aplicação para campos nos quais, antes, não se utilizava de modo usual o termo *autorização*. Inseridos estão os casos das atividades econômicas arroladas nos incisos XI e XII do artigo 21 da Constituição Federal, as quais são de competência da União Federal, mas que podem ser exploradas por meio de concessão, permissão ou *autorização*.

É dizer, a Constituição de 1988 trouxe, de forma expressa e inequívoca, a determinação de que certas atividades comumente erigidas pela ordem jurídica a serviços públicos poderiam ser exploradas por particulares em regime de autorização. Com isso, certas concepções há tempos demarcadas no direito administrativo brasileiro foram postas em jogo, como o caráter precário, unilateral e discricionário das autorizações, a distinção entre licença e autorização, sua prestabilidade para a delegação de serviços públicos entre outros, que passaremos a tratar a partir deste momento.

De início, desde há muito, foi firmado o entendimento no direito administrativo brasileiro de que as autorizações se constituem em atos administrativos precários, unilaterais e discricionários, outorgados pela administração pública a particulares para que eles possam exercer atividades em alguma medida reguladas em seu exclusivo interesse.

Sobre isso, afirma Hely Lopes Meirelles que

> ato administrativo discricionário e precário pelo qual o Poder Público torna possível ao pretendente a realização de certa atividade, serviço ou utilização de determinados bens particulares ou públicos, de seu exclusivo ou predominante interesse, que a lei condiciona à aquiescência prévia da Administração (...).[66]

Ainda segundo o autor, haveria uma gradação negocial e de vinculação entre a concessão, a permissão e a autorização, sendo esta a mais precária e menos vinculante, porque:

---

[66] MEIRELLES. *Direito administrativo brasileiro*, p. 183.

na autorização, há apenas, uma aquiescência unilateral, precária e discricionária, que possibilita a atividade ou a execução do serviço, sem qualquer encargo para o autorizante e sem nenhuma garantia para o autorizatário.[67]

Ademais, consoante o entendimento mais tradicional da doutrina do direito administrativo pátrio, as autorizações são, em essência, precárias, de sorte que são outorgadas a um particular segundo exclusivos critérios de conveniência e oportunidade da autoridade administrativa e, segundo os mesmos critérios, sujeitas a alterações.[68] Caso o ato em questão não seja precário, mas sim vinculante, ou seja, outorgado uma vez preenchidas determinadas condições subjetivas determinadas por lei, sem uma análise de conveniência e oportunidade, ter-se-ia uma *licença*, e não uma autorização.[69]

Frise-se que tais conceitos foram moldados pela doutrina sem qualquer base no direito positivo, eis que, quando de sua formulação, o direito administrativo não era disciplina, de forma densa, positivada no direito brasileiro, de tal forma que a doutrina acabava por ter relevantíssimo papel na elaboração do direito. Via de consequência, essa conceituação formulada pela doutrina em tempos de baixa positivação do direito administrativo acabou por ter grande influência sobre a jurisprudência, que, até hoje, permanece em certo grau impregnada pelas determinações doutrinárias.[70]

Em linhas gerais, portanto, o direito administrativo brasileiro sempre aceitou a ideia de que a autorização teria essas características, sendo aplicável, apenas, no interesse restrito do autorizado, sujeita a grande discricionariedade do poder autorizante e sem qualquer grau de estabilidade. Ao lume dessas características, a autorização seria o ato administrativo apto a tornar lícito o exercício, por particulares, de atividades menos complexas, que não demandassem grandes montas

---

[67] MEIRELLES. *Transporte coletivo urbano*, p. 503.

[68] MEIRELLES. *Transporte coletivo urbano*, p. 503.

[69] Segundo Maria Sylvia Zanella Di Pietro, "licença é o ato administrativo unilateral e vinculado pelo qual a Administração faculta àquele que preencha os requisitos legais o exercício de uma atividade" (*Direito administrativo*, p. 217).

[70] Cid Tomanik Pompeu menciona que, muitas vezes, o termo autorização é empregado com diversos sentidos exatamente pela falta de disciplina detalhada da matéria no direito positivo. Sobre o tema, confira-se: *Autorização administrativa*. 2. ed. São Paulo: Revista dos Tribunais, 2007. p. 179.

de investimento em vista da possibilidade de revogação a qualquer tempo sem qualquer direito de indenização ao autorizatário.

Postas essas características em cotejo com o emprego constitucional do termo *autorização*, verifica-se, com clareza, que as concepções doutrinárias não se prestam a disciplinar o mundo dos fatos, em vista de que as atividades sujeitas, nos termos da Constituição Federal, a uma autorização não são de forma alguma compatíveis com discricionariedade, precariedade e, até mesmo, unilateralidade. Isso ocorre, pois os incisos XI e XII do artigo 21 da Constituição preveem atividades cujo exercício demanda altas montas de investimento, que não podem ficar sujeitas a intempéries da administração pública na avaliação da existência de conveniência e oportunidade de manutenção do ato.

Em decorrência do novo regime constitucional das autorizações, procurou a doutrina que a Constituição se adaptasse aos conceitos previamente existentes, ao invés de procurar a mesma doutrina entender os novos contornos do instituto da autorização. Nesse ângulo, foram propostos, entre outros, os seguintes entendimentos acerca do sentido do termo autorização no texto constitucional.

Num primeiro entendimento, proposto por Celso Antônio Bandeira de Mello, a autorização mencionada no artigo 21 da Constituição Federal teria dois sentidos. Seria uma autorização para o exercício de atividades desenvolvidas no campo dos serviços públicos, mas que não se configuram propriamente serviços públicos, por serem desempenhados, com exclusividade, no interesse do autorizatário, ou seria uma autorização de serviço público propriamente dito, mas em caráter emergencial e excepcional, eis que apenas a concessão e a permissão seriam instrumentos aptos à delegação dos serviços públicos. Teria pretendido o constituinte – mesmo sem qualquer dicção expressa nesse sentido – facultar o acesso a atividades nos campos dos serviços públicos ou de serviços públicos em caráter emergencial e excepcional.[71]

Em consonância com um segundo entendimento manifestado por Maria Sylvia Zanella Di Pietro, as autorizações mencionadas no artigo 21, incisos X e XI da Constituição Federal, facultariam a particulares a efetiva prestação de serviços públicos à coletividade, no interesse público e não no interesse do particular. Esses serviços públicos, porém,

---

[71] MELLO. *Curso de direito administrativo*, p. 653.

sendo abertos à livre iniciativa e à concorrência seriam *serviços públicos impróprios ou virtuais*.[72]

Por derradeiro, por um terceiro entendimento, defendido por Diogenes Gasparini, a autorização teria, apenas, o caráter em geral apresentado pela doutrina, ou seja, seria um ato precário, unilateral e discricionário por meio do qual a administração faculta que alguém explore um determinado serviço público, sem qualquer vínculo de estabilidade ou garantia, não sendo relevante se a atividade será desenvolvida no interesse primordial do autorizatário ou de terceiros.[73]

Segundo entendemos, nenhum dos entendimentos é cabível, em razão de duas premissas: (i) as atividades que a Constituição arrola como passíveis de autorização demandam altíssimas montas de investimento, o que é por completo incongruente com um regime de precariedade; e (ii) as noções doutrinárias de autorização não têm base no direito positivo, de tal forma que o regime jurídico das autorizações não deve provir de concepções doutrinárias, mas, sim, das determinações expressas constantes da lei.

Irretocável é, nesse sentido, a seguinte consideração de Floriano de Azevedo Marques Neto:

> analisando estes marcos legais e constitucionais, verifica-se que nada há em lei ou na Constituição que determine ser autorização necessariamente precária e vulnerável. (...)
> O que prediz a maior ou menos precariedade ou fragilidade de uma autorização não é o fato de ser ela uma concessão ou de parte da doutrina vir repetindo, inadvertidamente, ao longo do tempo, que autorização é 'discricionária, precária ou instável'. Se a autorização for conferida com prazo certo, compromissos de investimento, obrigações para o particular, cláusulas de reversão e indenização, procedimentos para sua extinção etc. (...), restará esvaziada a aludida fragilidade do instituto.[74]

Diante disso, o regime jurídico específico das autorizações mencionadas no artigo 21 da Constituição Federal será decorrente da

---

[72] DI PIETRO. *Direito administrativo*, p. 215-216. Cabe mencionar que este é o entendimento reformado da autora, uma vez que anteriormente a autora adotava entendimento mais próximo do primeiro entendimento defendido por Celso Antônio Bandeira de Mello, cf. *Parceiras na administração pública*, p. 134-135.

[73] GASPARINI. *Direito administrativo*, p. 342.

[74] MARQUES NETO, Floriano de Azevedo. Regime jurídico dos bens empregados na geração de energia elétrica. *Revista de Direito Administrativo*, Rio de Janeiro, n. 232, p. 345, abr./jun. 2003. No mesmo sentido, confira-se: ARAGÃO. *Direito dos serviços públicos*, p. 219.

legislação aplicável, de acordo com a atividade autorizada que venha a constituir o objeto da autorização. Não há como se imaginar que seja precária uma autorização cujo objeto é a construção, operação e manutenção de uma pequena central hidrelétrica, ou a exploração da atividade de navegação ou a prestação de serviços de telecomunicações. Sempre que o objeto demandar altas montas de investimento e o instrumento de autorização contiver prazo, é evidente que não haverá como se falar em precariedade.

O regime jurídico (assim entendido como as características jurídicas) de cada autorização mencionada pelo texto constitucional decorrerá da disciplina jurídica impingida a cada autorização outorgada em cada um dos setores mencionados nos incisos XI e XII da Constituição Federal, de maneira que a procura por um regime jurídico único não é tarefa possível, corroborando a inaplicabilidade dos conceitos e concepções doutrinárias. Nesse passo, as autorizações poderão ser precárias ou estáveis com prazo determinado, poderão ser discricionárias ou vinculadas, poderão ser unilaterais ou bilaterais.[75] Dependerá, apenas, do que dispuser o direito positivo sobre o tema, seja na lei em sentido estrito, como é o caso do §1º do artigo 131 da Lei nº 9.472/97,[76] seja na ordenação setorial, em razão de deslegalização,[77] como ocorre no setor elétrico, por exemplo. Contudo, a tendência é a adoção de caráter vinculado a tais autorizações.

Além do mais, é necessário advertir que as autorizações mencionadas no artigo 21 da Constituição Federal *não* têm como objeto a delegação de um serviço público, mas, sim, de atividades desenvolvidas

---

[75] Note-se que não falamos de um *contrato administrativo* no sentido tradicional adotado no Brasil para esse termo, mas, sim, falamos em um *ato administrativo bilateral*, que seria o ato administrativo cuja perfeição depende de uma manifestação de vontade de seu destinatário e cujos contornos jurídicos e existência defendemos em estudo anterior. Sobre o tema, confira-se: SCHIRATO, Vitor Rhein; PALMA, Juliana Bonacorsi de. Consenso e legalidade: vinculação da administração pública consensual ao direito. *Revista Brasileira de Direito Público – RBDP*, Belo Horizonte, p. 79 *et seq.*, out./dez. 2009.

[76] Referido dispositivo define as autorizações da seguinte forma (*in verbis*): "Autorização de serviço de telecomunicações é o ato administrativo vinculado que faculta a exploração, no regime privado, de modalidade de serviço de telecomunicações, quando preenchidas as condições objetivas e subjetivas necessárias".

[77] Deslegalização, conforme definição emanada da doutrina italiana, pode ser definida como a "transferência da disciplina normativa de uma determinada matéria ou atividade da sede legislativa para a sede regulamentar" e tem lugar por conta da "exigência de descongestionar a atividade do órgão legislativo subtraindo desse uma série de matérias que, em razão de suas características, não devem ser incluídas na fase de elaboração de intensa mediação das mais diversas forças políticas" (COCOZZA, Vincenzo. *La delegificazione*. 4ª ed. Napoli: Jovane, 2005. p. 55-56, tradução nossa).

em setores que muitas vezes são setores de serviços públicos, as quais, não raro, serão materialmente concorrentes dos serviços públicos. Dizendo com outras palavras, as autorizações prestam-se a franquear a um particular a exploração de uma atividade que poderá ser *materialmente concorrente* de um serviço público, mas prestada em outro regime que não o de serviço público.

A razão dessa compreensão é simples e decorrente do próprio texto constitucional: o artigo 175 da Constituição não prevê as autorizações como forma de delegação de serviços públicos, mas, apenas, a concessão e a permissão.[78] Portanto, quando se fala em autorização não se pode ter como objeto a prestação de uma atividade *em regime de serviço público*, mas, sim, o desempenho de uma atividade que demanda prévia aprovação da administração pública para ser explorada e que poderá ser materialmente concorrente de um serviço público.

Conforme ensinamento de Alexandre Santos de Aragão, as atividades sujeitas à autorização contida no artigo 21 da Constituição são atividades que

> se encontram no meio-termo entre os serviços públicos, que são atividades desempenhadas diretamente ou indiretamente (por delegação à iniciativa privada) pelo próprio Estado em razão da impossibilidade de a iniciativa privada atender os interesses públicos pertinentes, e as atividade econômicas privadas não sujeitas a controle ou sujeitas apenas a um controle de polícia administrativa geral (...).[79]

As atividades sujeitas a uma autorização nos termos do artigo 21 da Constituição Federal, assim, são atividades econômicas privadas que demandam um grau maior de regulação estatal, em razão da estrutura de mercado na qual se inserem. Referido grau maior de regulação será decorrente de possíveis limitações de agentes no mercado, devido a barreiras de entrada ou à existência de falhas de mercado, cujas características impedem a coexistência dos agentes no mercado sem uma ação estatal que garanta a normalidade de funcionamento,

---

[78] Cf. ARAGÃO. *Agências reguladoras e a evolução do direito administrativo econômico*, p. 151.

[79] ARAGÃO, Alexandre Santos de. Atividades privadas regulamentadas. *In*: ARAGÃO, Alexandre Santos de (Coord.). *O poder normativo das agências reguladoras*. Rio de Janeiro: Forense, 2006. p. 225.

como ocorre no caso preciso dos setores em que a entrada de agentes depende do compartilhamento de instalações que se constituem monopólios naturais.[80]

Nessa perspectiva, a autorização prevista no artigo 21 da Constituição Federal ganha contornos muito semelhantes aos da *autorização operacional* necessária para o exercício de atividades econômicas de interesse coletivo, existente no direito comunitário europeu.[81] Essa autorização consiste em instrumento destinado a franquear o desenvolvimento de uma atividade de interesse público por um particular e a fornecer elementos de controle à administração pública acerca da compatibilidade entre a atividade exercida e o interesse público a ela subjacente.[82]

Com isso, as atividades autorizadas reguladas têm um papel essencial na prestação concorrencial dos serviços públicos, na medida em que, em diversos setores de serviços públicos (não apenas federais, mas também estaduais e municipais, conforme as respectivas legislações locais), a concorrência depende da outorga de *autorizações* a terceiros para que eles possam oferecer atividades materialmente concorrentes dos serviços públicos. É o que ocorre no caso dos serviços de telecomunicações, de energia elétrica, de gás natural canalizado,[83] de transporte rodoviário e aéreo de passageiros, entre outros em que a entrada de concorrentes aos prestadores sujeitos ao *regime de serviços públicos* dependa de autorizações.

É necessário, ainda, demarcar que as autorizações, embora sujeitas a intensa regulação estatal, não implicam a existência do regime de serviço público, tendo-se em vista que as atividades autorizadas não são serviços públicos. No caso da concorrência entre agentes detentores de concessões e agentes detentores de autorizações, haverá sempre uma concorrência com assimetria de regimes. Embora, de modo inegável, atenue a dicotomia tradicional entre serviço público e atividade econômica, a regulação deve visar ao bom funcionamento do mercado

---

[80] Sobre o tema, confira-se: SCHNEIDER; PRATER. Das Europäische Energierecht im Wandel. *Recht der Energiewirtschaft*, p. 60-61.

[81] Cf. COSCULLUELA MONTANER; LÓPEZ BENÍTEZ. *Derecho público económico*, p. 232.

[82] CASSESE. *Istituzioni di Diritto Amministrativo*, p. 294.

[83] Isso acontece sempre nos casos em que o ordenamento jurídico estadual do setor contemple uma abertura à concorrência, por meio da obrigação do dever de livre acesso a terceiros fornecedores, tal como ocorre no setor no Estado de São Paulo.

e não à imposição do regime de serviço público ao agente explorador de atividade que não se configura por força de lei como serviço público.

Em decorrência desse raciocínio, tem-se que a aplicação do dever de proporcionalidade na aferição da legitimidade das restrições impostas ao princípio da livre iniciativa encontra barreira mais clara no que se refere às atividades sujeitas a autorizações, uma vez que a restrição imposta a referido princípio nessa hipótese não pode ser tão intensa a ponto de excluir seu caráter de atividade privada. É evidente que há um interesse coletivo subjacente à atuação dos agentes autorizatários. Entretanto, tal interesse não pode conduzir à transformação de atividade não sujeita ao regime jurídico de serviço público em atividade sujeita a tal regime jurídico.[84]

7.4.2.3 A necessidade de títulos habilitantes da administração ordenadora

Em adição à necessidade de autorizações específicas para o desempenho de atividades sujeitas a uma intensa regulação estatal, há casos em que, embora não seja necessária tal regulação setorial – e, via de consequência, não seja imponível o dever de obtenção de uma autorização regulatória –, o desempenho de atividades materialmente concorrentes com os serviços públicos demanda a obtenção de algum título habilitante específico, estabelecido no âmbito da ordenação da economia e das atividades privadas pela administração pública, com vistas à garantia da ordem e de determinadas finalidades do Estado.

Nesse ponto, preferimos, seguindo as lições de Carlos Ari Sundfeld, substituir o termo mais comum de *poder de polícia* pelo termo *administração ordenadora*, eis que o que se busca exprimir neste ponto do trabalho é exatamente a capacidade conferida por lei à administração pública de *ordenar* a exploração de atividades pelos particulares, por meio da imposição autoritária de sacrifícios e condicionamentos de direitos.[85]

O autor define com precisão:

---

[84] Alexandre Santos de Aragão muito propriamente menciona a limitação ao poder de limitar dos direitos fundamentais como parâmetro para demarcar os lindes da regulação, o que, em última análise, significa o mesmo que determinar que o *conteúdo essencial* do direito fundamental deve ser respeitado, tal como já demarcamos. Cf. *Atividades privadas regulamentadas*, p. 230 *et seq.*

[85] Cf. SUNDFELD, Carlos Ari. *Direito administrativo ordenador*. São Paulo: Malheiros, 2003. p. 16-17.

CAPÍTULO 7
A PRESTAÇÃO CONCORRENCIAL DOS SERVIÇOS PÚBLICOS | 325

Administração ordenadora é a parcela da função administrativa, desenvolvida com o uso do poder de autoridade, para disciplinar, nos termos e para os fins da lei, os comportamentos dos particulares no campo de atividades que lhes é próprio.[86]

Portanto, ao mencionarmos que, por vezes, o desempenho de atividades materialmente concorrentes dos serviços públicos demandará títulos habilitantes específicos impostos no âmbito da administração ordenadora, afirmamos que há uma intervenção estatal consistente em uma prévia aprovação, a qual é necessária para demarcar o desempenho lícito de uma determinada atividade econômica. Nas irretocáveis considerações de Peter M. Huber, tratam-se tais títulos habilitantes de "proibições preventivas com condicionamento de autorização".[87]

Esses títulos, impostos pela administração ordenadora, diferenciam-se das autorizações de atividades reguladas porque: (i) são decorrência de legislação geral, aplicável a todos os setores da economia e não restrita a um setor específico; (ii) têm conteúdo mais, com predominância, declaratório,[88] embora possam também conter conteúdo constitutivo em casos específicos; e (iii) são manejados por entidades da administração pública com competências genéricas de ordenação das atividades particulares de qualquer dos entes federativos, conforme a atribuição constitucional de competências, e não por entidades específicas competentes para assegurar o bom funcionamento de um dado setor da economia que fazem parte da administração de um ente federativo determinado.

Dessa maneira, verifica-se que os títulos habilitantes que aqui se menciona são aqueles necessários para assegurar o cumprimento, pelos particulares habilitados, das normas gerais de ordem pública, acesso a bens públicos, segurança pública, saúde pública, meio ambiente, urbanismo, entre outras áreas ordenadas pela administração pública.[89] É o caso, por exemplo, da necessidade de aprovação, pelo órgão responsável pelo controle de vigilância sanitária, dos locais e da forma de manejo

---

[86] SUNDFELD. *Direito administrativo ordenador*, p. 20.

[87] HUBER, Peter M. Öffentliches Wirtschaftsrecht. *In*: SCHMIDT-ASSMANN, Eberhard; SCHOCH, Friedrich (Org.). *Besonderes Verwaltungsrecht*. 14. Aufl. Berlim: De Gruyter, 2008. p. 393, tradução nossa.

[88] Cf. COSCULLUELA MONTANER; LÓPEZ BENÍTEZ. *Derecho público económico*, p. 232.

[89] Cf. ARAGÃO. *Atividades privadas regulamentadas*, p. 225.

de resíduos sólidos coletados fora do regime de serviço público, em concorrência com a atividade desempenhada sob tal regime.

Os títulos habilitantes da administração ordenadora também implicam limitações ao direito fundamental da livre iniciativa, mas com graus de incidência e intensidade muito distintos, na medida em que são, de modo usual, muito mais simples do que as autorizações de atividades reguladas. Nada obstante, sua juridicidade ou antijuricidade ainda dependerá de uma análise sob o prisma da *proporcionalidade*, de forma que somente será lícita a exigência de um título habilitante quando proporcional aos demais direitos fundamentais que se pretende satisfazer.

Ademais, é necessário mencionar que a necessidade de obtenção de determinados títulos habilitantes da administração ordenadora poderá coexistir com a necessidade de prévia autorização reguladora para a exploração de atividade materialmente concorrente com os serviços públicos, não havendo, por isso, a exclusão de uma forma de controle da administração pública por outra. É o que ocorre, por exemplo, com a necessidade de licenciamento ambiental para o desempenho de atividade sujeita a uma autorização reguladora determinada.

A legislação em vigor dos diversos entes federativos prevê uma série de denominações para os títulos habilitantes necessários, tais como autorização, licença, habilitação, permissão, alvará, entre diversos outros. O regime jurídico de cada título dependerá da legislação específica aplicável, podendo haver títulos habilitantes representados por atos discricionários ou vinculados, unilaterais ou bilaterais[90] etc., razão pela qual não se pode pretender elaborar um conceito geral aplicável a todos os atos em questão.

Do ponto de vista da concorrência entre os serviços públicos e as atividades materiais com eles fungíveis, os títulos habilitantes da administração ordenadora não desempenham qualquer papel especial. Isso ocorre, pois o acesso à atividade não é reservado de qualquer forma especial – i. e., o mercado em que se desenvolverá a atividade não contém qualquer barreira à entrada de novos agentes. Apenas existe determinada condição jurídica consubstanciada na necessidade de uma

---

[90] É importante ressaltar que a unilateralidade dos títulos habilitantes nunca será plena, eis que tais atos somente são exarados a pedido e com a participação do interessado. Por consequência, ainda que o ato final seja unilateral, *seu processo de formação* será bilateral. Sobre o tema, confira-se: SILVA, Vasco Manoel Pascoal Dias Pereira da. *Em busca do acto administrativo perdido*, p. 466 *et seq.*, em especial, p. 474-476.

prévia manifestação da administração pública em razão da ordenação da sociedade. Tal condição jurídica não é decorrente da existência de uma atividade materialmente concorrente de um serviço público, mas de uma atividade cujo exercício precisa ser conformado a determinadas normas de ordenação do convívio social e econômico.

Nada obstante, para os fins deste trabalho, os títulos habilitantes da administração ordenadora são relevantes para a matéria que aqui se desenvolve, eis que são condições de acesso (ainda que genéricas) ao desempenho de atividades materialmente concorrentes dos serviços públicos, pois o acesso a essas atividades poderá depender da obtenção desses títulos, donde decorre uma restrição (ainda que tênue) ao direito fundamental da livre iniciativa nos campos da economia nos quais existem serviços públicos.

7.4.2.4 A desnecessidade de qualquer título especial

Finalmente, é importante consignar que o exercício de determinadas atividades materialmente concorrentes com os serviços públicos poderá prescindir de qualquer forma de título habilitante para ser desempenhada. Esse será o caso em que o desempenho de referidas atividades não estiver sujeito a qualquer forma de controle prévio exercido no âmbito da ordenação administrativa da sociedade, de maneira que qualquer agente que assim desejar terá o direito de explorar uma atividade econômica materialmente concorrente de um serviço público.

É bem verdade que, na sociedade atual, cada vez mais e mais atividades estão sujeitas a alguma forma de controle prévio por parte da administração pública. Contudo, em determinados casos, tal controle prévio é a tal ponto genérico que não se pode estabelecer uma correlação lógica entre tal controle e a atividade que se venha a desempenhar. É o caso, por exemplo, da necessidade de habilitação de motorista ou de licenciamento de veículos utilizados na logística da distribuição privada de encomendas (atividade materialmente concorrente com os serviços postais). A exigência de um título habilitante é tão genérica e aplicável a uma gama tão ampla de atividades, que não pode ser considerada, segundo entendemos, como um entrave à entrada de um agente no setor, já que importa em limitação muito pouco intensa sobre o direito fundamental da livre iniciativa.

Em qualquer caso, nessa terceira e última hipótese, o exercício da atividade, em si, não demanda qualquer título habilitante, porquanto não está de qualquer forma sujeito à administração ordenadora. Valendonos do mesmo exemplo, a distribuição privada de encomendas não depende de qualquer título habilitante específico, exceto aqueles muito genéricos que sequer podem ser relacionados à atividade desempenhada de forma direta.

Assim, verifica-se que o exercício de atividades materialmente concorrentes dos serviços públicos, que implicará um cenário de concorrência com assimetria de regimes, apresenta uma certa *gradação nas limitações ao direito fundamental de livre iniciativa*. Como discorremos, as autorizações para o exercício de atividades reguladas implicam restrição mais intensa de referido direito fundamental, representando verdadeira barreira à entrada de agentes nos setores dos serviços públicos. De outro turno, os títulos habilitantes da administração ordenadora representam restrições menos intensas, só limitando o acesso de agentes aos setores dos serviços públicos em casos muito específicos (quando houver esgotamento da possibilidade de acesso a bens públicos, por exemplo). Por fim, quase inexistirão restrições quando não houver a necessidade de qualquer título específico para o desempenho de uma atividade materialmente concorrente dos serviços públicos.

7.5 Os serviços públicos e a concorrência

Ao lume de tudo o que restou exposto, parece-nos evidente que a regra na prestação dos serviços públicos será a concorrência, o que não afetará, de forma alguma, a noção de serviço público, *desde que tal noção seja concebida a partir de seu caráter de obrigação estatal, e não de propriedade estatal*. Tal afirmação é uma decorrência nítida de uma interpretação da ordem econômica constitucional vigente, que tem a livre iniciativa como seu fundamento e como um direito fundamental dos cidadãos, de tal forma que qualquer restrição apenas poderá ocorrer em caso de conflitos e de forma *estritamente proporcional*.

Com isso, reiteramos nossa discordância com formulações que predicam que a existência de um serviço público dá azo *ipso iure* a uma restrição ao direito fundamental da livre iniciativa. A existência de um serviço público impõe ao Estado um *dever jurídico*, que poderá, sem qualquer problema, ser cumprido em um ambiente de livre iniciativa e livre concorrência. Entendemos que só haverá restrições à livre iniciativa e à livre concorrência nos casos em que o direito positivo, de forma expressa, estabeleça limitações ao acesso às atividades econômicas dos serviços públicos (em qualquer regime jurídico) com base em uma *ponderação* e não nos casos em que a doutrina pretenda empreender tal tarefa. O direito deve ser aquele enunciado pela Constituição e pelas demais normas do direito positivo, e não o enunciado pela doutrina, baseado em concepções indeléveis de um direito administrativo que não mais existe.

Nesse sentido, perfeitas as seguintes palavras de Domenico Sorace:

> A hipótese complexamente a se verificar seria, isto é, em definitivo, aquela de superar, se possível, o divórcio entre as ordens de idéias do direito constitucional e as ordens de idéias exclusivamente internas à doutrina e à ideologia do direito administrativo, também, evidentemente, com o objetivo primário de verificar, ainda, a compatibilidade entre estas últimas e o direito constitucional.[91]

Com isso, os serviços públicos – muito bem mencionados como "um mito" por Jacques Chevallier,[92] como já dissemos – permanecem existindo entre nós, mas não com aquelas características que comumente lhe impingem a doutrina. Os serviços públicos, no atual estágio do direito constitucional e do direito administrativo no Brasil, devem ser vistos como uma atividade a ser prestada ou garantida pelo Estado sem qualquer regime de exclusividade ou de privilégio. O regime jurídico dos serviços públicos não significa prerrogativas, mas, sim, deveres. Deveres de prestação universal, de modicidade no acesso e de continuidade, os quais podem, sem qualquer óbice, ser alcançados em um ambiente de livre iniciativa e livre concorrência, como demonstra, de forma evidente, a realidade em que vivemos.

Apenas em casos muito específicos conterão os serviços públicos cláusulas de restrições à livre iniciativa e à livre concorrência. Tais cláusulas, como já tivemos a oportunidade de gizar ao longo deste trabalho, decorrem dos casos em que a livre iniciativa e a livre concorrência podem afetar o alcance das finalidades efetivas dos serviços públicos ou de casos em que as circunstâncias fáticas impedem a plena entrada de novos agentes no setor, o que ocorre nos casos de monopólios naturais ou no caso dos serviços de transporte público urbano de

---

[91] SORACE, Domenico. Promemoria per una Nuova 'Voce' "Atto Amministrativo". *In*: *Scritti in Onore di Massimo Severo Giannini*. Milano: Giuffrè, 1988. v. 2, p. 755, tradução nossa.

[92] Cf. CHEVALLIER. *Le service public*, p. 3.

passageiros, os quais são estruturados em um sistema dependente de um planejamento urbanístico.

Em qualquer outro caso, os serviços públicos serão prestados em um regime de ampla concorrência, seja uma concorrência sem assimetria de regimes, seja uma concorrência com assimetrias. O grau de abertura à concorrência e as formas de seu desenvolvimento, contudo, dependerão das condições específicas de cada caso e não de qualquer elemento especial imanente aos serviços públicos.

Não é por que uma atividade é um serviço público, que ela estará uma bolha regida pelo chamado *regime jurídico de direito público* e blindada a tudo o que ocorre no chamado regime jurídico de direito privado. Essa apartação de regimes jurídicos de forma estanque e incomunicável é uma criação doutrinária, que nunca encontrou total ressonância na vida prática, muito menos nos dias atuais, em que a tendência cada vez maior é a colocação da dicotomia público/privado em xeque.

Nessa precisa linha, afirma Sabino Cassese:

> conseqüência desta tendência é a perda da importância da própria natureza jurídica pública ou privada; ao seu turno, adquirem relevo regras mais substanciais, como aquelas relativas à acessibilidade [à coisa pública], à imparcialidade etc.[93]

Portanto, encerramos este trabalho afincando nosso entendimento acerca da impossibilidade de utilização de critérios herméticos, como uma dicotomia público/privado, para a definição do regime jurídico dos serviços públicos; da impossibilidade de estabelecimento de um regime jurídico único para todos os serviços públicos; e, principalmente, pela impossibilidade de afirmação, *a priori* e com base e ideias imanentes, de que os serviços públicos inadmitem concorrência ou de que esta deforma sua noção, fazendo surgir jargões que, entre nós, nada significam, como "serviços públicos virtuais" ou "serviços públicos impróprios". Os serviços públicos existirão sempre que o direito positivo assim determinar e com o regime jurídico imposto pelo direito positivo.

---

[93] CASSESE, Sabino; PEREZ, Rita. *Manuale de diritto pubblico.* 3ª ed. Milano: Giuffrè, 2005, tradução nossa.

CONCLUSÃO

Pretendemos, com o presente trabalho, demonstrar as atuais configurações dos serviços públicos, em vista de todas as alterações ocorridas no direito administrativo nas últimas décadas, assim como identificar os desafios provenientes dessa nova configuração para, então, propor as soluções que nos parecem mais adequadas. Esperando ter realizado essa missão, podendo, neste ponto, consignar as seguintes conclusões, fundamentadas ao longo do trabalho:

1. A noção de serviço público, no Brasil, surge com os contornos idealizados na Europa continental (sobretudo na França) a partir de fins da década de 1930. Esse surgimento é delineado por uma transição de um modelo de regulação contratual dos *serviços de utilidade pública*, para um controle de assunção, pelo Estado, da prestação dos *serviços públicos*, sendo tal transição demonstrada pela inclusão dos serviços públicos no plexo de atribuições do Estado.

2. Com a substituição de um modelo influenciado pelo direito norte-americano de regulação contratual dos *serviços de utilidade pública* pela prestação estatal (direta ou por meio de concessões) dos serviços públicos, passa a ser constante na doutrina a busca pela definição de um *regime jurídico* que caracterizasse e regesse os serviços públicos.

3. Sob forte influência da doutrina francesa, em especial da obra de Gaston Jèze, foi proposto, no direito brasileiro, um regime jurídico especial para os serviços públicos, denominado *regime jurídico de direito público*. Esse regime jurídico seria pautado

por prerrogativas especiais conferidas ao Estado prestador ou a seus delegatários (concessionários).

4. Em essência, as prerrogativas inerentes ao regime jurídico de direito público confeririam ao agente prestador da atividade um plexo de direitos exorbitantes, não previstos para os exploradores de outras atividades, como imunidade tributária, não sujeição a processos de execução patrimonial etc. Em especial, o plexo de prerrogativas decorrente do regime em causa asseguraria uma *exclusividade* na prestação do serviço, eis que esse pertenceria apenas ao Estado.

5. Com o passar do tempo, foi proposta no Brasil a ideia de *supremacia do interesse público sobre o particular*, como fundamento para o regime jurídico de direito público. Segundo essa ideia, o Estado seria o responsável pela tutela e pela promoção do interesse público, o qual seria sempre supremo em relação aos interesses particulares, partindo-se sempre do pressuposto de que haveria uma contraposição inevitável entre esses interesses.

6. Em decorrência da noção de supremacia do interesse público e do regime jurídico de direito público que ela fundamenta, os serviços públicos foram construídos no Brasil a partir de uma separação absoluta entre regime público e regime privado, da qual decorreu a não sujeição desses serviços ao *princípio da livre iniciativa* (pois esse princípio apenas se aplicaria às atividades privadas) e a inutilidade de mecanismos de direito privado para reger os serviços públicos.

7. Embora não seja possível extrair da jurisprudência do Supremo Tribunal Federal um conceito de serviço público, é possível verificar que as proposições doutrinárias desse conceito e de suas características têm, há tempos, forte reflexo nos julgados da Corte. Há diversas decisões que asseguram aos prestadores de serviços públicos prerrogativas e privilégios, *bem como uma exclusividade no oferecimento da atividade*.

8. As razões para a construção da noção de serviço público no Brasil como descrita são as mais variadas. Analisando-se a partir de uma perspectiva histórica, pode-se verificar, no direito brasileiro, a influência de doutrinas estrangeiras (em especial as doutrinas francesas e italianas), os interesses do

CONCLUSÃO | 333

governo brasileiro em um determinado momento histórico, a necessidade de justificativa de ações públicas e, até mesmo, concepções ideológicas como alguns dos elementos que levaram à consolidação do conceito de serviço público no Brasil.

9. Como consequência dessa construção, é possível chegar à conclusão de que, no direito brasileiro, os serviços públicos (i) são vistos com forte apego ao seu aspecto formal (prestação pelo Estado ou por quem atue sob sua delegação); (ii) são construídos quase sempre como uma prerrogativa do Estado, ao invés de serem vistos como um *direito* dos cidadãos; e (iii) têm sua previsão constitucional lida e interpretada segundo concepções fincadas na doutrina, quando o correto seria precisamente o contrário.

10. A Constituição Federal de 1988, na esteira das demais cartas constitucionais da segunda metade do século XX, trouxe um enorme plexo de direitos fundamentais aos cidadãos. Esses direitos têm aplicação direta, independente de lei, e vinculam o Poder Legislativo, o Poder Judiciário e todos os órgãos e entidades da administração pública. Essa realidade nos possibilita afirmar que os cidadãos, de acordo com a vigente ordem constitucional, ocupam o centro da ordem jurídica.

11. Os direitos fundamentais previstos na Constituição Federal apresentam ora um *status negativus*, ora um *status positivus* e ora um *status* misto entre *negativus* e *positivus*. Isso quer dizer que os direitos fundamentais ora impõem ao Estado uma obrigação de não fazer, ou seja, um dever de se abster de criar restrições ao exercício de um direito (são os chamados direitos de defesa); ora impõem uma obrigação de fazer, de realizar algo em favor dos cidadãos; e, por fim, ora impõem, ao mesmo tempo, uma obrigação de fazer e uma obrigação de não fazer, de sorte que a realização de determinados direitos fundamentais dependerá de uma ação positiva em alguns aspectos e negativa em outros aspectos.

12. Nessa perspectiva, os serviços públicos aparecem como *instrumento para a realização dos direitos fundamentais que ostentam um status positivus ou um status misto*. É dizer, os serviços

públicos nada mais são do que ferramentas criadas para o Estado para a plena realização de direitos fundamentais.

13. Em função dessa natureza instrumental dos serviços públicos, não são inerentes à sua noção nem o regime jurídico de direito, tampouco a propalada titularidade estatal da atividade, responsável pela interdição de outros agentes econômicos à exploração das atividades consideradas constituintes desses serviços. É, de fato, intrínseco à noção de serviço público *o conteúdo obrigacional, que impõe ao Estado um* **dever positivo de fazer algo em favor dos cidadãos** (prestar os serviços ou, no mínimo, garantir sua prestação).

14. Dada a estrutura dos direitos fundamentais, formada por um suporte fático amplo, a realização de um direito fundamental por meio da prestação de um serviço público poderá implicar restrições ao direito fundamental da livre iniciativa. No entanto, essas restrições não são automáticas e somente poderão ocorrer de acordo com as características dos casos concretos específicos, *sempre de forma proporcional* à realização do direito fundamental garantido pela prestação de um serviço público.

15. Os serviços públicos, assim, não são caracterizados como uma prerrogativa estatal que interdita o exercício de atividades econômicas por particulares. São caracterizados como uma *obrigação estatal (em sentido jurídico)*, a qual, só de forma episódica e específica, poderá impor restrições ao direito fundamental da livre iniciativa, conforme venha a ser proporcional para a realização de um dado direito fundamental.

16. Em decorrência da caracterização dos serviços públicos como atividades econômicas que o Estado tem que prestar ou, no mínimo, garantir a prestação, as distinções apontadas, com frequência, pela doutrina entre o conteúdo dos artigos 173 e 175 da Constituição Federal não se mostram aplicáveis. Segundo a doutrina predominante, o artigo 173 contemplaria a exploração de atividades econômicas não pertencentes ao Estado (*i. e.*, não sujeitas à sua titularidade), ao passo que o artigo 175 contemplaria uma atividade econômica especial, de titularidade estatal. O artigo 173 contemplaria o campo de

CONCLUSÃO | 335

atuação típico dos particulares e o artigo 175 o campo típico do Estado.

17. Não sendo a titularidade estatal uma característica dos serviços públicos (ao menos com os traços que lhe atribui a doutrina), tem-se que a distinção entre os artigos 173 e 175 repousa no caráter de *intervenção facultativa*, contido no primeiro, e de *intervenção obrigatória*, contido no segundo. É dizer, o artigo 173 *faculta* ao Estado empreender determinada atividade econômica, enquanto o artigo 175 *obriga* a exploração de determinada atividade considerada serviço público. Contudo, de nenhum dos dois decorre qualquer forma de exclusividade ou privilégio.

18. Os serviços públicos, portanto, *são obrigações positivas impostas ao Estado pela ordem jurídica com a finalidade de satisfazer direitos fundamentais que exigem do Estado uma atuação positiva e material na ordem econômica para prestar determinado serviço ou, no mínimo, garantir sua prestação*.

19. A ordem econômica da Constituição Federal de 1988 trouxe um regime especial no que se refere à livre concorrência, na medida em que lhe atribuiu o caráter de *princípio jurídico*. Via de consequência, a livre concorrência é uma norma jurídica de caráter finalístico, com aplicação subsidiária e realizada a partir de processos de sopesamento e ponderação com outras normas jurídicas.

20. A partir desse caráter da livre concorrência e tendo em conta o disposto no artigo 175 da Constituição Federal, é lícito afirmar que a livre concorrência deverá ser aplicada, exceto se, a partir de um processo de sopesamento e ponderação, puder ser restrita em face de outros princípios e normas jurídicas. Essa restrição, em qualquer caso, deverá ser *proporcional* à finalidade que se pretende alcançar.

21. O fundamento de se ter atribuído à livre concorrência o caráter de princípio jurídico é seu papel na proteção e na realização de direitos dos cidadãos. Em um mercado concorrencial, em princípio, os direitos dos cidadãos são mais bem protegidos e promovidos, em razão das prováveis melhorias na qualidade dos serviços e produtos e na redução de seus custos.

22. Nessa perspectiva, *em vista da inexistência de normas em sentido contrário*, tem-se que a livre concorrência *deverá também ser aplicada à prestação dos serviços públicos*, eis que tende a ocasionar melhoras na qualidade do oferecimento da atividade, *assim como* redução de seus custos. Apenas se poderá cogitar de restrições da aplicação da livre concorrência aos serviços públicos, na exata medida em que puder haver prejuízos ao alcance de suas finalidades, isto é, na realização dos direitos fundamentais realizados por meio desses serviços.

23. A aplicação das normas do direito da concorrência aos serviços públicos é diretamente relacionada aos interesses tutelados. Caso se pretenda tutelar os interesses do Estado, ou caso se pretenda a ele conferir o poder de determinar o *interesse público a ser tutelado* (em aplicação do "princípio" da supremacia do interesse público), as normas do direito da concorrência não seriam aplicadas aos serviços públicos. De outra banda, caso se pretenda tutelar os interesses dos cidadãos, ter-se-á a aplicação das normas do direito da concorrência à prestação dos serviços públicos, *exceto nos casos em que puder haver prejuízos à realização das finalidades desses serviços*.

24. A Constituição Federal de 1988 foi clara no que concerne à disciplina dos serviços públicos: impôs-lhe um caráter obrigacional e não previu em caso algum uma exclusividade inerente. Ao contrário: quando pretendia o texto constitucional conferir caráter de exclusividade a algum serviço público, houve a previsão expressa. Foi esse o caso dos serviços públicos de telecomunicações e de distribuição de gás natural canalizado. Antes das reformas constitucionais de 1995, ambos os serviços deveriam ser prestados em regime de exclusividade estatal. Isso evidencia que a exclusividade não pode ser considerada a regra, pois, se assim fosse, não seria necessária a previsão específica e excepcional para alguns serviços determinados.

25. Segundo o texto constitucional vigente, a regra, repise-se, é a da liberdade de iniciativa econômica. Apenas em casos excepcionais essa poderá ser excluída. É, com precisão, o caso dos monopólios estatais. Esses são exclusões *a priori* do

CONCLUSÃO | 337

direito de livre iniciativa privada, em decorrência de uma prévia ponderação feita pelo legislador constituinte entre diversos princípios e valores da ordem jurídica. A partir do regime conferido pela Constituição de 1988 aos monopólios estatais, pode-se ver, com clareza, sua natureza exaustiva, de sorte que *apenas existem monopólios estatais nos casos previstos de forma expressa no texto constitucional.*

26. A partir da verificação de que apenas os monopólios estatais constituem restrições *a priori* e absolutas do direito de livre iniciativa e de que monopólios e serviços públicos são institutos distintos na ordem econômica constitucional (tanto que estão previstos em artigos distintos), é possível concluir que o legislador constituinte não pretendeu conferir aos serviços públicos um caráter de exclusividade, pois, caso tivesse assim pretendido, teria equiparado os dois institutos em questão.

27. Não há que se confundir monopólios jurídicos com monopólios naturais. Enquanto ao primeiro é uma exclusividade decorrente de expresso comando normativo, o segundo é uma exclusividade que advém das características fáticas de uma determinada atividade econômica, cuja exploração deve se dar apenas por um agente em virtude de questões econômicas, ambientais e/ou urbanísticas.

28. Há serviços públicos prestados em regime de monopólio natural, eis que dependentes de infraestruturas que não podem ser duplicadas. Isso não implica, todavia, qualquer forma de monopólio jurídico. É dizer, não é porque, do ponto de vista fático, uma atividade deve ser explorada por um único agente que, do ponto de vista jurídico, há uma *proibição* de sua exploração por outros agentes.

29. Com isso, é possível verificar duas ordens de razão para a superação da noção de que serviços públicos devem ser prestados em regime de exclusividade: fática e jurídica. As razões fáticas decorrem da existência, desde há muito, da prestação de diversos serviços públicos em regime de concorrência. É o que muitas vezes se verificou com relação a serviços públicos não dependentes de um monopólio natural, como os de transporte coletivo de passageiros. De outro bordo, as razões

jurídicas afloram da inexistência de qualquer norma jurídica que determine ser o serviço público sempre exclusivo.

30. Embora sujeito a uma série de alterações, os serviços públicos permanecem existindo no direito brasileiro, pois o artigo 175 da Constituição Federal permanece em vigor. Nessa perspectiva de alteração, os elementos característicos dos serviços públicos ainda se verificam, mas configurados de forma distinta. O elemento orgânico permanece existindo em razão de serem os serviços públicos *obrigações estatais*. O elemento finalístico, que é o mais relevante por ser o traço distintivo do serviço público, não há como desaparecer, em razão da necessidade desses serviços deverem alcançar uma determinada finalidade. O elemento material, consistente no regime jurídico, é o que sofre as maiores modificações.

31. No atual contexto, as atividades estatais que se configuram serviços públicos são muito distintas e variadas, impedindo que sejam todas sujeitas a um mesmo regime jurídico. Ao se ter em conta que os serviços públicos predicam finalidades que devem ser alcançadas, é natural pensar em um regime jurídico próprio a viabilizar a realização dessas finalidades. *Todavia*, não há como uniformizar esse regime jurídico para todas as atividades constituintes de serviços públicos.

32. Diante das normas do direito positivo regentes dos serviços públicos, é possível identificar um conjunto de *obrigações* que diferenciam os serviços públicos das demais atividades econômicas. Esse conjunto é formado pelas obrigações de *universalização, continuidade e modicidade tarifária*. Entretanto, a intensidade da incidência dessas obrigações longe está de ser uniforme, devendo ser *moduladas* para cada serviço público que se tenha em consideração, de acordo com suas características específicas.

33. A universalização impõe ao Estado o dever de levar os serviços públicos à maior quantidade possível de indivíduos, independentemente de sua localização ou de sua condição socioeconômica. A universalização se desdobra em dois deveres: um de caráter geográfico e outro de caráter financeiro. Pelo geográfico, os serviços devem ser ofertados à maior parcela do território possível. Pelo financeiro, o valor

cobrado pela fruição dos serviços públicos não poderá excluir nenhum cidadão.

34. A universalização não exclui, de forma necessária, a concorrência. Poderá haver a prestação de serviços públicos em regime de concorrência com obrigações de universalização. Em determinadas hipóteses, no entanto, a universalização, em um contexto de concorrência, dependerá de mecanismos de subsídios tarifários a serem ofertados aos agentes prestadores incumbidos dos deveres de universalizar a atividade.

35. A continuidade impõe o dever de oferta contínua e ininterrupta dos serviços públicos. Entretanto, a obrigação de continuidade não afasta a possibilidade de interrupções necessárias por razões técnicas, ou decorrentes da falta de pagamento dos valores devidos pelos usuários, em consonância com o que preconizam as legislações gerais e setoriais. A concorrência tende a fomentar a continuidade, pois, em regra, implica um aumento da qualidade dos serviços prestados.

36. A modicidade tarifária impõe que as tarifas cobradas pela prestação dos serviços públicos sejam tão módicas quanto possível. É uma decorrência da universalização, mas com ela não se confunde. A concorrência é um dos principais instrumentos de promoção da modicidade tarifária, eis que impõe aos agentes econômicos o dever de eficiência e redução de custos na prestação dos serviços públicos.

37. Com a finalidade de se assegurar a modicidade tarifária dos serviços públicos, poderão ser ofertados subsídios tarifários. Esses não serão contrários à prestação concorrencial dos serviços públicos, *desde que externos aos serviços e ofertados de forma isonômica a todos os agentes sujeitos ao mesmo plexo de obrigações.*

38. Os serviços públicos possuem forte caráter obrigacional, o qual será, em determinados casos, conflitante com a liberdade inerente a um contexto de livre concorrência. Assim, será sempre necessário encontrar um equilíbrio entre a liberdade conferida aos agentes e o alcance das finalidades dos serviços públicos. Esse equilíbrio só emergirá de uma análise concreta de cada atividade, não havendo como se considerar

uma fórmula genérica aplicável a todos os serviços públicos de forma uniforme.

39. Assentada a aplicação da livre concorrência aos serviços públicos, verifica-se que essa poderá se desenvolver de duas formas distintas: com ou sem assimetria de regimes jurídicos. Na concorrência sem assimetria de regimes jurídicos, todos os agentes econômicos exploradores da atividade estarão sujeitos apenas ao regime jurídico de serviço público. De outro turno, na concorrência com assimetria, os agentes estarão sujeitos a diferentes regimes jurídicos, com cargas distintas de obrigações.

40. Ocorrerá concorrência sem assimetria de regimes quando houver competição entre agentes detentores de múltiplas concessões de serviços públicos ou outros instrumentos prestantes à delegação no regime de serviço público (arrendamento portuário, permissão ou subconcessão) ou entre esses e o Estado.

41. De outro bordo, a concorrência com assimetria pressupõe a competição entre agentes sujeitos ao regime de serviço público e outros agentes não sujeitos a esse regime. Pressupõe que possa haver o ingresso (livre ou condicionado) de agentes aos mercados dos serviços públicos. Esse ingresso poderá depender de autorizações regulatórias, quando houver barreiras à entrada que demandam uma regulação estatal especial, de autorizações ordenadoras, quando apenas houver a necessidade de uma ordenação estatal da economia, ou de nenhuma autorização específica.

42. Certo é, todavia, que a regra na prestação dos serviços públicos é a concorrência. E o fato de haver concorrência (em decorrência da incidência da livre iniciativa aos serviços públicos) não desnatura ou desconfigura esses serviços, eis que o regime *jurídico* (*i. e.*, aquele proveniente do direito positivo) dessas atividades não as coloca sob um regime de exclusividade estatal, salvo em casos excepcionais.

REFERÊNCIAS

AGUILLAR, Fernando Herren. *Controle social dos serviços públicos*. São Paulo: Max Limonad, 1999.

AGUILLAR, Fernando Herren. *Direito econômico*: do direito nacional ao direito supranacional. 2. ed. São Paulo: Atlas, 2009.

ALESSI, Renato. *Instituciones de derecho administrativo*. Tradução de B. P. P. Barcelona: BOSCH, 1970. t. II.

ALESSI, Renato. *Le prestazioni amministrative rese ai privati*. Milano: Giuffrè, 1956.

ALEXY, Robert. *Teoria dos direitos fundamentais*. Tradução de Virgílio Afonso da Silva. São Paulo: Malheiros, 2008.

ALMEIDA, Fernando Dias Menezes de. *Teoria do contrato administrativo*: uma abordagem histórico-evolutiva com foco no direito brasileiro. Tese (Livre-docência) – Faculdade de Direito da Universidade de São Paulo, Departamento de Direito do Estado, São Paulo, 2010. Mimeografado.

ANDRADE, José Carlos Vieira de. *Direitos fundamentais na Constituição Portuguesa de 1976*. 3. ed. Coimbra: Almedina, 2004.

ARAGÃO, Alexandre Santos de. A "supremacia do interesse público" no advento do Estado de direito e na hermenêutica do direito público contemporâneo. *In*: SARMENTO, Daniel (Org.). *Interesses públicos versus interesses privados*: desconstruindo o princípio da supremacia do interesse público. Rio de Janeiro: Lumen Juris, 2005.

ARAGÃO, Alexandre Santos de. *Agências reguladoras e a evolução do direito administrativo econômico*. Rio de Janeiro: Forense, 2002.

ARAGÃO, Alexandre Santos de. Atividades privadas regulamentadas. *In*: ARAGÃO, Alexandre Santos de (coord.). *O poder normativo das agências reguladoras*. Rio de Janeiro: Forense, 2006.

ARAGÃO, Alexandre Santos de. *Direito dos serviços públicos*. Rio de Janeiro: Forense, 2005.

ARAGÃO, Alexandre Santos de. Serviços públicos e concorrência. *Revista de Direito Administrativo*, Rio de Janeiro, n. 233, p. 311-371, jul./set. 2003.

ARAGÃO, Alexandre Santos de; SCHIRATO, Vitor Rhein. Algumas considerações sobre a regulação no setor de gás natural. *Revista de Direito Público da Economia – RDPE*, Belo Horizonte, n. 14, p. 37-53, 2006.

ARIÑO ORTIZ, Gaspar. *Empresa pública, empresa privada, empresa de interés general*. Navarra: Thompson Aranzadi, 2007.

ARIÑO ORTIZ, Gaspar. *Principios de derecho público económico*. 3. ed. Granada: Comares, 2004.

ÁVILA, Humberto. Repensando o "princípio da supremacia do interesse público sobre o particular". *In*: SARMENTO, Daniel (Org.). *Interesses públicos versus interesses privados*: desconstruindo o princípio da supremacia do interesse público. Rio de Janeiro: Lumen Juris, 2005.

ÁVILA, Humberto. *Teoria dos princípios*. São Paulo: Malheiros, 2003.

BADURA, Peter. *Wirtschaftsverfassung und Wirtschaftsverwaltung*. 3. Aufl. Tübingen: Mohr Siebeck, 2008.

BARBOSA, Ruy. *Comentários à Constituição Federal Brasileira*. São Paulo: Saraiva, 1934.

BARROSO, Luís Roberto. Apontamentos sobre as agências reguladoras. *In*: FIGUEIREDO, Marcelo (Org.). *Direito e regulação no Brasil e nos EUA*. São Paulo: Malheiros, 2004.

BARROSO, Luís Roberto. *Curso de direito constitucional*. São Paulo: Saraiva, 2009.

BASSA MERCADO, Jaime. *El Estado Constitucional de Derecho*: efectos sobre la constitución vigente y los derechos sociales. Santiago: Lexis Nexis, 2008.

BATISTA, Joana Paula. *Remuneração dos serviços públicos*. São Paulo: Malheiros, 2005.

BIANCHI, Alberto B. El proyecto de ley de régimen general de los servicios públicos: una evaluación general. *In*: Servicios públicos: regulación. *Anais do 1º Congresso Nacional*. Mendonza: Ediciones Dike, 2001.

BIANCHI, Alberto B. *La regulación económica*. Buenos Aires: Ábaco de Rodolfo Depalma, 2001. t. I.

BILCHITZ, David. *Poverty and Fundamental Rights*: the Justification and Enforcement of Socio-Economic Rights. Oxford: Oxford University Press, 2007.

BINENBOJM, Gustavo. Da supremacia do interesse público ao dever de proporcionalidade: um novo paradigma para o direito administrativo. *Revista de Direito Administrativo*, Rio de Janeiro, n. 239, p. 1-31, jan./mar. 2005.

BONAVIDES, Paulo. *Curso de direito constitucional*. 13. ed. São Paulo: Malheiros, 2003.

BRACONNIER, Stéphane. *Droit des services publics*. 2ᵉ éd. Paris: PUF, 2007.

BRAGA, Odilon. Serviços públicos concedidos. *Revista de Direito Administrativo – Seleção Histórica*, Rio de Janeiro, p. 86 *et seq*., 1995.

BUCCI, Maria Paula Dallari. *Direito administrativo e políticas públicas*. 1. ed. 2. tiragem. São Paulo: Saraiva, 2006.

BÜDENBENDER, Ulrich. Die Ausgestaltung des Regulierungskonzeptes für die Elektrizitäts - und Gaswirtschaft. *Recht der Energiewirtschaft*, Colônia, n. 12, p. 284-292, dez. 2004.

CÂMARA, Jacintho Arruda. *Tarifa nas concessões*. São Paulo: Malheiros, 2009.

REFERÊNCIAS | 343

CAMPOS, Francisco. Encampação de serviço público: quando pode ocorrer: conseqüências da encampação e indenização a que tem direito o concessionário. *In*: CAMPOS, Francisco. *Direito administrativo*. Rio de Janeiro: Freitas Bastos, 1958. v. 2.

CARVALHO FILHO, José dos Santos. *Consórcios públicos*. Rio de Janeiro: Lumen Juris, 2010.

CASSAGNE, Juan Carlos. *Derecho administrativo*. 8. ed. Buenos Aires: Lexis Nexis, 2006. v. 2.

CASSAGNE, Juan Carlos. *El contrato administrativo*. 2. ed. Buenos Aires: Lexis Nexis, 2005.

CASSAGNE, Juan Carlos. El futuro de los servicios públicos. *Jurisprudência Argentina*, Buenos Aires, n. 9, 2006.

CASSAGNE, Juan Carlos. *La intervención administrativa*. 2. ed. Buenos Aires: Abeledo-Perrot, 1994.

CASSESE, Sabino. *Istituzioni di diritto amministrativo*. 2ª ed. Milano: Giuffrè, 2006.

CASSESE, Sabino. *La nuova costituzione economica*. Roma-Bari: Latersa, 2004.

CASSESE, Sabino; PEREZ, Rita. *Manuale di diritto pubblico*. 3ª ed. Milano: Giuffrè, 2005.

CAVALCANTI, Themistocles Brandão. *Instituições de direito administrativo*. Rio de Janeiro: Freitas Bastos, 1936.

CAVALCANTI, Themistocles Brandão. *Princípios gerais de direito administrativo*. Rio de Janeiro: Freitas Bastos, 1945.

CAVALCANTI, Themistocles Brandão. *Tratado de direito administrativo*. 5. ed. Rio de Janeiro: Freitas Bastos, 1964. v. 2.

CHEVALIER, Jacques. Estado e ordem concorrencial. Tradução de Thales Morais da Costa. *Revista de Direito Público da Economia – RDPE*, Belo Horizonte, ano 5, n. 20, p. 133-151, out./dez. 2007.

CHEVALIER, Jacques. *Le service public*. 8ᵉ éd. Paris: PUF, 2010.

COCOZZA, Vincenzo. *La delegificazione*. 4ª ed. Napoli: Jovane, 2005.

CORDEIRO, António Menezes. Concorrência e direitos e liberdades fundamentais na União Européia. *In*: ALBUQUERQUE, Ruy de; CORDEIRO, António Menezes (coord.). *Regulação e concorrência*: perspectivas e limites da defesa da concorrência. Coimbra: Almedina, 2005.

COSCULLUELA MONTANER, Luis; LÓPEZ BENÍTEZ, Mariano. *Derecho público económico*. 2. ed. Madrid: Iustel, 2008.

COSTA, Adalberto. *Regime legal da concorrência*. Coimbra: Almedina, 2004.

COUTINHO, Diogo Rosenthal. A universalização do serviço público para o desenvolvimento como uma tarefa da regulação. *In*: SALOMÃO FILHO, Calixto (coord.). *Regulação e desenvolvimento*. São Paulo: Malheiros, 2002.

CRETELLA JR., José. *Direito administrativo brasileiro*. 2. ed. Rio de Janeiro: Forense, 2000.

CRETELLA JR., José. *Dos contratos administrativos*. Rio de Janeiro: Forense, 1998.

CRETELLA JR., José. *Manual de direito administrativo*. 2. ed. Rio de Janeiro: Forense, 1979.

CUÉLLAR, Leila. Abuso de posição dominante no direito de concorrência brasileiro. *In*: CUÉLLAR, Leila; MOREIRA, Egon Bockmann. *Estudos de direito econômico*. Belo Horizonte: Fórum, 2004.

DALLARI, Dalmo de Abreu. *Elementos de teoria geral do Estado*. 25. ed. São Paulo: Saraiva, 2005.

DI PIETRO, Maria Sylvia Zanella. *Direito administrativo*. 21. ed. São Paulo: Atlas, 2008.

DI PIETRO, Maria Sylvia Zanella. O princípio da supremacia do interesse público: sobrevivência diante dos ideais do neoliberalismo. *In*: DI PIETRO, Maria Sylvia Zanella *et al*. (coord.). *Supremacia do interesse público e outros temas relevantes do direito administrativo*. São Paulo: Atlas, 2010.

DI PIETRO, Maria Sylvia Zanella. *Parcerias na Administração Pública*. 4. ed. São Paulo: Atlas, 2002.

DUGUIT, Léon. De la situation juridique du particulier faisant usage d'um service public. *In*: *Melanges Maurice Hauriou*. Paris: Librairie Recueil Sirey, 1929.

DUGUIT, Léon. *Leçons de droit public general*. Paris: De Boccard, 1926.

DUGUIT, Léon. *Traité de droit constitutionnel*. 3ᵉ éd. Paris: De Boccard, 1928. t. II.

EMMERICH, Volker. *Kartellrecht*. 11. Aufl. München: C.H. Beck, 2008.

EPPING, Volker. *Grundrechte*. 4. Aufl. Heidelberg: Springer, 2010.

FARIA, Jorge Leite Areias Ribeiro de. *Direito das obrigações*. Coimbra: Almedina, 1987. v. 1.

FERREIRA FILHO, Manoel Gonçalves. *Curso de direito constitucional*. 35. ed. São Paulo: Saraiva, 2009.

FIGUEIREDO, Lúcia Valle. *Curso de direito administrativo*. 6. ed. São Paulo: Malheiros, 2003.

FLEINER, Fritz. *Les principes généraux du droit administratif allemand*. Tradução de Charles Eisemann. Paris: Delagrave, 1933.

FORGIONI, Paula A. *Os fundamentos do antitruste*. São Paulo: Revista dos Tribunais, 1998.

FRÓES, Fernando. Infra-estrutura e serviços públicos: princípios da regulação geral e econômica. *In*: CARDOZO, José Eduardo Martins; QUEIROZ, João Eduardo Lopes; SANTOS, Márcia Walquiria Batista dos (Org.). *Curso de direito administrativo econômico*. São Paulo: Malheiros, 2006. v. 1.

GARCÍA DE ENTERRÍA, Eduardo; FERNÁNDEZ, Tomás-Ramón. *Curso de derecho administrativo*. 11. ed. Madrid: Thompson Civitas, 2008. v. 2.

GARRIDO FALLA, Fernando. *Las transformaciones del régimen administrativo*. Madrid: Instituto de Estúdios Políticos, 1962.

GARRIDO FALLA, Fernando; PALOMAR OLMEDA, Alberto; LOSADA GONZÁLEZ, Herminio. *Tratado de derecho administrativo*. 12. ed. Madrid: Tecnos, 2006. v. 2.

REFERÊNCIAS | 345

GASPARINI, Diogenes. *Curso de direito administrativo.* 8. ed. São Paulo: Saraiva, 2003.

GIANNINI, Massimo Severo. *Istituzioni di diritto amministrativo.* 2ª ed. Milano: Giuffrè, 2000.

GIGLIONI, Fabio. *L'Accesso al mercato nei servizi di interesse generale.* Milano: Giuffrè, 2008.

GLÖCKNER, Arne. *Kommunale Infrastrukturverantwortung und Konzessionsmodelle.* München: C.H. Munique, 2009.

GORDILLO, Agustín. *Tratado de derecho administrativo.* Belo Horizonte: Del Rey, 2006. t. II.

GOUVEIA, Rodrigo. *Os serviços de interesse geral em Portugal.* Coimbra: Coimbra Ed., 2001.

GRAU, Eros Roberto. *A ordem econômica na Constituição de 1988.* 7. ed. São Paulo: Malheiros, 2002.

GRAU, Eros Roberto. *Direito, conceitos e normas.* São Paulo: Revista dos Tribunais, 1988.

GRAU, Eros Roberto. *Elementos de direito econômico.* São Paulo: Revista dos Tribunais, 1981.

GRAU, Eros Roberto. *O direito posto e o direito pressuposto.* 6. ed. São Paulo: Malheiros, 2005.

GRINOVER, Ada Pellegrini *et al. Código Brasileiro de Defesa do Consumidor*: comentado pelos autores do anteprojeto. 6. ed. Rio de Janeiro: Forense Universitária, 2000.

GROTTI, Dinorá Adelaide Musetti. *O serviço público e a Constituição Brasileira de 1988.* São Paulo: Malheiros, 2003.

GUGLIELMI, Gilles J.; KOUBI, Geneviève. *Droit du service public.* 2ᵉ éd. Paris: Montchrestien, 2007.

GUHL, Theo. *Das Schweizerische Obligationenrecht.* 9. Aufl. Zürich: Schulthess, 2000.

HAACK, Stefan. Der Begriff der Verfassung. *Europarecht n. 5.* Nomos: Baden Baden, 2004.

HÄFELIN, Ulrich; MÜLLER, Georg; UHLMANN, Felix. *Allgemeines Verwaltungsrecht.* 5. Aufl. Zürich: Schulthess, 2006.

HARATSCH, Andréas; KOENIG, Christian; PECHSTEIN, Matthias. *Europarecht.* 7. Aufl. Tübingen: Mohr Siebeck, 2010.

HERMES, Georg. *Versorgungssicherheit und Infrastrukturverantwortung des Staates, In*: Staatlicher und europäischer Umweltschutz im Widerstreit, Umweltrechtstage 2001, Ministerium für Umwelt und Naturschutz, Landwitschaft und Verbraucherschutz des Landes NRW, Düsseldorf, 2001.

HUBER, Peter M. Öffentliches Wirtschaftsrecht. *In*: SCHMIDT-ASSMANN, Eberhard; SCHOCH, Friedrich (Org.). *Besonderes Verwaltungsrecht.* 14. Aufl. Berlim: De Gruyter, 2008.

IPSEN, Jörn. *Allgemeines Verwaltungsrecht.* 3. Aufl. Colônia: Carl Heymanns, 2003.

IPSEN, Jörn. *Niedersächsisches Kommunalrecht.* 3. Aufl. Boorberg: Hannover, 2006.

IPSEN, Jörn. *Staatsrecht II.* 8. Aufl. München: Luchterhand, 2005.

JARASS, Hans D.; PIEROTH, Bodo. *Grundgesetz für die Bundesrepublik Deutschland.* 10. Aufl. München: C.H. Beck, 2009.

JÈZE, Gaston. *Princípios generales del derecho administrativo*. Traducción de Juan N. San Millán Almagro. Buenos Aires: De Palma, 1949. v. 2.

JORDÃO, Eduardo Ferreira. *Restrições regulatórias à concorrência*. Belo Horizonte: Fórum, 2009.

JUSTEN FILHO, Marçal. *Concessões de serviços públicos*: comentários nº. 8.987 e 9.074, de 1995. São Paulo: Dialética, 1996.

JUSTEN FILHO, Marçal. Concessões urbanísticas e outorgas onerosas. *In*: WAGNER JÚNIOR, Luiz Guilherme da Costa. *Direito público*: estudos em homenagem ao Professor Adilson Abreu Dallari. Belo Horizonte: Del Rey, 2004.

JUSTEN FILHO, Marçal. *Curso de direito administrativo*. São Paulo: Saraiva, 2005.

JUSTEN FILHO, Marçal. Empresas estatais e a superação da dicotomia "prestação de serviço público/exploração de atividade econômica". *In*: FIGUEIREDO, Marcelo; PONTES FILHO, Valmir (Org.). *Estudos de direito público em homenagem a Celso Antônio Bandeira de Mello*. São Paulo: Malheiros, 2006.

JUSTEN FILHO, Marçal. O direito administrativo do espetáculo. *In*: ARAGÃO, Alexandre Santos de; MARQUES NETO, Floriano de Azevedo (Org.). *Direito administrativo e seus novos paradigmas*. Belo Horizonte: Fórum, 2008.

JUSTEN FILHO, Marçal. Serviço público no direito brasileiro. *In*: CARDOZO, José Eduardo Martins; QUEIROZ, João Eduardo Lopes; SANTOS, Márcia Walquiria Batista dos (Org.). *Curso de direito administrativo econômico*. São Paulo: Malheiros, 2006. v. 1.

JUSTEN FILHO, Marçal. *Teoria geral das concessões de serviço público*. São Paulo: Dialética, 2003.

JUSTEN, Monica Spezia. *A noção de serviço público no direito europeu*. São Paulo: Dialética, 2003.

KLING, Michael; THOMAS, Stefan. *Grundkurs Wettbewerbs-und Kartellrecht*. München: C.H. Beck, 2001.

KOENIG, Christian; RASBACH, Winfried. Trilogie Komplementärer Regulierungsinstrumente: Netzzugang, Unbundling, Sofortvollzug. *Die Öffentliche Verwaltung*, 17, p. 733-739, 2004.

KOPP, Ferdinand; RAMSAUER, Ulrich. *Verwaltungsverfahrensgesetz – Kommentar*. 10. Aufl. München: C.H. Beck, 2008.

LEAL, Rogério Gesta. O serviço público no Brasil e seus impactos extra-normativos: aspectos econômicos e sociais das decisões judiciais. *Interesse Público*, Belo Horizonte, ano 11, n. 57, p. 31-58, set./out. 2009.

LIMA, Ruy Cirne. Organização administrativa e serviço público no direito administrativo brasileiro. *Revista de Direito Público*, São Paulo, n. 59-60, jul./dez. 1981.

LIMA, Ruy Cirne. *Princípios de direito administrativo brasileiro*. Porto Alegre: Globo, 1939.

LOPES, Miguel Maria de Serpa. *Curso de direito civil*. 7. ed. Rio de Janeiro: Freitas Bastos, 2000. (Obrigações em Geral, v. 2).

MARQUES NETO, Floriano de Azevedo. A admissão de atestados de subcontratada nomeada nas licitações para concessão de serviços públicos. *Revista de Direito Administrativo*, Rio de Janeiro, n. 238, p. 121-130, out./dez. 2004.

MARQUES NETO, Floriano de Azevedo. A nova regulamentação dos serviços públicos. *Revista Eletrônica de Direito Administrativo*, n. 1, fev./abr. 2005. Disponível em: www.direitodoestado.com.br. Acesso em: 3 nov. 2010.

MARQUES NETO, Floriano de Azevedo. *Agências reguladoras independentes*: fundamentos e seu regime jurídico. Belo Horizonte: Fórum, 2005.

MARQUES NETO, Floriano de Azevedo. Algumas notas sobre a concessão de rodovias. *Boletim de Direito Administrativo*, São Paulo, n. 4, p. 245-247, 2000.

MARQUES NETO, Floriano de Azevedo. As políticas de universalização, legalidade e isonomia: o caso "telefone social". *Revista de Direito Público da Economia – RDPE*, Belo Horizonte, ano 4, n. 14, p. 75-105, abr./jun. 2006.

MARQUES NETO, Floriano de Azevedo. *Bens públicos*: função social e exploração econômica: o regime jurídico das utilidades públicas. Belo Horizonte: Fórum, 2009.

MARQUES NETO, Floriano de Azevedo. Concessão de serviço público sem ônus para o usuário. *In*: WAGNER JÚNIOR, Luiz Guilherme da Costa. *Direito público*: estudos em homenagem ao Professor Adilson Abreu Dallari. Belo Horizonte: Del Rey, 2004.

MARQUES NETO, Floriano de Azevedo. Fundamentos e conceituação das PPP. *In*: MARQUES NETO, Floriano de Azevedo; SCHIRATO, Vitor Rhein (coord.). *Estudos sobre a Lei das Parcerias Público-Privadas*. Belo Horizonte: Fórum, 2011.

MARQUES NETO, Floriano de Azevedo. O uso de bens públicos estaduais por concessionárias de energia elétrica. *Revista de Direito Administrativo*, n. 236, p. 1-31, abr./jun. 2004.

MARQUES NETO, Floriano de Azevedo. Reestruturação do setor postal brasileiro. *Revista Trimestral de Direito Público*, São Paulo, n. 19, p. 149-169, 1997.

MARQUES NETO, Floriano de Azevedo. Regime jurídico dos bens empregados na geração de energia elétrica. *Revista de Direito Administrativo*, Rio de Janeiro, n. 232, p. 333-354, abr./jun. 2003.

MARQUES NETO, Floriano de Azevedo. *Regulação estatal e interesses públicos*. São Paulo: Malheiros, 2002.

MARQUES NETO, Floriano de Azevedo. Universalização de serviços públicos e competição: o caso da distribuição de gás natural. *Revista Trimestral de Direito Público*, São Paulo, n. 34, 2001.

MARQUES NETO, Floriano de Azevedo; LEITE, Fábio Barbalho. Peculiaridades do contrato de arrendamento portuário. *Revista Trimestral de Direito Público*, São Paulo, v. 42, 2003.

MASAGÃO, Mário. *Curso de direito administrativo*. 6. ed. São Paulo: Revista dos Tribunais, 1977.

MAURER, Hartmut. *Allgemeines Verwaltungsrecht*. 14. Aufl. München: C.H. Beck, 2002.

MAYER, Otto. *Derecho administrativo alemán*. Tradução da edição francesa de 1904 de Horacio H. Heredia e Ernesto Krotoschin. 2. ed. Buenos Aires: Depalma, 1982. t. I.

MEDAUAR, Odete. Ainda existe serviço público?. *In*: TÔRRES, Heleno Taveira. *Serviços públicos e direito tributário*. São Paulo: Quartier Latin, 2005.

MEDAUAR, Odete. Constituição de 1988: catalisadora da evolução do direito administrativo?. *Revista do Advogado*, São Paulo, ano XXVIII, n. 99, p. 100-107, set. 2008.

MEDAUAR, Odete. *Direito administrativo em evolução*. 2. ed. São Paulo: Revista dos Tribunais, 2003.

MEDAUAR, Odete. *Direito administrativo moderno*. 10. ed. São Paulo: Revista dos Tribunais, 2006.

MEDAUAR, Odete. Serviço público. *Revista de Direito Administrativo*, Rio de Janeiro, n. 189, p. 100-113, jul./set. 1992.

MEDAUAR, Odete; OLIVEIRA, Gustavo Justino de. *Consórcios públicos*: comentários à Lei n. 11.107/2005. São Paulo: Revista dos Tribunais, 2006.

MEIRELLES, Hely Lopes. *Direito administrativo brasileiro*. 27. ed. atualizada por Eurico de Andrade Azevedo, Délcio Balestero Azevedo e José Emmanuel Burle Filho. São Paulo: Malheiros, 2002.

MEIRELLES, Hely Lopes. Serviço público: telefonia. *In*: *Estudos e pareceres de direito público*. São Paulo: Revista dos Tribunais, 1982. v. 6.

MEIRELLES, Hely Lopes. Transporte coletivo urbano. *In*: *Estudos e pareceres de direito público*. São Paulo: Revista dos Tribunais, 1977. v. 2.

MELLO, Celso Antônio Bandeira de. *Curso de direito administrativo*. 20. ed. São Paulo: Malheiros, 2006.

MELLO, Celso Antônio Bandeira de. *Natureza e regime jurídico das autarquias*. São Paulo: Revista dos Tribunais, 1968.

MELLO, Celso Antônio Bandeira de. *Prestação de serviços públicos e administração indireta*. 2. ed. São Paulo: Revista dos Tribunais, 1983.

MELLO, Luiz de Anhaia. *O problema económico dos serviços de utilidade pública*. São Paulo: Prefeitura Municipal de São Paulo, 1940.

MELLO, Oswaldo Aranha Bandeira de. *A municipalização de serviços públicos*: contra-razões de recurso extraordinário interposto pela Prefeitura Municipal de São Paulo. São Paulo: Publicação da Prefeitura Municipal de São Paulo, 1939.

MELLO, Oswaldo Aranha Bandeira de. Aspecto jurídico-administrativo da concessão de serviço público. *Revista de Direito Administrativo – Seleção Histórica*, Rio de Janeiro, 1995.

REFERÊNCIAS | 349

MELLO, Oswaldo Aranha Bandeira de. *Princípios gerais de direito administrativo*. Rio de Janeiro: Forense, 1969. v. 1.

MENDES, Gilmar Ferreira; COELHO, Inocêncio Mártires; BRANCO, Paulo Gustavo Gonet. *Curso de direito constitucional*. 2. ed. São Paulo: Saraiva, 2008.

MONCADA, Luís S. de Cabral. Os serviços públicos essenciais e a garantia dos utentes. *In*: MONCADA, Luís S. de Cabral. *Estudos de direito público*. Coimbra: Coimbra Ed., 2001.

MONTEIRO, Vera. *Concessão*. São Paulo: Malheiros, 2010.

MONTEIRO, Washington de Barros. *Curso de direito civil*. 30. ed. São Paulo: Saraiva, 1999.

MONTI, Giorgio. *EC Competition Law*. Cambridge: Cambridge University Press, 2007.

MORAND-DEVILLER, Jacqueline. *Cours droit administratif*. 11e éd. Paris: Montchrestien, 2009.

MORAND-DEVILLER, Jacqueline. O justo e o útil em direito ambiental. *In*: MARQUES, Cláudia Lima; MEDAUAR, Odete; SILVA, Solange Telles da (Org.). *O novo direito administrativo, ambiental e urbanístico*: estudos em homenagem à Jacqueline Morand-Deviller. Tradução de Solange Telles da Silva. São Paulo: Revista dos Tribunais, 2010.

MOREIRA, Egon Bockmann. *Direito das concessões de serviço público*. São Paulo: Malheiros, 2010.

MOREIRA, Vital; MAÇÃS, Fernanda. *Autoridades reguladoras independentes*. Coimbra: Coimbra Ed., 2003.

MOREIRA NETO, Diogo de Figueiredo. *Curso de direito administrativo*. 14. ed. Rio de Janeiro: Forense, 2006.

MOREIRA NETO, Diogo de Figueiredo. *Direito regulatório*. Rio de Janeiro: Renovar, 2003.

MOREIRA NETO, Diogo de Figueiredo. *Mutações do direito público*. Rio de Janeiro: Renovar, 2006.

MUÑOZ MACHADO, Santiago. *Servicio público y mercado*. Madrid: Civitas, 1998. (I, Los fundamentos).

NALLAR, Daniel Mauro. *Regulación y control de los servicios públicos*: repercusiones prácticas del fundamento de su impunidad. Buenos Aires: Marcial Pons, 2010.

NESTER, Alexandre Wagner. *Regulação e concorrência (compartilhamento de infra-estruturas e redes)*. São Paulo: Dialética, 2006.

OTERO, Paulo. *Vinculação e liberdade de conformação jurídica do sector empresarial do Estado*. Coimbra: Coimbra Ed., 1998.

PAREJO ALFONSO, Luciano. *Crisis y renovación en el derecho público*. Lima: Palestra, 2008.

PEREIRA, César A. Guimarães. A posição dos usuários e a estipulação da remuneração por serviços públicos. *In*: TÔRRES, Heleno Taveira. *Serviços públicos e direito tributário*. São Paulo: Quartier Latin, 2005.

PEREIRA, César A. Guimarães. *Usuários de serviços públicos*. 2. ed. São Paulo: Saraiva, 2008.

PEREZ, Marcos Augusto. *O risco no contrato de concessão de serviço público*. Belo Horizonte: Fórum, 2006.

PIEROTH, Bodo; SCHLINK, Bernhard. *Grundrechte – Staatsrecht II*. 25. Aufl. Heidelberg: C.F. Muller.

PINTO, Bilac. *Regulamentação efetiva dos serviços de utilidade pública*. 2. ed. atualizada por Alexandre Santos de Aragão. Rio de Janeiro: Forense, 2002.

POMPEU, Cid Tomanik. *Autorização administrativa*. 2. ed. São Paulo: Revista dos Tribunais, 2007.

PORTO JR., Ronaldo Macedo. A proteção dos usuários de serviços públicos. *In*: SUNDFELD, Carlos Ari (coord.). *Direito administrativo econômico*. São Paulo: Malheiros, 2000.

REALE, Miguel. *Lições preliminares de direito*. 27. ed. 10. tiragem. São Paulo: Saraiva, 2010.

RIBAS, Joaquim Antonio. *Direito administrativo brasileiro*. Reimpressão da obra de 1861. Brasília: Ministério da Justiça, 1968.

ROSSI, Giampaolo. *Diritto amministrativo*. Milano: Giuffrè, 2005. (Principi, v. 1).

SACRISTÁN, Estela B. *Régimen de las tarifas de os servicios públicos*: aspectos regulatorios, constitucionales y procesales. Buenos Aires: Ábaco de Rodolfo Depalma, 2007.

SALERNO, Maria Elena. Il mercado del gas naturale in Italia. *In*: AMMANNATI, Laura (coord.). *Monopolio e regolazione proconcorrenziale nessa disciplina dell'energia*. Milano: Giuffrè, 2005.

SALOMÃO FILHO, Calixto. Regulação e desenvolvimento. *In*: SALOMÃO FILHO, Calixto (coord.). *Regulação e desenvolvimento*. São Paulo: Malheiros, 2002.

SALOMONI, Jorge Luis. El concepto atual de servicio público en la República Argentina. *In*: HERNANDES-MENDIBLE, Victor (Org.). *Derecho administrativo iberoamericano*. Caracas: Ediciones Paredes, 2007. t. II.

SALOMONI, Jorge Luis. *Teoria general de los servicios públicos*. Buenos Aires: Ad Hoc, 2004.

SARMENTO, Daniel. Supremacia do interesse público? As colisões entre direitos fundamentais e interesses da coletividade. *In*: ARAGÃO, Alexandre Santos de; MARQUES NETO, Floriano de Azevedo (Org.). *Direito administrativo e seus novos paradigmas*. Belo Horizonte: Fórum, 2008.

SARMIENTO GARCÍA, Jorge H. Los servicios públicos. *In*: GONZÁLEZ AGUIRRE, Marta. *Los serviços públicos*. Buenos Aires: Depalma, 1994.

SCHIRATO, Vitor Rhein. A experiência e as perspectivas da regulação do setor portuário no Brasil. *Revista de Direito Público da Economia – RDPE*, Belo Horizonte, n. 23, p. 171-190, jul./set. 2008.

SCHIRATO, Vitor Rhein. El nuevo régimen jurídico de la industria del gas natural em Brasil. *Revista de Derecho Administrativo*, Buenos Aires, 72, p. 359-393, abr./jun. 2010.

REFERÊNCIAS | 351

SCHIRATO, Vitor Rhein. Geração de energia elétrica no Brasil: 15 anos fora do regime de serviço público. *Revista de Direito Público da Economia – RDPE*, Belo Horizonte, v. 8, n. 31, p. 141-168, jul./set. 2010.

SCHIRATO, Vitor Rhein. Instituições financeiras públicas: entre a necessidade e a inconstitucionalidade. *Revista Scientia Iuridica*, Braga, n. 321, t. LIX, jan./mar. 2010.

SCHIRATO, Vitor Rhein. Novas anotações sobre as empresas estatais. *Revista de Direito Administrativo*, Rio de Janeiro, n. 239, p. 209-240, jan./mar. 2005.

SCHIRATO, Vitor Rhein. O processo administrativo como instrumento do Estado de direito e da democracia. *In*: MEDAUAR, Odete; SCHIRATO, Vitor Rhein. *Atuais rumos do processo administrativo*. São Paulo: Revista dos Tribunais, 2010.

SCHIRATO, Vitor Rhein; PALMA, Juliana Bonacorsi de. Consenso e legalidade: vinculação da Administração Pública consensual ao direito. *Revista Brasileira de Direito Público – RBDP*, Belo Horizonte, p. 67-93, out./dez. 2009.

SCHMIDT-ASSMANN, Eberhard. *Das Allgemeine Verwaltungsrecht als Ordnungsidee*. 2. Aufl. Heidelberg: Springer, 2006.

SCHNEIDER, Jens-Peter. Kooperative Netzzugangsregulierung und Europäische Verbundverwaltung im Elektrizitätsbinnenmarkt. *Zeitschrift für Wettbewerbsrecht*, Colônia, n. 4, p. 381 *et seq*., abr. 2003.

SCHNEIDER, Jens-Peter. O Estado como sujeito econômico e agente direcionador da economia. Tradução de Vitor Rhein Schirato. *Revista de Direito Público da Economia – RDPE*, Belo Horizonte, ano 5, n. 18, p. 189-217, abr./jun. 2007.

SCHNEIDER, Jens-Peter; PRATER, Janine. Das Europäische Energierecht im Wandel. *Recht der Energiewirtschaft*, 3, p. 57-64, 2004.

SCHWIND, Rafael Wallbach. *Remuneração do concessionário*. Belo Horizonte: Fórum, 2010.

SCOTTI, Elisa. *Il pubblico servizio*: tra tradizione nazionale e prospettive europee. Pádua: CEDAM, 2003.

SESIN, Domingo Juan. *Administración pública, actividad reglada, discrecional y técnica*: nuevos mecanismos de control judicial. 2. ed. Buenos Aires: Lexis Nexis Depalma, 2004.

SILVA, João Nuno Calvão da. *Mercado e Estado*: serviços de interesse económico geral. Coimbra: Almedina, 2008.

SILVA, José Afonso da. *Comentário contextual à Constituição*. 6. ed. São Paulo: Malheiros, 2009.

SILVA, José Afonso da. *Curso de direito constitucional positivo*. 22. ed. São Paulo: Malheiros, 2003.

SILVA, José Afonso da. *Direito urbanístico brasileiro*. 5. ed. São Paulo: Malheiros, 2008.

SILVA, Vasco Manoel Pascoal Dias Pereira da. *Em busca do acto administrativo perdido*. Coimbra: Almedina, 2003.

SILVA, Virgílio Afonso da. *A constitucionalização do direito*: os direitos fundamentais nas relações entre particulares. São Paulo: Malheiros, 2008.

SILVA, Virgílio Afonso da. *Direitos fundamentais*: conteúdo essencial, restrições e eficácia. São Paulo: Malheiros, 2009.

SORACE, Domenico. *Estado y servicios públicos*. Traducción de Eugenia Ariano Deho. Lima: Palestra, 2006.

SORACE, Domenico. Promemoria per una Nuova 'Voce' "Atto Amministrativo". *In*: *Scritti in Onore di Massimo Severo Giannini*. Milano: Giuffrè, 1988. v. 2.

SPIEZA, Filippo; MONEA, Pasquale; IORIO, Ernesta. *I servizi publici locale*: aspetti generali, amministrativi e penalistici alla luce della legge n. 326 del 24 novembre 2003. Milano: Giuffrè, 2004.

STAEBE, Erik. Zur Novelle des Energiewirtschaftsgesetzes (EnWG). *Deutsches Verwaltungsblatt*, p. 853-862, 2004.

STOBER, Rolf. *Allgemeines Wirtschaftsverwaltungsrecht*. 14. Aufl. Stuttgart: Kohlhammer, 2005.

STRINGHINI, Adriano Cândido. Reestruturação de redes de infra-estrutura: a servidão administrativa como instrumento hábil para a promoção da concorrência. *In*: ARAGÃO, Alexandre Santos de; STRINGHINI, Adriano Cândido; SAMPAIO, Patrícia Regina Pinheiro. *Servidão administrativa e compartilhamento de infra-estruturas*: regulação e concorrência. Rio de Janeiro: Forense, 2005.

SUNDFELD, Carlos Ari. A Administração Pública na era do direito global. *In*: SUNDFELD, Carlos Ari; VIEIRA, Oscar Vilhena (coord.). *O direito na era global*. São Paulo: Max Limonad, 1999.

SUNDFELD, Carlos Ari. A regulação de preços e tarifas dos serviços de telecomunicações. *In*: SUNDFELD, Carlos Ari. *Direito administrativo econômico*. São Paulo: Malheiros, 2000.

SUNDFELD, Carlos Ari. *Direito administrativo ordenador*. São Paulo: Malheiros, 2003.

SUNDFELD, Carlos Ari. *Fundamentos de direito público*. 3. ed. 3. tiragem. São Paulo: Malheiros, 1998.

SUNDFELD, Carlos Ari; CÂMARA, Jacintho Arruda. Terminais portuários de uso misto. *Revista de Direito Público da Economia – RDPE*, Belo Horizonte, n. 23, p. 59-74, jul./set. 2008.

TÁCITO, Caio. A configuração jurídica do serviço público. *Revista de Direito Administrativo*, Rio de Janeiro, n. 233, p. 373-376, jul./set. 2003.

TÁCITO, Caio. Contrato de concessão: legalidade. *Revista de Direito Administrativo*, Rio de Janeiro, n. 238, out./dez. 2004. Parecer.

TÁCITO, Caio. *Direito administrativo*. São Paulo: Saraiva: 1975.

TÁCITO, Caio. Gás natural: participação privada: concessão de obra pública: participação privada: concessão de obra pública. *Revista de Direito Administrativo*, Rio de Janeiro, n. 242, p. 312 *et seq.*, out./dez. 2005.

REFERÊNCIAS | 353

TÁCITO, Caio. Permissão de transporte coletivo: serviço de ônibus. Licitação. *In*: *Temas de direito público*: estudos e pareceres. Rio de Janeiro: Renovar, 1997. v. 2.

TEIXEIRA, J. H. Meirelles. *O problema das tarifas nos serviços públicos concedidos*. São Paulo: Departamento Jurídico da Prefeitura Municipal de São Paulo, 1941.

TORNARÍA, Felipe Rotondo. Derechos fundamentales y administración pública. *In*: REIS, Jorge Renato dos; LEAL, Rogério Gesta (Org.). *Direitos sociais e políticas públicas*: desafios contemporâneos. Santa Cruz do Sul: EDUNISC, 2006. t. VI.

URUGUAY, Visconde do. *Ensaio sobre o direito administrativo*. Rio de Janeiro: Typographia Nacional, 1862. t. I.

VALDÉS PRIETO, Domingo. *Libre competencia y monopolio*. Santiago: Editorial Jurídica de Chile, 2006.

VALDIVIA, Diego Zegarra. Apuntes en torno a la caracterización jurídica de los usuarios de servicios públicos y la actividad de la administración reguladora. *In*: ASSOCIACIÓN PERUANA DE DERECHO ADMINISTRATIVO. *Modernizando el Estado para un país mejor – Ponencias del IV Congresso Nacional de Derecho Administrativo*. Lima: Palestra, 2010.

VALDIVIA, Diego Zegarra. *Servicio público y regulación*: marco institucional de las telecomunicaciones en el Perú. Lima: Palestra, 2005.

VERGARA BLANCO, Alejandro. El nuevo servicio público abierto a la competencia. *Revista de Derecho Administrativo Económico*, Santiago, n. 12, jan./jul. 2004.

VOJVODIC, Adriana. Nos labirintos do STF: em busca do conceito de "serviço público": uma visão a partir do caso "ECT". *In*: COUTINHO, Diogo Rosenthal; VOJVODIC, Adriana (Org.). *Jurisprudência constitucional*: como decide o STF?. São Paulo: Malheiros, 2009.

WOLFF, Heinrich Amadeus; DECKER, Andreas. *Studienkommentar VwGO VwVfG*. München: C. H. Beck, 2005.

ZAGO, Marina Fontão. Consistência das decisões do STF e de seus ministros em casos relacionados com a definição dos limites da livre iniciativa. *In*: ROSENTHAL, Diogo; VOJVODIC, Adriana (Org.). *Jurisprudência constitucional*: como decide o STF?. São Paulo: Malheiros, 2009.

ZANOBINI, Guido. *Corso di diritto amministrativo*. 8ª ed. Milano: Giuffrè, 1958. v. 1.

Esta obra foi composta em fonte Palatino Linotype, corpo 10
e impressa em papel Pólen Bold 70g (miolo) e Supremo 250g (capa)
pela Gráfica Formato.